RISQUES, ACCIDENTS ET CATASTROPHES

Liber amicorum

En l'honneur de Madame le professeur Marie-France STEINLÉ-FEUERBACH

5-7, rue de l'École polytechnique, 75005 Paris

http://www.harmattan.fr
diffusion.harmattan@wanadoo.fr
harmattan1@wanadoo.fr

ISBN : 978-2-343-07169-5
EAN : 9782343071695

Sous la direction de

Hervé Arbousset, Caroline Lacroix et Benoît Steinmetz

RISQUES, ACCIDENTS ET CATASTROPHES

Liber amicorum

En l'honneur de Madame le professeur Marie-France STEINLÉ-FEUERBACH

L'Harmattan

Collection *Sciences criminelles*
dirigée par Robert Cario

La collection ***Sciences criminelles*** se destine à la publication de travaux consacrés à l'analyse complexe du phénomène criminel. Multidisciplinaire par définition, elle a vocation à promouvoir les réflexions critiques portées par les disciplines impliquées, dont l'angle d'approche spécifique enrichit la connais-sance globale du crime, tant en ce qui concerne les protagonistes (infracteur, victime, société) que les stratégies d'intervention sociale (prévention, répression, traitement). En France comme à l'étranger.
Les contributions, émanant de chercheurs, de praticiens de la justice ou du travail social, empruntent la forme d'ouvrages de doctrine, de recherches collectives ou d'actes de rencontres scientifiques.

Deux séries complètent la Collection. Le ***Traité de sciences criminelles***, multi-auteurs, présente sous la forme de manuels les principales disciplines qui composent les sciences criminelles : philosophie criminelle, criminologie, politique criminelle, droit criminel, procédure pénale, criminalistique, médecine légale et victimologie.

Les ***Controverses*** rassemblent de courts essais sur des questions majeures de la connaissance scientifique dans le champ criminologique. En pointant leurs contradictions, (re)découvertes et zones d'ombre, les réflexions participent à une meilleure compréhension de la complexité des conduites humaines.

Derniers ouvrages parus
N. Pignoux, La réparation des victimes d'infractions pénales
P. Mbanzoulou, La médiation pénale (nouvelle édition)
J. Nory, Traitement des responsabilités civiles et pénales
A. Jafari, Droit bancaire islamique

Traité de sciences criminelles
2.1. R. Cario, Victimologie (4èd. 2012)
4. R. Cario, Introduction aux sciences criminelles (6è éd. 2008)
8. R. Cario, Justice restaurative. Principes et promesses (2è éd. 2010)

Controverses
R. Cario (Dir.), Les rencontres détenus-Victimes : l'humanité retrouvée
C.E Laguerre, Evénements traumatiques à la Martinique
M. Herzog-Evans, Moderniser la probation française. Un défi à relever !
F. Rognon, B. Deymié (Dir.), Punir, guérir, restaurer
H. Lemaître, La prévention de la délinquance

V. également la collection Criminologie
C. Rossi, Homicides : les proches des victimes
M. Herzog-Evans, Le Juge de l'application des peines : Monsieur Jourdain de la désistance
C. Chevandier (Dir.), Enfermements, justice et liberté
J. Motte dit Falisse (Dir.), De la faute et du crime
P.V. Tournier, La naissance de la contrainte pénale

Série Champ pénitentiaire
P. Mbanzoulou, M. Herzog-Evans, S. Courtine (Dir.), Insertion et désistance
P. Mbanzoulou, F. Dieu (Dir)., Administration pénitentiaire et justice
H. Hedhili-Azema, Sciences et pratiques pénitentiaires en France. XIX et XXè siècles
P. Mbanzoulou, P. Pottier (Dir.), Santé et justice

Marie-France STEINLE-FEUERBACH

Née le 16 décembre 1948 à Strasbourg

Maîtrise *es* sciences mathématiques (1970)

Professeur certifié de mathématiques (1971/93)

DEA de Droit privé de l'Université Robert SCHUMAN, Strasbourg III (1982)

Doctorat de l'Université Robert SCHUMAN, Strasbourg III (1990)

« Le rôle du pouvoir judiciaire dans la gestion des patrimoines privés », sous la direction de M. Le Professeur Claude WITZ

Qualification aux fonctions de maître de conférences en Droit privé et Sciences criminelles (1993)

Habilitation à diriger les recherches – Université Robert SCHUMAN, Strasbourg III (1998)

Cofondateur et codirecteur du CERDACC (1995-2006)

Professeur des Universités (2009)

Directeur du CERDACC (2006-2013), Professeur émérite (2014)

Enseignements

Si les activités d'enseignement se sont principalement déroulées à l'Université de Haute-Alsace, le professeur Marie-France Steinlé-Feuerbach a régulièrement effectué des interventions dans diverses formations universitaires et participé à la formation continue des professionnels du droit.

- Université de Strasbourg, Faculté de Droit : Master 2 « Droit de l'Environnement et de l'Aménagement du Territoire »
- Université Louis PASTEUR, Strasbourg I, Faculté de Géographie et d'Aménagement : Master 1 « Risques Technologiques et Naturels »
- Université Claude BERNARD, Lyon I, Faculté de Médecine légale : Diplôme Universitaire de Victimologie
- Ecole Nationale Supérieure des Arts et Métiers : Master 2 Management Global des Risques
- Ecole Nationale d'Administration (ENA) : Responsable pédagogique du Module « Risques économiques et juridiques » au sein du Mastere Gestion des Risques sur les Territoires
- E.N.M. : Directeur de session de formation continue
- ERAGE : Interventions dans le cadre de la formation continue des avocats ;

Champs de recherches privilégiés

Les infractions non intentionnelles, les préjudices spécifiques des victimes de catastrophes ainsi que la prévention des risques naturels et technologiques, droit de l'assurance.

Autres activités

Membre du Conseil scientifique de « Risque Décision territoire » du Programme de recherche du Ministère de l'Ecologie, du Développement Durable et de l'Energie

Membre depuis juin 2006 de la Commission technique «Fichier des victimes indemnisées » à la Direction des affaires civiles et du Sceau (modernisation de la base AGIRA)

Ancienne Présidente de l'association d'aide aux victimes ACCORD 67

Ancienne Membre du Conseil scientifique de l'INAVEM

Distinctions

Chevalier de l'ordre national du Mérite

Chevalier des Palmes académiques

Auteurs ayant contribué à cet ouvrage :

Hervé Arbousset, Maître de conférences HDR en droit public, Directeur du CERDACC, EA 3992

Jean-François Brilhac, Professeur en Energétique, Génie des procédés à l'Université de Haute-Alsace, GRE

Isabelle Corpart, Maître de conférences en droit privé à l'Université de Haute-Alsace, Membre du CERDACC, EA 3992

Robert Cario, Professeur de criminologie, Université de Pau et des Pays de l'Adour, Président de l'Institut Français pour la Justice Restaurative (IFJR)

Liliane Daligand, Professeur émérite de médecine légale, Psychiatre des Hôpitaux, Lyon, Expert de justice, cour d'appel de Lyon

Laurent Dehouck, Maître de conférences en sciences de gestion, Ecole Normale Supérieure de Rennes

Eric Desfougeres, Maître de conférences en droit à l'Université de Haute-Alsace, CERDACC, EA 3992

Valentine Erne-Heintz, Maître de conférences en sciences économiques à l'Université de Haute-Alsace, CERDACC, EA 3992

Nathalie Faussat, Directeur du FGTI

Karine Favro, Maitre de conférences HDR en droit public à l'Université de Haute-Alsace, CERDACC, EA 3992,

Benoit Geniaut, Maître de conférences en droit privé à l'Université de Haute-Alsace, CERDACC, EA 3992

Anne d'Hauteville, Professeur émérite à l'Université de Montpellier 1, Présidente du Conseil scientifique de l'INAVEM

Jonas Knetsch, Agrégé des Facultés de droit, Professeur à l'Université de La Réunion

Caroline Lacroix, Maître de conférences en droit privé et sciences criminelles, à l'Université de Haute-Alsace, CERDACC, EA 3992

Patrick Lagadec, Directeur de recherche (honoraire) à l'Ecole polytechnique

Béatrice Laperou-Scheneider, Maître de conférences en droit privé et sciences criminelles – HDR, Responsable du Master contentieux, Université de Franche-Comté

Marc Lassagne, Maître de conférences en sciences de gestion, Ecole Nationale Supérieure d'Arts et Métiers

Claude Lienhard, Professeur de Droit privé à l'Université de Haute-Alsace, CERDACC, EA 3992

Madeleine Lobe Lobas, Maître de conférences en droit privé HDR, à l'Université de Haute-Alsace, CERDACC, EA 3992

Bertrand Pauvert, Maître de conférences HDR en droit public, Directeur du CERDACC, EA 3992, Université de Haute-Alsace

Blandine ROLLAND, Maître de conférences de droit privé – HDR à l'Université Jean Moulin Lyon 3, Membre associé du CERDACC, EA 3992

Philippe SCHULTZ, Maitre de conférences à l'Université de Haute-Alsace, CERDACC, EA 3992

Jean-Materne STAUB, Professeur agrégé de droit public, Université de Strasbourg

Claire VIAL, Professeur de droit public, Université Montpellier I, IDEDH, EA 3976

Georges WIEDERKEHR, professeur émérite à l'Université de Strasbourg

Avant-propos

Claude Lienhard

Professeur de droit privé, Université de Haute-Alsace, CERDACC, EA 3992

Lorsqu'on prend la plume avec plaisir, il faut le dire.

C'est bien le cas, ici et maintenant.

Une carrière universitaire réussie est une carrière qui se vit plus qu'elle ne se construit.

Qui se vit dans la rigueur qui n'exclut jamais l'audace,

Et aussi dans l'indépendance des idées et le sens des valeurs.

J'ai le privilège de préfacer les contributions en l'honneur du Professeur Marie-France Steinlé-Feuerbach.

Ces participations, dans leurs diversités et leurs denses qualités, sont le reflet de l'implication de "Marie-France" dans l'univers du risque et de la gestion de crise, de la responsabilité et de l'indemnisation et encore des victimes et la responsabilité pénale.

Toujours avec méthode et constance, chacune de ces problématiques, chacun de ces champs ont été explorés, décodés, analysés, mis en perspective dans le souci non seulement de faire avancer la science juridique, ce qui est louable et fondamental, mais d'en restituer la substance à la société pour qu'il y ait un « après » accident, un « après » catastrophe et pour que le « Plus jamais ça » ne soit pas une incantation scandée médiatiquement sans lendemain.

Depuis 1995, les travaux du Professeur Steinlé-Feurbach sont venus se nicher dans le CERDACC dont elle est à l'origine de la création à nos côtés et aux côtés du Professeur Théo Hassler. C'est peu dire que la création de ce centre de recherche, à l'iut de Colmar, au sein de l'uha est une aventure humaine rare et qui n'aurait pu être sans elle.

Il importe que les institutions qui sont autrement pérennes que les hommes et les femmes qui les composent, mais parfois plus fragiles, aient le sens de la filiation et le souvenir de leur histoire. C'est essentiel, même vital.

Une vie universitaire est aussi le reflet d'une convivialité et la présence de chacun des contributeurs à sa façon vient porter témoignage qu'il en a toujours été ainsi.

Désormais Professeur émérite Marie-France Steinlé-Feuerbach nous reste fidèle et présente. Chacun de ses futurs travaux viendra parfaire son œuvre de ces petites touches qui une à une façonnent ce qui est le cœur du droit, faire en sorte que le geste juste du juriste permette de mieux vivre ensemble.

PREVENTION DES RISQUES ET GESTION DE CRISE

1

Au-devant des questions

Patrick Lagadec

Directeur de recherche (honoraire) à l'Ecole polytechnique

Plus que les réponses
importaient les questions
et la manière de les formuler car,
dans le meilleur des cas,
la réponse obligeait à poser de nouvelles questions.
François Jacob [1]

Marie-France Steinlé-Feuerbach a beaucoup œuvré pour faire avancer la vision et la pratique du droit dans le domaine des catastrophes, des risques collectifs, et des réponses apportées aux victimes. J'ai eu la chance de pouvoir bénéficier de ses lumières dans maintes situations où des questions délicates étaient posées en matière de risque majeur, de victimes d'infractions ; de pouvoir travailler à ses côtés aussi bien dans des stages au profit du ministère de la Justice, que pour ses étudiants ; d'intervenir à sa demande lors de colloques, notamment à Colmar. Sa pensée claire de mathématicienne, qu'elle fut au départ, et de juriste distinguée a toujours été pour moi source d'admiration ; et sa vitalité levier d'enthousiasme, facteur crucial quand il faut cheminer sur ces terrains bien éprouvants.

Mais je n'ai pas trop le goût pour la simple célébration du passé. Le plus important est plutôt de puiser dans la dynamique qui a permis des ruptures créatrices, pour ouvrir des visions d'avenir, et des logiques d'action.

1. François Jacob : *La Statue intérieure*, Editions Odile Jacob, Paris, 1987, p. 13.

Je voudrais ainsi prendre avec une grande liberté l'invitation qui m'est faite d'écrire pour marquer son œuvre. Voici une occasion précieuse en effet pour faire un point, comme on doit le faire lorsque l'on explore une contrée mal connue et qu'il faut s'arrêter pour marquer des repères, esquisser des chemins sur une carte encore peu documentée. Hier, il a fallu faire entrer dans nos références la question des risques collectifs et de la responsabilité vis-à-vis de ces risques hors échelle quotidienne ; aujourd'hui, nous voici confrontés à des univers de plus en plus « sauvages », qui échappent à nos repères conventionnels. En hommage aux efforts et accomplissements de Marie-France Steinlé-Feuerbach, je vais brièvement marquer et esquisser quelques repères et trajectoires qui appellent efforts résolus et implications personnelles déterminées.

Des risques collectifs aux crises barbares

Les années 1980-2000 ont vu se déployer bien des efforts pour comprendre les risques de grande ampleur et les faire entrer dans des logiques de gestion comme de responsabilité. Mais ils ont désormais profondément muté. Ils respectaient en quelque sorte des canons encore bien classiques avec l'unité de temps, de lieu, d'acteurs… Une installation industrielle, des opérateurs, des personnels, des directeurs, des voisins, des élus, des décideurs étatiques.

Voici que les risques prennent la direction du grand large, et cela appelle des refontes encore mal comprises de nos paradigmes et modes d'action. Je distinguerai trois mutations fondamentales :

1. **Le hors-échelle**. L'ouragan Katrina (2005) a détruit une superficie grande comme la moitié de la France ; l'ouragan Sandy (2012), comme on l'a craint un long moment, a menacé l'ensemble de la façade est des Etats-Unis, avec même le risque d'une submersion de la capitale de la première puissance mondiale. Ebola fait réfléchir au risque de pandémie globale de haute létalité. Le problème est ici d'être submergé par la puissance des événements. On passe du local au continental.

2. **Le systémique**. Nous vivons désormais dans des sociétés totalement interconnectées, totalement interdépendantes, reposant sur des logiques de flux tendus généralisés. Tout dysfonctionnement spécifique se répercute instantanément sur tout le spectre des activités. Que l'on perde l'informatique, et l'approvisionnement des hypermarchés est soudain impossible, eux qui n'ont bien souvent qu'une demi-journée de stock d'avance. Tous les *black-outs* – électrique et informatique notamment – peuvent conduire à des écrans noirs sur maints tableaux, de plus en plus vitaux. Comme on l'a vu avec la crise financière de 2008, le risque n'est plus seulement celui du choc de grande échelle, mais celui du « décrochage » systémique, comme on le dit d'un avion qui perd soudain ses capacités de vol.

3. **Le chaotique**. Jusqu'ici, les accidents et crises étaient vus comme des brèches particulières, dans des contextes globaux donnés et ancrés sur des socles stabilisés. Désormais, les socles sont sérieusement fissurés voire liquéfiés, les structures ébranlées, les tissus dégradés, les valeurs et critères de référence bouleversés. Ainsi, en est-il avec le désordre climatique, les dissolutions économiques, ou la violence sacrificielle. Cette volatilité générale sape les cadrages fondamentaux qui donnaient sens

et robustesse aux visions comme aux logiques d'action. Les typologies ne sont plus pertinentes, les cloisons s'évanouissent. Ainsi, par exemple, la séparation entre risques naturels / technologiques / sociétaux : en cas de phénomène grave dans l'ordre du naturel ou du technologique, il faut s'attendre à des cyber-attaques, alors que nos habitudes nous portent spontanément à n'envisager les risques que de façon disjointe en fonction de leur nature, catégorie, etc.

La conjugaison de ces trois lignes de rupture conduit à un tableau des risques très étranger à celui qui a servi de référence à nos avancées des années 1980-2000. Et le déferlement des nouveaux outils de communication contribue à accélérer de façon foudroyante cette mutation profonde, jusqu'à mettre en question nos logiques les plus essentielles de gouvernance des risques et des crises. Lors des événements terroristes de Bombay (novembre 2008), les assaillants vérifient l'identité de leurs victimes en utilisant Internet en temps réel ; le développement accéléré des médias sociaux, par exemple de *Google Crisis Response*, bouleverse le rythme comme la fonction de l'information : la connectivité devient facteur primordial de la post-crise.

Nous nous retrouvons comme Henri le Navigateur au siècle des grandes découvertes, qui demanda à ses cartographes de reprendre les cartes en vigueur en mettant du blanc partout où il n'y avait que du faux, du mythe et du sacré. Les bouleversements actuels nous obligent à redessiner de fond en comble bien des cartes mentales et des cartes d'action.

Des pièges primordiaux

La mutation des risques provoque de sérieuses turbulences dans les logiques et portefeuilles de réponses à disposition. Dès lors que les paradigmes conventionnels ne sont plus pertinents, les réactions réflexes, les conceptions de base, les boîtes à outils, conduisent rapidement à de sérieux revers. Les lignes de faille sont nombreuses et décisives :

1. **Le choc intellectuel**. Nos constructions intellectuelles sont le plus souvent ancrées sur des visions et hypothèses désormais dépassées : une attention exclusive au récurrent, l'élimination des extrêmes, des définitions fixées, l'isolement d'un objet d'intervention, des cloisonnements du champ traité, des logiques de causalité simple et de temporalité séquentielle, des qualifications stables, etc. Dès lors, tout ce qui s'ancre sur ces bases se trouve en grande fragilité : définitions, typologies, calculs, dynamiques envisageables, planification, etc.

2. **Anesthésie – paralysie**. Dès l'instant où le monde est trop en discordance avec les cartes mentales et cartes opérationnelles à disposition, les systèmes humains se retrouvent comme « hors jeu ». Ce que l'on retrouve systématiquement dans les rapports des commissions d'enquête : effacement des capteurs, non remontée des informations, effacement des sujets difficiles, sidération quand le choc survient, atomisation des organisations, négation réflexe, fuite physique et psychique, refuge dans la prestidigitation verbale, jusqu'au délire dans les décisions.

3. **Enfermement dans le connu.** Face à l'inconnu, le réflexe de protection conduit rapidement à la ligne : « *Supposons que nous soyons dans le connu…* ». Ce sont les exclamations rituelles du type : « *En crise, on n'a pas le temps de réfléchir* », « *Il*

vaut mieux un mauvais plan que pas de plan du tout ». La Ligne Maginot tient, aussi longtemps qu'elle ne se trouve pas obligée de se rendre, mais au moins elle a évité la confrontation avec l'inconnu –confrontation ressentie comme bien plus menaçante qu'une capitulation pour laquelle on a déjà les règles comme les formulaires pré-remplis.

4. **Perte de communication**. On sait depuis des décennies maintenant qu'il faut informer. Mais la vision sous-jacente est qu'il y a devoir de donner des indications sur ce que l'on sait, étant entendu que l'on dispose de la compréhension des choses et du quasi-monopole de l'expertise. Désormais, il s'agit de communiquer alors que l'on est confronté à des difficultés encore mal qualifiées, marquées par l'inconnu bien au-delà de la simple incertitude, et que l'on est en concurrence forte sur les données à disposition comme sur leur expertise. Et ceci dans une dynamique de connectivité généralisée, devenue structure essentielle de nos sociétés complexes – ce qui plonge les systèmes de commandement hiérarchique dans de grandes difficultés. Dès lors, le réflexe « *Ne paniquez pas, tout est sous contrôle, tout est prêt* », devient à la fois impératif pour les cultures de gouvernance dépassées, et suicidaires car chacun peut percevoir non seulement le caractère factice des « *éléments de langage* » utilisés, mais encore et surtout la panique de ceux qui s'inscrivent dans cette veine sans pouvoir jamais s'en écarter.

5. **Perte de pilotage**. C'est la menace la plus préoccupante. Chacun perçoit que les responsables ont perdu la main, et plus grave, n'ont pas l'aptitude à naviguer dans ces tempêtes d'un nouveau type. Ce qu'exprimait une caricature récente lors d'une crise complexe : « *Ne sollicitez pas les responsables : ils sont encore plus paniqués que vous* ». Et comme, dans le même temps, pour masquer leur désarroi, les pilotes continuent à rassurer et rassurer encore sur le thème : « *Ne paniquez pas, tout est sous contrôle* », le système entier est sous la menace d'une perte totale de confiance, avec le risque de se livrer au premier « sauveur » venu. Comme le dit Jaspers dans *La Bombe atomique et l'avenir de l'homme* : « *Quand on attend le prophète, c'est le Führer qui arrive* ».

Des Pistes

Nous n'avons certes pas les batteries de réponse à disposition. Mais on peut cartographier des pistes d'exploration qui ont déjà fait leurs preuves.

1. **Logiques de questionnement**. Nous avons été éduqués, formés, entraînés à apporter des réponses, surtout quand il y a problème grave. Or, dans un monde explosé, marqué par la surprise stratégique, le plus important est d'être en mesure de formuler des questions, en anticipation comme en réaction. Car les hypothèses de conception sont systématiquement bousculées, ce qui entraîne de sérieuses difficultés pour les boîtes à outils. La grande difficulté à vaincre tient à la capacité à tolérer le questionnement, quand tout pousse à la fermeture sur les réponses déjà en portefeuille.

2. **Pilotage**. Nous avons été préparés à considérer les mises en œuvre opérationnelles, étant entendu que les buts, stratégies et schémas d'organisation générale sont déjà donnés. Dans un contexte éclaté, le facteur crucial devient le pilotage : la définition du sens, des buts de l'action, et l'orchestration générale de la dynamique

d'intervention. Il ne s'agit plus de dérouler des mécaniques, mais de penser des logiques fondamentales de réponse et d'action. Piloter, ce n'est pas venir s'assurer que les plans préparés sont bien mis en œuvre dans le respect des doctrines établies. Piloter devient le fil rouge essentiel, fil d'Ariane manquant par définition dès que l'on entre dans les turbulences actuelles, sans lequel il ne peut y avoir ni sens, ni cohésion, ni cohérence.

3. Expertise, Aide à la décision. Nous avons coutume de réunir des experts techniques pour éclairer les incertitudes et apporter aux décideurs les éléments de réponse nécessaires à la prise de décision. Il nous faut dorénavant d'autres grammaires. Et d'abord une expertise de la décision en situation non pas d'incertitude mais d'inconnu, dans des contextes volatils et mutants. La démarche la plus adaptée est celle de la « *Force de Réflexion Rapide* » : un groupe préparé à réfléchir et proposer sur des scénarios de haute surprise, et travaillant en permanence sur quatre lignes de questions : « *De quoi s'agit-il ?* », « *Quels sont les pièges ?* », « *Quels sont les acteurs ?* », « *Quelles sont les deux ou trois combinaisons d'initiatives qui pourraient faire sens et enclencher des dynamiques favorables dans la situation considérée ?* ». Un tel groupe d'appui peut puissamment aider les décideurs, si bien sûr ces derniers ne sont ni absents ni tétanisés.

4. Dynamiques managériales. Les crises actuelles exigent tout d'abord une réactivité hors du commun : observer, orienter, décider, intervenir, contrôler s'impose à un rythme singulièrement accéléré. Car il s'agit de chevaucher des situations fortement évolutives, dans des contextes eux-mêmes profondément instables. Il faut y ajouter une grande plasticité, ce qui exige la mise en place de capacités organisationnelles pour assurer : l'invention en continu, loin de la simple application ; la détection des failles, qu'il faut comprendre comme inévitables et donc à repérer activement et traiter au plus vite ; la recherche des dynamiques émergentes : dans des sociétés complexes, marquées par la connectivité, les groupes humains n'attendent pas avant de mobiliser leurs énergies et leurs ressources, et il faut s'apprêter à intervenir pour venir en appui aux dynamiques émergentes les plus pertinentes.

5. Communication, en phase avec la connectivité généralisée. Le pilotage des situations hautement volatiles va exiger une communication dépassant le seule information factuelle, certes toujours nécessaire. Le plus déterminant sera d'introduire soi-même questions, incertitudes, inconnus, pistes, propositions, sens, qui sont les points critiques essentiels dans les crises actuelles. Comme le montre l'actualité, nous sommes bien loin de cette logique, les autorités voulant surtout « *rassurer* », envers et contre tout, en se préparant ainsi, à la moindre difficulté réelle, aux impasses et déroutes expéditives. Il faudra aussi être en mesure de se mouvoir dans les dynamiques foisonnantes des réseaux sociaux, qui bouleversent nos références en matière de communication. Un autre regard sur ces dynamiques est nécessaire si on veut pouvoir les comprendre, les valoriser, et non être emporté par ces nouveaux torrents qui ne laisseront aucune chance aux logiques d'avant-hier.

6. Préparation hors cadres. Nos exercices sont tous fondés sur l'idée qu'il faut donner à chacun toutes les réponses pour éviter les surprises, et qu'il faut entraîner tous les acteurs à l'application mécanique de ces stocks de réponse. Il nous faut désormais comprendre que le plus déterminant est d'avoir été préparé à *être surpris*.

Cela suppose de tout autres exercices, où il s'agit moins de dérouler des plans que de tester la capacité de diagnostic et d'invention collective.

L'inconnu. Récemment, les collaborateurs d'une grande société de la *Silicon Valley* recevaient un message fort de leur vice-président : « *Dorénavant, votre champ d'action, c'est l'inconnu* ». Ce devrait être le mot de référence dans le domaine des risques et des crises. Cela va bouleverser nos visions, nos pratiques, et nos problématiques de responsabilité. Ainsi, notamment, l'interrogation ne sera plus seulement de savoir si l'on a bien suivi les règles et les plans, mais si l'on a mis en œuvre, avant, pendant, et après les événements, une dynamique de questionnement à la hauteur des enjeux examinés. Très régulièrement, on entend des responsables faire valoir qu'ils ne seront pas inquiétés à partir du moment où ils sont bien restés dans une stricte conformité par rapport aux règles ; il va devenir urgent de faire savoir, de façon la plus claire, que l'on est également responsable de l'intelligence que l'on aura mis dans les systèmes, pour rester en phase avec les risques de notre temps.

Dans les années 1980-2000, des ruptures conceptuelles et pédagogiques ont été faites pour appréhender de façon nouvelle les risques et responsabilités. Marie-France Steinle-Feueurbach a été l'une des grandes figures de ces efforts majeurs. Aujourd'hui, il ne suffit pas de consolider cette œuvre. Il faut en bien comprendre le sens – la compréhension et le traitement des enjeux imposés par l'histoire –, et nous atteler aux grandes ruptures d'aujourd'hui, qui imposent des mobilisations toujours plus fortes et déterminées.

2

Menues réflexions du « *Droit* » et de la « *Science* » autour du partage des savoirs dans le domaine du risque

Karine Favro

Maitre de conférences en droit public
à l'Université de Haute-Alsace, HDR, CERDACC, EA 3992

Jean-François Brilhac

Professeur en Energétique, Génie des procédés
à l'Université de Haute-Alsace, GRE

La recherche qu'elle soit pluridisciplinaire, interdisciplinaire ou transdisciplinaire, invite à l'étude de la terminologie employée dans les différents champs disciplinaires, notamment lorsque l'objet d'étude est commun. En tant que tel, le risque est un bel objet d'étude pour les chercheurs qui ne s'arrêtent pas à la définition fournie par leurs pairs, et font l'effort de s'intéresser aux autres disciplines qui ont produit des définitions différentes ou qui utilisent plusieurs termes pour parler de la même chose. Risque, danger, péril, aléa, imprévisibilité sont autant de termes qui gravitent dans le même univers et qui, confrontés à l'analyse du chercheur, en appellent à des éléments de définition distincts en raison de la finalité des disciplines concernées. Le point de départ de toute recherche multidisciplinaire réside dans le partage et la mise en commun des savoirs (I). Cette démarche exhorte à l'exploration des champs disciplinaires en remontant à l'étude des concepts et méthodes toujours dans la perspective de partager ou d'en comprendre les chemins cognitifs (II). Mais le point d'orgue est atteint lorsque les chercheurs d'horizons différents s'affranchissent des concepts et méthodes disciplinaires pour tendre vers l'analyse globale, systémique de leur objet d'étude (III). Le but ultime de cette communion de pensées procède de la définition d'une méthodologie commune, sorte de « *méta méthode* » qui s'imposerait à tous. Ce qu'Edgard Morin qualifie étymologiquement de

« *pensée complexe* », c'est à dire un enchevêtrement de pensées composé de boucles de dialogues, signe d'une transdisciplinarité [1].

I. La pluridisciplinarité : Le cadre pertinent de l'étude du risque

« *On cherche souvent de jolies raisons aux étrangetés des autres* »,
David Foenkinos, *Charlotte*, Gallimard, 2014, p.23.

La pluridisciplinarité, dès lors qu'elle permet la rencontre de chercheurs de différentes disciplines autour d'un thème commun, sans partage de ses concepts et méthodes, n'est que le premier échelon de la réflexion sur le risque [2]. Pourquoi réfléchir sur le risque ? Parce que cette notion repose sur un ensemble de définitions, fonctions des champs disciplinaires concernés et de leur finalité. Le risque serait donc une notion téléologique. Selon les champs disciplinaires, cette notion soit se confond, soit se distingue d'un ensemble de termes voisins qui expriment schématiquement la même idée. Il ne s'agit pas ici de prétendre à l'exhaustivité, mais de décrire de quelle façon certaines sciences se représentent le risque.

En tout état de cause, il existe une donnée stable et ce, quel que soit le champ d'investigation ; le risque « *peut déboucher sur un mal comme sur un bien* » [3]. D'un point de vue sémantique, il ne peut y avoir de « *mauvais* » risque s'il n'y a pas de danger. Pour Christine Noiville, le danger « *renvoie à ce qui menace ou compromet la sûreté, l'existence d'une personne ou d'une chose. Le risque, lui, est un danger éventuel plus ou moins prévisible* ». Dans cette perspective, le risque économique résulte de la possibilité de perte monétaire due à une incertitude que l'on peut quantifier. Mais, *a contrario*, le risque peut être positif quand l'incertitude conduit à un gain monétaire. C'est la logique des opérations en bourse. C'est également le cas pour le jeu où la prise de risque (jouer) peut conduire à gagner ou à perdre. Danger se dit *hazard* en anglais, dont l'origine vient de l'arabe *al'zahr* qui signifie jeu de dés. Cette acception décrit ainsi résolument les aspects positifs et négatifs qu'il enferme. En général, en dehors des domaines du jeu, de l'économie et du management, la réalisation d'un risque conduit à des conséquences négatives. Pour le géographe, le risque procède de la combinaison entre un aléa, à savoir un phénomène potentiellement destructeur d'origine diverse (naturelle, anthropique), et ~~d'~~une vulnérabilité [4].

Cette définition se comprend au regard de l'acception scientifique du risque, qui ressort de la « *pseudo* » équation suivante *(aléa) x (enjeux)*. L'aléa est alors défini comme le phénomène destructeur observé. Il est caractérisé par une probabilité

---

1. E. Morin, *Science avec conscience*, Points-Sciences, 1990.

2. J.-F. Brilhac et K. Favro, « Risques et territoires : Plaidoyer pour une méthode globale d'analyse des risques », *Journal des Accidents et des Catastrophes*, n°100, janvier 2010, http://www.jac.cerdacc.uha.fr/jac/.

3. C. Noiville, *Du bon gouvernement des risques*, PUF, *Les voies du droit*, 2003, p.2.

4. E. Beck, *Approche multi-risques en milieu urbain. Le cas des risques sismiques et technologiques dans l'agglomération de Mulhouse (Haut-Rhin)*, préc.

d'occurrence, une extension spatiale, une intensité. Les enjeux sont la somme des éléments exposés présentant chacun une vulnérabilité propre (personnes, bâtiments, entreprises, patrimoine culturel, environnement, *etc.*). Ces derniers ne sont pas uniquement situés dans les zones directement menacées par les phénomènes, auquel cas il s'agit d'enjeux exposés. Il faut également tenir compte des enjeux impactés, indirectement affectés. Par exemple, la mise hors service d'une station de pompage, d'une prise d'alimentation en eau potable, d'un transformateur électrique peut avoir des répercussions très importantes bien au-delà de la zone concernée directement par l'aléa et de ce fait, multiplier les enjeux. Par conséquent, les risques sont classés selon trois critères, à savoir la probabilité d'occurrence, la gravité des effets et la cinétique du phénomène. Dans le domaine des sciences et techniques [5], les termes de danger, source de danger, situation dangereuse sont utilisés. Les sources de danger (gaz toxiques, combustibles, sources radioactives,...) sont considérées comme étant potentiellement génératrices de situations dangereuses (dispersion d'un gaz toxique impactant des cibles humaines, inflammation puis incendies ou explosion avec conséquences matérielles et humaines, fuite radioactive et irradiation/pollution de l'environnement, *etc.*) . Ces situations peuvent être mesurées par un niveau de risque. La notion de situation dangereuse est alors assez proche de celle d'aléa, définie par les spécialistes des sciences de la Terre. Le scientifique a complété plus récemment sa définition du risque en y ajoutant la notion d'acceptabilité du risque. Cet indice est plus subjectif. Il doit être pris en compte dans la quantification du risque. Une définition honnête du risque serait donc : *Risque* associe *Danger, Probabilité, Gravité, Acceptabilité.* Pas d'opérateur mathématique = et *x* dans cette juxtaposition de terme, car il ne s'agit pas d'une équation mais d'une représentation. Dans le domaine du risque technologique, l'événement non souhaité est considéré comme la réalisation de la situation dangereuse [6]. Les événements non souhaités peuvent être des accidents, incidents mais également des anomalies. Les anomalies sont, en pratique, beaucoup plus fréquentes que les incidents ou les accidents. Evénements non souhaités et risques sont ainsi deux notions liées mais distinctes. Le risque est la mesure de la situation dangereuse qui, si elle se réalise, donne lieu à un événement non souhaité. La définition scientifique du risque particulièrement didactique dans le cadre du partage des savoirs va guider le juriste dans le domaine du risque industriel et faire évoluer la façon dont le juriste appréhende le risque.

En effet, le droit ne donne pas de définition textuelle du risque mais les définitions proposées et relevées dans le cadre du Rapport annuel de la Cour de cassation dédié au risque, montrent qu'il existe des dénominateurs communs que l'on retrouve dans nombre de branches du droit qui s'intéressent au risque [7]. La lexicographie de Robert se réfère à « *l'éventualité d'un événement ne dépendant pas exclusivement de*

---

5. J.-F. Brilhac, « Approche théorique des risques », *UVED*, 2006, http://www.uved.fr/fileadmin/user_upload/modules_introductifs/module3/risques/1.1/html/2_2-1_3.html.

6. P. Périlhon, *La Gestion des risques : Méthode MADS-MOSAR II*, Editions Demos, 2007, ISBN : 9782915647389.

7. Rapport annuel de la Cour de cassation, *Le risque*, La Documentation Française, 2011, p.80.

la volonté des parties et pouvant causer la perte d'un objet ou tout autre dommage ». Le caractère éventuel de l'événement n'est pas l'élément central de la définition proposée par le Vocabulaire de l'Association Henri Capitant, qui s'intéresse à l'événement dommageable « *dont la survenance est incertaine, quant à sa réalisation ou à la date de cette réalisation* ». Le risque se dit aussi bien de l'éventualité d'un tel événement que de l'événement lui-même [8] et se distingue ainsi des définitions scientifiques du risque technologique. Le droit s'intéresse plutôt aux conséquences des événements dommageables et aux liens de causalité y affairant et, c'est pourquoi, il s'intéresse à l'événement dommageable plutôt qu'au risque. A l'origine, l'approche juridique est une approche *a posteriori*.

Cette idée de risque nourrit la règle de droit depuis bien longtemps en s'intéressant aux seuls événements prévisibles, dont les conséquences sont connues, quantifiables et ce dans le but d'en contenir les effets dommageables. Le risque répond alors à un besoin de sécurité qui trouve son expression dans la sanction, le devoir de réparation et plus récemment, le principe de prévention. Il s'agit de corriger les déséquilibres dans les relations individuelles ou dans un cadre collectif, qui pourraient résulter de la survenance d'un événement redouté. La perception du risque est finaliste et sa mise en œuvre par le droit est « *ethnocentrée* ». Donc, les principes sont posés de façon à ce que la charge du risque soit assumée soit par un ou plusieurs sujets de droit, soit par une pluralité d'individus.

La charge du risque peut être préalablement et contractuellement imputée à un ou plusieurs sujets de droit qui ne sont pas naturellement affectés par l'événement redouté. Dans cette hypothèse, lorsque la charge du risque n'est pas déterminée *a priori,* le risque réalisé en impute la charge *a posteriori* à un ou plusieurs sujets de droit par la mise en œuvre des responsabilités. Au principe général de responsabilité fondé sur la faute, qui charge la personne à l'origine de l'événement redouté, viennent se greffer des préoccupations plus contemporaines d'indemnisation des victimes mettant en perspective la théorie du risque. Le droit de la responsabilité se mue pour partie en un droit de la réparation dans l'objectif de faire peser la charge du risque sur celui qui l'a créé ou sur celui qui en tire profit. Pour partie, car la responsabilité pour faute demeure la responsabilité de principe.

En vertu d'une construction juridique, la charge du risque peut être préalablement répartie entre un nombre suffisant d'individus susceptible de l'assumer efficacement. Le risque est alors mutualisé et correspond au prix que la société est prête à consentir pour le respect de la sécurité. Ici est consacré le règne de l'assurance et de la solidarité.

Lorsque la charge du risque n'est pas pleinement assumée et que les mécanismes de réparation sont insuffisants, en raison de l'ampleur des dommages susceptibles d'être causés par certaines technologies nouvelles, il convient de faire en sorte que l'événement redouté ne se produise pas et en appelle au « *droit de l'hommisation* »

8. Dictionnaire de vocabulaire juridique, sous la direction du Doyen Gérard Cornu, PUF, définition n°1 du mot risque.

par la mise en œuvre du principe de prévention. La responsabilité n'est plus seulement curative mais elle devient préventive car elle a pour seul souci d'éviter le risque avéré. Le risque industriel en constitue un exemple pertinent. Le problème n'est pas tant de savoir qui doit supporter la charge du risque, car les principes juridiques sont posés à cet effet, mais d'éviter que les risques dont les conséquences sont les plus graves se réalisent. A ce titre, l'évaluation de la probabilité d'occurrence, de la gravité des effets et la cinétique du phénomène sont les critères qui permettent de définir les risques majeurs. Mais pour le juriste, peu importe de les qualifier de risques majeurs, de dangers ou de péril grave et imminent, puisque les seules conséquences tangibles porteront sur le respect de l'obligation de sécurité à titre préventif, le montant de l'indemnisation ou la caractérisation de la sanction. En revanche, au titre du principe de prévention, la réalisation de l'événement n'est plus le seul fait générateur de l'application des principes juridiques. C'est d'ailleurs lorsqu'il n'est pas réalisé que le risque est apprécié en tant que tel. C'est à ce titre que la mise en danger de la vie d'autrui devient une incrimination prescrite par le code pénal, et que les troubles excédents les inconvénients normaux de voisinage sont indemnisés, et que les préjudices sont évalués plus finement par le juge, reconnaissant l'angoisse d'être exposé à une situation à risque ou la perte d'une chance [9]. La mise en danger de la vie d'autrui est, par ailleurs, difficilement transposable dans le cadre de la définition des risques technologiques et naturels donnée par les scientifiques. Elle correspond dans ce contexte à l'exposition d'autrui à une situation dangereuse pouvant être mortelle. La notion de mise en danger de la vie d'autrui écarte la probabilité d'occurrence de la situation dangereuse qui n'est jamais spécifiée tout comme l'acceptabilité. La mise en danger de la vie d'autrui ne s'intéresse donc qu'à la gravité des conséquences. Les aléas naturels, comme par exemple le risque sismicité en Alsace ou le risque de crue centennale à Paris, mettent en danger la vie d'autrui. Ils donnent lieu à la mise en place de barrières de prévention et protection mais le risque résiduel demeure non nul. Ces risques sont cependant acceptés car la probabilité de survenance reste faible. Voici l'illustration patente d'un décalage d'appréciation entre nos deux champs d'étude.

Plus récemment encore, la règle de droit en voulant épouser les frontières de la connaissance scientifique pour anticiper les conséquences de certaines de leurs applications, a dépassé le risque avéré pour s'intéresser au risque supposé. Les aspirations de la société contemporaine vers le « *risque 0* » organisent le dépassement du principe de prévention, manifestation de la certitude scientifique, pour s'attacher au principe de précaution qui s'intéresse à l'incertitude scientifique. Le risque devient dangereusement inacceptable, et le principe de précaution peut paraître excessif car la mise en œuvre de mesures d'urgence pour circonscrire ce risque supposé n'est pas propice au respect des libertés. C'est la raison pour laquelle le droit n'en fait qu'un principe d'incitation législative et non un principe général du droit. L'évaluation et la charge de ce risque nouveau sont assumées par les pouvoirs publics, seulement

9 .M.-F. Steinlé-Feuerbach, « Le droit des catastrophes à l'épreuve du judiciaire », *in Mélanges en l'honneur de Georges Wiederkehr*, De code en code, Dalloz, 2009, p. 795 à 807.

responsables de la faute tirée de la méconnaissance des mesures édictées par le législateur.

La pluridisciplinarité est donc le point de départ de la reconnaissance mutuelle des disciplines et langages utilisés pour parler d'un objet commun. C'est le temps de la découverte, de la superposition des apports en strates successives. C'est le moment où nait l'envie d'aller plus loin, d'orienter la réflexion vers l'interdisciplinarité.

II. La pluridisciplinarité : De l'enjeu des Lois au jeu de Lois

« *Tout n'est pas dit lorsque la loi a parlé* »

Victor Hugo, *Les Misérables*, La Pléiade, Gallimard, 1951, p.1349.

Ce « *plus loin* » est chronophage, et le chercheur qui s'y risque par le dialogue et l'analyse des concepts et des méthodes, s'en trouve inexorablement enrichi. Il perçoit les interactions, il identifie les concepts utiles à la démonstration mais peut avoir le sentiment de perdre un peu « sa science, son savoir » en ayant l'illusion d'embrasser tous les savoirs. Sans avoir la maitrise des champs scientifiques concernés, l'écueil réside dans la confusion des concepts, voire dans l'approximation. C'est probablement la raison pour laquelle peu de chercheurs s'engagent dans la voie de l'interdisciplinarité de peur de discréditer leur propre recherche disciplinaire. Il n'en demeure pas moins que cela reste une belle aventure humaine introspective pour amener à une ouverture irréversible aux autres disciplines. Le chercheur qui a initié ce mécanisme de réflexion sur un objet donné ne s'arrêtera pas en si bon chemin. Cette réflexion irradiera l'ensemble de ses recherches. Mais il est probablement plus confortable et valorisant de « *faire du disciplinaire* ». Confortable, certes dans la mesure où cela renvoie à ce qui est connu, à ses acquis. Valorisant, car il est de l'ambition de chacun de se diriger vers la science fondamentale. Et bien souvent l'interdisciplinarité est vécue comme la perte de sa science pour aller vers la science des autres.

C'est dans le cadre de la construction de cette approche décloisonnée que la science et le droit, après avoir partagé la définition du risque, en arrivent à l'étude des concepts. Nous avons recherché les concepts partagés. Au gré des discussions, la Loi s'est imposée comme référence commune et fondamentale sur laquelle le juriste et le scientifique font reposer leur raisonnement.

La loi est progressivement devenue le cauchemar du juriste qui a toujours peur de "*passer à côté d'une réforme*" car il ne faut pas oublier que "*Nul n'est censé ignorer la Loi*" ! Ainsi interprété, cet adage est simpliste mais il reflète le quotidien du juriste. Le législateur est prolixe et la loi verbeuse. Elle porte en germe le risque de l'insécurité. "*Pour respecter la loi, il faut la connaître. Pour la connaître, il faut qu'elle soit claire et stable. Or, et ce constat est préoccupant, nombre de nos lois ne sont ni claires, ni stables. La France légifère trop et légifère mal"* [10]. La norme en raison du principe de souveraineté des États, est, par essence, nationale et donc son universalité est nécessairement circonscrite dans l'espace et dans le temps. L'intégration européenne a eu pour seul effet d'étendre l'espace d'application de la norme. Les lois scientifiques n'obéissent à aucune contrainte de temps et d'espace. Cette idée de remise à jour perpétuelle des connaissances au gré des évolutions législatives est inconnue du scientifique. Contrairement à la Loi, les Lois scientifiques sont déterministes, concises et stables dans le temps car elles décrivent une réalité observable. Elles font parfois des approximations pour s'approcher de cette réalité.

A. La Loi est un modèle pour le droit et pour la science

Reste que La Loi est un modèle pour le juriste et pour le scientifique. Montesquieu précisait que « les lois, dans la signification la plus étendue, sont des rapports nécessaires qui dérivent de la nature des choses ; et, dans ce sens, tous les êtres ont leurs lois : la divinité a ses lois, le monde matériel a ses lois ; les intelligences supérieures à l'homme ont leurs lois, les bêtes ont leurs lois, l'homme a ses lois. [...]» [11]. La loi serait alors « un énoncé nécessaire et universel » [12]. D'un point de vue strictement sémantique, la loi désigne des énoncés d'ordre prescriptif et descriptif. Toute l'ambigüité procède de l'idée que la loi, non assortie de déterminants précis, relève du domaine du droit et seulement du domaine du droit. La loi au sens juridique du terme bénéficie probablement de l'antériorité. La référence au risque prend place dans les textes depuis plus de quatre mille ans [13] mais la terminologie a été reprise par les autres champs disciplinaires, comme les mathématiques ou la physique, pour évoquer l'universalité. Mais depuis quatre mille ans les lois se sont succédées et appréhendent la société dans son évolution. La cinétique d'expansion de la norme est catalysée par le développement de la société. Dans le domaine du risque la place occupée ces dernières décennies par la prévention puis la précaution a contribué objectivement à la prolifération de la règle sous l'influence de l'harmonisation européenne, là où à l'origine elle était peu présente. La prégnance européenne contribue considérablement à obscurcir la loi. Nous y reviendrons.

---

10. Rapport public du Conseil d'Etat, *Sécurité juridique et complexité du droit*, La Documentation Française, 2006, p.9.

11. Montesquieu, *De l'esprit des Lois*, 1748, Livre I, chapitre 1 : Des lois, dans le rapport qu'elles ont avec les divers êtres.

Et d'ajouter « *Ceux qui ont dit qu'une fatalité aveugle a produit tous les effets que nous voyons dans le monde, ont dit une grande absurdité ; car quelle plus grande absurdité qu'une fatalité aveugle qui aurait produit des êtres intelligents ? Il y a donc une raison primitive ; et les lois sont les rapports qui se trouvent entre elle et les différents êtres, et les rapports de ces divers êtres entre eux* ».

12. J. Burou-Strauser, *Eléments pour une archéologie de la loi*, Michel Houdiard Editeur, 2009, p.8.

13. *Le Code de Hammurabi*, introduction, traduction et annotation par À. Finet, Les éditions du Cerf, 2ème édition, 1996.

En revanche, si cette cinétique est toute aussi importante dans le domaine scientifique car l'évolution de la société appelle le progrès scientifique, les Lois proposées il y a plusieurs centaines d'années (lois mathématiques) restent cependant applicables à ce jour. C'est aussi le cas, à titre d'illustration, des lois dites de flux-gradients qui donnent lieu à la représentation de phénomènes physiques comme la loi d'Ohm (1827) qui décrit le transport des charges électriques dans les solides métalliques, la Loi de Fourier (1822) qui caractérise le transport de la chaleur par conduction et la Loi de Fick (1825). La Loi de Fick caractérise le phénomène de transport de la matière dans un gaz de telle sorte que sa concentration devienne homogène en son sein. Il y a donc migration irréversible des molécules des zones de fortes concentrations vers celles de faibles concentrations. La Loi de Fick est une expression mathématique qui permet de calculer la densité de flux de matière qui se déplace. Cette loi semi-empirique est toujours applicable. Fick a proposé cette loi semi-empirique à partir de l'observation expérimentale et non la théorie. Cette loi n'a été démontrée théoriquement que bien plus tard par Einstein en 1905 avec ses travaux sur la loi stochastique. Cette démonstration théorique *a posteriori* n'a pas remis en question la loi de Fick car celle-ci décrit bien la réalité même si elle ne l'explique pas totalement. La loi de Fick est une loi fondamentale pour les calculs de dispersion de polluants dans l'atmosphère.

B. Des Lois qui n'ont pas vocation à se rencontrer…

Si la loi est un énoncé qui prescrit, interdit ou oblige les hommes à certaines conduites, le droit n'est pas seul concerné par cette définition. La loi morale, divine répond également à cette acception. Cependant, le droit n'est pas réductible à la loi qui n'est que la manifestation la plus noble du droit lequel a pour objet « *le contrôle des actes et valeurs considérés comme essentiels par une société* » [14]. Ces actes et valeurs font naître un choix. En effet, la loi au sens juridique offre la possibilité du choix dans le comportement à adopter. Par conséquent et dès lors qu'elle fait peser une contrainte « *essentielle pour la société* », sa caractéristique est de pouvoir être enfreinte bien au-delà des caractères coercitif et institutionnalisé de la sanction qui la définissent à titre principal [15]. La norme commande un comportement vers lequel l'homme n'est pas naturellement porté. Auquel cas, elle en deviendrait inutile. Les comportements instinctifs, physiologiques ne sont pas régis par la loi, comme respirer, boire ou manger. La loi peut seulement les rendre obligatoires dans les lieux où il existe des privations de liberté. Elle prescrit. C'est bien parce que l'homme choisit de ne pas respecter la prescription qu'il peut engager juridiquement sa responsabilité.

C'est par là que s'opère toute la distinction avec la loi scientifique mettant en perspective des phénomènes complètement étrangers à la problématique du choix… de la même façon que l'homme doit boire ou respirer, l'incendie, la tempête,

14. N. Rouland, *Anthropologie juridique*, PUF, Paris, 1988, p. 136.

15. Pour H. Kelsen, qui a rallié la majorité des juristes, la norme juridique se définit de la sorte.

l'explosion obéissent à des règles déterministes sans la moindre référence au juste et à l'injuste, à l'idée de choix. La loi scientifique procède d'énoncés qui expriment des relations entre les phénomènes observables. Ces énoncés ont une portée explicative et prédictive dans la mesure où il s'agit d'un ordre dans lequel les phénomènes doivent s'enchainer. Il n'est nullement question de prescrire un ordre aux phénomènes. Cependant, ces lois ont un caractère universel, n'étant attachées qu'à la souveraineté des phénomènes observés indépendamment des organisations politiques. Par ailleurs, elles mettent en jeu la nécessité car elles prennent en considération des phénomènes de même nature au sein de l'univers. Elles décrivent ce qui se passe nécessairement dans certaines conditions données. Les lois prescriptives bien qu'à portée générale, renvoient seulement à l'idée d'obligation ; une obligation peut être transgressée, pas une nécessité. La nécessité est déterministe. Les sciences humaines ne sont pas sans incidences sur les lois tant prescriptibles que descriptives, mettant en perspective qu'il existe des lois scientifiques pour les êtres humains. Ces lois sont plus empiriques, plus probabilistes. Elles se veulent parfois descriptives en reposant sur des énoncés scientifiques explicatifs tout en prescrivant à l'humain. Elles retranscrivent le devoir être qui se situe à mi-chemin entre la nécessité et l'obligation. Les difficultés viennent aujourd'hui de la position ambiguë et incertaine de l'homme qui agit tout à la fois par nécessité à son insu, et dans le cadre de son libre arbitre en utilisant le langage, en s'organisant socialement et en organisant les échanges avec les autres individus [16].

Hans Kelsen, dans *La théorie pure du droit* [17], pour distinguer la science du droit s'est affranchi de toute considération de fait afin de mettre en perspective la caractéristique de la norme. Pour ce positiviste, la norme ne se définit pas par son contenu mais pour ce qu'elle est. La norme juridique est épurée des faits ou plus exactement de tout élément qui relèverait de la science. Il distingue alors l'être – *sein* – et le devoir être – *sollen* –. Par conséquent, le droit ne porte pas sur les faits mais sur les conséquences qu'il attache aux faits qu'il prend en considération. On retrouve bien dans ce constat la démarche *a posteriori* qui sert la définition du risque en droit. Prescrire procède de l'idée qu'il convient d'attacher à des faits certaines conséquences, leur imputer des effets juridiques. Confronté aux faits, le droit participe à l'idée de processus, d'action car il est tourné vers l'avenir ; il est le « *reflet d'une société* » et le «*projet d'agir sur elle* » [18]. La fonction normative doit cependant être découplée de la société. De même que la Loi scientifique n'est pas réductible à ses applications.

16. V. J. Burou-Strauser, *Eléments pour une archéologie de la loi*, préc., p.15 et suivantes.
17. *Théorie pure du droit*, 2e édition traduite par Charles Eisenmann, Dalloz, 1962, Paris.
18. L. Assier-Andrieu, *Le droit dans les sociétés humaines*, Nathan, Paris 1996, p. 5.

C. Le processus d'intégration de la Loi dans la Loi

Pourtant, qu'il s'agisse de la Loi ou de la Loi scientifique, le phénomène de dilution de la norme est patent. Dans le domaine des risques, on ne raisonne plus sur les Lois universelles et générales mais sur leur application. La société dépendante des technologies procède d'une confusion des genres en conduisant le scientifique à manier voire à rédiger la règle de droit, et le juriste à insérer des équations, des seuils dans la règle de droit dont il doit prescrire les conséquences liées à son application. Mais est-ce vraiment le juriste qui produit la règle ? Le doute est de mise dans le domaine des risques et plus particulièrement dans le domaine des risques industriels. La Loi s'invite donc dans la Loi en mettant deux logiques distinctes en interaction sur des situations données. Ce n'est plus de cette Loi universelle dont il s'agit, mais de règles émanant de champs disciplinaires différents qui ont pour objet de répondre à un besoin précis. La référence à l'universalité est mise à rude épreuve depuis la fin du siècle dernier. Le développement et la réorganisation des sciences remettent en cause le prestige de la loi « *à la faveur du quasi-triomphe de l'empirisme et au bénéfice des notions de paradigme ou de théorie* » [19]. Dans le domaine juridico-politique, les idéologies universalistes ont été remises en cause durant le XXème siècle, abandonnant définitivement le légicentrisme. Parallèlement, la construction européenne redéfinit la loi et va sur le terrain plus mouvant de la réglementation de par sa technicité, laissant peu de place à l'abstraction [20]. Par essence, la Loi n'a pas vocation à prescrire un retour d'expérience sur une situation donnée. C'est ce qui distingue la Loi de la règle. La Directive "Seveso" dans ses trois versions successives en dit long sur cette évolution inéluctable de la règle vers le retour d'expérience, ne serait-ce que par référence avec le nom donné au texte. Les lois de transposition portent en germe l'empreinte de ce constat et s'abandonnent logiquement à la technique et au retour d'expérience. La loi n°2003-699 du 30 juillet 2003 relative à la prévention des risques technologiques, dite « loi Bachelot » en constitue une illustration pertinente.

D. Le règne de la réglementation ou comment le droit prescrit l'analyse de risque

Elle fait directement référence à la catastrophe de Seveso qui s'est produite le 10 juillet 1976 en Italie, impactant quatre communes dont celle de Seveso. Un nuage contenant de la dioxine s'est échappé d'un réacteur de l'usine chimique *Icmesa* et s'est répandu sur la plaine lombarde en Italie. Le travail des salariés reprend normalement jusqu'au 18 juillet où l'émission de TCDD (tétrachlorodibenzo-p-dioxine) est communiquée aux autorités par les laboratoires Hoffmann-Laroche. La population impactée continue à vivre en milieu contaminé jusqu'au 26 juillet, date à laquelle elle commence à être évacuée : 725 personnes sont impactées. Elles sont éva-

19. J. Burou-Strauser, *Eléments pour une archéologie de la loi*, préc., p.9.
20. *Ibidem*.

cuées progressivement au fur et à mesure que l'impact est évalué. Aucun plan d'urgence n'avait été mis en place par l'entreprise, et l'évaluation des risques ne pouvait être que parcellaire car la connaissance des effets toxiques de la dioxine est limitée du fait de l'absence de données scientifiques sur ce point. La quantité estimée de dioxine rejetée dans l'atmosphère est comprise, selon différentes études diligentées sur ce point, entre 0,2 et 40 kg. En revanche, il était avéré à l'époque que l'une des substances libérée est composante des défoliants utilisés au Vietnam par l'armée américaine. Par conséquent, la question des effets du nuage toxique pour la santé s'est rapidement posée. Quelques années après, le bilan est dressé : En dehors des 193 cas de chloracné, notamment chez les enfants, on ne dénombre aucun décès et peu de séquelles de l'accident. Mais c'est sur le plan environnemental et écologique que cette catastrophe aura des effets patents : la végétation est contaminée, les sols agricoles et les habitations nécessitent de lourds travaux de décontamination, 3300 animaux domestiques meurent intoxiqués et il faut abattre près de 70000 têtes de bétail [21]. Cette catastrophe a montré l'utilité de prescrire *a priori* une analyse de risques sur les sites industriels de façon à prévenir les risques industriels majeurs, notamment à l'égard des activités industrielles chimiques exercées en milieu urbain – en France, il existe environ 1250 sites industriels concernés –. De cette analyse de risques, il s'agit par ailleurs de procéder à l'élaboration de plans de prévention des risques, et de plans d'urgence.

Dès le début des années 80, le retour d'expérience prendra les traits d'une Directive européenne, transposée par les Etats membres [22]. L'article 4 y prescrira que « *les Etats membres prennent les mesures nécessaires pour que tout fabricant soit tenu de prouver à tout moment à l'autorité compétente, aux fins de vérifications requises à l'article (...), qu'il a déterminé les risques accidentels majeurs existants...* ». Ce dispositif invite explicitement les industriels à réaliser une étude de dangers [23] (ou analyse de risque) que les instances de l'Union définiront plus précisément dans le texte de la Directive dite Seveso 2 de 1996 et en annexe de cette dernière. En effet, elle a pour objectif de « *démontrer que les dangers d'accidents majeurs ont été identifiés et que les mesures nécessaires pour les prévenir et pour limiter les conséquences de tels accidents pour l'homme et pour l'environnement ont été prises* ». La transposition de ces dispositions en droit interne va avoir pour effet de renforcer le champ de compétences de chacun en la matière, à commencer par les industriels et les services du préfet, plus particulièrement la DREAL (Direction Régionale de l'Equipement, de l'Aménagement et du Logement, à l'époque DRIRE) qui comprend en son sein l'inspection des Installations classées pour la protection de

21. http://www.natura-sciences.com/environnement/catastrophe-seveso.html.

22. Directive Seveso 82/501/CEE du Conseil du 24 juin 1982 concernant les risques d'accidents majeurs de certaines activités industrielles, modifiée par la directive 96/82/CEE du 9 décembre 1996 concernant la maîtrise des dangers liés aux accidents majeurs impliquant des substances dangereuses, et tout particulièrement en son article 9.

23. K. Favro et J.-F. Brilhac, « Les études de dangers ; le point de départ de la planification du risque industriel », *in Planifier le risque industriel*, Victoires-Editions, Collection Environnement, octobre 2009, p.43.

l'environnement, pour ce qui est de la France. Tous les acteurs de l'industrie qui présente des niveaux de risques et d'impacts environnementaux important vont devoir se mettre au diapason, favorisant ainsi l'apparition de compétences expertes, telles que celles de l'ineris (Institut national de l'environnement industriel et des risques) ou de bureaux d'études sollicités par les industriels.

Reste que la directive européenne n'a pas prescrit les formes que devaient prendre les évaluations et la gestion des risques [24]. La qualification ainsi que la quantification de ces risques ayant pour objet d'en décrire les effets et les conséquences ne sont pas des opérations normées. Par conséquent, les incertitudes sont incontestables ; le même risque peut se voir attribuer des valeurs différentes selon l'estimation qui en est faite par les personnes concernées. La modélisation des phénomènes dangereux suppose que des études préalables soient menées sur la définition des scénarios qui conduisent à l'occurrence d'un phénomène dangereux (phd). Cette étape est déterminante comme le montrent les résultats du programme de recherche ASSURANCE [25] qui a mis en évidence des écarts importants entre les résultats d'une analyse de risques menée sur un même système par différents groupes d'experts européens. Ces écarts se comptent en termes de probabilité et de gravité. Ils ont été attribués à la définition des scénarios considérés pour l'analyse des risques. Cette incertitude aléatoire liée aux scénarios retenus n'est cependant pas la seule à prendre en compte. S'y ajoutent des incertitudes liées à la modélisation de la gravité de l'aléa et la vulnérabilité des enjeux, à savoir les incertitudes épistémiques. Ces incertitudes épistémiques sont liées à la complexité des phénomènes physiques mis en jeu lors des accidents industriels. En effet, si il est aisé d'être rigoureux quand le phénomène observé est simple comme celui que décrit la Loi de Fick, il est beaucoup plus complexe de l'être quand il s'agit de la dispersion de polluants dans l'atmosphère suite à la rupture de confinement d'une capacité, comme cela a été le cas à Seveso. Car le phénomène à modéliser doit prendre en considération un nombre important de paramètres et de conditions aux limites tels que le type de fuite (source), la météo ainsi que le relief. Dans ce cas, l'équation mathématique ou plutôt le jeu d'équations mathématiques dévouées à représenter le phénomène s'écartent un peu de la loi fondamentale et le passage du semi-empirisme à l'empirisme est souvent de mise. Ainsi, les modèles de dispersion de polluants peuvent tout simplement s'appuyer sur des lois mathématiques (Gaussienne) qui sont très loin de la description théorique du phénomène physique mais en permette une représentation raisonnable. C'est ce type de modèle qui est indiqué dans la fiche n°2 proposée dans la Circulaire du 10 mai 2010 récapitulant les règles méthodologiques applicables aux études de dangers, à l'appréciation de la démarche de réduction du risque à la source et aux plans de prévention des risques technologiques (PPRT) dans les installations

24. J.-P. Galland, « Une mise en perspective historique de l'étude de dangers et de ses contributions à l'action publique », site : http://rp.urbanisme.equipement.gouv.fr/puca/edito/cr_risques_techno2.pdf.

25. *Assessment of Uncertainties in Risk Analysis of Chemical Establishements* – http://www.risoe.dk/rispubl/sys/syspdf/ris-r-1344.pdf.

classées en application de la loi du 30 juillet 2003 [26]. Les mécanismes physiques sont décrits mais les équations correspondantes ne sont pas indiquées dans cette fiche qui renvoie vers un rapport de l'ineris pour plus de détail. En fonction de l'évaluation, la prise de décision et sa mise en œuvre dépendront également de la façon dont les individus concernés perçoivent le risque [27]. L'industriel appuie sa démarche sur une méthodologie complexe afin de réduire « *le potentiel de danger et de risque à la source* » et de définir des barrières « *destinées à faire obstacles à la réunion des conditions susceptibles de conduire à une situation accidentelle et, si celle-ci survenait, à s'opposer aux développements de ses effets et de ses conséquences* » [28].

Pour procéder à cette analyse de risques, un clivage s'est formé en Europe autour de deux approches, l'une déterministe, à laquelle la France s'est historiquement rattachée pour la gestion de l'urbanisation autour des sites industriels [29], et l'autre probabiliste s'imposant aujourd'hui comme un cadre privilégié d'élaboration des études de dangers. L'approche déterministe consiste à établir des scénarios de référence nécessairement majorants, déconnectés de la réalité de l'installation, des éléments contingents et des moyens mis en place. Les risques, méthodiquement répertoriés, sont affichés sans nuance à l'intérieur d'un périmètre au sein duquel un certain type d'effets et de conséquences sont à redouter. La confiance dans le calcul des paramètres du scénario et des effets des conséquences gouverne cette approche déconnectée de toute dimension empirique ou plus exactement de l'intégration du risque dans son environnement géographique, économique et social [30]. Les conséquences de l'accident survenu le 21 septembre 2001 à Toulouse en spécifient très clairement les limites. C'est pour cette raison que la nouvelle réglementation qui en est issue privilégie l'approche probabiliste. L'approche probabiliste, quant à elle, procède d'une analyse détaillée et systématique des scénarios potentiels de façon à examiner le système dans sa globalité et sa réalité. Les différents scénarios susceptibles de se produire sont ainsi élaborés ; il s'agit de déterminer les effets, les conséquences et les probabilités de l'accident qui est la réalisation du risque industriel. En fonction de cette évaluation, des barrières techniques sont proposées. L'appréciation du risque suppose alors la prise en compte de la gravité et de la probabilité des accidents potentiels. L'étude a désormais pour « *objet de rendre compte de l'examen effectué par l'exploitant pour caractériser, analyser, évaluer, prévenir et réduire les risques d'une installation ou d'un groupe d'installations situé dans un environne-*

26. BO du MEEDDM, n°2010/12 du 10 juillet 2010.

27. Pour ces définitions, v. Y. Vérot, « Pévention, gestion, évaluation et perception du risque », *BDEI*, numéro spécial, 2002, p.19.

28. *Ibidem*.

29. Ministère de l'environnement, *Guide de la maîtrise de l'urbanisation autour des sites industriels à haut risque*, 1990, mis en œuvre par la circulaire DPPR/SEI/AG.SD du 24 juin 1992 relative à la maîtrise de l'urbanisation autour des installations industrielles à hauts risques, BOMELT n°1480-92/28 du 20 octobre 1992. Ce texte a été abrogé par la circulaire DPPR/SEI2/FA-07-0066 du 4 mai 2007, non publiée.

30. S. Descourrière, « Les exigences techniques : la nouvelle approche réglementaire des études de dangers», *Préventique Sécurité*, n°93, mai-juin 2007, p.20.

ment industriel, naturel et humain défini, autant que technologiquement réalisable et économiquement acceptable, que leurs causes soient intrinsèques aux substances ou matières utilisées, liées aux procédés mis en œuvre dans l'installation, à la gestion de l'établissement ou dues à la proximité d'autres risques d'origine interne ou externe à l'installation » [31]. La démonstration de la maîtrise des risques, même des plus résiduels, devient le point d'orgue de l'étude de dangers [32]. A vrai dire, les deux méthodes ne sont pas exclusives l'une de l'autre d'un point de vue technique. L'approche probabiliste n'exclut pas la prise en compte du scénario majorant, « *mais lui affecte la probabilité qui lui revient* » [33]. C'est en ce sens que la réglementation s'est fixée sur la question depuis la loi du 30 juillet 2003 consacrant véritablement l'étude de dangers [34].

Méconnue du législateur et plus largement des acteurs du risque industriel, l'étude de dangers n'a pas été pendant longtemps une fin en soi, mais la conséquence indirecte de l'existence d'outils de prévention et de gestion des risques. Ainsi l'article L.551-1 du code de l'environnement prescrit une étude de dangers à l'endroit des installations pour lesquelles un Plan Particulier d'Intervention (PPI) est nécessaire (plan d'urgence) [35]. Cela étant, même si son utilité ne cesse de croître dans le domaine de la maîtrise des risques servant les politiques de prévention et d'information du public, l'étude est noyée dans la procédure d'autorisation : c'est un élément parmi d'autres, certes substantiel, mais depuis peu. Elle est devenue un élément substantiel depuis la loi du 30 juillet 2003 conduisant à son passage sous les fourches caudines du pouvoir réglementaire. Nonobstant, sa raison d'être reste sa finalité et le législateur n'a eu de cesse de la renforcer. L'étude de dangers devient également le préalable de l'élaboration des plans de prévention des risques technologiques [36]. C'est sous l'angle de ses finalités qu'il convient d'examiner la réglementation en vigueur car il devient plus aisé d'en comprendre les enjeux et insuffisances. La lecture des textes n'est en aucun cas suffisante et qui plus est, réservée

31. Guide d'élaboration et de lecture des études de dangers pour les établissements soumis à autorisation avec servitudes et des fiches d'application des textes réglementaires récents.

32. Arrêté du 10 mai 2000, modifié par l'arrêté du 29 septembre 2005, relatif à la prévention des accidents majeurs impliquant des substances ou des préparations dangereuses présentes dans certaines catégories d'installations classées pour la protection de l'environnement soumises à autorisation, *JO*, 7 octobre 2005.

33. Y. Vérot, « Pévention, gestion, évaluation et perception du risque », préc.

34. Article L.512-1 du code de l'environnement dans sa rédaction issue de la loi du 30 juillet 2003 :

L'étude de dangers « *précise les risques auxquels l'installation peut exposer, directement ou indirectement, les intérêts visés au L.511-1 en cas d'accident, que la cause soit interne ou externe à l'installation. Le contenu de l'étude de dangers doit être en relation avec l'importance des risques engendrés par l'installation.*

En tant que de besoin, cette étude donne lieu à une analyse de risques qui prend en compte la probabilité d'occurrence, la cinétique et la gravité des accidents selon une méthodologie qu'elle explicite.

Elle définit et justifie les mesures propres à réduire la probabilité et les effets de ces accidents. ».

35. En vigueur depuis la loi n°87-565 du 22 juillet 1987 ; v. sur ce point, D. Deharbe, « L'étude de dangers : nouvelle pierre angulaire de la prévention des risques technologiques », *BDEI*, 2004, n°4, p.19.

36. Article L.515-15 du code de l'environnement.

aux spécialistes et en s'y penchant d'un peu plus près, ces spécialistes ne sont ni les juristes, ni les scientifiques car les enjeux sociétaux dépassent bien largement les frontières de ces champs disciplinaires. C'est bien là le problème. Essayez de contenir ces enjeux dans un seul texte procède d'un impossible opérationnel, et par conséquent d'un impossible scientifique.

A cette fin, l'arrêté du 29 septembre 2005 [37] impose que l'ensemble des phénomènes dangereux soit listé en les caractérisant en intensité, gravité et probabilité. Pour ce faire, l'analyse de risques débute par la description de l'environnement, du site industriel et des installations [38]. Les différents scénarios proposés doivent prendre en considération les conséquences d'un accident sur les personnes et l'environnement. Dès lors, l'étude de dangers doit présenter les moyens prévus pour réduire l'occurrence et la gravité des accidents prévisibles, mais également pour les prévenir et les maîtriser. Par conséquent, l'objectif clairement affiché en 2003 relève de la maîtrise de l'urbanisation autour du site industriel et suppose la mise en œuvre d'une véritable stratégie de prévention et de maîtrise des risques industriels. La planification en fait partie et puise sa substance dans l'étude de dangers. Comment l'étude de dangers peut-elle répondre à des objectifs mêlant sécurité civile et règles d'urbanisme, *a priori* distincts et à l'origine d'instruments mettant l'accent soit sur la gravité (Plan Particulier d'Intervention), soit sur la vulnérabilité (Plan de Prévention des Risques Technologiques) ?

Ce nouveau cadre réglementaire ambitionne de décrire le risque de façon plus exhaustive. D'ailleurs, la réglementation dans son approche probabiliste ne se réfère plus au « danger » mais au « risque » [39]. Elle impose au pétitionnaire des critères de déploiement de la méthode en fonction de la finalité des études, des éléments de mesure ainsi qu'une grille d'appréciation de la maîtrise des risques [40].

---

37. Arrêté relatif à l'évaluation et à la prise en compte de la probabilité d'occurrence, de la cinétique, de l'intensité des effets et de la gravité des conséquences des accidents potentiels dans les études de dangers des installations classées soumises à autorisation, *JO*, du 7 octobre 2005, p. 15987. Cet arrêté a été précisé par la circulaire du 29 septembre 2005, du 28 décembre 2006 et du 24 décembre 2007.

38. R. Farret, « L'étude de dangers : contenu, limites, et spécificités françaises », site : http://rp.urbanisme.equipement.gouv.fr/puca/agenda/frame_ actes_colloques.htm.

39. M.-P. Maitre, « Etude de dangers : le point depuis la loi sur les risques technologiques et naturels », *Environnement*, avril 2004, p.28.

40. Arrêté du 29 septembre 2005 relatif à l'évaluation et à la prise en compte de la probabilité d'occurrence, de la cinétique, de l'intensité des effets et de la gravité des conséquences des accidents potentiels dans les études de dangers des installations classées soumises à autorisation, *JO*, 7 octobre 2005 ; Circulaire n°DPPR/SEI2/CB-06-0388 du 28 décembre 2006, relative à la mise à disposition du guide d'élaboration et de lecture des études de dangers pour les établissements soumis à autorisation avec servitudes et des fiches d'application des textes réglementaires récents, préc. ; Circulaire ministérielle du 29 septembre 2005 relative aux critères d'appréciation de la démarche de maîtrise des risques d'accidents susceptibles de survenir dans les établissements dits *Seveso*, visés par l'arrêté du 10 mai 2000 modifié le 15 novembre 2005.

De façon plus globale, que peut-on espérer d'une réglementation qui pour se déployer requiert l'intervention du législateur, du pouvoir réglementaire (décret et arrêtés), des services techniques concernés (circulaire, guide méthodologique, fiches pratiques) ? D'autant que les services techniques du Ministère de l'environnement ont eu, de 2005 à 2009, besoin d'établir progressivement l'interprétation de ces textes dans le cadre de dix-sept circulaires et notes diverses couvrant l'ensemble de la procédure conduisant à l'élaboration de l'étude de dangers. Ces circulaires destinées prioritairement aux agents de la DREAL, visent par ricochet l'exploitant. Aux dires du Ministère de l'environnement, il a fallu abroger ces différents textes et les fondre dans une unique circulaire de cent vingt et une pages, dont on peut apprécier la concision (!), afin de rendre la procédure plus lisible et tendre vers l'unification des instructions ministérielles. Tel est l'objet de la circulaire du 10 juillet 2010 et à sa lecture, il est impossible de mettre en doute sa technicité.

A tout le moins, elle est prolixe car elle intègre une description des phénomènes, rarement des équations dérivées des lois universelles des sciences, et essentiellement des niveaux seuil pour les effets de rayonnement thermique, surpression et toxique. En tout état de cause, elle est difficile à appliquer par le juriste enclin à solliciter l'avis de l'expert [41], et par le technicien qui peine à utiliser directement les modèles proposés. Ces modèles sont incomplets dans leur présentation. Quand une formule est indiquée dans ces fiches, elle est bien souvent inutilisable directement car les paramètres qui la compose ne sont pas définis. Dans l'hypothèse d'une dispersion atmosphérique de polluants, il est loisible de constater que la fiche n°2 de la circulaire du 10 mai 2010 ne fait état que de descriptions phénoménologiques très générales. Aucune équation n'y est mentionnée ni indiquée. Pour trouver une formule mathématique décrivant le phénomène de dispersion, il faut aller, comme le préconise la fiche n°2, vers le dossier Omega 12 de l'ineris. Les équations présentées dans ce dossier restent cependant des formules gaussiennes qui ne sont pas celles dérivées directement de la loi de Fick décrivant les phénomènes de diffusion turbulente des polluants dans l'atmosphère. Ces cas particuliers illustrent qu'il est difficile voire impossible de rencontrer une Loi physique dans la Loi. La perméabilité entre droit et sciences se rencontre uniquement sur le terrain de la réglementation. Elle n'a pas vocation à s'aventurer dans les étages disciplinaires où lois scientifiques et Loi se réservent des espaces épurés bien distincts.

Ainsi, on peut s'interroger sur la pertinence de cette description pseudo détaillée des phénomènes physiques et leur modélisation que l'on rencontre dans cette circulaire. Car elle n'est pas suffisamment détaillée pour le technicien tout en étant hors de la sphère du droit. L'ensemble relève plutôt d'un document de vernis peu précis de la modélisation des conséquences des risques industriels. Cela étant, l'objectif attendu d'un texte réglementaire est-il de décrire la science ? Rien n'est moins sûr. L'interdisciplinarité révèle dans cette hypothèse des limites quant aux maniements des concepts. La réglementation est l'expression de cette interdisciplinarité. La théo-

41. J.-F. Brilhac et K. Favro, « De l'expertise technique... au prétoire », *in* Lavoisier, Editions Tec&Doc, Collection Sciences du risque et du danger, mai 2009, p.31.

rie des ensembles illustre ces propos et met en perspective l'idée selon laquelle formellement la Loi n'est pas concernée par le processus d'intégration. Dans le domaine du risque, les exemples sont nombreux.

III. La transdisciplinarité : de la réglementation à la systémique ...

« Science sans conscience n'est que ruine de l'âme »,

François Rabelais, *Pantagruel*, Chap. VIII, Lettre de Gargantua à Pantagruel, 1532.

Cependant, lorsque les chercheurs persistent et en arrivent à décloisonner les approches disciplinaires, en allant de l'une à l'autre sans se soucier des concepts et en s'affranchissant des approximations, le pas est alors franchi. L'approche transdisciplinaire se veut systémique et globale et vise la méthodologie par-delà la connaissance des concepts et de la méthode. Les outils restent propres à chaque discipline ce qui transparait très clairement de l'exemple précédent. Les méthodes autorisent l'interdisciplinarité mais sans que les chercheurs d'autres champs disciplinaires soient en mesure d'apprécier leur raison d'être. Autrement dit, dans le cadre d'une analyse de risques, le juriste doit être en mesure d'apprécier *ab initio* dans sa réflexion, l'efficacité d'une méthode scientifique au regard de la finalité à atteindre. A ce titre, il doit être capable de présenter la méthode, d'apprécier les conséquences juridiques du choix de telle ou telle méthode, d'en cerner les enjeux sans pour autant attendre de sa part l'application les lois physiques ou mathématiques qui la soustendent. Si l'on poursuit cet exemple, le scientifique doit quant à lui, être en mesure d'apprécier la portée du cadre juridique qui prescrit dans certaines hypothèses une analyse de risque, le temps de sa réalisation et les enjeux sociétaux. Mais dans le cadre de ce raisonnement, il ne se prononcera pas sur la raison d'être de la norme. La grande difficulté de l'exemple décrit, procède de notre volonté de faire s'interpénétrer, coute que coute, deux champs disciplinaires sans en effacer les limites et le bien-fondé ce qui interdit totalement leur miscibilité. L'autre écueil est de vouloir mixer les outils des deux approches alors qu'il convient d'admettre d'emblée leur disciplinarité. Par conséquent, le premier enseignement du transdisciplinaire est d'être en capacité d'observer les limites de l'interdisciplinarité. Quel est l'intérêt d'effacer ces limites ? Si l'on considère l'exemple précédent, l'intérêt est de se libérer du carcan de l'étude de dangers telle qu'elle est actuellement prescrite et observée.

Scientifiquement, les limites sont inhérentes aux scénarios d'accidents, aux modèles pour en estimer les conséquences et à l'exhaustivité inatteignable. La nature du scientifique le conduira à affiner les modèles pour réduire les incertitudes épistémiques. C'est sa raison d'être disciplinaire. Pourquoi lutter afin de réduire ces incertitudes épistémiques alors que les incertitudes aléatoires demeurent irréductibles ?

La nature du juriste le conduit à tirer les conséquences de l'événement dommageable et dans notre cas de figure de transférer la charge du risque sur l'exploitant.

C'est la raison d'être disciplinaire du juriste et en tout état de cause, l'esprit de la réglementation relative aux études de dangers. Compte tenu des incertitudes, les études de dangers soumises à la DREAL et qui respectent les exigences tirées de la réglementation, seront malgré tout validées [42]. L'absence de responsabilité des services de la DREAL découlant de l'examen du dossier s'oppose à tout engagement de sa part que l'on pourrait schématiser ainsi ; si un scénario prévisible n'apparaît pas dans l'étude de dangers et que le risque se réalise, il y va de la responsabilité de l'exploitant qui n'en a pas fait état. Cette solution est conforme à la réglementation d'autant que la DREAL n'est pas habilitée par les textes à contrôler les dires de l'exploitant [43]. *A contrario,* si l'exploitant utilise les meilleurs modèles mis sur le marché, qu'il détermine l'ensemble des scénarios prévisibles et qu'en conséquence il déploie les bonnes mesures de maitrise des risques, va-t-il s'exonérer de sa responsabilité ? Rien n'est moins sûr, d'une part en raison de sa connaissance du fonctionnement de l'entreprise, et d'autre part car tout risque qui se réalise porte en germe une part d'incertitude irréductible. Donc, même un entrepreneur engagé dans une démarche préventive assumera *in fine* la charge du risque et pourra simplement atténuer sa responsabilité. Dès lors qu'elle est l'utilité d'une telle démarche préventive ?

Seule une méta-méthode permettrait de trouver une solution en déployant la transdisciplinarité. Ce raisonnement ne nous est pas propre mais largement emprunté au chercheur qui a développé les fondements de la systémique en France, Jean-Louis Lemoigne [44], qui s'est d'ailleurs commis le temps d'un ouvrage [45] avec le Professeur de Droit Christian Atias en réponse à Edgar Morin. La construction transdisciplinaire n'est en rien révolutionnaire et par-delà la compréhension de sa construction, la complexité résulte de son appropriation. Autrement dit, il n'est pas suffisant de comprendre le raisonnement pour être en capacité de l'appliquer. Edgar Morin qualifie cette approche de paradigmologique : « *Nous en sommes au préliminaire dans la constitution d'un paradigme de complexité lui-même nécessaire à la constitution d'une paradigmatologie. Il s'agit non de la tâche individuelle d'un penseur mais de l'œuvre historique d'une convergence de pensées.* » [46]. Il convient de raisonner en faisant fi des limites sus-mentionnées pour s'engager dans la démarche systémique qui permet de modéliser le plus simplement et globalement possible les systèmes

42. *Ibidem.*

43. V. sur ces développements, J.-C. Juvin, « L'inspection des installations classées » ; C. Floderer, «L'impact de la loi 2003 sur le métier d'inspecteur des installations classées », site : http://rp.urbanisme.equipement.gouv.fr/puca/edito/cr_risques_techno2.pdf.

44. J.-L. Lemoigne, *La modélisation des systèmes complexes*, 1990, Éd. Dunod. Réédité en 1995 ; *Le Constructivisme, t. 1 : Les enracinements*, 2002, Éd. l'Harmattan ; *Le Constructivisme, t. 2 : Épistémologie de l'interdisciplinarité*, 2003, Éd. l'Harmattan ; *Le Constructivisme, t. 3 : Modéliser pour comprendre*, 2003, Éd. l'Harmattan.

45. J.-L. Lemoigne et C. Atias, *Science et conscience de la complexité, avec Edgar Morin*, 1984, Librairie de l'Université d'Aix-en-Provence.

46. E. Morin, *La Méthode – Les Idées* (t.4), Le Seuil, nouvelle édition, coll. Points, 1995.

complexes. Dans cette perspective, la représentation de la réalité permet de prendre en considération des éléments ne relevant pas de la science tels que « *l'instabilité, l'ouverture, la fluctuation, le chaos, le désordre, le flou, la créativité, la contradiction, l'ambiguïté, le paradoxe* » [47]. Ces éléments font partie intégrante du système. Plus particulièrement, l'approche systémique conduit à analyser les interactions et régulations possibles du système et à le modéliser en prenant en considération ses aspects fonctionnels, structurels et dynamiques. La représentation du système par cette approche permet de construire et formaliser un modèle du système donné. Plus explicitement, il faut redéfinir les objectifs scientifique et juridique de la démarche sans inventer de nouveaux outils et sans chercher à les rendre plus performants. Initier la réflexion *ex nihilo*, afin de s'affranchir à la fois du déterminisme scientifique et des mécanismes juridiques centrés sur la responsabilité de l'exploitant. Dans le cadre de cette démarche, il conviendra nécessairement de réintroduire du flou et de la créativité pour repartir sur une nouvelle méthodologie en sortant de la planification. Ainsi doit se réguler le système et la réflexion doit s'engager sur ce terrain...

47. J.-M. Pontier, « Prévenir pour se prémunir », *AJDA*, 10 avril 2006, p.729.

3

Quelques leçons sur la régulation d'une activité risquée à partir du cas de la régulation publique et privée du transport maritime

Laurent Dehouck

Maître de conférences en sciences de gestion. Groupe de Recherche en Gestion des Organisations (GREGOR, EA 2474), axe « Risques et Décision », IAE de Paris. Ecole Normale Supérieure de Rennes

Marc Lassagne

Maître de conférences en sciences de gestion. Groupe de Recherche en Gestion des Organisations (GREGOR, EA 2474), axe « Risques et Décision », IAE de Paris. Ecole Nationale Supérieure d'Arts et Métiers

Résumé

Cet article repose sur l'étude du cas de la régulation des risques dans le transport maritime. Deux formes de régulation s'y appliquent à savoir celle de l'organisation maritime internationale (OMI) et celle issue du système des sociétés de classifications. Il présente rapidement leurs évolutions et les difficultés que ce système de régulation rencontre notamment en matière de légitimité sur la prise de risque socialement acceptable. L'analyse idiosyncratique de ce système sert à poser un certain nombre de problèmes intéressants. Enfin, de manière plus générale, des leçons utiles à d'autres contextes d'activités risquées en matière de régulation sur les risques sont tirées, au prisme d'une nouvelle analyse qui met en parallèle catégories de risques et catégories juridiques de responsabilité.

La réglementation d'une activité peut prendre de nombreuses formes, qui ne reposent pas toujours sur des mécanismes déterministes de type contrôle/commande, notamment lorsqu'il s'agit de réglementation sur des activités risquées. On peut mentionner, par exemple, l'évolution de la réglementation vers ce que certains appellent une réglementation basée sur le risque, dans laquelle la charge de la preuve de la conformité, à un niveau donné de risque socialement acceptable est portée par l'organisation régulée (Lassagne et Munier, 2007). On peut aussi faire référence aux pratiques émergentes d'accords volontaires, qui prennent la forme de code de bonne conduite, certification, etc. Ils se généralisent dans la plupart des secteurs industriels non seulement pour contrer les difficultés et les coûts associés aux réglementations traditionnelles, mais aussi pour anticiper les évolutions de la réglementation, ou encore pour contribuer à améliorer leur image. Ces évolutions vers l'auto-régulation ou la corégulation en matière de risque sont souvent associées au mouvement général de déréglementation observé pendant les années 1980 et 1990. Le cas du transport maritime, qui a connu de telles évolutions, est toutefois singulier car dans ce domaine, la réglementation privée a, à quelques exceptions près, précédé la réglementation publique, ce qui a des conséquences qui vont bien au delà de sa nature idiosyncratique.

En effet, la question de l'évolution de différents régimes de réglementation (la réglementation étant ici entendue dans son acception la plus large, incluant tous les moyens de contrôle social des activités ou, pour citer Hood et alii (2001, p.9) : "*the complex institutional geography, rules, practice, and animating ideas that are associated with the regulation of a particular risk or hazard*") occasionne plusieurs questionnements, au premier titre sur l'articulation de ces régimes, la manière dont ils coexistent, leur efficacité et leurs limites. Toutefois, au-delà de cette première étude, le mélange entre règles privées et publiques permet aussi d'accéder directement à la nature du rapport entre les politiques de management des risques à l'échelle des entreprises et les contraintes dans lesquelles elles s'insèrent. Partant, se pose la question, non pas seulement de la performance d'un tel système (que pourrait renseigner un simple constat accidentologique), mais plutôt de l'analyse, voire de la définition, de cette performance (et de sa mesure), qui se trouve alors recadrée et propose une nouvelle piste de régulation des risques : la légitimité de la prise de risque implique alors d'articuler responsabilités juridiques et catégories explicatives de la performance.

La structure de cet article est la suivante. En premier lieu, nous allons retracer l'origine du système de réglementation original sur les risques de l'activité de transport maritime. En second lieu, nous allons décrire la crise de légitimité qui touche le système de régulation des risques dans le domaine maritime et nous en proposerons une explication générale liée à notre analyse originale de la performance et de la responsabilité. Nous montrerons dans un troisième temps, les tentatives de réponse qui ont pu être apportées à cette crise de légitimité. En dernier lieu, nous tenterons de tirer les leçons de cette analyse et de la généraliser à d'autres domaines d'activités risquées.

I. L'émergence d'une réglementation originale du risque

L'origine

Il est probablement impossible de retracer le moment où les hommes ont commencé à échanger des biens en les transportant sur la mer, mais des éléments intéressants de l'antiquité nous montrent que des réglementations sur les risques avaient déjà été mises en oeuvre à cette époque (Rodière et du Pontavice, 1997; Boisson, 1999).

Par exemple une espèce de mécanisme proto-assurantiel avait été imaginé, tel que le *nauticum foenus*, dans lequel un prêteur investissait son argent dans une expédition maritime, dans l'attente d'un "intérêt extraordinaire" si l'expédition réussissait. Mais si elle échouait, alors l'armateur gardait cet argent. Ce "mécanisme" s'analyse comme une sorte d'assurance, à la différence près, que le montant assuré est avancé en premier par l'assureur à l'assuré et remboursé avec une prime (qui correspond à la rémunération du capital investi) en l'absence de sinistre. L'assurance moderne perçoit d'abord une prime avant tout sinistre et rembourse le montant assuré si et seulement si le sinistre survient. De plus l'assurance implique une mutualisation des risques qui est absente du *nauticum foenus*. Ce dernier s'est toutefois poursuivi jusqu'au XIXe siècle, en concurrence avec des polices d'assurance qui ont émergées au XIVe siècle et ont fini par le supplanter. Dans tous les cas, ce mécanisme indique que le risque a toujours été au centre des préoccupations de l'activité maritime sous une forme ou une autre, comme en témoigne d'ailleurs l'étymologie supposée (mais fortement contestée) du mot risque, associé à l'idée "d'écueil" (Bencheikh, 2002).

On remarquera toutefois que la loi romaine ignorait assez largement le domaine maritime à l'exception du *nauticum foenus*, de la restriction de la navigation aux mois d'été (entre juin et septembre) et d'un faible nombre d'autres règles, telles que le *Lex Rhodia de Jactu* qui spécifie qu'en cas de danger imminent, tout ce qui peut être entrepris pour sauver le bateau doit être mis en œuvre, y compris jeter la cargaison par-dessus bord ; la perte est alors supportée par toutes les parties à l'expédition (cette règle existe toujours aujourd'hui sous la forme de la "moyenne générale"). Ces éléments démontrent que dès son origine, les risques et leurs traitement apparaissent comme une catégorie structurante de l'activité maritime, mais les traitements relèvent très largement des pratiques imaginées par les acteurs de ce métier, intégrées *a posteriori* dans les textes, bien davantage que d'une réglementation publique *a priori*.

Cette dernière n'émerge que très lentement sur une base nationale pendant le Moyen-Age et la Renaissance. Elle concerne principalement le franc-bord (distance entre la ligne de flottaison et le pont principal) et la ligne maximale de chargement (Boisson, 1999), afin de prévenir la tentation de surcharger les bateaux. Des règles publiques ont également restreint la période de navigation à certaines périodes de l'année, soumis les navires à des inspections par des autorités nationales et enfin formalisé des minima de formation et de compétences pour les capitaines.

Le développement de la classification

A la fin du XVIIe siècle, les armateurs, les capitaines, les marchands et les assureurs se rencontraient à la taverne d'Edward Lloyd à Londres. Cette taverne constituait un centre d'information sur de nombreuses expéditions maritimes et leurs résultats, comme sur les navires et leurs capitaines. Ces informations commencèrent à être publiées dans un journal qui pris le nom de "Lloyd's List" (il allait bientôt devenir l'un des premiers journaux dans le domaine du transport maritime). De plus, un registre des embarcations fut établit en 1760 et publié pour la première fois en 1764 pour tracer l'état des navires et créer des repères correspondant à des classification encore en usage aujourd'hui. Les assureurs ont ainsi commencé à utiliser ces données pour déterminer leurs primes. En 1834, ce dispositif a été restructuré sous le nom de Registre de Lloyd's de la navigation britannique et étrangère (et encore plus tard comme le Lloyd's Register) ; il s'est étendu en un premier système réglementaire "privé" permettant de classer les bateaux selon leur état et de fixer des primes d'assurance en corrélation.

Un système identique fut créé à Anvers en 1828 par deux assureurs et un courtier sous le nom de "Bureau Veritas", puis transféré à Paris quatre ans plus tard. La raison sociale du bureau Veritas à sa création était d'offrir des services d'information aux assureurs, en classant les navires dans certaines catégories en fonction de leur état. Il a suivi ensuite la même évolution que le "Lloyd's Register", en développant un ensemble de règles techniques qui sont devenues une référence pour les architectes et le chantiers navals. D'autres institutions, avec les mêmes objectifs naquirent au XIXe siècle : le registre naval italien en 1861 (RINA), le bureau américain de navigation en 1862 (ABS), Det Norske Veritas en 1864, tous créés à l'initiative de groupes d'assureurs. Ces derniers, en effet, avaient besoin d'outils plus élaborés d'information et de classification pour établir leurs primes. Notons aussi que ces classifications sont purement volontaires et que les droits pour un navire à être classé sont payés par son propriétaire. Un autre aspect collatéral, pas seulement symbolique, est que ces premières sociétés de classification sont devenues des lieux d'excellence technique et d'expertise de l'activité maritime.

Plus tard, des sociétés de classification nationales ont émergé dans la plupart des pays, parfois à l'initiative des gouvernements. Le niveau d'expertise de ces sociétés varie, certaines n'ont pour fonction que d'établir un registre administratif et elles sous-traitent le développement des règles de classification et d'inspection.

Ces sociétés de classification ont également diversifié leurs activités : la plupart d'entre elles offrent aujourd'hui les services de consultants, des certifications d'assurance qualité et elles interviennent aussi dans d'autres secteurs industriels comme autorité de certification (par exemple dans l'industrie pétrolière offshore, ou le secteur aéronautique). Certains Etats disposant d'une administration limitée pour la gestion de leur pavillon leur ont aussi délégué le rôle d'inspection : elles agissent alors directement au nom de l'autorité publique.

Nous analyserons plus tard plus en profondeur les ambiguïtés de ce système. Mais concluons d'abord cette partie par le fait que toutes les sociétés de classification ne bénéficient pas du même niveau de réputation. Elles doivent établir l'état des navires de leurs clients en étant soumis, dans certains cas, à des pressions commerciales. Dans le passé des armateurs n'ont pas hésité à changer systématiquement de société de classification, dans l'espoir d'obtenir un meilleur classement pour leurs navires. Ces pratiques ont conduit les plus importantes des sociétés de classification à créer l'association internationale de classification (IACS) en 1968. Le but de l'iacs est d'harmoniser les règles de classification, d'améliorer la coopération entre les sociétés afin d'éviter les difficultés liées aux changements de classe des navires et d'offrir l'opportunité d'aider à améliorer la réglementation internationale. Certaines sociétés de classification ont essayé dans les années 1990 de créer un sous-groupe de l'iacs avec des standards de qualité plus importants, mais elles ont échoué.

La loi internationale moderne

Le caractère embryonnaire jusqu'au XIXe siècle des réglementations nationales que nous avons évoquées et le développement en parallèle de règles privées qui portaient sur des questions de sécurité maritime s'est éteint au début du XXe siècle, notamment après le naufrage du Titanic en 1912. Cette catastrophe a conduit à la première conférence sur la sécurité de la vie en mer (SOLAS Safety Of Live at Sea), qui créa une convention toujours en œuvre à présent, même si elle a été maintes fois amendée.

Après la deuxième guerre mondiale, une organisation formelle a été créée sous les auspices des Nations Unies pour discuter et maintenir en permanence cette convention. L'accord à ce sujet a été signé en 1948, et en 1958 l'Organisation Maritime Internationale a été fondée, une agence spécialisée de l'onu basée à Londres.

L'OMI a adopté une quarantaine de conventions et protocoles (qui sont amendés au cours du temps) et plus de 800 codes, ensembles de règles et recommandations depuis sa création. Citons la convention SOLAS à nouveau, la convention sur les standards de formation, de certification et de surveillance (STCW, signée en 1978 et amendée en 1995), la convention sur la prévention de la pollution des navires (MARPOL signée en 1973 et amendée notamment en 1978 et 1997), la convention sur les fonds de compensation des pollutions pétrolières (signée en 1971, modifiée en 1992 et 2003)...

L'OMI n'a toutefois pas de pouvoir pour faire respecter les conventions signées entre les Etats membres. Il reste entièrement à leurs charges d'intégrer ces politiques dans leurs législations nationales et ensuite de s'assurer que les navires de leur pavillon sont bien en conformité avec elles.

Après avoir ainsi posé la scène, nous allons à présent analyser en détail la manière dont le système de réglementation des risques fonctionne et la nature des interactions entre les organisations qui régulent ce secteur.

II. Des réglementations en concurrence et une crise de légitimité

Un rôle ambigu des sociétés de classification

La première ambiguïté du rôle des sociétés de classification repose sur le fait qu'elles offrent un service qui est payé par les clients qu'elles sont supposées classer. Tant que ce système était purement volontaire, cela ne posait pas de grandes difficultés, comme le démontrent les sociétés qui offrent des certificats d'assurance qualité : si la société certifiante devenait trop indulgente, elle pourrait rapidement perdre sa crédibilité et les mécanismes de marché contribueraient à terme à l'exclure du marché. Mais l'institutionnalisation de la classification pendant le XXe siècle fait qu'elle est devenue quasiment nécessaire en raison de la politique d'immatriculation des Etats délivrant des pavillons et de l'obligation d'être classé pour entrer dans les ports des Etats ayant une façade maritime. Par conséquent, il n'y a plus réellement de sanction par le marché pour une société de classification indulgente, à l'exception des cas où un gouvernement significatif stopperait sa reconnaissance de la classification d'un navire par la dite société négligente. Cela ne sembla pas encore s'être produit. Le mouvement vers l'organisation de la profession sous les auspices de l'iacs n'a que partiellement résolu cette difficulté comme le montre l'accident de l'*Erika* et ses suites. L'armateur de l'*Erika* a en effet réussi à pérenniser son activité maritime, en raison notamment de la période de transition qui a suivi le transfert de son classement entre le Bureau Veritas et RINA. Une solution souvent envisagée pour remédier à cette difficulté serait le financement par les assureurs du système (ils pourraient également ajouter ce coût supplémentaire au calcul de la prime d'assurance, et continuer ainsi à faire reposer la charge sur les clients) à travers un système d'abonnement. L'assureur en ce cas abonnerait tous ces clients à un service de classification. Un tel schéma reviendrait d'une certaine manière à la mission historique originale des sociétés de classification. L'inertie du système, cependant semble prévenir une telle évolution.

Interactions entre réglementations privée et publique

Une deuxième difficulté tient à l'importance des interactions entre les réglementations privées et publiques. Par exemple, les règlementations des sociétés de classification ont été introduites dans de nombreuses réglementations nationales, directement ou indirectement, dans la mesure où les Etats qui immatriculent un navire sous leur pavillon exigent que celui-ci soit classé par une société nationale de classification. Mais de plus, comme nous l'avons déjà mentionné, les sociétés de classification peuvent parfois agir en tant que délégataire de certains pavillons qui ne disposent pas des moyens financiers ni de l'expertise technique nécessaire à soutenir leur mission de contrôle de leur flotte.

Cette dernière remarque met l'accent sur les difficultés liées au renforcement de la législation maritime pour plusieurs raisons. La première tient au fait qu'un navire est en mer la plupart du temps et que les différents dispositifs que l'on peut utiliser pour tracer son activité restent falsifiables et incomplets. Il appartient aux Etats, dont le navire est sous le pavillon, de s'assurer que ce navire est conforme aux règlements existants, et il est de notoriété publique que certains sont moins exigeants que d'autres.

Un autre argument tient au contenu de la réglementation maritime. Elle est souvent incohérente, incomplète et souvent excessivement technique et complexe. De plus, la plupart des règlements sont développés à la suite d'un accident au lieu d'être proactifs. Outre le cas du *Titanic* et de SOLAS, on peut illustrer ce point en citant la Convention MARPOL établit à la suite de l'accident du *Torrey Canyon* en 1967, ou encore l'accélération de la mise en place des doubles coques pour les navires pétroliers après les accidents de l'*Erika* et du *Prestige*.

Des jeux de pouvoir

En plus des difficultés variées que nous venons d'identifier, le développement de nouvelles règles internationales est l'objet de nombreuses tactiques à l'omi. Si les argumentations pendant les sessions se déroulent dans une atmosphère de dignité et de respect mutuel entre Etats souverains, de nombreuses négociations et des accords se tiennent pendant les nombreuses interruptions, qui servent autant comme espaces de repos que comme espaces de négociation informelle. Le lobbying est également très important entre les équipementiers et les délégués, ce qui parfois conduit à des réserves techniques qui ne sont pas toujours pertinentes dans les règlementations. Le cas des radeaux de sauvetage auto-déclencheurs est significatif à cet égard : rendus obligatoires (en raison d'un intense et convaincant lobbying des fournisseurs de radeaux de sauvetage), plusieurs décès ont eu lieu de leur fait.

Les gouvernements utilisent aussi des stratégies variées pour atteindre leurs buts. Par exemple, des délégations puissantes suivent une stratégie de développement de leur influence diplomatique et laissent la tâche de combattre sur les questions commerciales aux pavillons de complaisance dont elles sont les plus proches. D'autres délégations adoptent officiellement des attitudes progressistes sur la protection de l'environnement et la sécurité mais utilisent le pouvoir d'influence de leurs industriels pour défendre leurs intérêts commerciaux. Le cas de l'Europe est intéressant, dans la mesure où les Etats de l'Union Européenne sont des membres individuels de l'omi. Ils ont tendance à travailler en équipe, ce qui renforce leur position, mais les divergences qui préexistent entre les pays de l'ue qui disposent d'une grande flotte comme Malte ou Chypre et les autres ont augmenté et la coordination globale n'est donc pas une simple affaire.

Malgré tout, le travail accompli par l'omi est loin d'être insignifiant, et le caractère international du transport maritime rend indispensable son existence. Au final la complexité du fonctionnement de l'omi rend simplement compte de la complexité de l'industrie maritime.

Pour traiter les défauts de l'omi et l'indulgence, voire le laxisme, de certains pavillons (il est normalement du devoir des Etats d'inspecter les navires qui portent leur drapeau selon la Convention de Genève de 1958 sur la haute mer et la convention UNCLOS de la baie de Montego), des législations régionales indépendantes se sont ajoutées. Un mémorandum sur le contrôle public des ports a ainsi été signé en 1982 à Paris (Paris mou), pour contrôler plus rigoureusement les navires qui entraient dans les ports européens et canadiens. Depuis cet accord, d'autres mémoranda ont été signés tels que celui de Tokyo (1993), celui de Vina del Mar (1992) pour l'Amérique Latine, le Mémorandum de la méditerranée (1997) ou encore celui de la mer Noire (2000). Ces accords ne sont pas en soi des contestations de l'omi : après tout, les inspections en cause ont pour but que les navires soient bien conformes aux règlements internationaux. Mais ils représentent une brèche dans la manière dont la règlementation est traditionnellement envisagée.

La loi américaine sur la pollution des hydrocarbures de 1990 est un autre exemple de l'émergence de législations régionales. En la matière, les Etats-Unis ont unilatéralement décidé, après le naufrage de l'*Exxon Valdez* en 1989, entre autres mesures, de progressivement interdire aux pétroliers dotés d'une simple coque d'entrer dans leurs eaux. Ils ont aussi imposé à ces navires d'avoir une assurance-dommage illimitée, contrairement à la tradition maritime.

Les "paquets Erika" décidés après le naufrage de l'Erika et du Prestige sont le dernier exemple d'amélioration de la sécurité maritime, indépendants du processus long et complexe de réglementation de l'omi, même si certaines des mesures recommandées ont eu une influence ou bien ont été intégrées au niveau international (comme l'augmentation du fond de compensation de la pollution par hydrocarbures au lieu de la création d'un fonds européen ou l'accélération du passage des pétroliers à la double coque).

Ces trois exemples montrent que l'omi est mise en cause en tant qu'autorité de réglementation des risques. Nous allons à présent argumenter que cette contestation est une partie d'une crise plus générale de légitimité de sa capacité à manager les risques au niveau de tout le secteur industriel maritime.

Une crise de légitimité globale

Avant de présenter le cadre général que l'on peut utiliser pour comprendre les difficultés de la sécurité maritime, levons un paradoxe intéressant : jamais le niveau de risque de l'industrie du transport n'a été aussi faible. Il ne s'agit bien sûr pas de nier les conséquences tragiques en termes de vies humaines ou de pollution d'accidents tels que ceux de l'*Estonia*, du *Joola* ou plus récemment du *Costa Concordia* ou du *Sewol* pour le transport de passagers ou encore de l'*Erika* ou du *Prestige* pour les pétroliers. Il n'en reste pas moins que la navigation maritime tant en matière de marchandises que de transport de passagers est probablement l'une des plus fiables et la moins polluantes selon les statistiques publiées par le Lloyd's Register (2002), l'omi (IMO, 2012) ou la fédération internationale des armateurs pétroliers (ITOPF, 2014). Pour autant l'analyse de Charles Perrow de 1984, décrivant l'industrie maritime comme "un système producteur de catastrophes" reste bien étayée, malgré des développements qui la relativisent (Kendra, 2000). De plus, il reste beaucoup à faire pour améliorer les conditions de sécurité des personnels navigants, comme, par exemple, le souligne le rapport de la commission maritime internationale sur la navigation (ICONS, 2000).

Plus précisément, nous proposons d'analyser les difficultés du système de réglementation des risques maritimes en termes de légitimité. La légitimité organisationnelle peut être définie comme le fait que les organisations essaient de mener leurs activités dans le cadre de règles socialement acceptées. Les stratégies de légitimation, dans le but d'obtenir cette légitimité, peuvent être le résultat du management de la dépendance à l'égard de certaines ressources (Pfeffer and Salancik, 1978) ou le résultat de pressions qui sont exercées sur la firme par son environnement (Meyer and Rowan, 1977 ; dimaggio and Powell, 1983). D'une manière générale, ces auteurs considèrent la légitimité comme un statut (Pfeffer and Salancik, 1978, p.194). Nous voudrions enrichir cette notion dans le cas de la réglementation maritime avec l'idée que la légitimité possède aussi une dimension réflexive, en ce que l'organisation réglementée peut aussi dénier le droit de son environnement à mettre en cause sa légitimité à gérer les risques de manière autonome, sans références normatives. Cette réflexivité est relativement proche de ce que Ashforth and Gibbs

(1990) définissent comme l'une des réactions possibles de l'organisation quand elle est accusée d'être illégitime. Si la légitimité est statut, l'image que l'organisation a de sa propre légitimité joue un rôle important dans la manière dont elle accepte les contestations de son environnement. En d'autres termes, la légitimité devrait être considérée comme un système dans lequel une organisation et les acteurs de son environnement se consentent mutuellement un certain niveau de légitimité (Scott, 1995 pp 46 présente des arguments proches de ceux présentés ici).

En conséquence des blocages peuvent survenir lorsque le système de légitimité se bloque, ou lorsqu'aucune des parties du jeu de légitimation ne reconnaît plus à l'autre le droit de participer au jeu. Dans notre cas, ces contradictions existent. La première tient à la position des armateurs qui fondent leur légitimité sur leur capacité opérationnelle à gérer les risques du transport maritime, qu'ils soient techniques (la mer reste un environnement dangereux), commerciaux (les contrats sont difficiles à obtenir et les marchés évoluent constamment) ou financiers (acheter et vendre des navires est une partie importante de l'activité d'un armateur). L'importance de ces risques génère à la fois la fierté en leur capacité, mais parfois de la témérité. Cela peut provoquer deux sortes de blocages. A un premier niveau, la contestation générale par les armateurs de la légitimité des autorités (privés ou publiques) à comprendre leur activité et à élaborer des règles pertinentes pour réduire les risques. Par exemple, il y a eu (et il y a toujours) de nombreux débats sur la question de la double coque pour les pétroliers, et les professionnels ont réussi pendant un temps à reporter l'application de cette mesure pour les transporteurs de vrac. Si la compétence des sociétés de classification à l'égard des chantiers navals est rarement mise en cause, elles sont parfois considérées uniquement comme des chiens de garde lorsqu'elles opèrent des vérifications dans les ports. Les auditeurs d'ailleurs n'ont pas toujours le niveau d'expertise requis et sont considérés comme déconnectés de la réalité. D'un autre côté, en raison du comportement de certains armateurs, les autorités (comme une partie du public qui a subi des accidents maritimes) peuvent contester la capacité à manager les risques dont la profession est si fière. Les exemples de catastrophes, même si elles sont fort heureusement rares, démontrent aisément l'incompétence de certains armateurs, en acquérant une saillance liée à des heuristiques ou biais de perception que nous présenterons plus loin.

Un deuxième blocage propre aux autorités doit être mis en exergue. Les réglementations privées sont considérées parfois comme inefficace en raison de conflits d'intérêt. Cette problématique se retrouve bien dans le cas du transport maritime où s'entrecroisent souvent de manière obscures règles publiques et comportements commerciaux des sociétés de classification.

III. Vers de nouvelles formes de régulations des risques

Nous allons à présent exposer quelques initiatives pour résoudre la crise de légitimité que nous avons décrite.

De nouvelles orientations dans la réglementation

Le début des années 1990 a vu l'émergence de plusieurs initiatives pour adopter une approche plus rationnelle de la réglementation à l'omi. Citons la démarche d'évaluation formelle de la sécurité (*Formal Safety Assessment* ; IMO, 1997) qui tente d'évaluer les mesures de réduction des risques en utilisant des analyses de risques et des analyses coût/bénéfice. La justification de ce processus tient à l'adoption d'une attitude proactive vis-à-vis de la règlementation fondée sur des études de risques avant l'occurrence d'accidents. De nombreuses études de cas pour différents types de navires ont été réalisées (Wang, 2001) à partir de cette méthode. Le résultat a reçu cependant un accueil mitigé par la communauté maritime: certains gouvernements (notamment les britanniques à l'origine du projet et les scandinaves) ont défendu ces techniques, quand d'autres ont exprimés des doutes sérieux sur la validité des résultats obtenus. Outre les critiques habituelles des analyses de risque (Linnerooth-Bayer & Wahlström, 1991 ; Renn, 1998), les doutes viennent du fait que l'architecture navale est une activité largement basée sur des codes déterministes d'ingénierie qui sont le résultat d'expériences et d'essais/erreurs empiriques. En d'autres termes, l'abstraction de l'analyse de risques peut parfois être en contradiction avec les pratiques professionnelles, notamment lorsqu'elles se veulent innovantes.

C'est en réponse à cette problématique qu'une proposition à l'omi (IMO, 2004) suggéra d'introduire une approche fondée sur des objectifs de performance (*Goal-based standards*) pour réglementer les conceptions innovantes, approche adoptée en 2010 pour une mise en œuvre à compter de 2016 (IMO, 2010). Une telle approche requiert de l'architecte naval qu'il démontre, s'il propose une nouvelle conception, une sureté au moins équivalente à celle des prescriptions standards. Cette évolution avait déjà été précédée par la possibilité d'adopter des “arrangements alternatifs” pour la protection incendie (étant donné que ceux-ci étaient prouvés équivalents à ceux prescrits par la réglementation), la nécessité de démontrer que la conception de navires rapides est suffisamment robuste en utilisant des analyses de fiabilité, ou encore le code international de management de la sécurité (ISM code) qui requiert que chaque navire soit intégré au le système de management de la sécurité de la société à laquelle il appartient, ce système de management de la sécurité devant lui même être conforme à des exigences de performance. Dans une certaine mesure, ces approches constituent pour partie une réponse à la crise de légitimité que nous avons souligné, car elles impliquent précisément que les acteurs du secteurs démontrent factuellement leur prétention à manager les risques ou, en d'autres termes, fondent leur légitimité sur un autre régime de responsabilité. Malgré tout, ces dispositifs réglementaires orientés sur la performance demeurent partiels, tant sur leur champ d'application (limité à certains types de navires ou certaines fonctions) que dans la manière dont ils vont être mis en place, que par la nature même des dispositifs d'audit qui les sous-tendent.

Comme l'explique en effet Power (1997), les processus d'audit sont devenus omniprésents dans les sociétés modernes mais souffrent d'un double défaut (pp 91-98) : ils sont fréquemment soit découplés de la réalité qu'ils sont supposés couvrir (devenant un exercice purement formel) soit colonisent tous les processus de l'organisation, parfois au détriment de son fonctionnement. Ces pathologies touchent aussi les approches que nous décrivons: il est bien connu par exemple, que certaines certifications sont purement formelles. La question est cependant de savoir si ces pathologies sont mortelles pour le processus ou s'il est possible d'utiliser le désir de légitimité auquel répond l'audit comme un moyen de promouvoir directement la légitimité. Dans la mesure où l'audit force à réfléchir sur les manières dont travaillent les entreprises, il est possible qu'il force ces sociétés à s'améliorer.

De l'erreur, du risque et de la faute ?

Plus précisément, encore, si l'on se place dans une dynamique continue d'amélioration de la performance, il faut bien *a posteriori*, analyser cette performance, comprendre sa généalogie. Tout écart à l'objectif implique alors de distinguer conceptuellement risque, erreur et faute. Les tribunaux et la jurisprudence d'ailleurs s'échinent à détailler en cas de catastrophe les responsabilités différentes en la matière, qu'aucune logique juridique ne peut éteindre *a priori* à elle seule, comme on va le montrer dans la partie suivante.

A posteriori, un écart peut provenir d'une faute, à savoir l'acte délibéré de dévoiement d'une règle ou simplement de sa non application. Observons que cela peut expliquer des écarts négatifs, comme des écarts positifs à l'objectif. On peut, par exemple, pour améliorer la rentabilité d'exploitation, négliger délibérément des règles d'entretien préventif ou de sécurité.

Mais l'écart peut aussi relever d'une erreur lorsqu'il n'y a pas de volonté délibérée de déroger à une règle. C'est le coeur de métier de l'auditeur, qui ne relève que les erreurs, à savoir les différences de conformité à une norme prescrite. On remarque d'ailleurs que Reason (1990) dans son ouvrage fameux *Human Error* explique clairement que les modèles d'erreur excluent la faute délibérée et le risque qu'ils soient individuels ou systémiques. Il reconnaît en effet dans l'approche individuelle de l'erreur, que la violation de la procédure est liée à des erreurs mentales, l'oubli, l'inattention, la négligence. On est conduit dans cette approche de l'erreur à réduire la variabilité des comportements humains en établissant des procédures, des protocoles.

Dans l'approche systémique de l'erreur, on suppose à l'inverse la faillibilité des personnes et on fixe comme objectif organisationnel de traiter cette conséquence inévitable de l'action. La perspective devient celle de la transformation organisationnelle des processus de travail. Dans ces deux cas l'explication de l'écart à l'objectif (toujours négatif) est parfaitement déterminé. Le management de la qualité, le management des connaissances et toute la tradition de l'apprentissage organisationnel se focalise sur cette catégorie explicative des écarts négatifs à l'objectif.

Mais il existe une troisième catégorie d'explication des écarts à l'objectif : les risques, à savoir un phénomène interne ou externe imprévu, voire imprévisible, qui explique lorsqu'il survient aléatoirement positivement ou négativement un résultat supérieur ou inférieur aux attentes. Des conditions météorologiques particulièrement défavorables détérioreront la rentabilité de l'exploitation d'une ligne maritime ; à l'inverse, des conditions particulièrement favorables peuvent l'augmenter. Dans ces deux cas, la responsabilité du résultat ne peut être attribuée à un acteur.

Si l'on accepte cette modélisation conceptuelle rigoureuse, alors l'audit ou la réglementation ne peuvent seuls contribuer à améliorer les résultats recherchés (par exemple la sécurité des biens et des personnes). Attribuer systématiquement la responsabilité d'un bon résultat et la légitimité qui en dérive à un acteur ou un groupe d'acteurs sans tenir compte de la chance ou de la malchance (des risques) conduit inévitablement à se tromper. Si l'on veut clairement se donner les moyens d'un réel apprentissage organisationnel, qu'il soit à l'échelle d'une entreprise ou d'une industrie, il faut exclure de l'analyse des résultats les cas de fautes et les risques pour se donner les moyens d'éliminer les erreurs organisationnelles. Toute démarche systématique impose donc de passer par une analyse *a priori* des risques.

IV. L'inévitable appréciation des risques et ses difficultés générales.

Nous aboutissons donc à l'idée qu'une réforme de la réglementation sur la sécurité légitime devrait intégrer *a priori* une analyse des risques, seule à même de distinguer précisément ce qui dans une performance *ex post* relève du risque ou de l'erreur (si l'on exclut les fautes). Recommander systématiquement de telles analyses est au coeur du travail critique du "principe de précaution" mené par Sunstein (2005) et s'y substitue. C'est d'ailleurs, semble-t-il, le sens du texte de la Charte de l'environnement dans son article 5, véritable principe d'action et d'analyse : "*Lorsque la réalisation d'un dommage, bien qu'incertaine en l'état des connaissances scientifiques, pourrait affecter de manière grave et irréversible l'environnement, les autorités publiques veillent par application du principe de précaution et dans leur domaines d'attribution, à la mise en oeuvre de procédures d'évaluation des risques et à l'adoption de mesures provisoires et proportionnées afin de parer à la réalisation d'un dommage*". Procéder à de telles appréciations est cependant très difficile, tant d'un point de vue individuel, où des difficultés cognitives et affectives jouent, mais aussi dans un cadre collectif d'évaluation.

Quatre heuristiques inévitables convoquées

La notion d'heuristique désigne des processus mentaux simplificateurs : un procédé de jugement sans démarche analytique délibérée, ni contrainte de quantification ou de traitement. Ces procédés jouent naturellement lorsqu'il s'agit d'apprécier une situation risquée et d'agir. Elles sont indispensables car les situations d'actions pratiques individuelles ou collectives ne permettent pas souvent de réserver ses jugements en pesant longuement, rigoureusement tous leurs éléments.

On distingue, depuis les travaux de Kahneman et Tversky dans les années 1970, trois grandes heuristiques en matière de jugement et de prise de décision dans une situation risquée : la disponibilité, la représentativité et le cadrage et l'ajustement. Ces grandes catégories sont souvent en interaction les unes avec les autres et produisent des effets stables, régulièrement observés en laboratoires, qui dérogent aux règles élémentaires de calculs des probabilités et de la décision (telle que la transitivité, l'invariance, la dominance, l'élimination du certain) dans certaines situations. Ces règles sont pourtant d'un point de vue normatif nécessaires !

La disponibilité : ne mémoriser que les cas saillants. Les études empiriques démontrent que le nombre d'objets différents pouvant se tenir en même temps dans la mémoire à court terme est limité à environ 7 items (Miller, 1956), voire moins (4) selon des résultats récents (Farrington, 2011). Mais c'est aussi le cas de la mémoire à long terme, qui en raison notamment de la saillance de certains événements et de la facilité à se les remémorer déforme les expériences éprouvées. Au lieu de s'intéresser à tout l'échantillon de notre expérience pour former la probabilité d'un événement, la mémoire et notre attention ne s'attachent qu'à des cas particuliers, des situations qui nous viennent à l'esprit. Ainsi, on a peur des requins (moins de 10 morts par an), en raison notamment du film « Les dents de la mer » mais pas des éléphants (plus de 600 morts par an) ou des abeilles (environ 400 morts par an), ou encore des moustiques (Plus de 800 000 morts par an).

L'esprit « juge » souvent la vraisemblance d'un événement par la facilité avec laquelle celui-ci vient à la conscience. La médiatisation, la récence, la saillance, la facilité à imaginer certains faits sont des facteurs explicatifs de ce biais de disponibilité.

La représentativité : le jugement par cliché. L'heuristique de représentativité porte sur la manière de juger la vraisemblance du cas singulier qui s'offre à nous. Au lieu de se concentrer sur les données singulières du problème, l'esprit se raccroche à des ressemblances, à « des catégories suffisamment représentatives » déjà expérimentées. Plutôt qu'à s'en tenir aux données statistiques, l'esprit cherche à comparer le cas à une situation typique. Au lieu de résoudre un problème d'inférence bayésienne fondé sur un traitement probabiliste, l'esprit résout un problème de similarité, de ressemblance à un cliché, une histoire. Par exemple, décrivons Robert : « Il est très timide, renfermé, invariablement serviable, mais avec peu d'intérêt pour les gens, ou pour la réalité. Un esprit docile et ordonné, il a besoin d'ordre et il a une passion pour le détail ». Comment établir la probabilité que Robert soit engagé dans un métier particulier de la liste suivante : capitaine de navire marchand, fermier, vendeur, libraire, docteur ? Les réponses sont établies sur la base de la ressemblance de « Robert » avec les stéréotypes des métiers évoqués, sans rapport aucun avec la fréquence de métiers dans la population active ! Des erreurs sont commises car ce jugement de « bonne correspondance » n'est pas affecté par les facteurs qui jouent sur le jugement de probabilité.

Le cadrage et l'ajustement ; de la relativité de tous jugements. Dans de nombreuses situations, on produit des estimations à partir d'une base initiale que l'on révise pour tenir compte des spécificités des situations singulières. Dans tous les cas cette révision est insuffisante : des points de départ différents produisent des estimations différentes, car ces dernières sont influencées par les valeurs initiales. Ariely (2012), par exemple, montre même que demander d'écrire les derniers chiffres de son numéro de sécurité sociale influence de manière très significative l'estimation des prix pour des biens courants. Kahneman et Tversky (1974, 1981, 1986) montrent d'une manière plus générale que la sensibilité des préférences en matière de choix au contexte est extrêmement importante : qu'il s'agisse de la définition des options (actions possibles), de l'évaluation de leurs résultats (conséquences) ou de l'appréciation des circonstances (probabilité des événements).

L'heuristique affective. Les trois précédentes heuristiques ne concernent que les procédures cognitives formelles, à l'exclusion des émotions éprouvées par les répondants. Or depuis les travaux de Damasio (1995) on sait que l'on ne peut séparer émotion et raisonnement, ce que Finucane et Alii (2003) appellent la danse de la raison et de l'émotion.

Un courant de recherche, notamment conduit par Paul Slovic, dans la continuité de ses travaux sur la perception des risques (Slovic, 1987), montre que la perception affective de la situation joue directement sur l'évaluation des risques associés. Les premières preuves de l'impact des émotions sur l'évaluation des risques démontrent que le déterminant majeur de la perception de différents risques technologiques par le public est le sentiment d'horreur. Ce dernier est associé à des facteurs tels que la volonté personnelle, le degré de contrôle, l'injustice dans la répartition des bénéfices et des risques, la mortalité... Le sentiment d'outrage ressenti à l'évocation de la technologie considérée tient notamment au potentiel catastrophique associé à la technologie. Plus ces éléments sont élevés plus le risque est jugé élevé. Le second facteur explicatif dans cette analyse factorielle des représentations des risques des technologies est la caractère nouveau ou familier de la technologie. Les technologies nouvelles dont les conséquences sont inobservables, inconnues et lointaines dans le temps, sont considérées comme plus risquées. Ainsi la voiture, le tabac sont considérés comme moins risquées que les OGM ou le clonage !

Ces études s'approfondissent dans les années 1990 et surtout 2000 (Finucane et alii , 2003). Des marqueurs affectifs positifs et/ou négatifs sont associés à une image mentale de situation risquée. Les personnes ressentent ces synthèses immédiates dans le processus de prise de décision et les utilisent comme des indices pour élaborer leurs jugements. Les personnes ne basent pas leur jugement seulement sur ce qu'ils pensent de l'activité ou de la situation risquée mais sur ce qu'ils ressentent. Ainsi, on sait que dans la réalité, les bénéfices et les risques sont corrélés positivement, mais ils sont corrélés négativement dans l'esprit des personnes (Fischoff et alii, 1978)

En revanche, si leur sentiment est favorable, ils vont apprécier les risques comme faibles et les bénéfices comme forts ; si leur sentiment est défavorable, ils vont apprécier les risques comme forts et les bénéfices comme faibles. Selon ce modèle, l'heuristique affective précède et dirige les perceptions du risque et le bénéfice. Par exemple, pour changer cette perception, il suffit d'informer sur les bénéfices, ce qui en définitive diminue le risque perçu (Slovic et alii, 2000).

La polarisation des évaluations dans les groupes

Un aspect important de la plupart des situations de management d'un risque catastrophique est que les individus n'ont pas beaucoup d'expérience de ces situations, et ne savent pas comment les résoudre. C'est la raison pour laquelle, très souvent, ils imitent le comportement des autres, ou ils suivent des normes sociales. Ce résultat est particulièrement important en matière d'évaluation risquée comme lorsque le montre Sunstein (2002) car il détermine un effet souvent négligé mais pourtant avéré : la polarisation du groupe. En bref, la polarisation de groupe signifie que les membres d'un groupe de discussion vont de manière prévisible se diriger vers une position plus extrême dont la direction provient des tendances des membres avant la délibération (Moscovici, 1992). L'effet de la délibération dans le groupe consiste à réduire la variance de l'appréciation des risques dans le groupe et à produire une convergence vers un point relativement plus extrême que ceux des jugements *a priori*.

Les groupes constitués de personnes extrémistes sont enclins à devenir encore plus extrêmes. Il en va de même pour les groupes constitués de personnes ayant un point commun tels que les membres d'un parti, d'un syndicat. Lorsque des personnes qui partagent une idée commune sont invitées à participer à des jeux itératifs de polarisation – ils se rencontrent régulièrement, sans être exposés à des contradictions – des mouvements extrêmes sont plus vraisemblables. Deux principaux mécanismes sont en jeu à cet égard : le mécanisme social d'influence des comportements et notamment le désir de maintenir leur réputation et leurs préjugés d'une part et d'autre part le mécanisme associé à l'ensemble limité des arguments échangés dans le groupe et la direction amenée par les leaders.

Cela conduit aussi à poser des questions sur les conditions de la délibération d'un point de vue normatif. Y a-t-il vraiment des raisons de penser que la délibération améliore systématiquement les choses ? Cela semble plutôt dépendre de la forme et des circonstances de celle-ci, pas seulement au fait qu'elle existe. L'homogénéité sociale serait aussi dommageable pour la qualité de la délibération.

Conclusion

Réglementation et management des risques sont inévitablement associées et en interaction. Nous l'avons montré en rapportant le cas de l'industrie maritime et en proposant un schéma explicatif de la crise de ces interactions, qui reposerait sur une mise en cause radicale et réciproque de la légitimité des autorités de réglementation et des réglementés.

Nous expliquons cette crise de légitimité par une appréciation partagée inexistante des risques par défaut d'une réglementation fondée sur les résultats et spécifiant systématiquement une analyse des risques. Cette analyse des risques est pourtant dans l'explication que nous proposons indispensable pour distinguer dans les résultats ce qui relève du risque, de la faute ou de l'erreur. Nous avons également mis en exergue les éléments théoriques qui rendent si difficiles la communication et l'émergence de consensus sur les évaluations risquées en raison des biais cognitifs, affectifs au niveau individuel et de l'effet de polarisation des évaluations dans les groupes. Cette explication n'est pas spécifique au secteur maritime, même si elle s'y déploie avec pertinence, et peut se généraliser aux autres secteurs d'activité risqués réglementés.

Notre analyse, ne peut rester sans effets, du double point de vue de l'élaboration du droit et de l'expression des décisions de justice pour deux raisons. En premier lieu, parce qu'elle pose clairement la question de la formalisation pratique des analyses de risque en amont de la définition des responsabilités juridiques en cas de sinistre. En second lieu, parce qu'elle interroge sur les conditions d'une bonne délibération. Si certaines des évolutions récentes de la réglementation peuvent être comprises comme une réponse à la crise multiforme que nous avons exposée, le point nodal de notre réflexion consiste pourtant à ce que paradoxalement à la doxa commune, la déréglementation implique des institutions gouvernementales plus fortes et plus compétentes qu'un système institutionnel simplement capable d'établir la conformité à des règles.

Parmi les nombreuses questions qui restent posées, soulignons celles qui portent sur la nature du contrôle. Le fait que la régulation du risque ait pour finalité la prévention pourrait impliquer des schémas spécifiques originaux. De tels schémas pourraient répondre aux nombreux dilemmes qu'affronte aujourd'hui notre société.

Références

Ariely D. (2012), *C'est (vraiment ?) Moi qui décide* ? Paris : Champs essai.

Ashforth, B.E. et B.W. Gibbs (1990), "The Double-Edge of Organizational Legitimation", *Organization Science*, vol. 1, n°2, pp. 177-194.

Bencheikh, O. (2002), « Le français risque et l'arabe رزق rizq », *Bulletin de la SELEFA*, Vol. I, n°1, pp. 19-24.

Boisson, Ph. (1999), Safety At Sea. Policies, Regulations and International Law, Paris: Edition Bureau Veritas.

Damasio, A. R. (1995), *L'Erreur de Descarte : la raison des émotions*, Paris : Odile Jacob.

Dimaggio, P.J. et W.W Powell (1983), "The Iron Cage Revisited: Institutional Isomorphism and Collective Rationality in Organizational Fields", *American Sociological Review*, vol. 48, pp. 147-160.

Farington J. (2011), « Seven plus or minus two », *Performance improvement quaterly*, vol 23 :4, p 113-116.

Finucane, M.L., Peters, E., Slovic, P. (2003), « Judgment and decision making : The dance of affect and reason », in S.L. Schneider, J. Shanteau (eds.) *Emerging perspectives on judgment and decision research*. Cambridge University Press, Cambridge.

Finucane, M.L. et Alhatkami, A., Slovic P., Johnson, S. M. (2000), éthe affect heuristic in judgments of risks and benefits », *Journal of behavioral decision making*, 13 : 1-17.

Fischhoff, B. Et Slovic, P. Et Lichtenstein, S. Et Read, S. Et Combs, B. , How safe is safe enough : a psychometric study of attitudes towards technological risks and benefits », *Policy Sciences*, 9 : 127-152.

Hood, C. H. Rothstein et R. Baldwin (2001), *The Government of Risk: Understanding Risk Regulation Regimes*, Oxford, UK: Oxford University Press.

ICONS (2000), Ships, Slaves and Competition-Inquiry into Ship Safety, available at http://www.icons.org.au.

IMO (1997), *Interim Guidelines for the Application of FSA to the IMO Rule-Making Process*, document MSC/Circ.829-MEPC/Circ.335, London: International Maritime Organization.

IMO (2004), *Goal-based New Ship Construction Standards*, Submitted by The Bahamas, Greece, and IACS, document MSC 78/6/2, London: International Maritime Organization.

IMO (2010), Adoption of the international goal-based ship construction standards for bulk carriers and oil tankers, document MSC 87/26/Add.1, London: International Maritime Organization.

IMO (2012), *Casualty statistics and investigations-Loss of life from 2006 to date*, document FSI 20/INF.17, London: International Maritime Organization.

ITOPF (2014), *Oil tanker Spill Statistics: 2013*, Londres : International Tanker Owners Pollution Federation.

Kendra, J.M. (2000), *Looking out the Window: Risk, Work, and Technological Change in U.S. Merchant Shipping*, Rutgers University, Graduate Program in Geography: unpublished phd dissertation.

Lassagne, M., Munier, B. (2007), « La nouvelle réglementation des risques : technologies et gouvernance », in B. Guillon (dir.), Risque. Formalisations et applications pour les organisations, L'Harmattan, Paris, pp. 85-102.

Linnerooth-Bayer, J. Et B. Wahlström (1991), "Applications of Probabilistic Risk Assessments: The Selection of Appropriate Tools", *Risk Analysis*, vol. 11, n°2, pp. 239-248.

Lloyd's Register-Fairplay (2002), *World Casualty Statistics 2001*, Redhill, UK: Lloyd's Register-Fairplay Ltd.

Meyer J.W. et B. Rowan (1977), "Institutionalized Organizations: Formal Structure as Myth and Ceremony", *American Journal of Sociology*, vol. 83, n°2, pp. 340-363.

Miller G. A. (1956), The magical number seven, plus or minus two, *Psychological Review*, vol 63(2), p. 81-97.

Moscovici, S. Et Doise, W. (1992), Dissension et consensus – une théorie générale des décisions collectives, Paris : PUF.

Perrow, C. (1984), Normal Accidents; Living with High-Risk Technologies, New York : Basic Books.

Pfeffer, J. And G.R. Salancik (1978), The External Control of Organization: A Resource Dependence Perspective, New York: Harper and Row.

Power, M. (1997), *The Audit Society: Rituals of Verification*, Oxford : Oxford University Press.

Reason, J. (1990), *Human error*, Cambridge : Cambridge university press.

Renn, O. (1998), "Three Decades of Risk Research: Accomplishments and New Challenges", *Journal of Risk Research*, vol. 1, n°1, pp. 49-71.

Rodière, R. And E. Du Pontavice (1997), *Droit maritime* [Maritime Law], Paris : Dalloz, 12th ed.

Scott, R.W. (1995), *Organizations and Institutions*, Thousand Oaks, CA : Sage Publications.

Slovic, P., (1987), Perception of risk, *Science*, Vol 236 :4799, p. 280-285.

Sunstein, C., 2002, The Law of group polarization, *Journal of political philosophy*, vol. 10, n°2, pp. 175-195.

Sunstein, C., 2005, *Laws of fear: Beyond the Precautionary Principle*, Cambridge : Cambridge University Press.

Tversky, A., Kahneman D. (1974), Judgment under uncertainty : heuristics and biaises, *Science*, 185 : 4157, p. 1124-1131.

Tversky, A., Kahneman, D. (1981), The framing of decisions and the psychology of choice, *Science*, 211 :4481 , p. 453-458.

Tversky, A., Kahneman D. (1986), Rational choice and the framing of decisions, *The Journal of Business*, Vol 59 : 4, p. 251-278.

Wang, J. (2001), "The Current Status and Future Aspects in Formal Ship Safety Assessment", *Safety Science*, vol. 38, pp. 19-30.

4

Faut-il prêcher le pire pour apprendre à le gérer ?

Valentine Erné-Heintz

Maître de conférences en sciences économiques. Centre Européen des Catastrophes et des Accidents Collectifs EA 3992

Résumé

Certains risques émergents transforment les règles traditionnelles de la gouvernance. En effet, il existe des catastrophes au ralenti (pollution diffuse, effet cocktail) où les données parcellaires ne permettent pas d'arbitrer sur le *bon* niveau de risque. Cette difficulté est d'autant plus grande pour l'appréhension de la morbidité (asthme, allergies) ou encore pour l'estimation d'effets endocriniens de certaines substances. Dès lors, comment intégrer ces catastrophes silencieuses, invisibles dans notre schéma décisionnel ? Faut-il prêcher le pire pour gérer le quotidien ? Comment actualiser le futur ?

Mots clés : risques émergents, catastrophe, perception, évaluation.

L'évaluation du risque s'est progressivement construite autour du principe de « l'instruction publique » qui trouve son fondement dans le *National Research Council* (NRC) de 1983. Dès lors, les fonctions d'évaluation du risque (étape scientifique) – *risk assessment* – sont séparées des fonctions de gestion – *risk management* – qui relèvent de l'action politique. Cette approche *top-down* s'articule en plusieurs étapes : lors de la première, il s'agit d'identifier le danger en établissant entre la substance et sa toxicité des liens de causalité via la construction d'une base de données ; il s'en suit alors une relation dose-réponse (relation cause à effet) définissant un niveau à partir duquel la substance devient dangereuse. Ensuite, l'évaluation des expositions distribue des niveaux d'exposition dans les populations concernées et exposées. L'approche est soit *ex post* (après une catastrophe) comme dans le cas d'une marée noire [1] ou de la tempête Xynthia [2], soit *ex ante* (en amont) lors de l'implantation de futurs antennes-relais. Dans ce contexte, l'étude de dangers liste l'ensemble des dangers potentiels et intrinsèques (causes d'un accident) afin de prévoir les scénarios (analyse des risques) et, par conséquent, les mesures de prévention pour éviter ou circonscrire les dommages et assurer des secours efficaces. C'est pourquoi, l'évaluation du risque s'inscrit à la fois dans une démarche de quantification et de qualification d'une source de danger (Chevassus au Louis [3], 2009). L'anticipation de la menace vraisemblable n'est que l'un des aspects de l'évaluation d'un risque. C'est à cette heuristique de la peur que Jonas [4] (1979) fait référence : cette incapacité à mettre en œuvre notre responsabilité envers les générations futures : prévoir ce que l'on ignore car pour agir, encore faut-il savoir (Erné-Heintz [5], 2010) !

Dans une situation incertaine ou controversée, il devient difficile d'identifier le danger. Les catastrophes au ralenti (pollution diffuse) rendent cette procédure d'évaluation obsolète. C'est le cas d'incertitude épidémiologique concernant les effets à long terme des très faibles doses subies de façon chronique (qualité des eaux potables, pollution de l'air, additifs alimentaires...). Cette difficulté est d'autant plus grande pour l'analyse de la morbidité (asthme, allergies) ou des maladies à long terme de latence (comme les cancers [6]) ou encore pour l'estimation d'effets endocriniens, mutagènes ou reproductifs de certaines substances chimiques [7]. Il existe des catastrophes silencieuses, invisibles qui remettent en cause notre schéma d'arbitrage. Comment définir les meilleures pratiques lorsque le corpus scientifique ne permet pas de savoir s'il existe un risque accru de leucémies infantiles près des lignes à haute tension ? Dès lors, concernant ces risques émergents, faut-il prêcher le pire pour gérer le quotidien ?

Néanmoins, replacer la possibilité d'une catastrophe et la puissance intrinsèque de cette catastrophe au centre des préoccupations de sûreté apparaît indispensable.

1. Via la définition de *nouvelles* règles de sécurité (double-coques …) par exemple.

2. En proposant de *nouveaux* plans d'occupation des sols.

3. Chevassus au Louis B. « Qualifier ou quantifier l'incertitude : quelle évaluation des risques ? », Colloque AFSSET, « Gouverner l'incertitude : les apports des sciences sociales à la gouvernance des risques sanitaires environnementaux », 6 et 7 juillet 2009.

4. Jonas H., Le principe responsabilité. Une éthique pour la civilisation technologique, 1979, Paris, Flammarion, 2008.

5. Erné-Heintz V., *Les risques : subir ou prévenir ?* , collection Transversale Débats, Ellipses, mai 2010.

6. http://www.journaldelenvironnement.net/article/plus-de-cancers-dans-les-avions,49691?xtor=EPR-9.

7. Avec toutes les limites méthodologiques que cela suppose : http://www.journaldelenvironnement.net/article/pesticides-quand-les-bpl-nuisent-a-l-evaluation,50037?xtor=EPR-9.

Ainsi, dans le cas des nanomatériaux, l'approche probabiliste ne peut être un critère de décision car elle se focalise sur les scénarios jugés suffisamment probables pour être plausibles et néglige les scénarios improbables. Or, c'est justement le scénario le plus improbable qu'il faut éviter. De plus, elle place la probabilité d'occurrence au centre de l'analyse. Celle-ci n'est possible que si la réitération des observations (expériences d'accident) est envisageable. De ce fait, elle se base sur le retour d'expérience en quantifiant la probabilité et les dommages potentiels [8]. La difficulté, pour ce type de risque, est justement l'observation du lien de causalité. Ce n'est plus la dose qui fait le poison comme le suggérait le paradigme de Paracelse, mais aussi la période (Erné-Heintz [9], 2013). Or, dans le cas des nanomatériaux, la question des effets des très faibles doses (un nano) combiné à un effet cocktail (mélange avec d'autres substances possibles comme dans le cas des applications alimentaires) oblige à repenser la relation cause à effet. L'analyse est confrontée à la notion de « très petite taille » ou « taille particulaire » (*a fortiori* nanoparticulaire). Il en est de même des additifs alimentaires ou des conséquences des poussières sur la sécurité au travail. L'approche probabiliste fonctionne dans le cadre de risque observable (c'est la pratique des assurances). Elle se justifie dans les cas où des outils de mesure statistiques existent. Or, ici, l'incertitude reste reine.

Le risque extrême (nucléaire [10]) et la catastrophe au ralenti (additifs alimentaires, ondes wifi, nanotechnologies) n'obéissent pas aux mêmes hypothèses du fait de la non-observabilité des dommages et/ou du caractère « extrêmement rare » de l'accident. L'existence d'une controverse scientifique quant à un lien éventuel appartient non pas aux règles des grands nombres (la probabilité n'a pas le statut de fréquences), mais plutôt à celles d'une probabilité bayésienne (c'est-à-dire une information a priori sans expérience statistique de l'événement). En d'autres termes, le risque courant suit une loi de probabilité (courbe de Gauss) qui néglige les cas s'éloignant de la moyenne. Il est vrai que l'approche déterministe se concentre sur l'évaluation des conséquences, des enjeux liés à la vulnérabilité [11] sur le site. Ainsi, dans la gestion de l'urbanisation, la définition de zones de dangers dans les plans particuliers d'intervention (PPI) spatialise l'aléa de sorte à organiser les secours en cas d'accident. Elle est plus appropriée pour les cas où le risque présente un potentiel catastrophique important (accident nucléaire, accident industriel majeur). Elle définit des périmètres ou zones de danger en référence au pire des scénarios. Ainsi une étude de dangers déterministe cartographie les zones à risque (effets létaux, ef-

8. Ainsi, la prime d'assurance contre les accidents de voiture obéit à cette logique. Elle dépend, entre autres, du type de voiture, du conducteur et du nombre d'accidents antérieurs.

9. Erné-Heintz V., « Les sciences sociales dans l'expertise », http://www.jac.cerdacc.uha.fr/, 2013, n° 134, mai.

10. Erné-Heintz V., « Penser le démantèlement d'une centrale nucléaire », *Risques, Etudes et Observations*, www.riseo.fr, 2014, n°1 ; Erné-Heintz V., « Penser le risque résiduel : l'improbable catastrophe », *Risques, Etudes et Observations*, www.riseo.fr, 2012, n°3.

11. Fabiani, J.-L. et J. Theys, *La société vulnérable. Évaluer et maîtriser les risques*, Paris, Presses de l'Ecole Normale Supérieure, 1987.

fets irréversibles) en partant du site industriel. Dans la tradition de Hans Jonas [12] (1998), il s'agit de donner la priorité à la prévention de l'accident le plus grave même si la probabilité qu'il se réalise est nettement plus faible qu'un accident de référence. Cette approche est applicable dans le cas d'un risque extrême potentiel (prévisible), mais devient moins pertinente dans le cas d'une catastrophe au ralenti où les connaissances sont parcellaires. Si dans la Bible, Noé a construit son arche avant qu'il ne pleuve, il n'en disposait pas moins d'une information [13] ?

Nassim Taleb (2010) explique, dans sa théorie du cygne noir, que la particularité d'un accident extrême est son potentiel catastrophique et l'incapacité du système traditionnel de prévention à prendre en charge l'ensemble des dommages et des victimes. Pourtant, parfois l'improbable devient réalité (vache folle, distilbène [14]) : avant d'être folles, les vaches étaient devenues carnivores ! La catastrophe au ralenti est l'expression du cygne noir : rare et difficilement envisageable par l'approche traditionnelle et rationalisée du risque.

L'analyse de scénarios dans un cadre controversé modifie la perspective d'analyse de la robustesse de notre perception du seuil de défaillance. Encore faut-il disposer de l'information nécessaire à la détermination des mesures de prévention. Pour Ulrich Beck [15] (2001), de plus en plus de risques échappent à la perception… et donc à l'analyse. Il est alors impossible de lister l'ensemble des scénarios et/ou d'y affecter des probabilités… de penser l'improbable (Beck [16], 2011). En France, les Plans de Prévention des Risques Technologiques (PPRT) allient les deux approches afin de délimiter des zones avec des potentiels de dangerosité différents tout en prenant en compte la probabilité des scénarios d'accidents possibles. Nonobstant, la gestion du risque est délicate car l'arbitrage porte tout autant sur des intérêts économiques que sur la protection d'une population et / ou d'un territoire. A ce titre, le nouveau « guide d'aide à la décision » publié en février 2014, affirme que « le plan d'action accorde une place importante à la continuité de la vie économique et sociale ». Faut-il alors un procès pour comprendre ces limites à la rationalité induites par ces catastrophes au ralenti ? Pourtant, même dans le cas de risque prévisible, un ancien préfet de Vendée aime à rappeler lors du procès Xynthia : « c'est une illustration de la schizophrénie nationale, qui veut moins d'Etat quand tout va bien et plus d'Etat quand les choses tournent mal » [17]. Il s'agit bien d'une question de libre-arbitre

12. Jonas H., *Pour une éthique du futur*, Paris, Payot et Rivages, 1998.

13. Dans la Bible, Genèse 7.13 : « l'Eternel dit à Noé : Entre dans l'arche, toi et toute ta maison ».

14. Steinlé-Feuerbach M.F., « Les filles du distilbène : l'indemnisation facilitée par la Cour de cassation », http://www.jac.cerdacc.uha.fr/, n°97, octobre, 2009.

15. Beck U., La société du risque. Sur la voie d'une autre modernité, Champ Flammarion, 2001, traduction de Risk society, towards a new modernity, Sage publication, Londres, 1992.

16. Beck U., « C'est le mythe du progrès et de la modernité qui est en train de s'effondrer », *Le Monde*, 25 mars 2011, http://www.lemonde.fr/idees/article/2011/03/25/la-societe-du-risque-mondialise_1497769_3232.html.

17. http://prdchroniques.blog.lemonde.fr/2014/09/30/proces-xynthia-le-risque-letat-les-elus-et-la-schizophrenie-nationale.

et d'acceptation d'un risque inondation lors de la définition d'un plan de prévention des risques inondations. Entre pression foncière et attraction touristique dans des communes littorales, la définition du bon niveau de risque devient conflictuelle. En fait, la question du risque extrême peut être reposée de la manière suivante : l'Etat doit-il exproprier par anticipation… avant que l'océan ne rase la maison ?

En définitive, le risque est un construit social. Chaque individu, chaque société, a une relation particulière avec le risque et avec l'espace de risque. C'est la raison pour laquelle, l'angle de définition influence la représentation [18] du risque : risque individuel ou risque collectif, risque choisi ou risque subi, sont autant de points d'analyse subjectifs. De ce fait, la norme internationale ISO/CEI/73 se concentre davantage sur les effets de l'incertitude que sur les objectifs. L'évaluation du *bon* niveau de risque reste à ce titre un exercice difficile. Faut-il alors laisser le libre-arbitre de telle sorte que chaque individu puisse décider de son propre niveau de risque ? Dispose-t-il de toutes les informations pour arbitrer en ce sens ? C'est dans ce cadre qu'interviennent la non-interdiction du tabac en France ou encore le principe de la recommandation [19] en matière de vaccination. Elle relève de la recommandation et du conseil d'utilisation tels que les nouvelles tendances issues du principe du *nudge* (Thaler et Sunstein [20], 2008) nous invitent à suivre. Il ne s'agit ni plus ni moins de réconcilier l'individu avec le risque en décentralisant la prise de risque. L'individu retrouve sa liberté de choisir. C'est en renversement de la responsabilité qui s'oppose à la gestion passée du top-down. Elle est aussi un moyen, pour les pouvoirs publics, de prévoir d'éventuelles mises en cause futures dans un contexte où les class-actions sont dorénavant possibles.

Dans cette perspective, la culture du risque assure, incontestablement, l'acceptabilité [21] d'un risque. Elle transforme le risque en situation normale. Pour le sociologue Anthony Giddens [22] (1991), nous sommes entrés dans une société du risque et avons développé une culture du risque. Cette dernière nous permet d'intérioriser le risque et les événements afin de pouvoir agir sur les éléments dé-

18. Dans le cas d'une représentation, le risque est évalué en-dehors d'une situation d'exposition ; l'individu interprète un évènement. La perception renvoie à un processus de traitement des informations.

19. La vaccination contre la tuberculose est ainsi passée d'obligatoire à recommandée en 2007 (http://www.sante.gouv.fr/vaccination-par-le-bcg.html). Pour l'Etat, arbitrer entre une politique de vaccination obligatoire versus de recommandation permet de déléguer la prise de décision (et par conséquent, la responsabilité en cas de réalisation de certains risques potentiels). Pour davantage d'informations, nous invitons le lecteur à consulter le site suivant : http://www.infovaccin.fr/legislation_vaccinale.html. Ainsi, l'acceptabilité sociale du vaccin contre l'hépatite B est directement liée au risque perçu quant à la possibilité de favoriser la survenue d'une sclérose en plaques. La non-vaccination évite les effets secondaires supposés du vaccin, mais augmente le risque de contracter la pathologie elle-même. L'individu hiérarchise lui-même les différents risques.

20. Thaler R.H., Sunstein C.R., *Nudge : la méthode douce pour inspirer la bonne décision*, Vuibert, 2008.

21. L'acceptabilité se réfère à l'ensemble des freins à l'acceptation d'un procédé. L'acceptation, quant à elle, met en avant l'appropriation d'un procédé et de son usage potentiel.

22. Giddens A., *Les conséquences de la modernité*, 1991, L'Harmattan, Paris, 2000.

clencheurs... Au point parfois d'oublier le risque et de perdre la mémoire. Dans le cas des inondations, certaines archives historiques mettent en avant la présence d'un risque, mais du fait d'une certaine attractivité touristique, il est parfois opportun d'oublier le risque. La législation concernant le risque industriel illustre parfaitement cette culture du risque. L'industrialisation [23] s'accompagna d'une urbanisation des populations, donc d'une plus grande vulnérabilité des lieux. L'ambiguïté du risque se trouve dans cette attirance / réticence : le risque est synonyme d'emplois, de revenus supplémentaires, d'avantages dans l'usage d'un nouveau produit, tout autant que d'effets sanitaires ou de pollutions possibles. Il en est de même aujourd'hui pour le potentiel industriel des nanomatériaux. C'est dans la perception de chacun de ses éléments que l'individu construit sa propre représentation du risque. Autrement dit, la représentation du risque est éminemment contingente (Douglas [24], 1992). L'économiste Savage [25] (1954) expose trois attitudes face au risque en se servant de l'exemple suivant : pour réaliser une omelette, vous disposez de cinq œufs frais et d'un œuf douteux dont vous ne connaissez ni la fraîcheur ni la comestibilité. Trois stratégies sont possibles comme le résume le tableau ci-dessous. Dans le cas du Maximin (maximum des gains minimum), l'individu – plutôt anxieux et pessimiste – choisit l'action qui permet d'éviter la pire des issues (scénario catastrophique)... mais il sera privé d'omelette. Dans le cas du Maximax (maximum des gains maximum), l'individu n'a pas peur de prendre des risques ; joueur et confiant, il opte pour le maximum de satisfaction au moindre coût. Dans le cas du Minimax-regret, l'individu cherche surtout à ne pas se tromper même si cela lui coûte. En définitive, les trois actions sont rationnelles. Le critère de décision est normatif ; le choix de l'action dépend du décideur qui est influencé par ses propres croyances dans la représentation d'un événement conjecturé. Il n'y a donc pas de bonne solution a priori, mais une solution pour différentes perceptions. Le catastrophisme n'est pas toujours une hypothèse erronée dans l'analyse du risque. De la même manière, l'homme n'est pas toujours résigné face au risque. Il est important de replacer le risque dans son contexte pour avoir une analyse pertinente (Dupuy [26], 2002).

23. Le récent catalogue de l'exposition récente sur le passé industriel de Paris est assez illustratif sur cet aspect : http://www.sortiraparis.com/arts-culture/exposition/articles/67917-le-passe-industriel-de-paris-au-refectoire-des-cordeliers.

24. Douglas M., *Risk and Blame. Essays in Cultural Theory*, Routledge, Londres, 1992.

25. Savage L.J., *The Foundations of Statistics*, John Wiley and Sons Editions, 1954.

26. Dupuy J.-P., *Pour un catastrophisme éclairé. Quand l'impossible est certain.*, La couleur des Idées, Seuil, 2002.

	Issue S1 : l'œuf s'avère bon	Issue S2 : l'œuf s'avère mauvais
A1 : une seule omelette Stratégie Maximax	Gain : une omelette de 6 œufs Regret : 0	Gain : 0 Regret : 6 œufs
A2 : deux omelettes Séparées Stratégie Minimax-regret	Gain : une omelette de 6 œufs + un effort (coût) supplémentaire Regret : coût d'opportunité	Gain : une omelette de 5 œufs + un effort (coût) supplémentaire Regret : 0
A3 : on jette L'œuf douteux Stratégie Maximin	Gain : une omelette de 5 œufs Regret : 1 œuf	Gain : une omelette de 5 œufs Regret : 0

La difficulté à connaître le bon niveau de risque comme dans les cas des nanomatériaux ou de l'usage du wifi obère la gestion du risque et conduit à surestimer ou à sous-estimer les risques. Cet embarras constitue parfois un danger pour la société car soit, elle tente de refuser certains risques en dénonçant sans ménagement la substance soit, elle l'accepte par péché d'optimisme. Incontestablement, la prise de risque est liée à un espoir, une crainte, un projet. Elle suscite à la fois enthousiasme et rejet. Mais, elle ne doit pas annihiler la prise de risque, l'esprit d'entreprise, la liberté d'innover (Bruckner [27], 2011) car, après avoir tué Dieu, l'Homme a aujourd'hui tendance à vouloir assassiner le progrès (Erné-Heintz [28], 2015) ? Quoiqu'il en soit, l'émergence de catastrophes au ralenti modifie notre gouvernance des risques [29].

27. Bruckner P., *Le fanatisme de l'apocalypse*, Grasset, 2011.

28. Erné-Heintz V., Vers une citoyenneté du risque ?, collection science, éthique et société, les études hospitalières, Ellipses, 2015, à paraître.

29. Pour Crowley (2003), elle désigne l'ensemble des procédures liées à la prise de décision, mise en place des règles et conduites des politiques publiques qui en découlent. Crowley J., 2003, « Usages de la gouvernance et de la gouvernementalité », *Critique Internationale*, 4/2003, n°21, pp.52-61 disponible sur www.cairn.info/revue-critique-internationale-2003-4-page-52.htm.

5

De l'obligation de sécurité au droit à la sécurité dans l'Union européenne ?

Claire Vial

Professeur de droit public. Université Montpellier I. I.D.E.D.H. (E.A. 3976)

A l'issue du très beau colloque qui s'est tenu à Colmar, les 31 mars et 1er avril 2011, le professeur Marie-France Steinlé-Feuerbach relevait que « *ce n'est malheureusement que suite à des catastrophes qu'avance le droit à la sécurité* » [1]. Un mal pour un bien, en somme. Parmi les exemples illustrant son propos, était retenu celui de la pollution maritime puisque « *ce sont les naufrages de l'Erika et du Prestige qui ont initié une vaste refonte de la réglementation au niveau européen* » [2]. C'était déjà un naufrage, celui du pétrolier *Torrey Canyon*, en 1967, qui avait en grande partie été à l'origine d'une prise de conscience, aux niveaux international et européen, de la nécessité de protéger l'environnement et d'adopter des règles en ce sens. Toujours un mal pour un bien, la naissance et le développement du droit de l'environnement n'ayant été rendus possibles que par l'avènement d'une catastrophe. Depuis lors, les drames se succèdent, tant en matière environnementale qu'en matière sanitaire, et les règles évoluent. Preuve de la forte corrélation entre les catastrophes et les textes, ces derniers prennent parfois le nom sous lequel sont connues les premières, comme les directives Seveso [3], pour ne citer que celles-ci.

---

1. M.-F. Steinlé-Feuerbach, Conclusions *in Les sciences juridiques à l'épreuve des catastrophes et des accidents collectifs. Retour sur 15 ans d'expérience, d'expertise et de réflexions*, C. Lacroix et C. Lienhard (dir.), *Riseo* 2011, n° 3, p. 187, spéc. p. 191 (http://riseo.fr/IMG/pdf/Riseo_2011-3_Revue_complete.pdf).

2. *Ibid.*

3. La première directive concernant les risques d'accidents majeurs de certaines activités industrielles a été adoptée en 1982, à la suite de l'accident industriel qui s'est produit à Seveso, en 1976. Le 1er

S'il y a donc du positif en toute chose, et que les catastrophes ne dérogent pas à la règle, peut-on pour autant affirmer qu'elles sont à l'origine, si ce n'est de la progression, du moins de l'existence, d'un droit à la sécurité au sein de l'Union européenne ? Peut-on vraiment soutenir qu'un tel droit est actuellement garanti par le droit de l'Union ? C'est la question à laquelle nous tenterons d'apporter, non pas une réponse définitive, mais un commencement de réponse, la tâche étant d'autant plus ardue que si le sentiment d'insécurité et la revendication de sécurité qui l'accompagne sont palpables, il est difficile d'appréhender la notion de sécurité et les concepts juridiques qui visent à assurer cette dernière.

En droit de l'Union, la sécurité est partout, à commencer par les traités qui sont « *animé[s] par l'esprit de sécurité* » [4]. Promouvoir la sécurité en Europe et dans le monde, assurer la sûreté et la sécurité des peuples des États membres, figurent parmi les objectifs que ces derniers sont résolus à atteindre, aux termes du préambule du traité sur l'Union européenne (TUE). La sécurité est ici évoquée en lien avec la politique étrangère et de sécurité commune [5], d'une part, et l'espace de liberté, de sécurité et de justice, d'autre part. Qu'elle soit externe ou interne, extérieure ou intérieure, la sécurité a ici une dimension collective : il s'agit de garantir la sécurité de l'Union [6], de ses États [7] et de leur population [8]. La politique générale de sécurité ainsi menée profitera aux individus mais ils n'en sont pas les destinataires. Les règles de sécurité qui les intéressent directement sont à rechercher ailleurs, dans les dispositions du traité sur le fonctionnement de l'Union européenne (TFUE). Et elles sont extrêmement nombreuses, la plupart des politiques de l'Union intégrant l'exigence

juin 2015, la directive Seveso II (directive 96/82/CE du Conseil, 9 décembre 1996, concernant la maîtrise des dangers liés aux accidents majeurs impliquant des substances dangereuses, JOCE n° L 10, 14 janvier 1997, p. 13) sera remplacée par la directive Seveso III (directive 2012/18/UE du Parlement européen et du Conseil, 4 juillet 2012, concernant la maîtrise des dangers liés aux accidents majeurs impliquant des substances dangereuses, modifiant puis abrogeant la directive 96/82/CE du Conseil, JOUE n° L 197, 24 juillet 2012, p. 1).

4. Selon l'expression de C. Lienhard, à propos du droit des catastrophes (« Pour un droit des catastrophes », *D.* 1995, p. 91, n° 36). L'auteur fait du droit à la sécurité l'un des trois droits autour desquels se déclinerait le droit des catastrophes, les deux autres droits étant le droit à la vérité et le droit à l'indemnisation.

5. Et la politique de sécurité et de défense commune.

6. Articles 21, paragraphe 2, a), et 24, paragraphe 1er, alinéa 1er, du TUE. Contribuant également à la sécurité de l'Union, la sécurité internationale est visée aux articles 21, paragraphe 2, c), et 42, paragraphe 1er, du TUE.

7. En vertu de l'article 4, paragraphe 2, du TUE, l'Union respecte les fonctions essentielles de l'État, parmi lesquelles la sauvegarde de la sécurité nationale. Il est précisé que cette dernière « reste de la responsabilité de chaque État membre ». Dans l'espace de liberté, de sécurité et de justice, les dispositions du TFUE ne portent « pas atteinte à l'exercice des responsabilités qui incombent aux États membres pour le maintien de l'ordre public et la sauvegarde de la sécurité intérieure » (article 72 du TFUE). Plus généralement, les « intérêts essentiels » de la sécurité de chaque État membre sont protégés (article 346 du TFUE).

8. La sécurité publique est un motif permettant de déroger à l'ensemble des libertés fondamentales s'exerçant dans le cadre du marché intérieur (articles 36, 45, paragraphe 3, 52, paragraphe 1er, 65, paragraphe 1er, b), et 202 du TFUE).

de la sécurité des personnes parmi leurs objectifs ou les éléments à prendre en considération lors de la réalisation de ces derniers. C'est ainsi que « *les enjeux communs de sécurité en matière de santé publique* » [9], la sécurité sociale [10], la sécurité des approvisionnements agricoles [11] et énergétiques [12], la sécurité des transports [13], la sécurité des travailleurs [14], la sécurité des consommateurs [15], sont garanties dans l'Union européenne.

Sur le fondement des dispositions des traités, le législateur de l'Union assure la sécurité de chacun et contraint les États membres à faire de même : « *des centaines de textes, des milliers de pages portent sur la réglementation de la sécurité* » [16] que le juge de l'Union et les juridictions nationales contrôlent et appliquent au quotidien. Il s'agit de mettre les personnes « *à l'abri [des] risques de toute nature* » [17], de garantir leur intégrité tant physique que mentale [18]. Conçue de manière aussi extensive, ce qui nous paraît correspondre à la revendication croissante des individus dans une société où l'on se sent de plus en plus menacé [19], la sécurité est évidemment très difficile à sauvegarder, pour deux raisons. D'une part, parce qu'il est malaisé de prévenir les risques plutôt que les dangers, sachant que le risque zéro n'existe généralement pas, comme l'a souligné le juge de l'Union [20]. D'autre part, parce qu'il est encore moins aisé de prémunir l'individu contre les risques *de toute nature*, y compris les risques naturels. C'est pourtant l'une des missions essentielles de l'Union européenne qui a progressivement instauré un modèle européen de gouvernance de la sé-

---

9. Articles 4, paragraphe 2, k), et 168, paragraphe 4, du TFUE.

10. Articles 21, paragraphe 3, 48, 153, paragraphe 1er, c), et 156 du TFUE.

11. Article 39, paragraphe 1er, d), du TFUE.

12. Article 194, paragraphe 1er, b), du TFUE.

13. Article 91, paragraphe 1er, c), du TFUE.

14. Article 153, paragraphe 1er, a), du TFUE.

15. Article 169, paragraphe 1er, du TFUE.

16. M. Blanquet, « L'évolution des impératifs de sécurité dans les politiques communautaires », *in Union européenne et sécurité : aspects internes et externes*, C. Flaesch-Mougin (éd.), Bruylant, 2009, p. 13, spéc. p. 15.

17. M. Afroukh, « L'émergence d'un droit à la sécurité des personnes dans la jurisprudence de la Cour européenne des droits de l'homme », à paraître à la *RDP*.

18. L'intégrité des personnes étant ainsi qualifiée par l'article 3 de la Charte des droits fondamentaux de l'Union européenne.

19. A cet égard, J.-M. Pontier relève que « la société est, par elle-même, une réponse aux risques qu'encourt l'individu isolé. (...) L'obligation de sécurité est sans doute la première pour le pouvoir, quelles qu'en soient les formes, qui est issu de cette société. (...) Si la société peut être analysée comme une tentative pour réduire les risques de l'état de nature, elle comporte ou créé d'autres risques. Les hommes demandent à leur dirigeants de leur éviter ou de réduire ces risques » (« La puissance publique et la prévention des risques », *AJDA* 2003, p. 1752).

20. TPICE, 11 septembre 2002, T-13/99, *Pfizer Animal Health c. Conseil*, point 145 ; T-70/99, *Alpharma c. Conseil*, point 158 ; 21 octobre 2003, T-392/02, *Solvay Pharmaceuticals c. Conseil*, point 130 ; Trib. UE, 9 septembre 2011, T-257/07, *France c. Commission*, point 76 ; 12 avril 2013, T-31/07, *Du Pont de Nemours (France) e.a. c. Commission*, point 140.

curité [21], modèle ayant vocation à être suivi dans l'ensemble de ses politiques et actions.

Si le droit de l'Union est empreint de l'exigence de garantir la sécurité des individus, et qu'une importante réglementation européenne de la sécurité a ainsi été adoptée, il n'existe pas de droit de la sécurité comme il existe un droit de l'environnement, un droit de la santé ou un droit de la consommation dans l'Union. Aucune compétence particulière n'a été attribuée à l'Union pour mettre en œuvre une politique spécifique de sécurité à destination des individus, aucune base juridique n'a été insérée dans le TFUE afin d'adopter des actes dont l'objet et le contenu seraient principalement dédiés à la sécurité individuelle. Il s'agit là d'une exigence transversale qui mériterait l'inscription dans le traité d'une nouvelle expression du principe d'intégration, le législateur ayant déjà tendance à prendre en considération la sécurité « *dans la définition et la mise en œuvre des politiques et actions de l'Union* » [22].

Finalement, la sauvegarde de la sécurité des personnes est un objectif de l'Union parmi d'autres, à ceci près qu'il fait partie de ce que l'on pourrait appeler le « noyau dur » de ces objectifs. C'est un objectif assurément contraignant et l'on soutiendra sans difficultés qu'il existe actuellement, en droit de l'Union, une obligation de sécurité (I). Le renforcement progressif de cette obligation a-t-il ou pourrait-il conduire à la consécration d'un droit fondamental à la sécurité dans l'Union ? Nous affirmerons prudemment qu'en l'état actuel du droit de l'Union, seule l'émergence, plutôt que l'existence, d'un tel droit est défendable (II).

I. L'existence d'une obligation renforcée de sécurité

En droit de l'Union, l'obligation de sauvegarder la sécurité est comparable à celle de protéger l'environnement, la santé, les consommateurs. Le parallèle se justifie d'autant plus qu'il s'agit parfois d'assurer la sécurité environnementale, la sécurité sanitaire ou encore la sécurité des consommateurs. L'obligation est à la charge du législateur de l'Union, des États membres ainsi que des individus dans les relations qu'ils entretiennent avec d'autres individus. Différemment formulée en fonction de la personne sur laquelle elle pèse, l'obligation est en tout état de cause extrêmement contraignante – ce qui peut apparaître comme un pléonasme mais reflète la réalité – et tend continuellement à se renforcer.

Lorsque l'obligation de sécurité pèse sur le législateur de l'Union, elle prend la forme très classique de l'obligation de garantir « *un niveau de protection élevé* », selon les termes de l'article 114, paragraphe 3, du TFUE [23] qui vise expressément la

21. M. Blanquet, *Op. cit.*, p. 52 s.

22. Selon l'expression consacrée. *V.* les articles 9, 11 et 12 du TFUE qui posent le principe d'intégration s'agissant, notamment, des exigences de protection de la santé, de l'environnement et des consommateurs.

23. V. également l'article 67, paragraphe 3, du TFUE, s'agissant de l'espace de liberté, de sécurité et de justice, aux termes duquel « l'Union œuvre pour assurer un niveau élevé de sécurité » ; l'article 168, paragraphe 4, a) et c), du TFUE, en matière de santé publique, selon lequel le législateur de l'Union

sécurité, aux côtés de la santé, de la protection de l'environnement et de celle des consommateurs, parmi les exigences à prendre en considération lors de l'adoption des mesures d'harmonisation [24]. Pour s'acquitter de cette obligation, les trois institutions participant au processus décisionnel doivent édicter des mesures de prévention et les adapter, notamment au vu de « *toute nouvelle évolution basée sur des faits scientifiques* » [25]. S'il ne s'agit pas de poursuivre le niveau de sécurité le plus élevé possible, essentiellement en raison de l'obligation de respecter le principe de proportionnalité, il reste que le législateur doit impérativement identifier correctement les risques contre lesquels prémunir l'individu, d'une part, et gérer ces risques en adoptant les mesures appropriées [26], y compris des mesures de précaution, d'autre part. L'obligation de garantir un niveau élevé de sécurité peut justifier une harmonisation totale que le juge de l'Union se contentera de relever sans s'immiscer dans le large pouvoir d'appréciation du législateur [27]. Le juge s'assure en tout état de cause du respect par ce dernier de son obligation de sécurité, aucun acte n'ayant pour l'instant été annulé en raison d'un niveau de sécurité trop bas [28].

Est-ce à dire que le législateur satisfait pleinement à son obligation ? Nous croyons que c'est la plupart du temps le cas dans la mesure où c'est dans son intérêt. Comme la Cour de justice l'a utilement relevé, « *la libre circulation des produits ne peut être garantie que si les conditions de sécurité imposées aux produits ne divergent pas sensiblement d'un État membres à un autre* » [29]. La sécurité étant une exigence essentielle susceptible d'être invoquée par les États pour faire obstacle à une liberté fondamentale du marché intérieur, le législateur n'a pas d'autre choix que de la garantir lorsqu'il rapproche les dispositions nationales. S'il ne le faisait pas, il

adopte « des mesures fixant des normes élevées de qualité et de sécurité des organes et substances d'origine humaine, du sang et des dérivés du sang » ainsi que « des mesures fixant des normes élevées de qualité et de sécurité des médicaments et des dispositifs à usage médical » ; l'article 1er du Protocole n° 26 sur les services d'intérêt général qui fixe les valeurs communes de l'Union concernant les services d'intérêt économique général au sens de l'article 14 du TFUE, parmi lesquelles un niveau élevé de sécurité.

24. Sur le niveau de protection en matière d'harmonisation des législations, C. Vial, « Libre circulation des marchandises : harmonisation des législations », *JCL Europe Traité*, Fasc. 551, mai 2013, n° 32 s.

25. Article 114, paragraphe 3, du TFUE.

26. La Cour de justice affirme ainsi que le « niveau élevé de sécurité (…) ne peut être atteint que si les produits dangereux font l'objet de mesures appropriées dans tous les États membres » (CJCE, 9 août 1994, C-359/92, *Allemagne c. Conseil*, point 34, à propos de l'ancienne directive relative à la sécurité générale des produits).

27. En ce sens, CJUE, 20 mars 2014, C-639/11, *Commission c/ Pologne*, point 35 et C-61/12, *Commission c. Lituanie*, point 40, à propos du « niveau élevé de sécurité routière assuré par l'harmonisation totale des exigences techniques concernant, notamment, la construction des véhicules ».

28. Ou d'un niveau de protection de l'environnement, de la santé, des consommateurs, trop bas. Si la justiciabilité de l'obligation posée par l'article 114, paragraphe 3, du TFUE n'est pas douteuse, il est difficile pour le juge d'apprécier la mise en balance des intérêts en présence et de substituer son appréciation à celle de l'auteur de la mesure soumise à son examen (V. ainsi CJCE, 14 décembre 2004, C-210/03, *Swedish Match*, points 46 à 58, et C-434/02, *Arnold André*, points 44 à 56).

29. CJCE, 9 août 1994, C-359/92, *Allemagne c. Conseil*, précité, point 34.

s'exposerait à un risque de cloisonnement du marché, ce qu'il essaie justement d'éviter en harmonisant les législations. Si la Commission, au stade de ses propositions, n'assurait pas un niveau élevé de sécurité, ses mesures pourraient soit ne pas être adoptées, soit l'être mais avec le risque d'être, dans la foulée, désavouées par les mesures dérogatoires que les États membres sont en droit d'adopter sur le fondement des paragraphes 4 à 9 de l'article 114 du TFUE [30]. Ce qui est ici observé à propos de la libre circulation des marchandises vaut d'une manière générale pour toutes les politiques dans lesquelles la sécurité doit être sauvegardée : dans le cas où la réglementation de l'Union s'avèrerait insuffisamment protectrice, les États membres introduiraient individuellement des mesures de protection renforcée [31] et c'est l'intégrité du droit de l'Union qui serait alors menacée. L'obligation de sécurité qui pèse sur le législateur de l'Union est d'autant plus contraignante qu'elle légitime son action et que son non-respect aurait des conséquences désastreuses non seulement pour les individus mais aussi pour l'Union elle-même [32].

Si le législateur de l'Union est donc condamné, en quelque sorte, à sauvegarder la sécurité, il en va de même des États membres. Certes, ces derniers n'ont pas à respecter l'obligation du haut niveau de protection posée par le traité. La Cour de justice a en effet précisé que l'article 114, paragraphe 3, du TFUE s'adressait « *aux différentes institutions ayant chacune leur rôle dans le processus législatif [de l'Union] et ne saurait, dès lors, être [invoqué] comme fondement direct des obligations liant un État membre* » [33]. Cela étant, l'obligation de sécurité à la charge du législateur de l'Union se traduisant par des textes, et les États membres étant chargés de l'application de ces textes, l'obligation de sécurité pèse également sur eux [34], sous le contrôle du juge de l'Union et des juridictions nationales. Cette obligation est d'autant plus forte que la Cour de justice a indiqué que l'article 114, paragraphe 3, du TFUE pouvait être utilisé « *en tant qu'élément d'interprétation* » d'une mesure d'harmonisation [35]. Lors de l'adoption de mesures d'exécution d'un règlement ou de mesures de transposition d'une directive, les États membres n'ont pas d'autre choix que d'assurer le même niveau de sécurité que celui fixé par le législateur de l'Union,

30. Sur cette faculté, *V.* C. Vial, « Libre circulation des marchandises : harmonisation des législations », *Op. cit.*, n° 54 s.

31. Cette faculté pour les États membres est généralement couplée, dans le traité, à l'obligation pour le législateur de l'Union de poursuivre un niveau de protection élevé. *V.* ainsi, en matière de santé publique par exemple, l'article 168, paragraphe 4, a), du TFUE qui, après avoir exigé du législateur de l'Union la poursuite d'un niveau élevé de sécurité pour les produits d'origine humaine, indique que les mesures ainsi adoptées « ne peuvent empêcher un État membre de maintenir ou d'établir des mesures de protection plus strictes ».

32. Pour d'autres observations relatives aux rapports entre sécurité et légitimité dans l'Union, *V.* M. Blanquet, *Op. cit.*, p. 53 s.

33. CJCE, 25 octobre 2005, C-350/03, *Schulte*, point 61.

34. En plus de celle qu'ils assument, au titre de leurs fonctions régaliennes, en dehors du champ des compétences dévolues à l'Union ou lorsque cette dernière n'a pas investi le champ des compétences qu'elle partage avec eux.

35. Arrêt *Schulte*, précité.

sauf à utiliser la faculté qui leur est offerte par le traité de relever ce niveau. C'est là que l'obligation de sécurité telle que conçue par le droit de l'Union produit ses effets les plus intéressants, les mesures de protection renforcée adoptées par les États membres devant conduire le législateur de l'Union à relever à son tour le niveau de sécurité, l'adaptation des mesures d'harmonisation se justifiant par le souci d'assurer le bon fonctionnement du marché intérieur.

En aval de la chaîne normative, enfin, l'obligation de sécurité est mise à la charge des personnes et peut être sanctionnée dans le cadre des relations interindividuelles. Prenons l'exemple de la réglementation européenne de la gestion des risques présentés par les substances dangereuses [36], exemple particulièrement éclairant en ce que les textes comportent de nombreuses obligations pesant sur l'ensemble des acteurs de l'industrie chimique, les exploitants des activités industrielles ainsi que les employeurs dans les entreprises où les travailleurs sont exposés à des substances dangereuses. Le règlement REACH repose sur le principe de précaution et « *le principe qu'il incombe aux fabricants, aux importateurs et aux utilisateurs en aval de veiller à fabriquer, à mettre sur le marché ou à utiliser des substances qui n'ont pas d'effets nocifs pour la santé humaine ou l'environnement* » [37]. Le devoir d'assurer la sécurité environnementale et sanitaire, également posé par le règlement CLP [38], est extrêmement précis et s'accompagne d'obligations détaillées, notamment s'agissant de la communication des informations relatives aux substances dangereuses. Une même obligation de sécurité est mise à la charge des exploitants des établissements où des substances dangereuses sont présentes, la mise en œuvre d'une grande partie des règles fixées par les directives Seveso [39], en vue de la prévention des accidents majeurs et de la limitation de leurs conséquences, relevant de la seule responsabilité de ces exploitants. *Last but not least*, les directives visant à prémunir les travailleurs contre les risques que présentent les agents chimiques [40], les agents cancérigènes ou mutagènes [41], ou encore l'amiante [42], font peser sur l'employeur une obligation de sécurité particulièrement stricte.

---

36. Sur cette règlementation, C. Vial, « Substances dangereuses », *JCL Europe Traité*, Fasc. 1925, septembre 2011.

37. Article 1er, paragraphe 3, du règlement (CE) n° 1907/2006 du Parlement européen et du Conseil, 18 décembre 2006, concernant l'enregistrement, l'évaluation et l'autorisation des substances chimiques, ainsi que les restrictions applicables à ces substances (REACH), instituant une agence européenne des produits chimiques, modifiant la directive 1999/45/CE et abrogeant le règlement (CEE) n° 793/93 du Conseil et le règlement (CE) n° 1488/94 de la Commission ainsi que la directive 76/769/CEE du Conseil et les directives 91/155/CEE, 93/67/CEE, 93/105/CE et 2000/21/CE de la Commission, JOUE n° L 396, 30 décembre 2006, p. 1.

38. Règlement (CE) n° 1272/2008 du Parlement européen et du Conseil, 16 décembre 2008, relatif à la classification, à l'étiquetage et à l'emballage des substances et des mélanges, modifiant et abrogeant les directives 67/548/CEE et 1999/45/CE et modifiant le règlement (CE) n° 1907/2006, JOUE n° L 353, 31 décembre 2008, p. 1.

39. Précitées.

40. Directive 98/24/CE du Conseil, 7 avril 1998, concernant la protection de la santé et de la sécurité des travailleurs contre les risques liés à des agents chimiques sur le lieu de travail (quatorzième directive particulière), JOCE n° L 131, 5 mai 1998, p. 11.

La personne de l'employeur est d'ailleurs, d'une façon générale, celle pour qui la frontière entre obligation de moyens et obligation de résultat est la plus ténue. Certes, la Cour de justice a refusé d'interpréter l'article 5, paragraphe 1er, de la directive 89/391/CEE[43], qui dispose que « *l'employeur est obligé d'assurer la sécurité et la santé des travailleurs dans tous les aspects liés au travail* », en ce sens qu'une responsabilité sans faute pèserait sur l'employeur du fait de tous les accidents qui pourraient survenir sur le lieu de travail [44]. Cela étant, la formulation de l'article 5 de la directive considérée est loin d'être neutre quant à l'étendue de la responsabilité de l'employeur et, partant, l'étendue de son obligation de sécurité, les paragraphes 2 à 4 de cette disposition montrant qu'une telle obligation est, à tout le moins, une obligation de moyens renforcée [45]. Dans un autre cadre, le Tribunal de la fonction publique a affirmé récemment que « *pour étendue qu'elle soit, l'obligation des institutions de l'Union, lorsqu'elles agissent en tant qu'employeur, d'assurer la sécurité et la santé de leur personnel ne peut aller jusqu'à faire peser sur l'institution concernée une obligation absolue de résultat* » [46]. Faut-il comprendre qu'il ne s'agirait là que d'une obligation relative de résultat ou d'une obligation tout autre qu'une obligation de résultat, comme une obligation absolue de moyens ? La Cour de justice devrait apporter des précisions sur ce point dans l'affaire *Livio Missir Mamachi di Lusignano* [47].

41. Directive 2004/37/CE du Parlement européen et du Conseil, 29 avril 2004, concernant la protection des travailleurs contre les risques liés à l'exposition à des agents cancérigènes ou mutagènes au travail (sixième directive particulière), JOUE n° L 158, 30 avril 2004, p. 50.

42. Directive 2009/148/CE du Parlement européen et du Conseil, 30 novembre 2009, concernant la protection des travailleurs contre les risques liés à une exposition à l'amiante pendant le travail (deuxième directive particulière), JOUE n° L 330, 16 décembre 2009, p. 28.

43. Directive 89/391/CEE du Conseil, 12 juin 1989, concernant la mise en œuvre de mesures visant à promouvoir l'amélioration de la sécurité et de la santé des travailleurs au travail, JOCE n° L 183, 29 juin 1989, p. 1.

44. CJCE, 14 juin 2007, C-127/05, *Commission c. Royaume-Uni*.

45. En vertu du paragraphe 2 de la directive, si l'employeur fait appel à des personnes ou services extérieurs à l'entreprise, ceci ne le décharge pas de ses responsabilités en matière de sécurité. Le paragraphe 3 dispose que les obligations des travailleurs dans le domaine de la sécurité n'affectent pas le principe de la responsabilité de l'employeur. Enfin, selon le paragraphe 4, la directive « ne fait pas obstacle à la faculté des États membres de prévoir l'exclusion ou la diminution de la responsabilité des employeurs pour des faits dus à des circonstances qui sont étrangères à ces derniers, anormales et imprévisibles, ou à des événements exceptionnels, dont les conséquences n'auraient pu être évitées malgré toute la diligence déployée ». Toutefois, « les États membres ne sont pas tenus d'exercer [cette] faculté ». Sur l'étendue de l'obligation de sécurité de l'employeur, *V.* les conclusions de l'avocat général P. Mengozzi rendues, dans l'affaire C-127/05 (arrêt précité), le 18 janvier 2007, spéc. points 135 à 140.

46. TFPUE, 19 juin 2014, F-157/12, *BN c. Parlement européen*, point 110. Nous soulignons.

47. Dans cette affaire relative à l'assassinat d'un fonctionnaire de la Commission et de sa femme alors qu'ils se trouvaient au Maroc, dans une maison louée par la délégation de la Commission, le Tribunal de la fonction publique a défini à la charge de la Commission une obligation de sécurité très étendue (TFPUE, 12 mai 2011, F-50/09, *Livio Missir Mamachi di Lusignano c. Commission*). Saisi d'un pourvoi, le Tribunal de l'Union a annulé l'arrêt du Tribunal de la fonction publique, jugé incompétent en l'espèce (Trib. UE, 10 juillet 2014, T-401/11 P, *Livio Missir Mamachi di Lusignano c. Commission*). Il a indiqué, dans son arrêt, qu'il statuerait ultérieurement en tant que juridiction de première instance (T-518/14). La Cour de justice a ensuite décidé de réexaminer l'arrêt du Tribunal (CJUE, 9 septembre 2014, C-417/14 RX).

Dans l'attente de son arrêt, nous nous contenterons d'observer que l'obligation de sécurité pèse d'autant plus lourdement sur l'employeur que l'article 31, paragraphe 1er, de la Charte des droits fondamentaux dispose que « *tout travailleur a droit à des conditions de travail qui respectent sa santé, sa sécurité et sa dignité* » [48]. Il y a là une passerelle entre obligation de sécurité et droit à la sécurité que l'on pourrait emprunter pour soutenir que l'émergence d'un droit fondamental à la sécurité est envisageable en droit de l'Union européenne [49].

II. L'émergence d'un droit fondamental à la sécurité

Il a été relevé que « la Convention européenne des droits de l'homme (CEDH) et la Charte ne prévoient pas de 'droit à la sécurité' dans le sens d'une obligation des autorités à agir pour assurer la sécurité des citoyens » [50]. C'est parfaitement juste : aucun droit à la sécurité n'a été expressément reconnu en 1950, pas plus qu'en 2000. Si l'on s'en tient à ce constat et que l'on exige, pour qualifier un droit de fondamental, qu'il soit protégé par une norme constitutionnelle ou conventionnelle [51], le droit fondamental à la sécurité est condamné. Que faire alors de l'obligation pour les autorités, notamment, d'agir en vue de sauvegarder la sécurité des personnes qui, elle, existe indéniablement, comme cela a été précédemment observé ? Il nous semble que l'un des critères à prendre en considération pour qualifier de fondamental un droit, ici le droit à la sécurité, doive plutôt être celui de « la supra-légalité » [52], ce qui nous conduira à nous interroger, s'agissant du droit de l'Union, sur la valeur qu'aurait un tel droit et la place qu'il occuperait au sein de la hiérarchie des normes. Un autre critère avancé pour qualifier de fondamental un droit a été celui de son objet, à savoir « protéger la dignité de l'homme » [53]. Il faudra dès lors se demander si le droit à la sécurité, comme le droit à la vie ou à l'intégrité de la personne, participe au respect et à la protection de la dignité humaine, selon les termes de l'article 1er de la Charte des droits fondamentaux. Le dernier critère dont il faudra tenir compte n'est pas le moindre et il sera nécessaire de déterminer si le droit à la sécurité « pré-

48. Nous soulignons. La disposition est expressément visée par le Tribunal de la fonction publique dans l'arrêt précité, *BN c. Parlement européen*, point 104. *V.* aussi l'article 32 de la Charte en vertu duquel « les jeunes admis au travail doivent (...) être protégés contre (...) tout travail susceptible de nuire à leur sécurité », une autre formulation qui montre qu'obligation de sécurité et droit à la sécurité peuvent être les deux faces d'une même exigence fondamentale.

49. En ce sens, M. Blanquet, *Op. cit.*, p. 78, qui remarque que « l'histoire est un éternel recommencement : (...) l'action communautaire de sécurité a démarré là, avec la sécurité des travailleurs du charbon et de l'acier. La consécration par (...) l'Union (...) d'un droit fondamental à la sécurité partirait encore d'une préoccupation particulière au regard des travailleurs ».

50. A. Brun et E. Crabit, « Faire respecter les droits fondamentaux à l'intérieur de l'Union européenne. Pistes de réflexion sur le rôle de la Commission européenne », *RAE* 2006, n° 1, p. 45, spéc. p. 48.

51. En ce sens, M.-A. Granger, « Existe-t-il un 'droit fondamental à la sécurité' ? », *Rev. Sc. Crim.* 2009, p. 273.

52. E. Dreyer, « Du caractère fondamental de certains droits », *RRJ* 2006, n° 2, p. 551, spéc. p. 562.

53. *Ibid.* p. 558.

sente les caractères d'un droit subjectif » [54], ce qui nous conduira à nous interroger sur son contenu et sur « les garanties institutionnelles » dont il pourrait bénéficier, au premier chef desquelles sa « justiciabilité » [55].

L'émergence d'un droit fondamental à la sécurité est plus difficile à déceler en droit de l'ue qu'en droit de la CEDH où il nous semble qu'un tel droit est pratiquement garanti par la Cour européenne des droits de l'homme [56]. Plus difficile parce que le système de l'Union, à la différence de celui de la Convention, n'a pas pour principal objet de protéger les droits fondamentaux, même si ces derniers sont évidemment sauvegardés. Dans le cadre de l'Union, il s'agit d'atteindre des objectifs, de mener des politiques, de poser des principes, de prescrire l'emploi de certains instruments, d'adopter des textes, de sanctionner leur application. C'est la raison pour laquelle la sécurité est envisagée sous l'angle de « *l'obligation de* » plutôt que sous celui du « *droit à* ». Cela étant, en matière de sécurité, le processus de « *fondamentalisation* » est en marche, comme dans d'autres domaines tels que celui de la protection de la santé ou celui de la protection de l'environnement. Il peut paraître balbutiant dans la mesure où, à la différence de la santé, de l'environnement et des consommateurs, la sécurité ne fait pas l'objet d'une disposition dans la Charte. Mais il peut aussi paraître plus abouti si l'on se réfère à l'article 31, paragraphe 1er, de la Charte dont la formulation est plus satisfaisante que la rédaction des articles 35, 37 et 38.

Comme on l'a dit, il n'existe pas de droit fondamental à la sécurité expressément reconnu comme tel dans la Charte des droits fondamentaux, à l'exception du droit de tout travailleur à des conditions de travail qui respectent sa sécurité. Cela étant, la Charte n'est pas la seule source des droits fondamentaux dans l'Union et un droit à la sécurité pourrait émerger, comme dans le cadre du système de la Convention, grâce à la Cour de justice qui dispose toujours de la technique des principes généraux du droit (PGD) pour protéger les droits fondamentaux. Pour l'instant, la lecture des arrêts de la Cour ne permet pas d'affirmer qu'il existerait, plutôt qu'une « *obligation de* », un « *droit à* » la sécurité dans la jurisprudence. Mais l'attention que porte le juge de l'Union à l'obligation de sécurité qui est garantie par le TFUE, texte de nature constitutionnelle, combinée avec celle que lui accorde actuellement le juge de la Convention, source d'inspiration privilégiée de la Cour de justice, pourrait déboucher sur la reconnaissance d'un nouveau droit fondamental qui aurait une valeur supérieure, quasi-constitutionnelle, sur le fondement de l'article 6, paragraphe 3, du TUE.

Le critère de la supra-légalité nous paraissant pouvoir être rempli, qu'en est-il de celui de la dignité ? Le droit à la sécurité, s'il était reconnu par la Cour de justice ou inscrit dans les traités, pourrait-il être qualifié de fondamental en ce qu'il assurerait la dignité de la personne humaine ? Il nous semble que oui dans la mesure où mettre

54. M.-A. Granger, *Op. cit.*

55. F. Sudre, Droit européen et international des droits de l'homme, *PUF*, 11ème éd., 2012, p. 14.

56. A ce sujet, *V.* la remarquable étude de M. Afroukh, *Op. cit.*

les personnes à l'abri du danger, garantir leur intégrité, comme l'exige expressément l'article 3, paragraphe 1er, de la Charte des droits fondamentaux, participent nécessairement au respect de l'article 1er de cette même charte. C'est d'autant plus le cas lorsqu'un manquement à l'obligation de sécurité emporte une violation du droit à la vie qui est le premier des droits fondamentaux à assurer la dignité humaine. Ne reste donc à appliquer que le critère de la subjectivité pour pouvoir affirmer que toutes les conditions nécessaires à l'émergence d'un droit fondamental à la sécurité sont actuellement remplies dans l'Union.

Si toute personne avait droit à la sécurité, sur le fondement du droit de l'Union, que serait-elle en droit d'attendre du juge chargé de sanctionner le respect de ce droit fondamental ? Quel serait le contenu d'un tel droit ? A la lecture des textes européens, il nous semble que le droit à la sécurité ressemblerait fortement à d'autres droits fondamentaux tels que le droit à la vie, le droit à la santé ou le droit à l'environnement, avec un volet matériel et un volet procédural. Sous l'angle matériel, le droit à la sécurité obligerait ses débiteurs à respecter les principes de prévention et de précaution en évaluant et en gérant les risques de manière appropriée. Sous l'angle procédural, le droit à la sécurité se déclinerait en droit à l'information, en droit à la participation au processus décisionnel et en droit au juge, rien que de très classique au final. Comme l'a souligné Marie-France Steinlé-Feuerbach, « *le droit de savoir est une composante indispensable du droit à la sécurité* » [57] et il nous paraît très bien garanti à l'heure actuelle par la réglementation européenne relative aux risques. La participation du public au processus décisionnel et l'accès à la justice sont également des exigences prises en considération par cette réglementation, si bien que le droit à la sécurité ne saurait être considéré comme une coquille non seulement vide d'obligations à la charge des autorités et des individus, mais aussi impossible à remplir par le juge chargé de son respect.

On relèvera, à cet égard, que la question des garanties institutionnelles dont doivent bénéficier les droits fondamentaux, ne pose pas de difficulté particulière s'agissant du droit à la sécurité. Le juge de l'Union et les juridictions nationales sont en mesure de garantir son respect et ce droit devrait être plus facilement invocable par les individus, en tant que PGD, que d'autres droits « *de solidarité* » consacrés par la Charte [58]. Certes, il y a fort à parier que le contrôle du juge sera restreint, en raison de la marge d'appréciation qui doit être reconnue aux autorités lorsqu'il s'agit d'assurer la sécurité et de la concilier avec d'autres intérêts [59]. Mais ceci n'est pas de

57. M.-F. Steinlé-Feuerbach, *Op. cit.*, p. 191.

58. Comme le droit à l'information et à la consultation des travailleurs au sein de l'entreprise, tel qu'il est garanti par l'article 27 de la Charte. V. ainsi CJUE, 15 janvier 2014, C-176/12, *Association de médiation sociale*, dans lequel la Cour a affirmé que lorsqu'une disposition nationale de transposition d'une directive était incompatible avec le droit de l'Union, l'article 27 de la Charte ne pouvait pas être invoqué dans un litige entre particuliers afin de laisser inappliquée ladite disposition nationale.

59. La Cour de justice reconnaît depuis longtemps « au législateur de l'Union *un large pouvoir d'appréciation* lorsqu'il est amené à intervenir dans un domaine impliquant, de sa part, des choix de nature politique, économique et sociale, et dans lequel il est appelé à effectuer des appréciations complexes. Ainsi, dans son contrôle juridictionnel de l'exercice d'une telle compétence, la Cour ne saurait substituer

nature à remettre en question l'émergence d'un droit fondamental à la sécurité dans l'Union, dans la mesure où il est évident qu'un tel droit ne peut prétendre à l'intangibilité. Nous ajouterons que l'examen des restrictions dont il peut faire l'objet ne devrait pas rencontrer d'obstacles, la méthode du juge étant bien rôdée et désormais inscrite à l'article 52, paragraphe 1er, de la Charte des droits fondamentaux.

Au vu de l'ensemble de ces éléments, le droit de l'Union européenne nous paraît prêt à accueillir un nouveau droit fondamental, le droit de toute personne à la sécurité. Dans l'esprit des individus, il est facile de passer de la revendication selon laquelle « *vous me devez la sécurité* » à celle selon laquelle « *j'ai droit à la sécurité* ». Le pas sera plus difficile à franchir pour la Cour de justice, si la consécration du droit à la sécurité, *via* la technique des PGD, doit provenir d'elle, ou pour les États membres, s'il doit leur revenir de modifier les traités lors d'une prochaine conférence intergouvernementale. En tout état de cause, l'argument selon lequel il est possible de garantir la sécurité des individus mais impossible de garantir leur droit à la sécurité, nous paraît inopérant. Le droit fondamental à la sécurité n'est pas le droit de toute personne à ne courir aucun risque, il est celui de chacun à ne pas être placé dans une situation risquée. Les débiteurs du droit à la sécurité peuvent donc être rassurés. Quant à ses créanciers, nous espérons qu'ils n'auront pas à attendre une catastrophe pour se voir garantir un tel droit. Cela infirmera le propos du professeur Marie-France Steinlé-Feuerbach mais nous sommes sûrs qu'elle en sera très heureuse.

---

son appréciation à celle du législateur de l'Union. Elle ne pourrait tout au plus censurer son choix normatif que s'il paraissait manifestement erroné ou si les inconvénients qui en résultent pour certains acteurs économiques étaient sans commune mesure avec les avantages qu'il présente par ailleurs » (CJCE, 10 décembre 2002, C-491/01, *British American Tobacco (Investments) et Imperial Tobacco*, point 123 ; 14 décembre 2004, C-210/03, *Swedish Match*, point 48 ; C-434/02, *Arnold André*, point 46 ; 12 décembre 2006, C-380/03, *Allemagne c. Parlement et Conseil*, point 145 ; CJUE, 8 juin 2010, C-58/08, *Vodafone e.a.*, point 52 ; 8 juillet 2010, C-343/09, *Afton Chemical*, point 46 ; 17 octobre 2013, C-203/12, *Billerud Karlsborg et Billerud Skärblacka*, point 35).

6

Protection des personnes dans la crise et sécurité civile

Bertrand Pauvert

Maître de conférences HDR en droit public, Directeur du CERDACC, EA 3992, Université de Haute-Alsace

Résumé

Possédant pour objet « *la protection des personne* », la sécurité civile devrait être au cœur de la réflexion collective et des politiques publiques visant à assurer une distribution efficace des secours lors des crises. Pourtant, la diversité des acteurs intervenant en la matière, l'éclatement de la distribution des compétences et de manière plus générale, l'indifférence envers ces questions, ont pour conséquence de significatives insuffisances en matière de secours aux personnes. L'insuffisance globale des dispositifs d'information et de connaissance des populations ou l'inexistence des dispositifs locaux de sécurité civile témoignent tour à tour des lacunes du système français de protection des personnes au cours des crises. Si l'efficacité globale des services de secours tend à masquer cet état de fait, la survenance d'une crise majeure ne manquerait pas d'occasionner d'innombrables victimes, mettant au grand jour les carences et lacunes constatées.

La sécurité civile possède le privilège douteux d'être sans doute tout à la fois l'un des services publics les plus appréciés des Français et probablement le moins connu d'entre-eux.

Service public le plus apprécié ? Il n'y a qu'à entendre les tonnerres d'applaudissements accompagnant la descente des Champs-Elysées par la Brigade des sapeurs-pompiers de Paris, le 14 juillet, de manière à s'en convaincre... Service public le moins connu ? Peu nombreuses (et peut-être même encore moins que cela) sont les personnes à connaître l'objet de la sécurité civile tel qu'il ressort des dispositions de l'article L. 112-1 du code de la sécurité intérieure (CSI).

Cet objet est pourtant très large et mérite que l'on s'y attarde un instant ; la sécurité civile possède en effet pour objet, aux dires de cet article L. 112-1 CSI, « *la prévention des risques de toute nature, l'information et l'alerte des populations ainsi que la protection des personnes, des biens et de l'environnement contre les accidents, les sinistres et les catastrophes par la préparation et la mise en œuvre de mesures et de moyens appropriés relevant de l'État, des collectivités territoriales et des autres personnes publiques ou privées. Elle concourt à la protection générale des populations* » [1]. La protection des personnes est bien au cœur de l'objet de la sécurité civile, laquelle vise à les protéger lors des crises ; mission de la plus haute importance et dont témoigne l'inscription constitutionnelle de la sécurité civile [2], laquelle attestant que « *l'intervention publique en matière de sécurité civile constitue en tout premier lieu une nécessité justifiée par le contrat social lui-même* » [3].

Au-delà, la définition législative de la sécurité civile atteste de l'ampleur des notions qu'elle recouvre [4], ce qui ne favorise ni la détermination des éléments permettant de cerner sa nature exacte, ni celle de la répartition des compétences en ce domaine. Cela, alors même que cette détermination est primordiale, lorsqu'il s'agit de répondre aux attentes accrues de citoyens inquiets ou de victimes prises dans la tourmente des événements !

En premier lieu et même si l'on pense le plus souvent en tout premier lieu à ceux-ci, il convient de noter que les sapeurs-pompiers ne constituent que l'une des multiples facettes de la sécurité civile ; les acteurs de la sécurité civile sont particulièrement nombreux et mentionnés dans l'article L. 721-2 CSI. L'article distingue les acteurs selon que la sécurité civile soit leur mission principale [5] ou selon qu'ils ne fassent que concourir à celle-ci, sans qu'elle ne constitue leur mission principale

---

1. Art. L. 112-1 du Code de la sécurité intérieure (CSI).

2. Le 12e alinéa du préambule de la Constitution de 1946 inscrit le secours aux personnes et la solidarité dans la norme constitutionnelle : « *la Nation proclame la solidarité et l'égalité de tous les Français devant les charges qui résultent des calamités nationales* ». De son côté, le Conseil constitutionnel jugea pour sa part : « *la protection de la santé et de la sécurité des personnes et des biens, (...) a le caractère d'un principe de valeur constitutionnelle* », C. const., n° 80-117 DC, 22 juil. 1980, *Loi sur la protection et le contrôle des matières nucléaires*, cons. 4. La « sécurité », entendue dans cette décision est bien, à l'instar du concept britannique de *safety*, la « sécurité » telle que celle-ci est entendue dans la sécurité civile.

3. B. Pauvert, « L'organisation de la sécurité civile », in *Traité de droit de la police et de la sécurité*, P. Mbongo dir., LexisNexis, 2014, p. 321.

4. Quantité de domaines sont enrôlés dans son objet : l'étude des services de secours, des catastrophes naturelles, de la réglementation relative aux accidents technologiques ou industriels - notamment - relève de la sécurité civile. Si la France a choisi en 1987 de valider ces réalités sous le vocable de « sécurité civile », l'essentiel des autres pays évoque le plus souvent la « protection civile ».

5. Les acteurs principaux des missions de sécurité civile sont essentiellement les sapeurs-pompiers (au nombre d'environ 350.000, ils se répartissent entre professionnels, volontaires et militaires) ; il convient de leur ajouter les personnels des unités militaires de la sécurité civile et les personnels de l'État chargés à titre permanent de ces mêmes missions (Direction générale de la sécurité civiles et de la gestion des crises, flotte aérienne de sécurité civile et agents des services du déminage.

et permanente [6]. Il convient par ailleurs de garder en mémoire cette vérité essentielle que « *toute personne concourt par son comportement à la sécurité civile* » [7].

En second lieu, ce sont les compétences en matière de sécurité civile qui doivent se voir précisées, tant il est vrai que cette compétence est très largement éclatée. La loi semble claire qui confie au maire « *le soin de prévenir par des précautions convenables, et de faire cesser, par la distribution des secours nécessaires, les accidents et les fléaux calamiteux ainsi que les pollutions de toute nature* » [8] ; dans le même temps, à côté des maires, les préfets « *ont vu leurs attributions s'élargir (...) dans le domaine de la prévention des risques naturels et industriels, ainsi que dans celui de la gestion des crises* » [9]. Il convient enfin d'ajouter l'intervention des départements, chargés de la gestion des services d'incendie et de secours (SDIS) [10]. Cette pluralité des acteurs « *explique largement le déficit d'intelligibilité du domaine, lorsqu'il s'agit de connaître en détail responsabilités et compétences des uns et des autres. Si la sécurité civile est un domaine de compétences partagées, cette répartition relève plus du clair-obscur que de la ligne franche* » [11]. La répartition des compétences en matière de sécurité civile obéit de ce fait à un double partage, vertical et horizontal. Le premier, vertical, intervient entre l'Etat et les collectivités territoriales. Si la compétence de principe appartient aux communes [12], celles-ci peuvent faire appel à l'Etat lorsque l'ampleur ou la gravité des événements les rendent incapables d'y faire face et le préfet possède pour mission de répondre à cet appel [13]. Le second partage, horizontal, apparaît comme la conséquence du caractère interministériel des

---

6. Il s'agit alors d'abord des services de l'Etat ou des collectivités territoriales : forces de l'ordre (gendarmerie et police), polices municipales, forces armées et services de secours (SAMU et SMUR) ; il faut ajouter à ceux-ci les acteurs privés que sont les associations généralistes de sécurité civile, ainsi que les réserves communales.

7. Art. L. 721-1 CSI ; tous doivent être responsables les uns des autres, car veiller à la sécurité de tous n'est pas l'apanage exclusif des services de secours. Participer à la sécurité civile « *apparaît alors comme une obligation citoyenne, s'appliquant à tous. La figure tutélaire du Citoyen, archétype du membre de la nation, s'adresse à chacun : le Citoyen figure en sa personne l'élévation suprême de l'animal politique et incarne pour tous l'idéal à atteindre. Au-delà c'est même à l'instinct de la solidarité humaine et de l'aide à autrui que fait appel cet article (« tu aimeras ton prochain comme toi-même », Lév.19,18 et Mc 12,31 ; instinct fraternel au cœur du pacte social et ainsi consacré par le 12e alinéa du préambule de la Constitution du 27 octobre 1946* », B. Pauvert, obs. sous art. L. 721-1 CSI, in *Code de la sécurité intérieure commenté*, O. Gohin et X. Latour dir., Litec, 2014.

8. Art. L. 2212-2-6° du Code Général des Collectivités Territoriales (CGCT).

9. C. Gilbert, « Traitement des risques collectifs et actions des préfets », in *Le retour des préfets ?*, J.-J. Gleizal dir., PU Grenoble, 1995, p. 130.

10. Loi n° 96-369 du 3 mai 1996 relative aux services d'incendie et de secours (JO du 4, p. 6728).

11. B. Pauvert, « Bilan et perspectives de la protection civile en France », in *Etat des lieux de la sécurité civile*, S. Gaultier-Gaillard dir., PU Sorbonne, à par. 2015.

12. En tenant compte de ce que les corps de sapeurs-pompiers sont gérés par un établissement public départemental depuis 1996.

13. Il dispose d'importants pouvoirs à cet effet et cette intervention des services de l'Etat matérialise le devoir de solidarité proclamé par le Préambule de 1946.

compétences de sécurité civile [14]. Sur le plan institutionnel, cette pluralité de décideurs rend complexe l'étude de la sécurité civile et ne facilite pas le discernement précis des compétences et des responsabilités en la matière ; il en résulte une difficulté à saisir la nature exacte de la sécurité civile et de ses acteurs, « *le droit de la sécurité civile n'est donc pas fortement architecturé. Il est complexe, incomplet, fluctuant. Il n'aide pas à comprendre ce qu'est la sécurité civile ni à cerner son champ de compétence* » [15].

Il apparaît alors plus simple d'envisager les moyens de la sécurité civile et il s'agit alors de ceux qui « s'appliquent à tous les risques qui concernent la population civile, qu'ils soient d'origine militaire ou civile, en temps de paix ou en temps de guerre » [16]. Aborder la question de la protection, par la sécurité civile, des personnes au cours de la crise suppose d'envisager la manière dont les moyens de la sécurité civile sont amenés à intervenir pour assurer la protection la plus efficace possible des personnes et des biens au cours de ces moments. A ce stade et avant toute chose, il doit être rappelé que les secours aux personnes fonctionnent de manière globalement très satisfaisante en France, ce qu'illustre d'ailleurs la confiance marquée et toujours renouvelée de la population envers les sapeurs-pompiers [17]. Pour autant et ceci étant relevé, l'examen des textes et de leur application fait apparaître un hiatus entre distribution des compétences (et spécialement celle de police, qui vise à prévenir la réalisation de troubles) et organisation fonctionnelle des secours. Force est de constater que l'étude de la protection des personnes à l'occasion des crises révèle de nombreuses inadaptations du dispositif français de sécurité civile. Ces lacunes se vérifient d'abord sous l'angle de la prévention et de la planification des crises, avant que celles-ci ne se produisent (I) ; elles se retrouvent encore au cœur du déroulement des crises, au regard des modalités de la distribution des secours (II).

14. Si le ministère de l'intérieur dispose de l'essentiel des moyens nationaux de secours et se trouve chargé de la planification des mesures de sauvegarde, au moyen de la direction de la défense et de la sécurité civile (DDSC), de nombreux ministères participent à cette mission. Les ministères de l'Aménagement du territoire et de l'Environnement coordonnent l'action pour ce qui touche aux risques naturels majeurs. La prévention des risques technologiques relève des services du ministère chargé de l'industrie. Les politiques relatives à l'aide médicale d'urgence dépendant de la Santé. La réglementation relative à la sécurité contre l'incendie relève du Logement. Les services de l'Equipement sont encore concernés, tandis que la prévention des accidents et sinistres au travail dépend du ministère de l'emploi.

15. V. Dye, *La sécurité civile en France*, PUF, Que sais-je ?, n° 1682, 1995, p. 32.

16. M. Prieur, « La réorganisation de la sécurité civile et la prévention contre les risques majeurs », *RFDA*, 1987, p. 928.

17. Sondage Harris interactive pour Marianne, « La confiance des Français dans les acteurs de la société », enquête réalisée du 29 au 30 avril 2013 ; www.harrisinteractive.fr/news/2013/27052013.asp. Ce résultat s'explique pour une large part du fait de l'intervention très rapide des secours, fruit d'un maillage territorial serré et d'une haute qualité des moyens mis à la disposition des acteurs de l'urgence ; il est cependant à noter que ce résultat à sans doute été obtenu au prix d'une croissance probablement trop importante des dépenses : v. Cour des comptes, *Les services départementaux d'incendie et de secours*, La Doc. fr., Paris, 2011, spéc. pp. 19-20 ; de fait ces dépenses ont augmenté de près de 50%, entre 2002 et 2010.

I. Carences et lacunes dans la prévention et la planification des crises

Le constat est immémorial, l'information préventive des personnes exposées à un risque quant à la nature de celui-ci, ainsi que la préparation de la réponse à apporter s'il venait à sa réaliser constituent les seuls moyens permettant de réduire l'ampleur des effets d'une catastrophe. Cette réalité a conduit le législateur à instituer nombre de dispositifs visant tant à informer les populations sur les risques qu'elles encourent, qu'à permettre une planification préalable par les communes des crises qu'elles seraient amenées à connaître. Pour autant, l'examen des conditions de leur mise en œuvre atteste tant de l'insuffisance de l'information des populations (A), que du manque d'efficience des plans communaux de sauvegarde (B).

A. L'insuffisance de l'information des populations

L'idée d'un droit des citoyens à bénéficier d'une information sur les risques majeurs auxquels ils sont exposés a été posée par l'article 21 de la loi du 22 juillet 1987 relative à l'organisation de la sécurité civile [18] ; disposition aujourd'hui codifiée dans l'article L. 125-2 du code de l'environnement. Il existe une multitude de dispositifs visant à permettre cette information et qui rendent obligatoire une présentation des risques affectant une zone. Ce sont tour à tour les communes, les entreprises, voire les particuliers qui se voient imposer l'obligation d'informer les tiers sur les risques auxquels ils sont exposés. L'examen de ces dispositifs révèle toutefois leurs limites.

Les municipalités sont les premières à devoir satisfaire à un devoir d'information de leurs administrés sur les risques auxquels ceux-ci sont exposés. Ce droit à l'information vise l'ensemble des risques auxquels peuvent être soumises les populations, qu'ils soient technologiques ou naturels [19] ; il est notamment mis en œuvre par l'organisation de réunions publiques communales et prévoit que les personnes intéressées accèdent à certains documents techniques retraçant ces risques. Les communes visées par cette obligation sont mentionnées par l'article R. 125-10 du code de l'environnement ; elles sont particulièrement nombreuses, puisque plus de 21.000 communes sont soumises à l'un des risques visés par cet article [20]. Il est exigé que la liste des communes soumises à un risque soit mise à jour chaque année et

18. Loi n° 87-565 du 22 juil. 1987 relative à l'organisation de la sécurité civile, à la protection de la forêt contre l'incendie et à la prévention des risques majeurs (JO du 23, p. 8199).

19. L'art. L. 731-1 CSI dispose que « l'information des citoyens sur les risques majeurs auxquels ils sont soumis dans certaines zones du territoire et sur les mesures de sauvegarde qui les concernent est assurée dans les conditions prévues à l'article L. 125-2 du Code de l'environnement ».

20. Ce sont les communes sur le territoire desquelles existe un plan particulier d'intervention, un plan de prévention des risques naturels prévisibles, un plan de prévention des risques miniers ou qui possèdent marnières ou cavités souterraines sur le ban communal. Sont encore visées les communes situées dans les zones de sismicité faible à forte (art. R. 563-4 C. env.), celles particulièrement exposées aux risques d'incendie de forêts ou désignées par arrêté préfectoral en raison de leur exposition à un risque majeur particulier. De même en est-il des communes des départements de Guadeloupe, Martinique et La Réunion, au regard du risque cyclonique et des communes soumises à un risque d'éruption volcanique.

publiée au Recueil des actes administratifs départementaux ; or, qui peut réellement penser que cette obligation facilite d'une quelconque manière l'information préventive des populations [21] ? Par ailleurs, il est prévu que l'information donnée au public comprenne la description des risques majeurs auxquels elles sont soumises et ainsi que celle de leurs conséquences prévisibles pour les personnes, les biens et l'environnement ; elle doit encore comporter l'exposé des mesures de prévention et de sauvegarde prévues pour limiter leurs effets. Ces éléments sont d'abord recensés au niveau départemental dans un dossier départemental sur les risques majeurs établi par le préfet [22], puis retranscrits dans un document d'information communal [23]. Le maire est également dans l'obligation d'informer ses administrés au moins une fois tous les deux ans, dès lors qu'un plan de prévention des risques (PPR) vise la commune [24]. Enfin, la réglementation fixe les conditions d'exercice de ce droit et détermine les modalités selon lesquelles les mesures de sauvegarde sont portées à la connaissance du public ainsi que les catégories de locaux dans lesquels les informations sont affichées [25].

Les exploitants d'entreprises présentant un risque pour les populations environnantes sont tenus de participer à l'information générale du public sur les mesures prises aux abords des ouvrages ou installations faisant l'objet d'un plan particulier d'intervention. En liaison avec l'exploitant, le préfet fait établir les documents d'information des populations comprises dans la zone d'application du plan. Ces documents sont composés au minimum d'une brochure et d'affiches (d'autres documents peuvent être réalisés : site internet, bande dessinée...), ils portent à la connaissance de la population l'existence et la nature du risque, ses conséquences prévisibles pour les personnes, les biens et l'environnement, les mesures prévues pour

21. Le fait que cette information soit accessible sur les sites internet des préfectures de département et sur le site du ministère chargé de la prévention des risques majeurs s'inscrit dans le bon sens, mais la mesure reste d'une efficacité très limitée...

22. Le DDRM comprend la liste des communes visées, énumère et décrit les risques majeurs auxquels chacune est exposée, l'énoncé de leurs conséquences prévisibles pour les personnes, les biens et l'environnement, la chronologie des événements et des accidents connus. Il expose les mesures générales de prévention, de protection et de sauvegarde prévues par les autorités publiques dans le département pour en limiter les effets. Le DDRM est disponible en préfecture et mairie, il doit être mis à jour, en tant que de besoin, dans les cinq ans de son adoption (art. R. 125-11 C. env.) ; v. I. Diniz et T. Touret, « Les collectivités territoriales face aux risques naturels », *Rev. Lamy dr. coll. terr.* 2010, n° 63, pp. 38-41.

23. Le document d'information communal sur les risques majeurs (DICRIM) reprend les informations transmises par le préfet et indique les mesures de prévention, de protection et de sauvegarde répondant aux risques majeurs susceptibles d'affecter la commune. On doit également y trouver les consignes de sécurité devant être mises en œuvre en cas de réalisation du risque (art. R. 125-11 C. env.). Le DICRIM et la cartographie des risques sont consultables sans frais en mairie. Toutefois, l'obligation d'élaborer le DICRIM n'est pas sanctionnée : ce document ne possédant pas de caractère décisionnel, il ne peut donc faire l'objet d'un recours pour excès de pouvoir (CAA Marseille, 22 mai 2008, *M. Michel X*, req. n° 08MA01878).

24. Art. L. 125-2 C. env. ; ces informations peuvent être délivrées au moyen d'une réunion publique communale ou de tout autre moyen (journal municipal, affichages...).

25. D. n° 2005-1158, du 13 sept. 2005, relatif aux plans particuliers d'intervention concernant certains ouvrages ou installations fixe (JO du 15, p. 14949).

alerter, protéger et secourir. Les affiches précisent enfin les consignes de sécurité à adopter en cas d'urgence. Ces documents sont mis à la disposition des maires des communes situées dans la zone d'application du plan, qui en assurent la distribution à toutes les personnes résidant dans cette zone et procèdent à leur affichage. Ces documents sont également placés dans les lieux publics. La brochure doit être mise à jour régulièrement et en tout état de cause lors des modifications de nature à entraîner un changement notable des risques, ainsi que lors de la révision du PPI. Ces documents sont édités et distribués aux frais de l'exploitant [26].

La loi a en outre instauré, depuis 2003, une obligation spécifique d'information de l'acheteur ou du locataire de tout bien immobilier (bâti et non bâti) situé en zone de sismicité ou/et dans un plan de prévention des risques prescrit ou approuvé ; obligation mise à la charge des bailleurs et vendeurs de biens immobiliers [27]. Le contrat de vente ou de location doit donc comporter un état des risques naturels, miniers et technologiques daté de moins de six mois ; il une information écrite précisant les sinistres intervenus sur le bien et ayant donné lieu à indemnisation au titre des effets d'une catastrophe naturelle ou technologique, pendant la période où le vendeur ou le bailleur a été propriétaire ou dont il a été lui-même informé par écrit lors de la vente du bien. Cette information est obligatoire dans les communes situées dans une zone de sismicité de 2 à 5 (faible à forte) ou dans une zone couverte par un plan de prévention des risques technologiques, un plan de prévention des risques miniers ou un plan de prévention des risques naturels prévisibles. Cette disposition vise à délivrer une information préventive afin de rendre l'acquéreur (ou le locataire) conscient des risques majeurs auxquels il peut être exposé [28] ; il est considéré qu'en étant informé des événements passés ou prévisibles, l'acquéreur sera moins vulnérable s'ils devaient se réitérer. Il ressort de l'examen des pratiques en matière d'habitat que ce dispositif, pétri de bonnes intentions, reste toutefois loin de produire réellement l'effet attendu, les éléments matériels comme le prix et l'éloignement du lieu de travail primant largement parmi les considérations des particuliers.

Si l'information sur les risques est ainsi loin d'atteindre l'efficacité que l'on serait en droit d'espérer, un constat semblable peut être dressé à l'encontre des dispositifs locaux de planification des crises et d'intervention des secours.

B. Le manque d'efficience des plans communaux de sauvegarde

Les municipalités disposent d'une compétence de principe en matière de protection civile au regard des pouvoirs confiés au maire par les dispositions de l'article L.

26. Art. L. 125-2 C. env.

27. Art. L. 125-5 C. env., issu de l'art. 77 de la loi du 30 juil. 2003 relative à la prévention des risques technologiques et naturels et à la réparation des dommages.

28. Par ailleurs, le non-respect de la part du vendeur ou du bailleur de la double obligation d'information sur les risques naturels et technologiques majeurs ainsi que sur les sinistres ayant touchés le bien permet à l'acquéreur ou au locataire de demander au juge la résolution du contrat ou une diminution du prix de vente ou de location.

2212-2-6° CGCT. Pourtant l'ampleur du pouvoir confié s'accorde mal des réalités du terrain, car les 36.000 communes ne sont pas sur un pied d'égalité. Nul ne s'étonnera à ce qu'elles soient nombreuses à ne pas disposer de moyens techniques ou de personnels suffisants pour développer d'éventuelles actions de prévention et de secours ; seules les plus peuplées paraissant en mesure de prendre pleinement en charge l'ensemble de leurs compétences [29]. Les outils de la prévention restent ainsi sous-utilisés ; ce que vérifie plus que nettement les modalités de la planification communale de la distribution des secours.

C'est en 2004 que le législateur donna aux communes un outil leur permettant de participer à la prévention et à la planification des risques, le Plan communal de sauvegarde (PCS) [30]. Le PCS vise à assurer une distribution satisfaisante des secours. Il conforte le rôle des communes dans la gestion des crises et vise à améliorer leur action en matière de prévention des risques et d'intervention au cours de leur réalisation. Il ressort des textes que si seules les communes concernées par un plan de prévention des risques naturels approuvé ou un plan particulier d'intervention sont dans l'obligation de réaliser un PCS, toutes sont invitées à s'en doter... Si seules certaines communes sont dans l'obligation de se doter d'un PCS, toutes sont cependant invitées à s'en doter, eu égard à l'intérêt général de leur objet. Le plan communal se veut préventif et vise à assurer la préparation des acteurs locaux à la gestion de crises naturelles, sanitaires ou technologiques survenant sur leur territoire.

Le PCS repose d'abord sur un recensement des vulnérabilités et des risques affectant la commune et des moyens (humains et matériels) disponibles pour y répondre ; au-delà il met en place une organisation de crise visant à assurer l'alerte, l'information, la protection et le soutien de la population au regard des risques recensés. Le PCS est élaboré à l'initiative du maire et arrêté par lui [31], tandis que sa transmission au préfet permet de vérifier sa compatibilité avec les plans Orsec. Le PCS vise à aider le maire dans la réponse de proximité à tout événement de sécurité civile et ne concerne donc que les mesures de sauvegarde des personnes (voire de leurs biens), à l'exclusion des missions opérationnelles de secours [32]. Le plan peut encore contenir tout élément pertinent, permettant à la commune de prendre en charge les populations en cas de crise de sécurité civile ou d'accident, que ce soit en matière d'alerte ou d'évacuation, mais aussi pour tout ce qui toucherait à l'accueil

29. Il existe en France 33.000 communes de moins de 2.500 habitants ; l'importance de leurs services est à la proportion de leur taille. Ce sont de très vastes espaces pour lesquels la compétence de sécurité civile ne s'exercera qu'imparfaitement (si tant est qu'elle soit correctement exercée dans les communes plus importantes).

30. Le PCS a été créé par l'art. 13 de la loi 2004-811 du 13 août 2004 relative à la modernisation de la sécurité civile (JO du 17, p. 14626) ; il est aujourd'hui codifié dans l'art. L. 731-3 CSI. Le PCS vise à améliorer la prévention et la gestion des crises au niveau local en confortant le rôle des communes. Le PCS doit permettre la préparation préventive des acteurs locaux à la gestion de crises survenant sur leur territoire.

31. Le conseil municipal en est informé, ainsi que le public.

32. Sur le contenu du PCS, v. le décret n° 2005-1156 du 13 sept. 2005 (JO du 15, p. 14945).

ou l'hébergement [33]. La mise en œuvre du plan est décidée par le maire et peut intervenir soit lorsqu'un événement touche la commune seule, soit en cas d'opération de secours dont l'ampleur nécessite une large mobilisation de moyens.

La seule difficulté réside dans le fait que tout ce dispositif repose sur la seule bonne volonté des autorités locales... Dès lors, le déploiement des PCS est très loin d'atteindre les objectifs légaux et l'on constate que, dix ans après l'adoption de la loi, tandis que plus de 10.000 communes sont tenues de réaliser un PCS, bien moins de la moitié ont satisfait à cette obligation [34]. Ce chiffre est en outre pour partie illusoire, car résultant plus d'une vive pression exercée par les préfectures que de la prise de conscience municipale de la nécessité de les réaliser [35] ; on peut, sans risque, prédire que ces plans réalisés pour satisfaire aux pressions préfectorales ne feront pas l'objet de la révision quinquennale pourtant prévue par les textes [36]. L'absence d'adoption d'un PCS n'entraînant aucune sanction pour la commune ou son édile, les élus ne se sont pas montrés empressés de réaliser les plans demandés [37].

Chacun constate d'importantes disparités entre les communes, l'intercommunalité étant en la matière pratiquement inexistante. On se prend alors à imaginer que les compétences de protection civile soient exercées dans la sphère intercommunale qui deviendrait alors le cadre ordinaire de la réponse locale en matière de distribution des secours. Il est évident qu'une telle réforme supposerait une réécriture de la distribution de la compétence de police administrative générale ; énoncer simplement cette hypothèse illustre l'ampleur et les difficultés d'une telle réforme...

---

33. Y figurent donc naturellement l'organisation du commandement, les actions à réaliser par les services techniques, l'inventaire des moyens propres ou à mobiliser (transport, hébergement, ravitaillement de la population), le recensement des dispositions déjà prises en matière de sécurité civile par toute personne publique ou privée implantée sur la commune, les modalités de prise en compte des bénévoles offrant leur concours...

34. En 2012, le nombre de communes soumises à l'obligation d'élaborer un PCS était de 10.546 et seules 3.953 d'entre-elles l'avaient effectué fin 2011 ; Cour des comptes, *Les enseignements des inondations de 2010...*, La Doc. fr., 2012, p. 42. Et cela sans même se poser la question du contenu des dits plans, ceux-ci se bornant fréquemment à reproduire le contenu du document guide ; *ibid.*, pp. 42-43.

35. En effet, parmi les indicateurs de performance des préfectures figure le taux d'élaboration de PCS (alors même que les PCS dépendent des communes et non de l'Etat...), ce qui a conduit les services de l'Etat à exercer une pression sur les communes pour les « contraindre » à élaborer ces plans ; v. Mission ministérielle, projets annuels de performance, Administration générale et territoriale de l'Etat, juin 2013, pp. 16-17). En outre cette augmentation du taux des PCS réalisés l'a été sans que l'on envisage leur contenu réel, ces plans se bornant fréquemment à reproduire le document guide, sans être un véritable outil dans la prévention des risques.

36. Art. 6 du décret n° 2005-1156 préc.

37. La seule hypothèse qui paraîtrait de nature à provoquer leur diligence serait que l'un d'eux se voit pénalement mis en cause après une catastrophe. Aucune jurisprudence n'a encore statué en ce sens ; un bilan semblable pouvant être dressé en matière indemnitaire. Il faudrait toutefois pour cela qu'un événement s'étant produit sur sa commune ait révélé l'absence de PCS, en dépit de l'injonction législative et que cette absence ait causé ou aggravé les blessures de victimes.

Si l'examen des modalités pratiques de la prévention et la planification des crises fait apparaître d'importantes carences, spécialement au niveau local, l'étude des modalités de la distribution des secours et de l'aide aux victimes révèle également de conséquentes lacunes.

II. Carences et lacunes dans la distribution des secours aux personnes et l'aide aux victimes

Pour être efficace, la distribution des secours à l'occasion d'une crise suppose que l'on puisse accéder aux victimes de manière à leur apporter l'aide nécessaire. Cette intervention, au cœur de l'événement, doit avoir été préparée à l'avance pour qu'elle soit la plus efficace possible ; c'est bien la préparation des acteurs de l'urgence, avant l'événement redouté, qui rendra leur intervention la plus efficiente qui puisse. Sous cet angle, on ne peut que constater que la France ne dispose pas des outils lui permettant de préparer une distribution pertinente des secours aux victimes. Par ailleurs, si les communes disposent des moyens permettant leur intervention au cœur de la crise, leur utilisation reste largement insuffisante. L'absence de registres de population fait ainsi écho à l'inexistence des réserves communales de sécurité civile.

A. L'absence dommageable de registres de population

Le recensement et la connaissance de la population est l'une des conditions sine qua non à une distribution efficace des secours lorsque survient l'événement redouté ; or la difficulté existant à accéder à la connaissance des personnes et des entreprises tout comme celle existant en matière de constitution de fichiers domiciliaires traduit une imperméabilité des informations nuisible à une intervention pertinente des secours au cœur de la crise.

Pour les autorités publiques locales, posséder une liste nominative de l'ensemble de l'ensemble de leurs administrés constitue un préalable absolument nécessaire à une intervention efficace au cours de la distribution des secours. La connaissance nominative des populations par les autorités est ainsi une condition *sine qua non* de l'efficacité des secours, or le droit français ne permet pas à ce jour l'identification des populations. L'absence de fichiers domiciliaires ou de registres de population en France pose question au regard de l'efficacité de la distribution des secours.

En présence d'une situation de crise, il appartient aux autorités municipales de mettre en œuvre les mesures décidées le plus promptement et le plus efficacement possible. Si certaines mesures ne soulèvent *a priori* pas de difficulté particulière (déviation de routes, réquisitions de personnels ou de matériels, d'autres supposent *a contrario* un degré important de connaissance de la population. Cela est exact pour « *la distribution des secours nécessaires* » ou le fait de « *pourvoir d'urgence à toutes les mesures d'assistance et de secours* » [38] qui suppose nécessairement de

38. Art. L. 2212-2-5° CGCT.

connaître la domiciliation des personnes à qui sont destinées lesdites mesures [39], cela l'est bien évidemment tout autant lorsqu'il s'agit d'identifier les personnes susceptibles d'être utilisés en concours des services publics. Si dans des petites communes, on peut supposer que la profession des habitants soit connue, tel n'est pas le cas dans les grandes villes et les bourgs spécialement lorsque ceux-ci sont périphériques de centres urbains : l'anonymat de l'habitat moderne y rend difficile la connaissance globale des activités et compétences des uns et des autres.

L'intervention pertinente des secours suppose donc de leur part une connaissance des populations ayant vocation à bénéficier de leur concours ; une solution satisfaisante résiderait donc dans l'instauration d'un fichier domiciliaire dans chaque commune. La déclaration domiciliaire est une formalité par laquelle tout nouvel arrivant dans une commune se voit tenu de signaler sa présence à l'autorité municipale ; cette dernière dispose alors de ce fait d'un fichier de l'ensemble des personnes résidant sur le ban communal. Or, en France, les personnes récemment installées dans une commune ne sont pas assujetties à l'obligation de déclarer en mairie leur nouveau domicile [40] ; disposition existant pourtant en Alsace-Moselle [41], à l'image de nombreuses législations étrangères [42].

39. Quelles sont les personnes devant recevoir tel ou tel secours ; où résident telle ou telle population ? Plus tragiquement, les décès intervenus lors du pic de canicule de l'été 2003 et les mesures prises depuis cette date pour recenser les personnes âgées permettent de vérifier la nécessité pour les autorités locales de connaître leurs populations ; sur cette question, v. B. Pauvert, « La connaissance nominative des populations, condition *sine qua non* de l'efficacité des secours ? Réflexions sur la nécessité du fichier domiciliaire », *JAC* n° 100, janvier 2011, www.jac.cerdacc.uha.fr.

40. L'art. 104 du Code civil permet bien aux administrés d'effectuer en mairie une déclaration de changement de domicile, mais cette formalité n'est qu'une simple faculté et ne sert qu'à des fins probatoires.

41. Les trois départements conservent depuis la fin de la première guerre mondiale un droit local largement dérogatoire au droit commun et il y subsiste, « *une réglementation administrative, qui est toujours en vigueur, oblige en Alsace-Moselle toute personne qui change de domicile à faire une déclaration de départ à la police (ou à la mairie s'il n'existe pas de commissariat de police) du lieu qu'elle quitte et une déclaration d'arrivée à la police de la localité de son nouvel établissement ; ces déclarations sont ensuite consignées sur un registre spécial* », rappelle H. Gebhardt, entrée « Fichier domiciliaire », *Le guide du droit local*, E. Sander dir., Economica, 2002, p. 148. Ces dispositions remontent à 1883 et leur non-respect était alors passible de sanctions pénales ; « *toutefois, l'abrogation, en 1919, des sanctions pénales propres au droit local s'est traduite par la remise en cause de l'obligation de déclaration, de sorte que les communes ne peuvent guère mettre à jour leurs fichiers domiciliaires* », Sénat, *La déclaration domiciliaire*, Étude de législation comparée n° 141, nov. 2004, p. 5 et de fait, en 1992, moins de 60% des communes d'Alsace (surtout les plus petites) déclaraient tenir encore un fichier domiciliaire à jour. Sans que l'on dispose d'étude exhaustive plus récente, un examen empirique permet de dire que ce chiffre diminue d'année en année depuis cette date

42. De nombreux pays européens ont recours à de tels dispositifs. Dans ces pays les communes ont une obligation légale de tenir le registre de leurs habitants et en règle générale, ces registres locaux alimentent un fichier national (c'est le cas en Allemagne, Autriche, Belgique, Danemark, Espagne, Italie, Pays-Bas, Suède et Suisse ; seuls le Portugal et le Royaume-Uni n'ayant pas de dispositions en la matière). D'une manière générale, les résidents ont autour de huit jours pour effectuer cette déclaration après un déménagement (si des sanctions existent en cas de non-respect de ces dispositions, le fait que l'inscription sur ces registres conditionne le bénéfice de nombreux droits [droit de vote ou perception de prestations sociales] les rend assez virtuelles…), v. Sénat, *La déclaration domiciliaire*, *op. cit.*, p. 6.

La légalité même des dispositions issues du droit local a pu soulever l'interrogation, certains les considérant comme incompatibles avec la jurisprudence du Conseil constitutionnel consacrant la liberté d'aller et venir comme principe de valeur constitutionnelle [43] ; toutefois, la reconnaissance par ce même Conseil de la constitutionnalité du droit local a clôt cette interrogation [44]. Au-delà, c'est aujourd'hui la position de la CNIL qui paraît poser la plus ferme objection à l'institution d'un fichier domiciliaire. En l'état actuel du droit français, la création d'un fichier domiciliaire se traduit par la constitution d'une banque de données "population", laquelle est de ce fait soumise aux dispositions de la loi du 6 janvier 1978 ; or, questionnée sur la conformité à la loi de la création d'un tel fichier domiciliaire, la CNIL y émit un avis défavorable, considérant que « *la tenue d'un fichier domiciliaire et d'un fichier relatif aux administrés en vue d'alimenter une banque de données "population" ne peut être constitués sans l'accord des administrés* » [45]. Si l'on comprend les réticences de la CNIL à l'encontre d'un système automatisé de traitement des informations relatives à la population, il n'en est pas moins certain que tous les Etats voisins de la France disposent de tels fichiers domiciliaires et l'on n'a jamais eu le moindre écho que l'existence de ces fichiers ait conduit à de massives violations des libertés individuelles en Italie, Espagne ou Belgique... En outre et si l'on se conforme à la position exprimée par la CNIL, comment ne pas en apercevoir la vanité ? En effet, d'un strict point de vue pratique, subordonner la réalisation d'un fichier domiciliaire à l'accord des administrés rend nécessairement ce dernier inefficace... Puisque ce caractère facultatif rendrait ledit fichier incomplet et donc si ce n'est totalement inutile, tout au moins largement défaillant... C'est donc en dépit et à l'encontre des recommandations de la CNIL qu'il conviendrait d'œuvrer en faveur de la réalisation d'un fichier domiciliaire. Pour cela c'est bien par la voie législative qu'il faudrait œuvrer, tant il apparaît certain que « *la prévention des risques sanitaires ou naturels suppose une bonne connaissance de la population (...). Ainsi, que ce soit pour définir le périmètre des services publics communaux, ou en matière de prévention des risques, les communes sont dans l'obligation d'identifier les publics concernés. Dans cette double perspective, l'obligation de déclaration domiciliaire est un outil simple et efficace* » [46].

L'absence de tels registres domiciliaires apparaît donc directement de nature à limiter l'efficacité des services de secours à l'occasion d'une crise. La distribution des secours aux victimes pourrait par ailleurs se voir singulièrement améliorée, si les communes mettaient en œuvre les outils mis à leur disposition ; ce qui est loin d'être le cas...

---

43. CC, décision n° 79-107 DC du 12 juil. 1979 ; v. la réponse à la question écrite n° 9700 du sénateur J.-L. Masson, JO Sénat, 5 fév. 2004, p. 299.

44. CC, décision n° 2011-157 QPC, 5 août 2011, *Sté SOMODIA*.

45. CNIL, délibération n° 87-80 du 7 juil. 1987, portant avis défavorable concernant le traitement présenté par la mairie de Parigné-l'Evêque relatif à la gestion de la population.

46. E. Blessig, proposition de loi n° 2642, relative à la déclaration domiciliaire, Ass. Nat., 9 nov. 2005.

B. L'inexistence des réserves communales de sécurité civile

Les autorités locales disposent, on l'a vu, d'une compétence de principe en matière de distribution de secours et utilisent à cet effet leurs services municipaux, naturellement sollicités en cas de crise. Les communes disposent en outre d'un outil *ad hoc*, la loi de modernisation de la sécurité civile de 2004 [47] ayant institué un outil leur permettant d'intervenir en cas de crise, les réserves communales de sécurité civile (RCSC) [48].

Ces réserves visent à organiser la mobilisation de citoyens volontaires et bénévoles, en appui des pouvoirs publics, afin de prévenir et gérer les risques majeurs présents sur le territoire d'une commune ; il s'agit ainsi « *d'appuyer les services concourant à la sécurité civile en cas d'événements excédant leurs moyens habituels ou dans des situations particulières* » [49]. Sans se substituer aux professionnels du secours, ces réserves interviennent sous l'autorité du maire, en matière de sauvegarde de la population [50]. C'est par une délibération du conseil municipal que la commune peut décider de créer cet outil qui reste purement facultatif et vise à renforcer la capacité de réponse de la commune en cas d'événement déstabilisateur excédant ses capacités de réponse ordinaires [51] ; en revanche, sa mise en œuvre est décidée par le maire. Les modalités du recours à la réserve communale sont intégrées au PCS – s'il en existe un – et doivent être compatibles avec l'intervention des professionnels du secours. L'institution d'une réserve permet d'optimiser la réponse communale à la crise, en offrant la possibilité au maire de mobiliser des moyens humains complémentaires pour renforcer les services municipaux. L'organisation de la réserve est officialisée par arrêté municipal, tandis que la mise en place de collaborations avec des associations de protection civile ou le service départemental d'incendie et de secours (SDIS) permet de garantir le caractère opérationnel de la réserve. Dans leur dessein, ces réserves communales constituent un outil spécialement approprié pour les communes désirant pouvoir utiliser des bénévoles dans un cadre permettant leur action efficace. Organisées bien en amont d'un événement catastrophique, ces réserves peuvent se voir mobilisées quasi instantanément et intervenir en vertu de procédures déterminées, établies en avance et qui ont pu donner lieu à des exercices avant que n'intervienne le moment redouté.

Or si l'on constate que le cadre et les outils existent, qui permettent à la commune d'apparaître comme LE lieu susceptible de permettre la distribution des secours. Le constat s'impose pourtant d'une mise en œuvre aléatoire de ces dispositifs.

---

47. Loi n° 2004-811 du 13 août 2004 de modernisation de la sécurité civile (JO du 17, p. 14.626).

48. Art. L. 724-1 CSI.

49. Art. L. 724-1 CSI.

50. Par sauvegarde, il faut entendre des actes d'assistance aux personnes, réalisés par des acteurs bénévoles non formés à des interventions en situation dangereuse : information à la population, diffusion de l'alerte, évacuation préventive, ravitaillement, relogement des sinistrés, soutien moral aux victimes… Les missions, modalités et limites d'intervention de la réserve sont fixées par son règlement intérieur.

51. Art. L. 724-2 CSI.

Tout spécialement en ce qui concerne le bilan qui peut être dressé à propos de l'utilisation des réserves communales. Dix ans après leur création, la France n'en connaît qu'à peine trois cents réserves communales (pour, rappelons-le 36.000 communes), lesquelles ne rassemblent qu'à peine 2500 personnels [52]. Le ridicule est flagrant au regard du chiffre de 10.000 communes faisant l'objet d'un risque identifié, il l'est plus encore par le détail que recouvre ce chiffre ; deux départements réunissant à eux seuls la moitié des réserves existantes [53]... En outre et lorsque ces réserves existent, il convient de ne pas négliger qu'affecter une personne à un dispositif de réserve communale ne saurait en aucun cas garantir la disponibilité de celle-ci en cas de crise. Comme le relevait le sénateur Josselin de Rohan, « *il y a la question des réservistes qui ont comme activité à titre principal un emploi fortement sollicité en période de crise. (...) s'il est important de pouvoir disposer de réservistes en cas de crise, il faut s'assurer que ces personnes-là ne soient pas mobilisées. Il est, en effet, dans l'intérêt collectif qu'elles participent, au sein de leur entreprise ou de leur administration, à la gestion de la crise. D'ailleurs, dans la plupart des cas, elles ne viendraient pas si on leur demandait, mais encore faut-il le savoir* » [54]. Dès lors, si les réserves communales de sécurité civile fournissent un cadre opérationnel pertinent permettant d'éviter l'intervention dans l'improvisation et le désordre, la faiblesse de ce dispositif empêche de l'envisager à ce jour comme un cadre d'emploi efficient.

Si, comme cela a été démontré, la protection des personnes au cours des crises est assurée de manière satisfaisante en France, les lacunes organisationnelles constatées en matière de sécurité civile ne vont pas sans soulever l'inquiétude. Dès lors, l'efficacité des professionnels de l'urgence suffirait-elle à assurer une protection efficace des personnes en cas de crise majeure ? Rien n'est moins sûr, tant il est vrai qu'une catastrophe d'envergure nationale (à l'instar de ce que furent notamment les tempêtes Lothar et Martin, en décembre 1999) désorganiserait durablement l'efficacité de la distribution des secours, tandis que se révèlerait alors l'importance de la sécurité civile. La pusillanimité des politiques de prévention des risques, l'absence de prise de conscience des enjeux de la sécurité civile et l'indifférence commune envers ces questions ne manqueront pas d'entrainer, le jour venu, d'innombrables victimes ! Avant même d'accabler les lacunes publiques, que chacun ait à cœur de prendre conscience de ces enjeux de protection des personnes, tant il est vrai que « *toute personne concourt par son comportement à la sécurité civile* » [55].

---

52. « *Au 19 août 2009, 245 réserves communales étaient recensées et 306 étaient en projet. Au total, on compte 2 109 réservistes communaux de sécurité civile. On compte en moyenne 22 réservistes par réserve communale* », relèvent M. Boutant et J. Garriaud-Maylam, *Pour une réserve de sécurité nationale*, rapport n° 174, Sénat, 14 déc. 2010, p. 138.

53. En 2012, sur 300 réserves recensées, on en comptait 111 pour le seul département du Tarn et 49 pour le Var.

54. J. de Rohan, rapport n° 343 sur la proposition de loi de M. Boutant et J. Garriaud-Maylam tendant à faciliter l'utilisation des réserves militaires et civiles en cas de crise majeure, Sénat, 9 mars 2011, p. 60.

55. Art. L. 721-1 CSI.

7

L'information préalable des salariés en cas de cession d'entreprise : Un risque inutile pour les chefs d'entreprise

Philippe Schultz

Maître de conférences à l'Université de Haute Alsace. Directeur du Master Ingénierie Juridique de l'Entreprise et Développement Durable. Centre Européen de recherches sur le Risque, le Droit des Accidents Collectifs et des Catastrophes (EA 3992)

Résumé

La loi du 31 juillet 2014 *relative à l'économie sociale et solidaire* met en place une information des salariés en cas de cession d'une PME. Celle-ci doit leur permettre de formuler une offre de rachat de l'entreprise. Le domaine d'application de l'information couvre tant la cession directe d'un fonds de commerce qu'une cession de participation majoritaire de société. Ce dispositif complexe en raison des différences pratiques qu'il entend englober ne permet pas véritablement aux salariés d'exprimer une contreproposition sérieuse. Pourtant, ce dispositif devient une condition de validité de la cession puisque son non-respect est sanctionné par la nullité. D'une efficacité peu convaincante pour protéger les salariés, il expose ainsi les chefs d'entreprise souhaitant transférer leur entreprise à un risque inutile.

Difficultés de transmission des PME. La loi n° 2014-856 du 31 juillet 2014 *relative à l'économie sociale et solidaire* a mis en place des dispositions facilitant la transmission des entreprises aux salariés [1]. L'origine de ces mesures repose sur un

---

1. L. n° 2014-856, 31 juill. 2014 *relative à l'économie sociale et solidaire*, art. 18 à 22 (JO 1er août 2014, p. 12666).

constat. Lorsque le chef d'entreprise entend cesser son activité, il peine à trouver un repreneur lorsque son entreprise est faiblement rentable. Cette absence de transmission devient alors une « *source croissante de perte d'emplois* » [2]. La reprise de l'entreprise par ses salariés, avec un accompagnement, « *peut être une solution pour préserver la viabilité de l'entreprise et assurer la pérennité de l'activité et de l'emploi* », mais elle reste encore insuffisamment développée [3].

Pour favoriser la reprise de l'entreprise par ses salariés, outre la modernisation du droit des sociétés coopératives ouvrières de production, ont été mises en place des mesures d'information.

Information durant la vie de l'entreprise. La première mesure est un dispositif d'information sur les conditions juridiques de la reprise d'une entreprise par les salariés, sur ses avantages et ses difficultés, ainsi que sur les dispositifs d'aide dont les salariés peuvent bénéficier. Cette information, dont les modalités restent à préciser par décret, doit être organisée au moins une fois tous les trois ans. Elle ne concerne que les sociétés commerciales par la forme employant moins de 250 salariés [4]. Non prévu dans le projet de loi, elle a été ajoutée par un amendement parlementaire afin de permettre aux salariés de prendre conscience de cette possibilité de reprise et la préparer en amont [5]. Ce dispositif essentiellement pédagogique est peu contraignant puisqu'il n'est assorti d'aucune sanction.

Information préalable à une cession. La seconde mesure consiste à mettre à la charge d'un chef d'entreprise l'obligation d'informer ses salariés lorsqu'il souhaite céder son entreprise afin que ceux-ci puissent lui offrir de la racheter. Cette nouvelle obligation légale d'information, complétée par un décret d'application du 28 octobre 2014 [6], est érigée en condition de validité de la cession de l'entreprise puisque son non-respect est sanctionné par la nullité.

Dès le dépôt du projet de loi, cette mesure a été critiquée par les différentes organisations patronales [7]. Les critiques et les appels à l'abrogation n'ont pas faibli depuis l'adoption de la loi [8]. Elles portent sur la paralysie de la cession durant le délai laissé au salarié pour présenter une offre, sur une divulgation fragilisant

---

2. Projet de loi relative à l'économie sociale et solidaire, exposé des motifs.

3. *Ibid.*

4. L. n° 2014-856, 31 juill. 2014, art. 18.

5. Rapport Sénat n° 84 (2013-2014) de M. Daunis, 16 oct. 2013, p. 79.

6. D. n° 2014-1254, 28 oct. 2014 *relatif à l'information des salariés en cas de cession de leur entreprise* : JO 29 oct. 2014, p. 17998.

7. CGPME : *Droit d'information obligatoire des salariés avant cession : total désaccord*, Communiqué de presse du 16 septembre 2013 : http://www.cgpme.fr/communiques/voir/1391/droit-d-information-obligatoire-des-salaries-avant-cession-total-desaccord, (consulté le 2 novembre 2014).

8. *9 organisations patronales demandent l'abrogation des articles 19 et 20 de la loi ESS*, communiqué de presse du 31 octobre 2014 : http://web-engage.augure.com/pub/link/363225/012533470816071414147511147153-medef.fr.html (consulté le 2 novembre 2014)

l'entreprise et le succès des négociations en vue d'une cession et, surtout, sur la nullité encourue en cas de violation de l'obligation d'information [9].

Du côté gouvernemental, cette mesure a été justifiée par la nécessité de transposer une directive du 12 mars 2001 sur l'information des salariés en cas de cession d'entreprise [10]. Toutefois, si ladite directive prévoit bien un droit à l'information des représentants des salariés qui peut être limité aux seules entreprises tenues d'avoir un comité d'entreprise [11], il n'est aucunement prévu de solliciter de leur part une offre de rachat [12].

Entrée en vigueur. Le dispositif contesté issu de la loi *relative à l'économie sociale et solidaire* est entré en vigueur le 1er novembre 2014 [13]. Les cessions conclues à cette date n'ont pas été affectées. Pour autant certains négociateurs n'ayant pas encore abouti à cette date sont aussi dispensés d'informer les salariés. En effet, l'article 2 du décret du 28 octobre 2014 ajoute que « *Une cession intervenant à l'issue d'une négociation exclusive organisée par voie contractuelle n'est pas soumise aux exigences d'information préalable des salariés si le contrat de négociation exclusive a été conclu avant le 1re novembre 2014.* ».

Mais ce dispositif pourra-t-il être réellement appliqué ? Le lobbying du patronat a déjà connu un écho au Sénat qui a profité d'une discussion portant sur le projet de loi *sur la simplification des entreprises* pour abroger les articles 19 et 20 de la loi du 31 juillet 2014 avec un effet rétroactif [14]. Mais comme cette abrogation s'est faite contre l'avis du Gouvernement, elle ne devrait pas résister à un retour du projet de loi devant l'Assemblée Nationale.

Plan. Les craintes exprimées par les organisations patronales sont-elles fondées ? Par sa complexité, le dispositif fait véritablement courir un risque d'annulation pour le chef d'entreprise qui cherche transmettre son entreprise. Ce risque est-il néanmoins sinon justifié au moins acceptable parce qu'il permet de pérenniser une entreprise en favorisant la transmission aux salariés lorsque l'entrepreneur peine à trouver un repreneur ?

---

9. Lettre adressée par les Présidents du MEDEF, de la CGPME, de la CCI France, de l'APCMA, de l'UPA et du CRA à M. Benoît Hamon, Ministre délégué chargé de l'Economie sociale et solidaire et de la Consommation :
http://www.fusacq.com/fr/css/images/PDF/lettre_Hamon_organismes_professionnels_16_09.pdf (consulté le 2 novembre 2014).

10. M. Benoît Hamon, Ministre délégué chargé de l'Economie sociale et solidaire et de la Consommation *in* Rapport Daunis préc., p. 201.

11. Directive 2001/23/CE du Conseil du 12 mars 2001 *concernant le rapprochement des législations des États membres relatives au maintien des droits des travailleurs en cas de transfert d'entreprises, d'établissements ou de parties d'entreprises ou d'établissements*, art. 7 (JOCE n° L 082 du 22/03/2001 p. 0016 – 0020).

12. Les autres mesures de la loi ESS ne permettent pas de transposer cette directive.

13. L. n° 2014-856, 31 juill. 2014, art. 98 : « *Les articles 19 et 20 s'appliquent aux cessions conclues trois mois au moins après la date de publication de la présente loi* ».

14. Sénat, séance du 5 novembre 2014.

L'analyse du domaine d'application montre que le dispositif a vocation à s'appliquer à des cas où il n'existe pas forcément de risque de non-transmission (I). Celle de son régime complexe fait alors douter de son efficacité (II).

I. Un dispositif d'information au large domaine d'application

Entreprises concernées. L'article 19 de loi du 31 juillet 2014 prévoit une information des salariés en cas de vente directe d'un fonds de commerce (A). Cette vente peut être l'œuvre soit d'un propriétaire, personne physique ou personne morale. Lorsque l'entreprise est exploitée sous forme de société, la vente de l'entreprise peut se réaliser indirectement par une cession de contrôle. La communication légale aux salariés concerne alors les cessions de participations majoritaires, du moins, dans certaines sociétés (B).

La prévention mise à la charge du cédant ne concerne que les cessions directes ou indirectes d'entreprises dont les effectifs sont inférieurs à 250 salariés avec des modalités distinctes selon qu'il existe ou non un comité d'entreprise. Elle est cependant exclue lorsque ces mêmes entreprises font l'objet d'une procédure de conciliation, de sauvegarde, de redressement ou de liquidation judiciaires régie par le livre VI de Code de commerce [15].

A. Les cessions de fonds de commerce

Source. Le dispositif d'information a été inséré sous les articles L. 141-23 à L. 141-32 du Code de commerce. Ces articles ont pris place dans deux nouvelles sections du Code de commerce ajoutées au chapitre Ier du titre IV du livre premier du Code de commerce consacré à « *la vente du fonds de commerce* ». Pour autant, les obligations d'information s'inscrivent dans le cadre plus large des cessions de fonds de commerce.

Il convient alors de préciser les opérations concernées (1) et de cerner l'objet de la cession (2).

1. Le domaine des opérations

Transmissions exclues. Le terme cession auquel le nouvel article L. 141-23 du Code de commerce fait référence aux actes translatifs de propriété entre vifs [16]. Les transmissions à cause de mort sont donc exclues de ce dispositif informatif. Les successions sont d'ailleurs expressément écartée [17]. L'interprétation stricte du terme

15. C. com., art. L. 141-27, L. 141-32, L. 23-10-6 et L. 23-10-12.

16. Vocabulaire Capitant, V° Cession « *Transmission entre vifs du cédant au cessionnaire d'un droit réel ou personnel, à titre onéreux ou gratuit* ».

17. C. com., art. L. 141-27.

cession évince aussi les transmissions testamentaires du champ de l'information obligatoire.

D'autres exceptions sont expressément prévues : les liquidations de communauté et les cessions à un conjoint, ascendant ou un descendant [18].

Cessions concernées. Hormis ces exclusions expresses, les autres cessions sont soumises à l'obligation d'information. Il en est ainsi que la cession soit à titre onéreux ou à titre gratuit. Cependant, en pratique, la donation d'entreprise concerne surtout un proche du chef d'entreprise pour lequel l'exception précitée s'applique.

Apport en société. Si l'obligation informative concerne d'abord la vente, le terme cession utilisé par l'article L. 141-23 est plus étendu. Il a vocation à s'appliquer à une dation en paiement, un échange, un contrat de fiducie ou un apport en société. Pour ce dernier, la question de l'application du texte n'est pas purement théorique tant ce type d'apport est commun. Certes, on pourrait objecter que ce dispositif s'inscrit dans un chapitre consacré à la vente et ne s'applique pas à l'apport en société. Pourtant certaines dispositions de ce chapitre visent la « *vente ou la cession* » du fonds, laissant entendre que la vente n'est pas seule concernée [19] ; et d'autres dispositions s'appliquent expressément à l'apport d'un fonds de commerce en société [20].

On pourrait alors objecter que le salarié ne peut formuler qu'une offre de rachat pour considérer que l'information ne concerne que la vente. En réalité, il n'en est rien : l'information est conçue comme une mesure de protection des salariés. Ceux-ci ont un droit à l'information qui doit leur permettre de formuler une contreproposition d'acquisition du fonds, même si la contrepartie qu'ils peuvent proposer ne correspond aucunement à ce qu'attend le cédant. Pour autant, on peut toujours s'illusionner sur les chances qu'un apporteur potentiel préfère les espèces proposées par les salariés aux titres de capital de la société cible ! Le dispositif de l'article L. 141-23 ne fait que retarder la réalisation de l'apport en société.

En dépit de son inutilité, cette information précontractuelle doit être respectée puisqu'elle est érigée en condition de validité de la cession envisagée par le propriétaire du fonds. Et le risque de disparition du fonds qui fonde ce mécanisme d'information n'existe pas en cas d'apport en société puisque une transmission de l'entreprise aura bien lieu.

2. L'objet de la cession

Fonds de commerce. Les dispositions des articles L. 141-23 à L. 141-32 ne concernent que les cessions portant sur un « *fonds de commerce* ». Elles se limitent ainsi à

18. *Ibid.*

19. C. com., art. L. 141-18.

20. C. com., art. L. 141-21 et L. 141-27.

la cession des seules entreprises commerciales. *A contrario*, l'obligation d'information est inapplicable en cas de cession d'un fonds d'une autre nature.

Autres fonds. Pourtant, la loi reconnaît expressément l'existence de fonds artisanaux [21] ou de fonds agricoles [22] pouvant être nantis. De même la jurisprudence a admis la possibilité de céder un fonds libéral [23]. Mais la cession de ces autres fonds n'est pas réglementée. Et les dispositions du Code de commerce spécifiques à la cession du fonds de commerce en termes d'information du cessionnaire ne sont pas applicables à la cession des autres fonds [24]. Il en est de même de l'information préalable des salariés.

Toutefois, l'inapplicabilité de la mesure informative ne concerne que les cessions directes de fonds artisanaux, voire de fonds libéraux. L'obligation d'information retrouve son empire lorsque de telles entreprises sont transmises au moyen d'une cession de participation majoritaire de titres de sociétés commerciales, sans que cette différence de régime ne soit justifiée.

B. Les cessions de participation majoritaire

Sources. Lorsqu'une entreprise est exploitée en société, sa cession peut se réaliser au moyen d'une cession de contrôle. L'avertissement des salariés porte alors sur la cession des titres envisagée. Les mesures issues de l'article 20 de la loi sont intégrées dans un nouveau chapitre X intitulé « *De l'information des salariés en cas de cession de leur société* » du titre III du livre II du Code de commerce. Les dispositions applicables sont les articles L. 23-10-1 à L. 23-10-12 du Code de commerce.

Ces dispositions permettent de préciser les sociétés (1) ainsi que les opérations concernées par le dispositif d'information (2).

1. Le champ d'application quant aux sociétés

Sociétés commerciales à risques limités. L'obligation informative ne s'applique pas à toute société. Elle est limitée aux sociétés à responsabilité limitée et aux sociétés par actions.

Pour ces sociétés commerciales par la forme mais pouvant avoir un objet civil [25], l'activité de l'entreprise importe peu. Cela signifie que l'information concernera tant

21. L. n° 96-603, 5 juill. 1996, art. 22 : JO 6 juill. 1996, p. 10199.

22. C. rur. pêche mar., art. L. 311-3.

23. Cass. 1re civ., 7 nov. 2000, n° 98-17731 : Bull. civ., I, n° 283 ; Rapport C. cass. p. 366 ; D. affaires 2001, 2401, note Y. Auguet ; JCP G 2001, II, 10452, note F. Vialla et JCP G 2001, I, 301, n° 16 s., obs. J. Rochfeld ; JCP E 2001, p. 419, note G. Loiseau ; RTD civ. 2001, 132, n° 3, obs. J. Mestre et B. Fages ; Contrats, conc. consom., 2001, comm. 18, obs. L. Leveneur.

24. M. Pédamon et H. Kenfack, *Droit commercial*, Précis Dalloz, 3e éd., 2011, n° 301.

25. C. com., art. L. 210-1, al. 2.

les cessions d'entreprises commerciales que des entreprises artisanales exploitées sous ces formes sociales.

Sociétés d'exercice libéral. Dans la mesure où les sociétés d'exercice libéral sont aussi soumises aux dispositions applicables aux sociétés commerciales [26], la communication doit aussi être respectée en cas de cession de telles sociétés.

Le nouveau dispositif envisage même de manière générale cette hypothèse. En effet, il s'applique à « la cession d'une participation dans une société soumise à une réglementation particulière prescrivant que tout ou partie de son capital soit détenu par un ou plusieurs associés ou actionnaires répondant à certaines conditions en termes notamment de qualification professionnelle » [27]. Tel est bien le cas des sociétés d'exercice libéral dans lesquelles plus de la moitié du capital social et des droits de vote doit être détenue par des professionnels en exercice au sein de la société [28]. Toutefois, pour de telles sociétés réglementées, l'obligation d'information n'existe qu'à certaines conditions [29].

Exclusion des sociétés civiles. En limitant le mécanisme aux seules SARL et aux sociétés par actions, le législateur dispense le cédant potentiel de parts de sociétés civiles d'informer les salariés de l'opération envisagée. Il en est ainsi même pour l'exploitation agricole à responsabilité limitée qui bien que présentant quelques similitudes avec les SARL est une société civile [30]. Cette exclusion implicite des sociétés agricoles présente une cohérence avec la limitation des cessions directes aux seules entreprises commerciales [31].

Elle n'a pas davantage à être respectée dans les sociétés civiles professionnelles [32], alors même qu'elle doit l'être dans les sociétés d'exercice libéral. Ces dernières, bien qu'ayant un objet civil, sont des sociétés commerciales par la forme [33].

Exclusion des SNC. Les cessions de parts de sociétés en nom collectif ne sont pas davantage concernées alors qu'elles servent à structurer une entreprise commerciale. Pourtant, même si ce type de société est rarement utilisé [34], il peut aussi connaître de réelles difficultés de reprise, tant la forme peut être peu attrayante. Une reprise par les salariés permettrait alors de pérenniser l'entreprise.

---

26. L. 31 déc. 1990, n° 90-1258, art. 1er.
27. C. com., art. L. 23-10-4 et L. 23-10-10.
28. L. 31 déc. 1990, n° 90-1258, art. 5.
29. V. *infra* n° 22.
30. C. rur. pêche mar., art. L. 324-1.
31. V. *supra* n° 11et 12.
32. L. n° 66-879, 29 nov. 1966 *relative aux sociétés civiles professionnelles.*
33. V. *supra* n° 15.
34. En 2009, 1,92 % des sociétés immatriculées étaient des SNC (source : Philippe Merle, *Droit commerciales, Sociétés commerciales*, Précis Dalloz, 18e éd., 2014, n° 2).

Cette exclusion est-elle justifiée au regard de la *ratio legis* ? L'associé en nom a la qualité de commerçant [35]. Or, cette qualité est incompatible avec celle de salarié de la société. Il semble alors inutile d'informer les salariés qu'ils peuvent offrir d'acheter des parts leur faisant perdre le bénéfice de leur contrat de travail.

Mais l'argument ne convainc aucunement puisqu'il faut tout autant informer les salariés d'une cession directe de fonds de commerce. Or celle-ci conduit inéluctablement à la qualification de commerçant du cessionnaire qui doit exploiter personnellement le fonds [36].

En somme, soit il n'y a pas de justification à cette exclusion, soit le champ d'application du dispositif informatif manque de cohérence.

2. Le champ d'application quant aux actes juridiques

Cession. Au regard des opérations concernées, on retrouve les mêmes actes juridiques que ceux permettant la cession directe d'un fonds de commerce : la vente, l'échange, la dation en paiement, la donation, l'apport en société, voire la fiducie. Sont expressément exclues les liquidations de communauté et les cessions à un conjoint, ascendant ou un descendant [37].

Ce dispositif doit même être respecté en cas de fusion ou de scission lorsque celles-ci conduisent à un échange de parts sociales ou d'actions [38].

Objet de la cession. Le projet de cession doit porter sur une « participation représentant plus de 50 % des parts sociales d'une société à responsabilité limitée ou d'actions ou valeurs mobilières donnant accès à la majorité du capital d'une société par actions » [39]. Si l'information concerne de telles cessions, c'est dans le but de permettre aux salariés de prendre le contrôle de la société et de racheter indirectement l'entreprise dans laquelle ils travaillent. Le domaine du dispositif correspond ainsi à l'objectif de reprise de l'entreprise.

A contrario, les projets de cessions de participation égalitaire ou minoritaire n'emportent aucun droit à l'information pour les salariés. C'est pourquoi, il est aisé de contourner le dispositif légal en cédant une participation majoritaire par étape successive [40].

---

35. C. com., art. L. 221-1.

36. La mise en location-gérance n'est possible qu'après deux ans d'exploitation personnelle, sauf dispense judiciaire (C. com., art. L. 144-3 et L. 144-4).

37. C. com., art. L. 23-10-6 et L. 23-10-12.

38. C. com., art. L. 236-3, L. 236-10 et L. 236-23.

39. C. com., art. L. 23-10-1, al. 1er et L. 23-10-7, al. 1er.

40. Si aucune information n'est due aux salariés, le comité d'entreprise doit néanmoins être consulté (En ce sens : M. Cohen, *Le droit des comités d'entreprise et des comités de groupes*, LGDJ, 8e éd., 2005, p. 580).

Sociétés à responsabilité limitée. L'objectif de prise en contrôle est atteint pour les sociétés à responsabilité limitée par la cession de 50 % des parts sociales. Chaque part sociale conférant une voix [41], l'associé majoritaire en parts sociales contrôle la société et, indirectement, l'entreprise. De la sorte, les salariés peuvent offrir de racheter cette participation majoritaire pour contrôler leur entreprise [42].

Sociétés par actions. Dans les sociétés par actions, l'obligation d'information concerne tant les cessions d'actions que de valeurs mobilières donnant accès à la majorité du capital social. L'extension à des obligations assorties d'un droit d'accès au capital est logique et traditionnelle [43]. En revanche, eu égard aux objectifs poursuivis, il est illogique de prendre en considération la majorité du capital tant celle-ci est parfois impropre à caractériser le contrôle d'une société par actions. Celui-ci dépend du nombre de droits de vote détenus par un ou plusieurs actionnaires et non pas de sa seule participation au capital [44]. En effet, certaines actions peuvent être dotées d'un droit de vote double [45].

Bien plus, dans les sociétés par actions simplifiées auxquelles recourent progressivement les PME, il est même possible de créer des actions de préférence à droits de vote multiple [46] si bien qu'un minoritaire en capital peut être majoritaire en voix et contrôler la société. Par le jeu des droits de vote multiple dans la société par actions simplifiée, il devient dès lors aisé d'éluder le dispositif. Le chef d'entreprise détenant une participation minoritaire en capital, mais majoritaire en voix peut céder le contrôle de son entreprise sans avoir à informer les salariés. À l'inverse, les investisseurs majoritaires en capital mais minoritaires en droit de vote devront respecter cette obligation d'information alors qu'ils ne contrôlent pas la société. Or informer les salariés d'un tel projet de cession n'aurait aucun sens puisqu'il ne leur permet pas de reprendre l'entreprise.

Cessions de titres de sociétés réglementées. Dans les sociétés où le capital doit être détenu par des associés remplissant des conditions particulières de qualification professionnelle, la qualité du destinataire de l'information est prise en compte pour imposer au cédant une obligation d'information. Il faut qu'au sein de la société existe au moins un salarié remplissant les conditions de qualification professionnelle requise pour présenter une offre de rachat [47]. Cela relève du bon sens.

41. C. com., art. L. 223-28, al. 1er.

42. Si le salarié devient gérant majoritaire, il prend le risque que son contrat de travail soit suspendu, faute de lien de subordination (Ph. Merle, *op. cit.*, n° 223. – M. Cozian, A. Viandier et F. Deboissy, *Droit des sociétés*, 27e éd., LexisNexis, Manuel, 2014, n° 1103 et s.).

43. V. au sujet des clauses d'agrément : C. com., art. L. 228-23.

44. C. com., art. L. 233-3.

45. C. com., art. L. 225-123.

46. Ph. Merle, *op. cit.*, n° 693. – M. Cozian, A. Viandier et F. Deboissy, *op. cit.*, n° 976.

47. C. com., art. L. 23-10-4, 1° et L. 23-10-10, 1°.

De manière plus surprenante, l'information salariale doit aussi être respectée lorsque la cession porte sur la part du capital pouvant être détenue par un investisseur ne remplissant pas les conditions requises pour exercer la profession [48]. À première vue, il semble logique de maintenir l'information si l'offre d'achat peut émaner de salariés non qualifiés. Mais le dispositif serait totalement dévoyé dans la mesure où la participation à céder porte nécessairement sur une part minoritaire du capital ou des droits de vote [49]. Or les salariés n'ont à être informés que d'un projet de cession d'une participation majoritaire en capital.

Incohérences du domaine. L'analyse du domaine d'application de ce dispositif révèle diverses incohérences. Inapplicable à certaines cessions directes de fonds non commerciaux, il devient applicable lorsque la même entreprise est exploitée sous forme sociale. Limité à des cessions majoritaires de capital, l'ingénierie sociétaire permet aisément de soustraire certaines cessions de contrôle d'entreprise au mécanisme informatif. Mais surtout, il a vocation à s'appliquer à des cessions où il n'y a aucun risque de non-transmission emportant dépérissement de l'entreprise.

Le régime de ce dispositif présente lui-même une complexité qui le rend peu efficace.

II. Un dispositif d'information complexe

Distinctions. Quoique la mesure d'information des salariés soit reproduite dans quatre sections distinctes du Code de commerce en raison de la diversité des cessions que le législateur cherche à appréhender, la procédure d'information présente des apparentes similitudes. Mais une rédaction alambiquée des dispositions légales complexifie inutilement le mécanisme informatif au point de générer une insécurité juridique. Après en avoir décrit les principaux éléments (A), il s'agira de s'interroger sur son efficacité (B).

A. Les éléments du mécanisme informatif

Description. Le dispositif repose sur différentes obligations d'information pesant sur celui qui projette de céder son entreprise (1) et le chef d'entreprise (2). Celles-ci sont plus ou moins lourdes selon la taille et le mode d'exploitation de l'entreprise. Au final, l'information doit permettre aux salariés de l'entreprise cédée de formuler une offre de rachat.

---

48. C. com., art. L. 23-10-4, 2° et L. 23-10-10, 2°.

49. L. 31 déc. 1990, n° 90-1258, art. 5 *a contrario*.

1. Les obligations du cédant

Information préalable du chef d'entreprise. Comme l'information a pour destinataires finaux les salariés, elle va être portée à leur connaissance par le chef d'entreprise. C'est pourquoi, lorsque le cédant n'est pas lui-même chef d'entreprise, il lui appartient d'en informer ce dernier. Il en va ainsi pour les cessions directes de fonds de commerce qui sont exploitées par un locataire-gérant ou par un mandataire-gérant. Le cédant doit alors commencer par notifier sa volonté de céder à l'exploitant pour qu'il puisse à son tour en informer ses salariés [50].

Il en va de même lorsque la cession porte sur des titres émis par une société. Dans ce cas, le cédant doit informer la société. La solution est expressément prévue pour les sociétés dont les effectifs se situent entre 50 et 249 salariés [51]. Elle est implicite pour les sociétés de moins de 50 salariés dans le mesure où il est prévu que c'est au représentant légal de la société d'informer les salariés. Il faut donc que celui-ci soit préalablement informé du projet de cession lorsqu'il n'est pas le cédant.

Ni la loi du 31 juillet 2014 ni le décret du 28 octobre 2014 n'ont pris le soin de préciser la forme que devait prendre cette notification. Mais cela est sans réelle conséquence si l'on considère que le délai permettant aux salariés de présenter une offre ne court efficacement qu'à compter de leur information réelle et non pas, comme le laisse entendre maladroitement l'article L. 141-23, alinéa 2, de la notification faite à l'exploitant [52].

Information directe des salariés. La situation la plus simple est celle où le propriétaire, qu'il s'agisse d'une personne physique ou d'une personne morale, exploite lui-même une entreprise commerciale. Dans ce cas, en sa qualité de cédant, il lui appartient d'informer directement les salariés de sa volonté de céder le fonds de commerce et qu'ils peuvent lui présenter une offre de rachat [53]. L'information n'est donc pas une offre de cession. Si le propriétaire doit faire connaître sa volonté de céder, en revanche, rien ne l'oblige à informer les salariés d'éventuelles négociations menées avec un acheteur potentiel. Celles-ci peuvent rester confidentielles dans la mesure où le dispositif vise seulement à provoquer une offre de rachat de la part des salariés.

Dans les entreprises de moins de 50 salariés, cette information doit être portée à leur connaissance au plus tard deux mois avant la date de cession qui s'entend comme la date à laquelle s'opère le transfert de propriété [54]. Dans les entreprises de 50 à 250 salariés, aucun délai n'est légalement prévu. Mais le cédant étant lui-même

---

50. C. com., art. L. 141-23, al. 2 et L. 141-28, al. 1er.

51. C. com., art. L. 23-10-7, al. 1er.

52. V. *infra* n° 37.

53. C.com., art. L. 141-23, al. 3 et L. 141-28, al. 3.

54. C. com., art. L. 141-23, al. 1er et D. 141-3.

le chef d'entreprise, l'information est notifiée aux salariés au même moment qu'au comité d'entreprise [55].

2. L'information des salariés par le chef d'entreprise

Contenu de l'information. Lorsqu'un chef d'entreprise, qu'il s'agisse d'un exploitant du fonds de commerce ou d'un dirigeant d'une société, est averti que le propriétaire entend céder son fonds ou ses titres, il doit sans délai informer tous les salariés, d'une part, de la volonté du propriétaire de céder et, d'autre part, de leur faculté de proposer une offre de rachat. Cette double information est obligatoire.

Pour que les salariés puissent formuler une offre d'achat, il faut aussi qu'ils soient renseignés sur le bien à céder : un fonds de commerce, des parts sociales, des actions ou des valeurs mobilières donnant accès au capital. Pour les droits sociaux, il faut en outre préciser le nombre de titres à céder. Mais là s'arrêtent les informations à communiquer.

Le chef d'entreprise n'a pas à fournir aux salariés plus de renseignements, même s'il est lui-même alerté d'un véritable projet de cession. Une telle connaissance est vraisemblable dans les sociétés dans lesquelles existent des clauses d'agrément. Afin de ne pas retarder une cession de parts sociales ou d'actions, il est vraisemblable que le cédant sollicite de la société l'agrément légal ou statutaire en même temps qu'il informe le représentant légal en application des articles L. 23-10-1 et L. 23-10-7 du Code de commerce. Or la demande d'agrément comporte des renseignements précis sur le projet de cession [56]. L'obligation de loyauté qui pèse sur le dirigeant envers les associés lui interdit cependant de communiquer ce projet aux salariés [57].

Moment de l'information. Dans les entreprises non dotées d'un comité d'entreprise, l'information doit être portée à la connaissance des salariés au moins deux mois avant la cession. Ce délai conduit à paralyser l'opération de cession envisagée jusqu'à son expiration. Mais les salariés pourraient être avisés de son intention alors même qu'il n'a encore aucun repreneur en vue. C'est l'esprit de la loi qui tend à favoriser une reprise par les salariés dans de telles circonstances.

Les modalités de calcul de ce délai supposent que la communication s'inscrive dans un processus de cession comportant un repreneur potentiel, lequel dure généralement plusieurs mois. Or, à deux mois de la réalisation de la cession, le cédant peut

55. Sur la forme de la notification : V. *infra* n° 30.

56. C. com., art. L. 223-14 et L. 228-24.

57. K. Grévain-Lemercier, *Le devoir de loyauté en droit des sociétés*, thèse Univ. Rennes 1, 2011, dir. H. Le Nabasque. – L. Nurit-Pontier, JCl. Sociétés Traité, Fasc. 45-10 : *Devoir de loyauté*. – H. Le Nabasque, *Le développement du devoir de loyauté en droit des sociétés* : RTD com. 1999, p. 273. – J.-J. Caussain, *À propos du devoir de loyauté des dirigeants de société*, *in* Mélanges Mercadal : Francis Lefebvre 2002, p. 303.

déjà avoir conclu avec un repreneur une convention d'exclusivité de reprise si bien que solliciter des salariés une contreproposition n'est que purement formel.

Lorsque l'entreprise est dotée d'un comité d'entreprise, le chef d'entreprise doit informer et consulter ce dernier du projet de cession [58]. C'est au même moment que la notification est faite aux salariés [59]. À l'instar du cas précédent, cette concomitance n'a de sens que si le cédant a déjà un projet avancé puisqu'il doit fournir au comité d'entreprise consulté des éléments précis pour émettre un avis, à peine de commettre un délit d'entrave [60]. À ce moment, il sera trop tard pour que les salariés fassent une contreproposition sérieuse. En revanche, si le chef d'entreprise envisage spontanément de transmettre son entreprise à ses salariés, leur information est bien antérieure à celle du comité d'entreprise puisqu'il faudra disposer d'un projet concret de reprise au moment de le consulter. En effet, le fait que le repreneur potentiel soit un salarié ne dispense pas le chef d'entreprise de cette consultation.

Forme de l'information. L'avertissement des salariés doit permettre d'atteindre tous les salariés pour assurer un traitement égalitaire. Il peut être effectué par tout moyen de nature à rendre certaine la date de sa réception par ces derniers [61]. Ces moyens sont précisés par voie réglementaire [62]. Cette communication peut être collective – réunion, affichage – ou individuelle.

Il est important de pouvoir déterminer cette date de réception. L'avertissement du dernier salarié fait courir différents délais.

Obligation de discrétion des salariés. Les salariés sont tenus d'une obligation discrétion en ce qui concerne les informations transmises par le chef d'entreprise [63]. Les contours de cette obligation sont identiques à ceux de l'obligation qui pèse sur les membres du comité d'entreprise [64]. Ainsi l'obligation de discrétion suppose que le chef d'entreprise présente les informations transmises aux salariés comme revêtant un caractère confidentiel. Pour assurer la confidentialité, il est alors préférable de recourir à une information individuelle. Ne pourrait revêtir un tel caractère l'information transmise par le chef d'entreprise au moyen d'un affichage accessible aux tiers.

Le non-respect de l'obligation de confidentialité expose les salariés à des sanctions disciplinaires [65]. La crainte d'une telle sanction est-elle suffisante pour assurer la discrétion des salariés ? Comme tous les salariés sont informés, il sera difficile en

58. C. trav., art. L. 2323-19.

59. C.com., art. L. 141-28, al. 2 et L. 23-10-7, al. 2.

60. Cass. crim., 4 nov. 1982, n° 82-90715 : Bull. crim., n° 241.

61. C. com., art. L. 141-25, al. 1er, L. 141-30, al. 1er, L. 23-10-3, al. 1er et L. 23-10-9, al. 1er.

62. C. com., art. D. 141-4 et D. 23-10-2.

63. C. com., art. L. 141-25, al. 2, L. 141-30, al. 2, L. 23-10-3, al. 2 et L. 23-10-9, al. 2.

64. C. com., art. L. 2325-5.

65. Y. Pagnerre, JCl. Trav. Traité, Fasc. 15-21 : *Comités d'entreprise. – Attributions économiques et financières*, n° 124.

pratique de déterminer l'auteur de la fuite et, partant, le sanctionner. Et si les salariés sont informés d'un projet de cession qui menace réellement leur emploi, la crainte d'être sanctionné disciplinairement pour avoir dévoilé ce projet est un moindre risque. On comprend dès lors que les cédants préfèrent conserver le secret des négociations plutôt que de se fier à la seule loyauté des salariés.

Les salariés étant informés que l'entreprise dans laquelle ils travaillent est à vendre, il reste à s'interroger si ce dispositif visant à favoriser la transmission aux salariés est efficace.

B. L'efficacité du dispositif

Mesures de l'efficacité. L'efficacité du dispositif peut d'abord être mesurée à la possibilité de présenter une offre de rachat qui pourra se concrétiser par une transmission de l'entreprise (1). Elle peut ensuite être appréciée par rapport à la sanction encourue si le dispositif n'est pas respecté (2).

1. L'offre de rachat des salariés

Absence de droit de préférence. Le droit d'être informé ne confère aux salariés aucun droit de préférence. Cette option avait été envisagée sans être retenue par le projet de loi [66]. C'est ce qui explique que le cédant n'ait pas à communiquer aux salariés son projet de cession.

Un tel droit de préférence a été écarté à juste titre car il porterait atteinte tant au principe d'égalité, au droit de propriété qu'à la liberté d'entreprendre [67].

Possibilité de formuler une offre d'acquisition. L'information permet seulement aux salariés de faire une offre d'achat du fonds de commerce ou des parts ou actions cédées. Cette offre peut être formulée par un salarié ou plusieurs. En théorie, il pourrait même y avoir plusieurs offres concurrentes.

Comme il s'agit d'une simple offre de rachat, le cédant reste évidemment libre de l'accepter ou non. En somme, pour que l'entreprise soit transmise aux salariés, il faut que l'offre soit attrayante pour le cédant.

L'élément essentiel de cette offre est évidemment le prix d'achat. On relèvera alors que si le propriétaire envisageait d'apporter son fonds ou ses titres à une société pour en devenir associé, il ne donnera pas suite à la proposition des salariés qui ne peuvent que lui offrir de l'argent. Informer les salariés d'un tel projet est, en pratique, un non-sens.

---

66. V. Projet de loi relatif à l'économie sociale et solidaire, étude d'impact, p. 50.

67. *Ibid.*

Assistance des salariés. La formulation d'une offre de rachat par des salariés peu rompus au monde des affaires n'est pas chose aisée. Afin qu'ils puissent analyser l'opportunité de racheter l'entreprise et formuler un prix avec justesse, le Code de commerce prévoit qu'ils peuvent bénéficier d'une assistance. Il peut s'agir d'un « *représentant de la chambre de commerce et de l'industrie régionale, de la chambre régionale d'agriculture, de la chambre régionale de métiers et de l'artisanat territorialement compétentes en lien avec les chambres régionales de l'économie sociale et solidaire* ». On observera immédiatement qu'il est curieux que les chambres régionales d'agriculture soient mentionnées dans l'énumération alors que les entreprises agricoles n'entrent pas dans le domaine du dispositif [68]. Les salariés peuvent aussi désigner toute personne de leur choix : on songe à un avocat ou un expert-comptable.

Pour le moment, le décret devant fixer les modalités de désignation de ces personnes n'est pas paru [69]. La question a son importance dans la mesure où l'offre peut être formulée par plusieurs salariés. Et le choix entre les deux catégories d'assistance n'est pas sans conséquences pour eux : les services rendus par des membres de professions libérales auront un coût sans commune mesure avec ceux fournis par les établissements publics précités.

Dès lors que les salariés se font assister, l'exploitant de l'entreprise doit en être informé dans les meilleurs délais. La personne désignée par le salarié est soumise à une obligation de confidentialité concernant les renseignements reçus [70].

Délai pour présenter une offre. La complexité de la reprise justifie que les salariés disposent d'un délai raisonnable pour formuler leur offre. Sur ce point, le dispositif mis en place laisse sérieusement à désirer. Il convient de distinguer le cas des entreprises qui n'ont pas de comité d'entreprise des autres.

Entreprises de moins de 50 salariés. Pour ces entreprises, les salariés doivent être avisés au plus tard deux mois avant la cession. Ce délai de deux mois court à compter de la notification faite à tous les salariés soit directement par le cédant, soit par le chef d'entreprise informé par le cédant.

La cession ne peut aucunement avoir lieu avant l'expiration de ce délai de deux mois à compter de la notification. Ce délai doit aussi permettre aux salariés de formuler une offre. Or, il semble évident que deux mois sont insuffisants pour présenter une offre sérieuse, ce qui anéantit pleinement les objectifs de la loi [71].

---

68. V. *infra* n° 12 et 16.

69. Du moins, le décret du 28 octobre 2014 n'envisage pas ces modalités de désignation.

70. C. com., art. D. 141-5 et D. 23-10-3

71. Le rapporteur du texte au Sénat reconnaissait lui-même que ce délai est trop court (Rapport Daunis préc., p. 187).

Ce délai bimestriel s'applique aussi aux entreprises de 50 à 249 salariés qui n'auraient mis en place ni un comité d'entreprise ni un délégué du personnel [72].

Entreprises devant être dotées d'un comité d'entreprise. Dans les autres entreprises, la notification salariale est faite au plus tard au moment où le comité d'entreprise est informé et consulté en vertu de l'article L. 2323-19 du Code du travail. Mais aucune disposition ne prévoit que la cession ne peut intervenir avant l'expiration d'un quelconque délai après la notification faite aux salariés. Le délai de deux mois n'est applicable pas aux entreprises dotées d'un comité d'entreprise.

Ce silence peut s'expliquer par le fait qu'il faille déjà laisser au comité d'entreprise le temps d'émettre un avis motivé à compter de son information complète. Et une consultation tardive, c'est-à-dire qui interviendrait à un moment où l'opération est irréversible, constituerait un délit d'entrave [73]. Peut-être le délai dont dispose le comité d'entreprise pour émettre un avis a-t-il été jugé suffisant par le législateur pour permettre aux salariés de présenter eux-mêmes une offre.

Cependant, le Code du travail ne prévoit expressément aucun délai pour consulter le comité d'entreprise. Dans le silence de la loi, la jurisprudence exige que le comité d'entreprise dispose d'un délai d'examen suffisant pour lui permettre de formuler un avis motivé [74]. Or un délai de dix jours a été jugé suffisant [75]. En somme, si le délai laissé aux salariés pour faire une offre couvre la durée de consultation du comité d'entreprise, il pourrait être encore plus court que celui prévu dans les entreprises de moins de 50 salariés. C'est totalement aberrant puisqu'on est en présence d'entreprises pouvant compter jusqu'à 249 salariés et dont la complexité mérite une longue phase préparatoire à la cession.

Ainsi, lorsque le chef d'entreprise est le cédant de titres de sociétés ou d'un fonds de commerce – ou représente la société cédante du fonds de commerce – sa seule préoccupation est d'échapper au délit d'entrave. Dès lors que le comité a été consulté, il pourra conclure la cession en quelques semaines, voire en quelques jours sans attendre une éventuelle offre des salariés.

Dans les cas où le cédant d'une participation majoritaire n'est pas le chef d'entreprise, on pourrait même admettre, avec cynisme, qu'il n'a pas à se soucier du délit d'entrave, puisqu'il n'est pas personnellement responsable du défaut de consultation – ou d'une consultation tardive – du comité d'entreprise. C'est pourquoi, dès lors que la notification est faite aux salariés par le chef d'entreprise – et qu'il dispose le cas échant de l'agrément idoine – le cédant peut valablement conclure l'opération.

72. C. com., art. L. 141-28, al. 6 et L. 23-10-7, al. 5.

73. Cass. crim. 10 nov. 1981, n° 81-90272 : Bull. crim., n° 300. – 28 nov. 1984, n° 83-93094 : Bull. crim., n° 375.

74. Cass. soc., 16 avr. 1996, n° 96-15417 : Bull. civ., V, n° 163.

75. Cass soc. 6 juill. 1999, n° 97-21742 : Bull. civ., V, n° 335.

Si le législateur avait voulu réellement permettre aux salariés de formuler une contreproposition, il aurait dû prévoir un délai durant lequel l'offre de rachat peut être déposée et la cession projetée est suspendue.

Absence d'offre de reprise. Informer les salariés qu'ils peuvent formuler une offre ne signifie pas que ceux-ci soient intéressés. Cette obligation légale ne vient alors que retarder la réalisation de la cession en cours. Dans les sociétés de moins de 50 salariés, le cédant peut réduire le délai de deux mois pour procéder à la cession à condition que tous les salariés renoncent à faire une offre. Cette renonciation est forcément individuelle. Elle doit être expresse et non équivoque. À défaut, le salarié qui n'a pas renoncé pourrait agir en nullité de la cession prématurée.

Pareille renonciation est inutile dans les entreprises dotées d'un comité d'entreprise puisque la cession peut intervenir dès lors que le comité d'entreprise ne peut plus se plaindre d'une entrave [76].

Dispense temporaire de notification future. L'absence d'offre formulée par les salariés ne signifie pas davantage que l'entreprise sera cédée. Le projet peut échouer. Dans ce cas, il reste alors possible de trouver un autre repreneur sans avoir à prévenir à nouveau les salariés. Dans les entreprises de moins de 50 salariés, le cédant est dispensé d'avertir les salariés durant un délai de deux ans. Ce délai court du jour de l'expiration du délai de deux mois durant lequel la cession est suspendue [77]. Passé ce délai de deux ans, toute nouvelle cession est subordonnée à l'information des salariés.

Dans les entreprises de 50 à 249 salariés, le même délai de deux ans est prévu. Pour déterminer le point de départ de cette durée, il est aussi renvoyé « *à l'expiration du délai prévu* » par les articles L. 141-28 et L. 23-10-7, sans précision d'alinéa [78]. Or le seul délai expressément prévu par ces textes concerne la prescription de l'action en nullité. Ce renvoi n'a littéralement aucun sens. Le délai de dispense de notification suppose qu'une information ait préalablement été donnée aux salariés. Et si les salariés ont été régulièrement avertis, aucune action en nullité ne leur est ouverte !

En somme, pour que ces textes mal rédigés soient applicables, il faut faire courir le délai de deux ans durant lequel le cédant est dispensé d'avertir les salariés à compter de la notification aux salariés. Si durant ce délai, les salariés n'ont plus à être informés, le comité d'entreprise doit néanmoins être consulté sur de nouvelles cessions. En cas de consultation du comité d'entreprise, le délai de deux ans est suspendu entre la date de saisine du comité d'entreprise et celle où il rend son avis [79].

76. V. *supra* n° 38.

77. C. com., art. L. 141-27 et L. 23-10-5.

78. C. com., art. L. 141-31, al. 1er et L. 23-10-11, al. 1er.

79. C. com., art. L. 141-31, al. 2 et L. 23-10-11, al. 2.

2. La sanction du non-respect de l'information des salariés

Causes de nullité. La violation des quatre premiers alinéas de l'article L. 141-23, des trois premiers de l'article L. 141-28 et des articles L. 23-10-1 et L. 23-10-7 du Code de commerce est érigée en cause de nullité de la cession. Ainsi, la cession peut être annulée pour défaut d'information des salariés ou si la communication est incomplète. C'est le cas d'une notification taisant que les salariés peuvent proposer une offre de rachat.

La nullité est aussi encourue si la cession d'une entreprise sans comité d'entreprise intervient moins de deux mois après la notification faite aux salariés ou à l'exploitant. Il en irait de même d'une cession réalisée avant ce terme pour laquelle le cédant n'aurait pas recueilli la renonciation de tous les salariés. Dans les autres entreprises, il n'y a pas de délai légal durant lequel la cession est interdite. Mais, une information des salariés postérieure à l'information du comité d'entreprise serait frappée de nullité.

Lorsque le cédant notifie son intention de céder à l'exploitant ou au dirigeant social, ces derniers doivent notifier l'information légale « *sans délai* » aux salariés. L'application stricte des textes emporte pour conséquence que si le chef d'entreprise tarde à transmettre l'information, on est encore en présence d'une cause de nullité. Admettre une pareille sanction est parfaitement inacceptable dans la mesure où le vice qui atteint la cession résulte d'une négligence imputable à un tiers au contrat irrégulier.

Enfin, dans les sociétés dans lesquelles le comité d'entreprise doit être consulté, on peut se demander si l'absence de consultation ne devient pas incidemment une cause de nullité de la cession dans la mesure où cette consultation est rappelée dans les dispositions dont le non-respect est explicitement sanctionné par la nullité [80].

Titulaires de l'action. L'action en nullité est ouverte à tout salarié. Toutefois, s'agissant d'une nullité relative, les salariés peuvent y renoncer. Pour être valable, la renonciation doit être faite au moment où le droit d'agir en nullité est acquis, c'est-à-dire après la cession de l'entreprise [81].

Toutefois, lorsque certains salariés ont exprimé la volonté de ne pas proposer d'offre, il y a lieu de considérer qu'ils n'ont plus d'intérêt à agir en nullité d'une cession intervenue avant l'expiration du délai de deux mois [82]. Cette renonciation à formuler une offre emporte aussi renonciation à agir en nullité.

Prescription. L'action en nullité est enserrée dans un bref délai. Le salarié n'a que deux mois pour agir. Le point de départ de ce délai diffère selon qu'il s'agit d'une cession de fonds ou d'une cession de participation.

---

80. La question était discutée faute de nullité expresse : V. M. Cohen, *op. cit.*, pp. 605 s.

81. F. Terré, Ph. Simler et Y. Lequette, *Droit civil, Les obligations*, Précis Dalloz, 11e éd., 2013, n° 403.

82. V. *supra* n° 41.

Pour une cession de fonds, c'est la publication de l'avis de cession du fonds. Celle-ci s'effectue simultanément dans les quinze jours de l'acte dans un journal d'annonces légales et au BODACC [83]. Comme il est vraisemblable que ces publications officielles ne figurent pas parmi les lectures auxquelles s'adonnent régulièrement les salariés, on peut penser que, si une cession d'une entreprise n'exigeant de consulter le comité d'entreprise a été secrètement menée, aucun salarié ne sera attentif à ce type de publication. Pour le cédant, le risque d'annulation est alors extrêmement faible. En revanche, en cas d'information du comité d'entreprise, les salariés élus sont informés d'un projet de cession et leur attention sera attirée sur la nécessité de suivre ces publications légales s'ils cherchent à remettre en cause la cession.

Pour les cessions de parts sociales et d'actions, la situation est différente. La publicité de la cession des parts sociales suppose, d'une part, l'information de la société à responsabilité limitée et, d'autre part, la publication au registre du commerce et des sociétés de la modification statutaire rendue nécessaire par la nouvelle répartition des parts sociales [84]. Ce point de départ est désormais fonction des diligences du gérant de la SARL [85]. Le risque d'annulation est ainsi plutôt faible dès lors que la cession a pu se faire dans le plus grand secret à l'instar d'une vente directe de fonds.

En revanche, les cessions d'actions ne donnent lieu à aucune publication. C'est incompatible avec leur libre négociabilité. Le seul moyen de déclencher le délai de prescription est d'informer personnellement tous les salariés qu'une cession a eu lieu. Fort heureusement, l'information n'oblige pas le cédant ou le cessionnaire à les avertir qu'ils peuvent agir en nullité dans les deux mois de cette information. Mais, sans cette information spécifique, le risque d'annulation est immense puisque, en application du droit commun, l'action en nullité n'est prescrite que vingt ans après la cession [86]. Pareille information postérieure à la cession est là encore parfaitement critiquable en ce qu'elle porte atteinte au principe de libre négociabilité des valeurs mobilières.

Effet de la nullité. La nullité prononcée emporterait rétroactivement remise en cause de la cession. Les salariés ayant obtenu l'annulation de la cession pourraient alors formuler à leur tour une offre de rachat de l'entreprise. Mais à qui va-t-on faire croire que le cédant qui succombe judiciairement, après plusieurs années de bataille processuelle contre un salarié, acceptera de céder à son adversaire l'entreprise qu'il retrouve par l'effet de l'annulation alors qu'il conserve toute sa liberté de choix du cessionnaire ?

83. C. com., art. L. 141-12.

84. C. com., art. R. 223-13.

85. Avant l'ordonnance n° 2014-863 du 31 juillet 2014 *relative au droit des sociétés*, la publicité résultait du dépôt de l'acte de cession en annexe du RCS. Les parties à la cession avaient ainsi la maîtrise de cette date (D. Gallois-Cochet, *Ordonnance du 31 juillet 2014 : dispositions relatives aux SNC et aux SARL* : D. sociétés 2014, comm. 145. – B. Saintourens, *Dispositions communes aux sociétés en nom collectif et aux sociétés à responsabilité limitée : Opposabilité aux tiers des cessions de parts sociales de SNC et de SARL* : Revue des sociétés 2014 p. 613).

86. C. civ., art. 2232, al. 1er.

Conclusion

L'objectif affiché par le législateur n'est pas atteint par ce dispositif. Le champ d'application ne se limite pas aux seuls cas où le chef d'entreprise cesse son activité sans trouver de repreneur. Lorsqu'il existe un repreneur, l'information est inutile puisqu'elle intervient tardivement à un moment où la négociation est suffisamment avancée pour que les salariés ne puissent pas réellement formulée de contreproposition. Il serait alors nécessaire de limiter ce dispositif aux seuls cas où le cédant n'a pas de repreneur pour éviter qu'une entreprise ne disparaisse ainsi que les emplois qu'elle a générés.

Le véritable risque résulte de la nullité encourue en cas de non-respect du dispositif. Il peut s'avérer assez faible dans les entreprises non dotées d'un comité d'entreprise car les salariés non informés se verront opposer la prescription bimestrielle. En revanche, le risque est bien réel dans les sociétés par actions dotées d'un comité d'entreprise puisque la prescription de l'action en nullité des salariés pourrait même être vicennale. Faire courir ce risque chef d'entreprise qui transmet son entreprise est inutile puisque l'annulation prononcée ne profitera aucunement aux salariés.

RESPONSABILITES
ET INDEMNISATION

8

Faut-il parler d'indemnisation ou / et de réparation des préjudices subis par les victimes d'infractions pénales ?

Anne d'Hauteville

Professeur émérite à l'Université de Montpellier 1,
Présidente du Conseil scientifique de l'INAVEM

La réponse ou plutôt les réponses à cette question sont bien sûr connues par ma collègue et amie Marie-France Steinlé-Feuerbach. Proches par les spécialités enseignées, (droit pénal, droit de la responsabilité et droit des assurances notamment), proches aussi et surtout par notre engagement associatif dans le mouvement d'aide aux victimes, nous avons eu maintes fois l'occasion d'y réfléchir, de confronter nos recherches. Nos écrits sur le sujet traduisent la même conception humaniste des droits des victimes tendant à la restauration de la personne de la victime mais aussi de celle de l'auteur. J'ai pensé néanmoins utile dans ce numéro spécial de la revue RISEO, qui lui est offert à titre de « *Mélanges* », de reposer la question et de proposer des réponses, tant sur le plan civil, que sur le plan pénal, à partir de l'analyse des dommages subis et de la demande formulée par la victime d'infraction pénale en droit français.

La demande, qualifiée par nos codes demande de « *réparation* », est, en effet, à la fois de nature civile et de nature pénale. Le dommage est, certes, une atteinte à un intérêt privé entraînant des préjudices qui devront être identifiés et évalués, mais il est aussi le résultat d'une atteinte à une valeur essentielle que la société entend protéger par le droit pénal. Ici, le « *fait quelconque de l'homme* » entraînant la responsabilité civile de son auteur présente les caractères d'une infraction pénale et le dommage qui en résulte est lié à l'atteinte à ces valeurs . C'est un dommage « *qui par son rattachement à l'infraction doit en reproduire la finalité (...) serait-il personnellement ressenti (...) , ce dommage se doit de porter les stigmates de la valeur protégée au titre de l'incrimination* »[1].

C'est en raison de cette double nature du dommage causé par une infraction, dommage de nature civile (I) et dommage de nature pénale (II) que le droit français reconnaît à la victime le droit de présenter sa demande d'indemnisation, ou / et de réparation, au juge pénal en se constituant partie civile, c'est-à-dire dans le cadre d'une action de nature civile par son objet et de nature pénale par son lien procédural très étroit avec l'action publique de répression. C'est la double nature du dommage qui donne à l'action civile de l'article 2 du Code de procédure pénale, qualifiée seulement d'action en réparation, « un double visage »[2].

I. L'indemnisation du dommage est de nature « *civile* »

« *Tout fait quelconque de l'homme qui cause à autrui un dommage oblige celui par la faute duquel il est arrivé à le réparer* ». Cette formule célèbre de l'article 1382 du Code civil traduit l'idée dominante de tous les systèmes juridiques et utilise l'expression « *réparation* » pour désigner le contenu de l'obligation civile de l'auteur responsable. La victime a droit à la réparation de son dommage de la part de l'auteur de ce dommage. Cette « *réparation* » se traduit alors en dommages et intérêts, c'est-à-dire en une indemnisation financière compensatrice et satisfactoire. L'expression « *indemnisation* » est ainsi plus appropriée que celle de « *réparation* » qui a un contenu plus large comme nous le verrons en deuxième partie de notre propos.

A. Sur le plan procédural

L'action est dirigée contre une personne soupçonnée d'être l'auteur et elle peut être portée, soit devant le juge civil (ou administratif en cas de responsabilité de l'Etat), soit devant le juge pénal. On connaît les inconvénients de la voie civile : la procédure est accusatoire, ce qui met à la charge de la victime demanderesse, la recherche des preuves des conditions de la responsabilité civile de la personne poursuivie, et donc tous les frais liés aux enquêtes, expertises et exécution de la condamnation civile. Les avantages de la voie pénale se déduisent *a contrario*. Cette voie (par intervention dans un procès pénal déjà engagé par le parquet) est gratuite, l'assistance par un avocat en cas de crime grave l'est également (loi du 9 septembre 2002). En outre, la procédure pénale, en phase d'enquête et d'instruction, facilite l'administration de la preuve de l'existence de l'infraction et de l'ampleur du dommage subi.

---

1. Y. Mayaud, « La résistance du droit pénal au préjudice », *in* Mélanges dédiés au Professeur B. Bouloc, Dalloz, 2006, p. 806 et s.

2. F. Boulan, « Le double visage de l'action civile exercée devant la juridiction répressive », JCP, 1973.1.2563.

Le juge pénal, après avoir statué sur l'action publique de répression, doit répondre à la demande civile dite « *de réparation* » en appliquant toutes les règles du droit civil. Dans les procès ouverts sur une qualification d'atteintes involontaires à la personne, le juge pénal reste compétent pour juger de l'action civile de réparation même en cas de relaxe (article 470-1 Code de procédure pénale) [3]. Aujourd'hui, il peut même condamner civilement sur la base d'une faute d'imprudence celui qui a été relaxé pour défaut de faute pénale d'imprudence. La règle jurisprudentielle de l'unité des fautes pénales et civiles d'imprudence a heureusement disparu et le pénal n'a plus l'autorité qu'il avait sur le civil [4].

Mais le succès de ces procédures, tant civiles que pénales, dépend de l'identification de l'auteur, de la reconnaissance de sa responsabilité et surtout de sa solvabilité. En cas de carence de l'auteur (ou de son civilement responsable, ou de son assureur de responsabilité) c'est à l'Etat, responsable de l'ordre public, de prévoir l'indemnisation de ceux qui ont eu le malheur de subir le risque de société qu'est la délinquance.

Depuis une trentaine d'années, nous assistons à la création de différents fonds d'indemnisation qui mettent en œuvre une solidarité nationale imposée et financée par des prélèvements publics. En 1986, c'est la création du fonds de garantie des victimes d'attentats terroristes dont la mission sera étendue aux victimes « *de droit commun* » en 1990 (par l'intermédiaire de la commission d'indemnisation des victimes d'infraction). En 1991, le fonds d'indemnisation des transfusés et des hémophiles (FITH) a répondu à la demande de réparation des victimes du « *sang contaminé* ». Ce fonds est, aujourd'hui, intégré dans l'office national d'indemnisation des actes médicaux (ONIAM créé en 2002). Le fonds d'indemnisation des victimes de l'amiante est créé en 2000 pour pallier les insuffisances de la législation des maladies professionnelles.

Les procédures permettant de saisir les fonds sont transactionnelles et doivent suivre les règles propres à chaque fonds. La multiplication des fonds a été décidée par le législateur au cas par cas, le plus souvent dans des lois de circonstance qui répondent à des émotions collectives ébranlant notre société. Il en est résulté une très grande hétérogénéité des procédures qui doit être dénoncée [5]. Les conditions de l'indemnisation ne sont pas harmonisées et certains fonds disposent de leurs propres référentiels décidés par leur conseil d'administration qui peuvent contredire les règles habituelles appliquées par les juridictions. En 2009, l'équipe de recherche de l'Université de Montpellier 1 (ERPC), en partenariat avec l'Université de Haute-Alsace (CERDACC), a présenté, sous notre direction, un bilan des activités des

---

3. R.Gassin, Remarques sur l'interprétation jurisprudentielle de l'article 470-1 du Code de procédure pénale, *in* Mélanges LARGUIER, PUG, 1993, p. 149-176.

4. *Cf* A. d'Hauteville, Brèves remarques sur le nouveau principe de la dualité des fautes civiles et pénales d'imprudence, *in* Mélanges Ottenhof, éd. Dalloz, 2006, p. 145 et s.

5. *Cf* le site du GIP Justice et Droit et le rapport du Sénat n° 107 (2013-2014) du 30/10/2013 « Pour une meilleure indemnisation des victimes d'infractions pénales ».

fonds d'indemnisation (ou de garantie) dans le cadre d'un appel d'offre plus large sur le thème de la réparation de la mission Justice et Droit du ministère de la Justice. Dans les conclusions de cette recherche, nous avons recommandé le rapprochement des fonds, l'harmonisation de leurs conditions d'ouverture à un droit d'indemnisation et l'instauration d'un guichet unique permettant à toute victime, quel que soit son dommage, de présenter sa demande à une seule structure à charge pour celle-ci d'orienter la demande vers le fonds compétent. En 2013, le rapport des sénateurs Philippe Kaltenbach et Christophe Béchu a repris cette proposition ayant constaté la complexité actuelle des mécanismes mettant en œuvre la solidarité nationale au profit des victimes de la délinquance du terrorisme et des catastrophes [6].

B. Sur le plan du fond du droit

Le droit de la responsabilité civile met en œuvre le principe dit « *de réparation intégrale du dommage* » ou « *de l'équivalence entre dommage et réparation* » [7], principe qui a une base textuelle pour la seule responsabilité contractuelle, mais qui a toujours été reconnu en matière de responsabilité délictuelle par la jurisprudence civile et pénale (rendue sur les intérêts civils). En vertu de ce principe, reconnu également par la résolution 75 du Conseil de l'Europe (art.1), « *le propre de la responsabilité est de rétablir, aussi exactement que possible l'équilibre détruit par le dommage et de replacer la victime dans la situation où elle se serait trouvée si l'acte dommageable n'avait pas eu lieu* » [8].

Cet objectif est évidemment utopique en cas d'atteinte grave à la personne : l'indemnisation ne peut être compensatoire d'une perte irréparable. Pour les préjudices qualifiés de « *personnels* » ou encore de « *non économiques* », l'indemnité peut être « *satisfactoire* » ou « *consolatoire* » : elle constitue la reconnaissance des souffrances endurées et de la personne victime en tant que victime innocente (sauf les hypothèses de faute de la victime susceptible d'entraîner un partage de responsabilité).

Le principe de « *réparation intégrale* » n'est pas de l'essence de la responsabilité civile : il est un objectif à atteindre pour une justice équitable, pour une solidarité réelle. Devant la commission d'indemnisation (CIVI), la réparation intégrale n'est prévue que pour les atteintes graves à la personne, atteintes énumérées par l'article 706-3 du Code de procédure pénale. Les victimes d'atteintes légères n'ont droit qu'à un « *secours* » plafonné et soumis aux conditions très strictes précisées par l'article 706-14 du Code de procédure pénale. En droit commun de la responsabilité civile ou devant la CIVI, le principe de la réparation intégrale confère aux magistrats chargés

6. Rapport n°107, enregistré à la présidence du Sénat le 30 octobre 2013, au nom de la commission des lois constitutionnelles, de législation, du suffrage universel, du Règlement et d'administration générale sur l'indemnisation des victimes.

7. G. Viney et P. Jourdain, Les effets de la responsabilité, LGDJ, 2ème éd., 2001, n° 57 et s.

8. *Cf* par exemple, Civ. 2ème, 4 février 1982, JCP, 1982.II.19894, note J.-F. Barbieri.

de l'indemnisation un pourvoi souverain d'appréciation des préjudices subis par la victime et de leur traduction monétaire en dommages et intérêts. La méthodologie de la réparation du dommage corporel, ou plus largement des atteintes à la personne est une œuvre prétorienne qui suit aujourd'hui une méthodologie unifiée par la référence à la nomenclature des préjudices élaborée par la commission présidée par J. P. Dintilhac [9] sur la base des propositions du groupe de travail [10] présidé par Y. Lambert Faivre au sein du Conseil national d'aide aux victimes.

Si l'indemnisation financière intégrale et effective de tous les préjudices est un impératif de Justice comme reconnaissances des lésions, pertes et souffrances subies, elle n'est pas suffisante pour que la personne de la victime soit pleinement réparée.

II La réparation du dommage est aussi de nature « *pénale* »

Il ne s'agit plus du dommage « *civil* » et des préjudices consécutifs. Il s'agit de réparer l'atteinte à la valeur protégée par le droit pénal et ressentie personnellement par la victime. En effet, la demande de réparation, de vraie réparation pourrait-on dire, va au delà de l'indemnisation financière. Celle-ci, bien que nécessaire, n'est pas suffisante, ni même première dans la demande de la victime qui attend, d'abord, de l'institution judiciaire de connaître la vérité dans le déroulement des faits et la reconnaissance des responsabilités.

A. Sur le fond de ce droit à réparation

Le « *dommage pénal* » est classiquement réparé par l'action publique qui se conclut par le prononcé d'une sanction pénale au nom de la société et pour la société qui a été lésée par le trouble à l'ordre public causé par l'infraction.

Mais, le « *dommage pénal* » est aussi ressenti personnellement par les victimes d'infractions pénales en sus du dommage de nature civile réparé par l'action civile indemnisatrice. Il se traduit par une souffrance morale liée à la qualification pénale de l'acte commis (ou omission), par l'auteur. Cette qualification est essentielle pour les victimes. Elle sera liée à la fois à la gravité du dommage « *civil* » subi (durée du déficit fonctionnel temporaire ou permanent, anciens ITT pénale ou IP) et au degré de volonté de l'auteur, volonté tendue ou non vers le résultat dommageable. S'il y a volonté de créer le dommage et donc volonté de nuire, la qualification sera intentionnelle, s'il est retenu une indifférence simple ou aggravée, la qualification sera non intentionnelle (imprudence simple ou caractérisée ou délibérée).

---

9. *Cf* J.P. Dintilhac, « *pour une nomenclature unique* », Gaz. Pal. 18 avril 2008,p. 60 et la circulaire n° CIV/05/07 du ministère de la justice du 22 février 2007.

10. Rapport du conseil national de l'aide aux victimes sur l'indemnisation du dommage corporel, oct.2003, publication du Ministère de la Justice.

Ce dommage que nous qualifions de « *pénal* » est donc lié à l'atteinte réalisée par l'infraction à la valeur protégée par l'incrimination (vie, intégrité physique, honneur, dignité, propriété, *etc.*) qui est aussi une atteinte à l'intérêt privé de la victime. C'est cette souffrance que l'article 2 du Code de procédure pénale reconnaît « *à tous ceux qui ont personnellement souffert du dommage directement causé par l'infraction* » qui justifie le droit pour la victime de devenir une partie au procès pénal, une partie qui peut ne demander aucune indemnisation [11], mais qui attend du procès pénal une réparation morale de la transgression même de l'interdit pénal.

La réparation de ce dommage « *de nature pénale* » est reconnue par la chambre criminelle de la Cour de cassation qui admet ce seul intérêt pour déclarer l'action civile recevable [12]. Très concrètement [13], c'est la volonté de faire entendre sa voix, d'exprimer une souffrance qui devrait être entendue et par l'auteur et par la justice pénale, de participer à la recherche de la vérité, d'obtenir une décision de culpabilité du prévenu ou de l'accusé et la reconnaissance de sa responsabilité pénale. C'est aussi la volonté de dénoncer publiquement les faits si le ministère public n'exerce pas lui-même les poursuites.

Cette réparation peut n'être que morale, mais elle participe grandement à la « *reconstruction* » de la victime. Elle dépend de la qualité de l'audience pénale criminelle ou correctionnelle, qualité liée elle-même au respect de la parole et de la dignité de toutes les personnes parties au procès pénal. Françoise Rudeztki, fondatrice de l'association SOS Attentats, après l'attentat terroriste dont elle a été victime, affirme avec force l'importance du procès pénal : « *aucune indemnisation ne remplacera jamais la réparation qu'un procès contradictoire peut apporter aux victimes* ». Seul le procès pénal peut mettre fin à la confusion et rétablir l'ordre public et privé détruit par l'infraction.

Certains parlent alors d'action vindicative de la victime qui s'érigerait en procureur *bis*, qui mesurerait sa réparation à l'aune de la condamnation pénale prononcée. L'audience pénale serait un lieu et un temps où s'exprimerait un désir de vengeance et de rétribution par la demande de peine, et où serait recherchée une thérapie propre à effacer les souffrances morales. Il est vrai que ce danger est parfois ressenti par les magistrats. Mais les médias (et parfois des avocats de parties civiles réclamant, au nom de leurs clients, de lourdes peines) amplifient, à l'excès, de tels sentiments qui peuvent, certes, exister et qui sont la réminiscence de ces temps lointains où responsabilités civiles et pénales étaient confondues, où la réparation était l'une des formes de la peine infligée au coupable [14].

11. Nombreuses sont les victimes indemnisées préalablement au procès pénal par un assureur, par un fonds, ou par l'Etat. *Cf supra*.

12. Crim. 8 juin 1971, D. 1971, 500 note J. Maury.

13. *Cf* A. d'Hauteville, « La problématique de la place de la victime dans le procès pénal », rapport introductif aux XXème congrès de l'association française de droit pénal, Arch. de pol.crim. 2002, n° 24.

14. *Cf* J.-M. Carbasse, Histoire du droit pénal et de la justice criminelle, P.U.F., coll. Droit fondamental, 2ème éd. 2006.. G. Viney, Introduction à la responsabilité, 2ème éd., LGDJ, 1995, n° 68 et s.

A notre avis, le choix de la peine, dans sa nature, son *quantum* et ses modalités d'exécution, devrait rester de la compétence exclusive des magistrats, magistrats du parquet dans leurs réquisitions et magistrats du siège dans leurs choix de condamnations (et juge de l'application des peines dans la mise en œuvre et aménagement de l'exécution de la peine). Le code de procédure pénale dans son article préliminaire confie en effet à « *l'autorité judiciaire* » la mission de « *veiller à l'information et à la garantie des droits des victimes au cours de toute procédure pénale* ».

Aujourd'hui certaines peines correctionnelles peuvent avoir un objectif réparateur [15] des dommages de nature civile causés aux victimes. Ainsi la peine de sanction-réparation ou la peine de la contrainte pénale et des aménagements de peine est conditionnée par l'effort personnel du condamné pour indemniser sa victime (par exemple pour la libération conditionnelle, art. 729 CPP). La bonne exécution de ces peines sur le plan financier contribue aussi à la réparation morale de la victime et au rétablissement de la paix sociale car elle peut être le signe de la reconnaissance par l'auteur des souffrances infligées à la victime et donc de l'importance de sa responsabilité et elle permet de mesurer le degré de réinsertion du condamné ou de son gage de réadaptation.

B. Sur le plan de la procédure

Depuis le début des années 80, le législateur a renforcé, à plusieurs reprises, les droits des victimes et facilité les procédures de constitution de partie civile, tout en maintenant l'équilibre nécessaire entre les parties pour que le procès reste équitable. Nous pensons que ces réformes ont constitué un réel progrès pour la justice pénale [16] qui reconnaît, enfin, le droit à une réparation « *processuelle* » en sus de la classique réparation patrimoniale réalisée par l'indemnisation [17].

La crainte de « *la montée en puissance* » des victimes vient peut-être surtout du pouvoir pénal reconnu aux associations de défense des victimes par le législateur au cas par cas, dans des lois souvent de circonstance [18]. Une réflexion d'ensemble sur la question nous semble nécessaire afin que le pôle de l'accusation, renforcé par l'action de ces associations habilitées, ne porte pas atteinte à l'équilibre du procès et que des intérêts collectifs ne viennent pas prendre la place de l'intérêt général que doit défendre le parquet.

---

15. *Cf* P. Poncela, Droit de la peine, 2ème éd., PUF, 2001, p. 70 et s.

16. *Cf* A. d'Hauteville, Le droit des victimes, *in* Libertés et droits fondamentaux, ouvrage collectif, 13ème éd. 2014, p. 641 et s. et « Le point de vue des victimes : quel équilibre ? » *in* « Politique(s) criminelle(s), mélanges offerts à Christine Lazerges », Dalloz 2014, p. 649.

17. *Cf* N. Pignoux, « La réparation des victimes d'infractions », thèse univ. Pau, nov. 2007, éd. L'Harmattan, 2008.

18. Cf les articles 2-1 à 2-21 du CPP, mais aussi les articles L.141-1 et s. du code de l'environnement ou les articles L.421-1 et s. du code de la consommation.

En conclusion, nous souhaitons que le mouvement humaniste d'aide aux victimes, dont l'institut d'aide aux victimes et de médiation (INAVEM) est l'inspirateur et le maître d'œuvre depuis presque 30 ans, soit enfin compris dans ses principes fondamentaux et acceptés dans ses recommandations par notre société du 21ème siècle afin de rendre la justice pénale réparatrice pour les victimes mais aussi pour les auteurs. Notre justice pénale doit avoir l'objectif de permettre à la victime, comme à l'auteur, de retrouver leur dignité et leur place d'acteur dans notre société. C'est, en ce sens, qu'elle sera « *restaurative* » de la paix sociale [19] !

19. Cf R. Cario et P. Mbanzoulou, « Justice restaurative, une utopie qui marche ? », éd. L'Harmattan 2010.

9

Le droit des transports peut-il encore servir de précurseur à toute la responsabilité civile ?

Eric Desfougeres

Maître de conférences en droit à l'Université de Haute-Alsace, CERDACC, EA 3992

Résumé

Le droit des transports n'est pas seulement à l'origine – plus ou moins directe – des structurations majeures de la responsabilité civile française avec l'apparition de l'obligation de sécurité-résultat, puis la distinction avec l'obligation de moyen et enfin la permanence de la scission entre responsabilité contractuelle et extracontractuelle. Par la rigueur d'admission des causes d'exonération et surtout par l'orientation vers des mécanismes d'indemnisation automatique, il continue constamment de l'inspirer.

« La responsabilité n'appartient pas à l'être de l'homme comme une propriété naturelle. La société, par le moyen d'un implacable dressage, impose à cet animal « nécessairement oublieux » la discipline du devoir et rend son comportement « calculable » (Berechenbar) [1].

La question posée, en exergue de cette contribution, peut, certes, de prime abord, apparaître quelque peu iconoclaste. De fait, on a plutôt tendance à insister sur la spécificité et le caractère dérogatoire au droit commun des obligations, des règles ju-

1. F. Nietzche « Deuxième Dissertation de La Généalogie de la morale » cité par J. Henriot « Responsabilité » *in Encyclopédia Universalis*.

ridiques relatives au déplacement de personnes ou de marchandises [2] et sur la difficile délimitation du droit spécial qui va en résulter [3]. Néanmoins, maints exemples tirés, tant de la réglementation que des solutions dégagées par la jurisprudence, peuvent sembler de nature à nous conduire à méditer, brièvement, sur une influence inverse. Ce que corrobore, d'ailleurs, l'un de ses plus éminents connaisseurs : le Professeur Philippe Delebecque, qui avait, il y a quelques années, brillamment démontré, que « *le droit des transports était partagé entre classicisme et modernité, sinon originalité* » [4]. Ce qui le plaçait finalement au cœur de la dialectique du droit commun, englobant à la fois le droit civil et le droit de la consommation [5], dont il subissait la double attraction. Il devait, même, ajouter, ultérieurement, qu'il en représentait un véritable laboratoire [6].

On peut, en réalité, partir du postulat avéré, qu'avec le développement, tout au long du XIXème siècle, du machinisme industriel, concomitamment suivi d'un essor des différents modes de locomotion et en particulier de la circulation routière, a surgi une nouvelle catégorie de dommages en série : les accidents du travail ou de transport, avec des auteurs et des causes toujours plus difficiles à identifier. Ce besoin impérieux d'un droit des accidents a alors induit une socialisation des risques [7], perçue comme un nouveau paradigme, dans lequel la survenance d'un évènement futur, incertain et indépendant de la volonté des parties, supplante l'exigence traditionnelle d'une faute avec une indemnisation, notamment couverte par le biais du mécanisme des assurances. Il s'agit donc bien là d'un véritable bouleversement du système de responsabilité imaginé, près d'un siècle auparavant, lors de l'édiction du code civil ; mouvement auquel le droit des transports a très activement participé, dès ses origines (I). Reste que l'histoire ne paraît pas pour autant achevée, puisque depuis plusieurs années, nombre d'indices peuvent clairement nous laisser présager que cette branche du droit pourrait retrouver – si tant est qu'elle ne l'ait jamais per-

---

2. C. Paulin, Droit des transports, Paris, Litec, coll. Affaires Finances, 2005, p. 2 à 4.

3. J.-P. Tosi « Exclusivité du droit spécial ? L'exemple de la responsabilité du transporteur aérien », *in* Etudes sur le droit de la concurrence et quelques fondamentaux, Mélanges en l'honneur d'Yves Serra, Paris, Dalloz, 2006, pp. 431 et s.

4. « L'évolution du transport de passagers » *in* Mélanges Geneviève Viney, Paris, LGDJ, 2008, p. 309.

5. J.-P. Tosi «Droit des transports et droit des consommateurs de transport », *in* Mélange Jean Calais-Auloy, Paris, Dalloz, 2004, p. 1121 et s.

6. Préface *in* Le droit des transports dans tous ses états : réalités, enjeux et perspectives nationales et internationales et européennes (sous la direction de B. Dupont-Legrand, C. Landsweerdt et L. Peru-Pirotte), Bruxelles, Larcier, (Actes du Colloque organisé à l'Université de Lille II du 16 au 18 mars 2011) 2012 p. 7.

7. E. Belliard « Responsabilité et socialisation du risque » (Résumé du Rapport 2005 du Conseil d'Etat), JCP Administrations et Collectivités territoriales, 2005, com. 1139.

due – un rôle de guide vers ce que certains ont pu appeler une responsabilité universelle préventive [8] (II).

I. D'un droit initiateur des grandes classifications...

Le droit des transports ne s'est pas contenté – ce qui aurait déjà été énorme – de fournir le contexte de l'une des plus belles créations prétoriennes de tout le droit civil français (A). Il contribue, quasi quotidiennement, à travers les décisions de justice qui s'y rapportent, à maintenir vivante la *summa divisio* entre les deux grands pans de la responsabilité civile (B).

A. L'émergence de l'obligation contractuelle de sécurité-résultat

Nul besoin d'épiloguer sur notre constat que la responsabilité contractuelle, et en particulier l'obligation de sécurité, dégagée en 1911 [9] lors d'un banal accident d'un marin blessé par la chute d'un tonneau sur un navire assurant la liaison entre Tunis et Bône, a fini par devenir une institution à part entière du droit des obligations [10]. Cette consécration jurisprudentielle, livrée à la doctrine, se retrouva ainsi, très directement à l'origine de la distinction théorisée, dès1928, par René Demogue [11] entre obligation de résultat et obligation de moyen, qui a depuis fait florès dans tous les enseignements et manuels de droit civil de deuxième année.

Préalablement, la Cour d'Appel de Paris, dès 1845, avait été l'une des premières à reconnaître l'assurance de responsabilité – jugée jusqu'alors par beaucoup immorale – à propos de l'accident causé par le cheval d'un propriétaire de fiacre [12]. Avant d'être supplée par la loi du 5 juillet 1985, elle aussi très largement inspirée par l'obligation de sécurité et dont nous reparlerons, les accidents automobiles avaient définitivement fait la fortune de l'article 1384-1 du code civil, relatif à la responsabilité du fait des choses, comme dans les jurisprudences d'anthologie [13]

8. C. Thibierge « Libre propos sur l'évolution du droit de la responsabilité », RTDciv. 1999, p. 561 et s. et surtout « Avenir de la responsabilité, responsabilité de l'avenir », D. 2004, p. 577 et s. avec schémas.

9. Cass. Civ. 21 novembre 1911, *S.* 1912, 73 note C. Lyon-Caen, D.P. 1913,1, concl. du procureur général L. Sarrut.

10. E. Desfougères « Un siècle de tribulations incessantes en matière d'obligation de sécurité dans le transport de personnes » *in* Le Droit des Transports dans tous ses états : réalités, enjeux et perspectives nationales et internationales et européennes, *op. cit*, p. 199 à 216 et « L'obligation de sécurité : un centenaire bon pied, bon œil ! », JAC n° 118, novembre 2011.

11. Traité des obligations Paris, Rousseau, 1922, tome 5, § 1237 et tome 6, § 599.

12. Cité par A. Tunc « Evolution du concept juridique de responsabilité », *in* Métamorphoses de la responsabilité, (Actes du colloque organisé par l'Ecole Nationale de la Magistrature et l'institut des Hautes Etudes sur la Justice en 1994), Droit et Culture n° 31, 1996, p. 23.

13. Citées par P. Remy « Critique du système française de responsabilité civile », *in* Métamorphoses de la responsabilité, *Ibid.* p. 36 à 37.

« *Jand'heur* » de 1930 [14] (au sujet d'une fillette renversée par un camion des *Galeries Belfortaises*) et « *Desmares* » de 1982 [15]. Depuis, une multitude de textes spécifiques insèrent le mot de « *sécurité* » dans leur intitulé, à l'instar déjà de la loi n° 83-660 du 31 juillet 1983 relative à la sécurité des consommateurs ou de la directive n° 92-59 du 29 juin 1992 sur la sécurité générale des produits [16]. On trouve, dès lors, l'expression générale d'une obligation de sécurité pour les producteurs et distributeurs de produits ou de services à l'article L 221-1 du code de la consommation. Ce qui tend bien à démontrer que la nature même de l'impératif de sécurité à l'égard de la personne physique a, désormais, largement débordé le cadre contractuel [17], amenant même une partie de la doctrine à prôner sa « *décontractualisation* » [18].

Même sur le plan pénal, depuis la loi du 10 juillet 2000, la violation de façon manifestement délibérée d'une obligation particulière de prudence ou de sécurité est nécessaire pour permettre la condamnation, pour homicide involontaire, d'un auteur indirect [19]. Ce qui illustre – selon l'excellente formule de la dédicataire [20] – un mouvement de « *repénalisation* » de ce type d'accidents, souvent liés aux transports, la faute se trouvant alors déplacée sur le terrain du droit pénal [21].

B. La prégnance de la distinction entre responsabilité contractuelle et extracontactuelle

La conjugaison de deux célèbres jurisprudences « *Caramello* » de 1969 [22] et « *Valverde* » de 1989 [23], venues circonscrire cette obligation de sécurité-résultat au

---

14. Cass. Réunies 13 février 1930, Sirey, 1930 note P. Esmein.

15. Cass. Civ. 2ème, 21 juillet 198,2 *D.* 1982, p. 487, concl. Charbonnier, RTDciv. 1982, p. 606 et s. note C. Larroumet - *JCP*1982, II, 1987, observations G. Durry, J.-L. Aubert « L'arrêt *Desmares* : une provocation… à quelles réformes ? », D. 1983, p. 1 à 6.

16. Y. Lambert-Faivre « Fondement et régime de l'obligation de sécurité », D. 1994, p. 81.

17. Y. Lambert-Faivre « L'éthique de la responsabilité », RTD civ. 1998 p. 1 et s.

18. P. Jourdain « Le fondement de l'obligation de sécurité », *in* Le développement de l'obligation de sécurité, Colloque de Chambéry, Gazette du Palais 21-23 septembre 1997, p. 22 à 25 ou P. Le Tourneau et L. Cadiet, Droit de la responsabilité, Dalloz Actions, n° 1560.

19. *Cf* pour une des toutes premières applications de ces dispositions M.-F. Steinlé-Feuerbach « Accident de sports d'hiver : un premier Maire condamné pour homicide involontaire dans le cadre de la loi du 10 juillet 2000 », note sous Tribunal correctionnel de Millau du 12 septembre 2001, Les Petites Affiches, n° 47 du 6 mars 2002, p. 13 à 18 au sujet d'un accident de luge mortel dans une station de sport d'hiver.

20. *Cf.* M.-F. Steinlé-Feuerbach « Responsabilité pénale des élus : le retour à la sévérité », note sous Tribunal correctionnel de Bonneville du 17 juillet 2003, Les Petites Affiches, n° 93 du 11 mai 2005, p. 18 : au sujet de l'avalanche ayant dévasté le hameau de Montroc dans la vallée de Chamonix.

21. J.-F. Kriegk « Le concept de responsabilité, victime du développement de l'Etat providence ? », Gazette du Palais, 12 et 13 juillet 2000, p. 1203.

22. V Cass. Civ. 1ère 1er juillet 1969 Note G. C.M, *D.*1969 p. 640 à 642 et G. Durry, RTDciv 1970, p. 184 à 186.

23. V. Cass. Civ. 1ère 7 mars 1989 Note P. Malaurie, D. 1991, p. 1 à 3 et P. Jourdain, RTDciv. 1989, p. 548 à 551.

seul déplacement proprement dit, tandis que les hypothèses d'accident de quai se trouvent désormais soumises à la responsabilité extracontractuelle, a bien montré que, contrairement à certaines positions antérieures [24], la division entre responsabilité civile contractuelle et délictuelle était toujours bien vivante. L'autre mérite de ce dernier arrêt, qui a été salué [25], étant de marquer un certain coup d'arrêt à la tendance consistant, jusqu'alors, à étendre artificiellement le domaine de la responsabilité contractuelle, au-delà de l'inexécution des obligations explicitées par les parties ou imposées par la loi. On a pu aussi considérer [26] que dans tous les contrats où la jurisprudence a introduit l'obligation de sécurité en tant qu'obligation accessoire (piscines, clubs d'équitation, hôtels, restaurants...), la solution nouvelle consistant à la retenir seulement durant l'exécution même de l'objet du contrat s'appliquait. Une partie de la doctrine [27] se prononçant en faveur de l' « *assèchement* » de l'obligation de sécurité-moyen, dès lors qu'elle peut avantageusement être remplacée par la responsabilité délictuelle ou extracontractuelle (art. 1382 du Code Civil). Dans nombre de ces hypothèses, doit, en effet, être pris en compte la liberté d'action et d'initiative, dont bénéficiait la victime et qui empêche le débiteur de l'obligation de sécurité de maîtriser complètement l'exécution du contrat.

Un autre intérêt du maintien de la pertinence d'une responsabilité fondée sur le contrat dans le domaine des transports réside dans la possibilité de faire alors jouer entre les parties des limitations conventionnelles. En effet, si la loi « *Rabier* » du 17 mars 1905 ayant prohibé les clauses de non responsabilité avait, au départ, été conçue contre les transporteurs, qui les multipliaient, est désormais devenue une loi de principe (art. L. 133-1 du code de commerce) [28], les plafonds introduits dans toutes les grandes conventions internationales spécifiques à chacun des modes de transports ont eux, largement, généralisé cette pratique [29].

D'un point de vue plus procédural, on a aussi pu ressentir une influence du droit des transports. Ainsi, la catastrophe ferroviaire franco-luxembourgeoise de Zouftgen, le 11 octobre 2006, a permis aux juges du Grand Duché [30] de préciser, entre autre, que si les règles de responsabilité civile pouvaient être posées par une loi étrangère,

---

24. V. notamment G. Viney « La responsabilité, conditions » *in* Traité de Droit civil de J. Ghestin, Paris, L.G.D.J., 1977, n° 500 et 535 – G. Marty et P. Raynaud, Obligations, tome 1, Paris, Sirey, 2ème éd. 1988, n° 535.

25. P. Jourdain « Chronique responsabilité civile », *in* RTDciv.1989, p. 550.

26. C. Mascala « Accidents de gare : le déraillement de l'obligation de sécurité », D. 1991, p. 83.

27. H. Groutel « Vers un chambardement de l'obligation de sécurité dans les contrats ? », Responsabilité Civile et Assurances, mai 1989, p. 16, P. Jourdain, RTD civ. 1989, p. 549.

28. P. Delebecque « Pour une théorie du contrat de transport », *in* Mélanges Jean-Luc AUBERT, Paris, Dalloz, 2005, p. 104.

29. M. Huybrechts « Quelques observations sur la limitation de la responsabilité dans les contrats de transports », *in* Le Droit des Transports dans tous ses états : réalités, enjeux et perspectives nationales et internationales et européennes, *op.cit.* p. 131 à 151.

30. V. Décision rendue par la Chambre correctionnelle du Tribunal d'arrondissement de et à Luxembourg le 29 janvier 2009, note M.-F. Steinlé-Feuerbach et C. Lacroix « Zouftgen : une catastrophe franco-luxembourgeoise » JAC n° 92, mars 2009.

il n'en allait pas de même de la recevabilité de l'action civile. Laquelle étant nécessairement soumise à la *lex fori*. L'affaire d'un transporteur de bonne volonté ayant écrit à son assureur en l'incitant, pour des raisons commerciales, à « *faire le maximum* » pour réparer le dommage subi par son client a, également, pu contribuer à estomper la frontière entre simple reconnaissance de responsabilité et engagement formel de réparer, c'est-à-dire entre interruption ordinaire de prescription et intervension [31].

Plus globalement, le code des transports – si longtemps attendu – reste silencieux sur la responsabilité du transporteur ferroviaire, qui continue donc à relever du droit commun de la responsabilité contractuelle (art. 1147 du code civil), et n'évoque que par renvoi (art. L. 1432-1) celle du transporteur routier ou fluvial et, pire, continue d'assujettir le transporteur aérien à la vieille convention de Varsovie (art. L. 6422) pourtant normalement remplacée, en France depuis plus de dix ans, par la Convention de Montréal [32]. Les régimes de responsabilité prévus en cas d'abordage fluvial et surtout maritime ou encore ceux qui régissent les dommages causés par un aéronef ou au sol et figurant dans les dispositions de ce code ne sont pas propres aux professionnels du transport [33].

Si nous avons pu, par le passé [34], émettre la crainte que le droit des transports et, tout particulièrement, l'extension abusive de l'obligation de sécurité-résultat, qui lui est si intimement liée, ne finisse par dénaturer toute la responsabilité civile, on peut aussi, aujourd'hui, positiver en décelant à travers ces mutations, un formidable potentiel pour une optimisation de l'indemnisation des victimes [35].

II. … Vers un droit préfigurateur des nouvelles orientations

La plupart des contentieux de dommages survenus lors d'opérations de déplacement fournissent, presque chaque jour, aux différents juges, l'opportunité de rappeler combien il est difficile pour les transporteurs – en particulier ceux de personnes – d'échapper à leurs obligations de réparation (A). Ce qui finit par produire des effets bien au-delà du secteur concerné, dans lequel on a d'ores-et-déjà pu recenser des

31. Cass. Com. 26 février 1991, D. 1992, p. 80 note M. Rémond-Gouilloud « Chronique droit des transports ».

32. P. Delebecque « Le code - à droit constant – des transports : une œuvre monumentale encore perfectible », D. 2010, p. 2715 à 2717.

33. C. Bloch « Le Code des transports et le transport routier : une codification de *lege lata* mais *a minima* », Revue de droit des transports et de la mobilité, 2012, dossier n° 2.

34.E. Desfougères « Obligation de sécurité et transport de personnes : un développement incontrôlé eu égard à la jurisprudence » (Conclusion de l'intervention lors du séminaire « Obligation de sécurité et transport de personnes » organisé à l'I.U.T. de Mulhouse le 3 mars 2010), *RISEO* 2010-2 p. 36 (*www.riseo.fr*).

35. E. Desfougères « Retour sur une décennie de droit des transports en pleine mutation », JAC n° 100, janvier 2010.

mécanismes de réparation automatique qui pourraient être amenés à se généraliser (B).

A. L'intransigeance à l'égard des moyens permettant d'écarter la responsabilité

Le droit des transports a assurément joué un rôle majeur dans le durcissement des conditions permettant, d'une manière générale, d'invoquer des causes d'exonérations. Car, conformément aux principes généraux de la responsabilité contractuelle, la faute du voyageur, ayant contribué à l'accident, entraîne l'exclusion de la responsabilité du transporteur, quand celui-ci est exempt de toute faute [36]. Plus récemment, au sujet de l'agression d'un voyageur par un autre, dans un train [37], a pu être constaté que l'imprévisibilité était plutôt un indice de l'irrésistibilité qu'une condition autonome de la force majeure. La même remarque pouvant être faite, quelques mois auparavant, concernant une décision de la Cour de Cassation relative à des touristes français pris en otage à Koweït City au moment du déclenchement de la 1ère guerre du golfe [38]. Plusieurs jurisprudences récentes [39], en matière de correspondance aérienne ratées du fait de retard de train, sont encore venues, en se fondant sur l'article 1150 du code civil, rappeler que la prévisibilité est une condition nécessaire à la réparation du dommage. La chute d'une femme entre le quai et la voie d'une gare desservie par la Régie Autonome des Transports Parisiens aurait aussi pu contribuer à une clarification de la notion de force majeure, si dans un des deux arrêts majeurs rendus par l'Assemblée plénière de la Cour de Cassation le 14 avril 2006 [40], celle-ci avait accepté de suivre les propositions de son avocat général M. De Goutte qui suggérait le recours à des critères harmonisés autour d'une nouvelle trilogie (inévitabilité, irrésistibilité et insurmontabilité) en lieu et place de la trilogie classique (irrésistibilité, imprévisibilité et extériorité) conformément aux souhaits

---

36. P. Esmein « Transporteurs, veillez sur nous », D. 1962, p. 4.

37. Cass. Civ. 2ème 12 décembre 2000, note H. Groutel « La S.N.C.F. est-elle responsable des agressions de voyageurs ? » Responsabilité Civile et Assurances, mars 2001 p. 4 et plus généralement F. Lafay « Ceux qui m'aiment éviteront le train : de l'irrésistibilité à l'inexorabilité, le danger de l'irresponsabilisation des victimes par l'illimitation (responsabilité de la S.N.C.F. en matière délictuelle), Revue Juridique - Droit Prospectif, 2004, p. 185 à 197.

38. Cass. Civ. 1ère 15 juillet 1999, note S. Pech-Le Gac « De l'obligation de sécurité du transporteur aérien, durant une escale, après les opérations d'embarquement », D. 2000, p. 283 à 286.

39. V. en particulier Cass. Civ. 1ère 28 avril 2011, *D.* 2012, p. 47, *RTD civ.* 2011, p. 547 et ss. observations P. Jourdain, RTD com., observations B. Bouloc, p. 631 à 632, JCP G 2011 I 1658 observations I. Bon-Garcin, Revue de droits des transports 2011, com. 10, observations C. Paulin, D. 2012 p. 1440 « Chronique Droit des transports janv. – déc. 2011 » H. Kenfack.

40. *JurisData* n° 2006-033180, *Bull.* n° 6, Obsv. I. Gallmeister « Les critères de la force majeure dans la responsabilité délictuelle », D. 2006, p. 1131à 1132 – Note P. Jourdain « Force majeure : l'Assemblée plénière manque l'occasion d'une définition claire », D. 2006, p. 1577 à 1582 – P. Brun « Les mots du Droit de la responsabilité : esquisse d'abécédaire » in Mélanges en l'honneur de Philippe Le Tourneau, Paris : Dalloz, 2008, p. 123.

d'une partie de la doctrine [41]. L'exonération avait alors été justifiée par le comportement suicidaire de la victime. En matière d'accidents de la circulation, la loi du 5 juillet 1985 a défini de manière très restrictive la faute inexcusable de la victime non conductrice, à la différence des accidents du travail pour lesquels elle est conçue d'une manière démesurément extensive [42].

Pareillement, la portée de l'arrêt rendu par l'assemblée plénière de la Cour de Cassation du 30 juin 1998 [43], mettant en cause *Air France* au sujet du non embarquement d'un colis et ayant posé le principe selon lequel la faute lourde du débiteur lorsqu'elle est assimilée au dol, le prive de toute limitation ou exonération de responsabilité qu'elle soit d'origine contractuelle ou légale, dépasse largement le strict cadre du droit des transports. Ainsi que l'atteste, d'ailleurs, le visa à l'article 1150 du code civil. L'arrêt de la chambre commerciale du 12 juillet 2004 [44] relatif à un transformateur électrique endommagé lors d'un déplacement, intéresse le droit des transports comme le droit des contrats en général [45] puisqu'il est venu préciser à nouveau utilement que les clauses abréviatives de prescription continuaient de jouer, en cas de faute lourde du débiteur de l'obligation, à la différence des clauses limitatives ou exonératoires de responsabilité. L'article 34 de la loi du 8 décembre 2009 [46] a finalement rajouté au code de commerce un article L. 133-8 ayant, en substance, remplacé la faute lourde par la faute inexcusable, pour permettre au transporteur routier d'échapper aux limitations d'indemnisation.

B. La reconnaissance de systèmes de responsabilité de plein droit

Ayant comme souci la réparation intégrale du préjudice, la responsabilité civile et en particulier les fonds législatifs d'indemnisation, s'intéresse finalement assez peu au rôle précis de l'auteur du dommage [47]. Certains auteurs sont même allés jusqu'à plaider pour l'émergence, à côté du droit commun de la responsabilité, d'un droit spécial pour l'indemnisation des dommages accidentels [48]. Or le droit des

---

41. P.-H. Antonmattéi, Contribution à l'étude de la force majeure, Paris, L.G.D.J., 1992, n° 74 et s.

42. P. Brun « Les mots du droit de la responsabilité : esquisse d'abécédaire », *op. cit.*, p. 122 à 123.

43. Bull. ass. plen. n° 2, *Juris-Data* n° 1998-003050, *J CP* G 1998, II, 10146 note P. Delebecque, JCP G 1998, I, 187 Obs. G. Viney, JCP E 1999, p. 718, note I. Bon-Garcin.

44. Bull. civ. IV n° 162, D. 2004, note P. Delebecque « La prescription conventionnelle est indifférente à la faute lourde », p. 2296.

45. C. Legros « Les transports, contrats et responsabilités », chron. *in* JCP E, 2005 p. 1869 à 1870.

46. Loi n° 2009-1503 relative à l'organisation et la régulation des transports ferroviaires et portant diverses dispositions relatives au transport, J.O., 9 déc. 2009, p. 21228.

47. S. Calmes-Brunet « Les vicissitudes de la responsabilité publique : à la recherche d'une efficience », *in* Le Droit entre tradition et modernité, Mélanges à la mémoire de Patrick Courbe, Dalloz, 2012 p. 95.

48. V. notamment A. Tunc « Responsabilité civile et droit des accidents », *in* Mélanges W. Lorentz, Tübingen, JCB Mohr, 1991, p. 805 et P. Pierre, Vers un droit des accidents, contribution à l'étude du report de la responsabilité sur l'assurance privée, Thèse Rennes I, 1992.

transports reflète, justement, parfaitement le phénomène relativement récent et récurrent à toute la responsabilité civile, de multiplication des lois spéciales surprotectrices des victimes et largement indépendantes du droit commun de la responsabilité civile [49]. Qu'il s'agisse de celles visant expressément les transporteurs ou surtout de la loi du 5 juillet 1985 sur l'indemnisation des accidents de la circulation, qui transcende la distinction entre responsabilité délictuelle et contractuelle [50] et qui mériterait sans doute d'intégrer le Code Civil [51]. Cette question a d'ailleurs été débattue lors du projet de vaste réforme du droit des obligations envisagée, au milieu des années 2000, par un groupe d'universitaires, regroupés autour du Professeur Pierre CATALA. Lequel s'était prononcé en faveur de l'inclusion des dispositions de la loi de 1985 [52] et la fin de l'exclusion des accidents de chemins de fer ou de tramway [53], lorsqu'ils circulent sur des voies qui leur sont propres pour arriver à un droit commun de toutes les victimes d'accidents impliquant des véhicules terrestres [54]. On ne saurait, ainsi conclure, au sujet de la loi de 1985, à une éviction des notions ou principes du droit commun, tant ceux-ci ont vocation à s'insinuer dans tous les « *interstices* » que le droit spécial a laissé [55]. Reste qu'elle assimile pour la 1ère fois de manière aussi nette, responsabilité civile et indemnisation automatique [56]. Toujours dans le sillage de la théorie de la garantie, on peut encore mentionner la proposition de loi déposée le 7 janvier 2009 relative à la responsabilité des cyclistes et de tout usager d'un moyen de déplacement à roue ou à roulettes [57].

Quelques régimes conventionnels de responsabilité de plein droit existent d'ailleurs déjà en droit des transports. C'est, par exemple, le cas des exploitants ou entreprises de transport maritime pour le transport d'hydrocarbures avec le fonds international d'indemnisation pour les dommages dus à la pollution par les hydrocar-

49. V. entre autre P. Jourdain « Faut-il recodifier le droit de la responsabilité civile ? », *in* Mélanges en l'honneur de Pierre Jestaz, Paris, Dalloz, 2006, p. 248 et 252.

50. C. Quezel-Ambrunaz, Fiches de Droit de la responsabilité civile extracontractuelle, Paris : Ellipse, 2012, p. 143, G. Wiederkher Georges « De la loi du 5 juillet 1985 et de son caractère autonome », D. 1986, p.255 à 260.

51. P. Jourdain « Faut-il recodifier le droit de la responsabilité civile ? », *op. cit.*, p. 254.

52. G. Viney, « Exposé des motifs » *in* Rapport CATALA portant avant-projet de réforme du droit des obligations et de la prescription remis au Garde des Sceaux le 22 septembre 2005, Paris, La Documentation Française, 2005, p. 161.

53. *Cf* sur les difficultés d'application de ces dispositions T.G.I. Strasbourg 30 mars 1998 et C.A. Colmar 13 octobre 2000 avec commentaire M.-F. Steinlé-Feuerbach « Accident de tram à Strasbourg : contradiction entre TGI et Cour d'Appel », *in* JAC n° 9 décembre 2000 et Tribunal correctionnel de Nantes 21 septembre 2011 avec commentaire E. Desfougères, « Accident de tram : la station tribunal correctionnel est aussi desservie », *in* JAC n° 120 – janvier 2012.

54. *Cf Rapport Catala* , *op. cit.* p. 170.

55. P. Brun, Responsabilité civile extracontractuelle, Paris :Litec, 3ème éd., 2014, §660.

56. C. Larroumet « L'indemnisation des victimes d'accidents de la circulation : l'amalgame de la responsabilité civile et de l'indemnisation automatique », D. 1985, p. 237 et s.

57. M.-F. Steinlé-Feuerbach « Responsabilisation des cyclistes en cas d'accident avec des piétons : une proposition déposée au Sénat ou les dangers de la petite reine… », JAC, n° 92, mars 2009.

bures (FIPOL) [58]. Surtout, en matière aérienne, le nouveau régime de responsabilité, issu de la Convention de Montréal du 28 mai 1999, unique en terme de responsabilité contractuelle, avec pour les dommages inférieurs à 100.000 D.T.S., porté depuis à 113.100 D.T.S., une responsabilité absolue [59] qui confine à la garantie – y compris pour le transport domestique ou interne [60]. Plus exactement – comme le corrige, fort justement, la dédicataire [61] – il s'agit d'un système à « *double détente* » la responsabilité de plein droit ne jouant qu'en deçà de ce fameux seuil, la seule cause d'exonération subsistant alors étant la faute de la victime, au demeurant difficile à établir si l'accident est individuel. Tandis qu'au-dessus on retrouve une présomption de responsabilité. En fait, on pouvait discerner les prémisses de ce changement fondamental dès les dispositions du règlement européen du 9 octobre 1997 [62], consacré par les accords IATA. Ce texte avait même pu être perçu comme une sorte de retour au principe de droit commun de la réparation intégrale du préjudice [63]. Reste que comme le pressentait, au début, certains spécialistes, si ce système repose sur un souci légitime de protection des victimes, il n'est pas sûr qu'il débouche sur des indemnisations plus rapides que par le passé [64].

Le Centre Européen de recherche sur le Risque, le Droit des Accidents Collectifs et des Catastrophes (CERDACC), consubstantiel du droit des transports [65] se doit donc, par fidélité à son cofondateur – légitimement mis à l'honneur dans le présent ouvrage – de poursuivre sur sa lignée en s'efforçant de retranscrire et d'encourager l'ensemble des initiatives visant, d'une manière globale, à mieux indemniser toutes les victimes de dommages, au travers d'une mutation en douceur du système de responsabilité civile.

58. E. Belliard, *op. cit.*

59. L. Grard « L'obligation de sécurité et le transporteur de personnes », *in* L'obligation de sécurité, Actes du colloque de Bordeaux IV du 22 mai 2002, Presses Universitaires de Bordeaux, 2003, p. 162.

60. V. Grellière « La responsabilité du transporteur aérien interne : de Varsovie à Montréal », *in* Gazette du Palais 2 et 3 août 2006, p. 2.

61. M.-F. Steinlé-Feuerbach, « Les trajectoires de l'obligation de sécurité du transporteur aérien de personnes » (Intervention lors du séminaire « Obligation de sécurité et transport de personnes » organisé à l'I.U.T. de Mulhouse le 3 mars 2010), *in* RISEO 2010-2 p. 8 à 9 (*www.riseo.fr*).

62. Règlement (CE) n° 2027/97 du Conseil relatif à la responsabilité des transporteurs aériens en cas d'accidents (*JOCE* n° L 285-1 du 17 octobre 1997).

63. J.-P. Tosi « Le nouveau double régime de responsabilité du transporteur aérien de personnes », *in* Mélanges Michel CABRILLAC, Paris, Litec, 1999, p. 325.

64. P. Delebecque « La Convention de Montréal du 28 mai 1999 pour l'unification de certaines règles relatives au transport aérien international ou le nouveau droit du transport aérien », *in* Journal du Droit International, Clunet, 2005 p. 271.

65. E. Desfougères « Le Droit des Transports à l'épreuve des catastrophes » (Intervention lors du Colloque « Les sciences juridiques à l'épreuve des catastrophes et des accidents collectifs : retour sur 15 ans d'expérience, d'expertise et de réflexions organisé par le CERDACC à Colmar les 31 mars et 1er avril 2011), *in* RISEO, n° spécial 2011-3, p. 91 à 103 et « Retour sur une décennie de droit des accidents de transport en pleine mutation », JAC n° 100 – janvier 2010.

10

Le jeu de la jurisprudence et de la loi.

L'article 1 de la loi du 5 juillet 1985 et l'arrêt de la 2e chambre civile de la Cour de cassation du 22 mai 2014 (n°13-10561).

Georges Wiederkehr

Professeur émérite à l'Université de Strasbourg

Entre Montesquieu qui ne voulait voir dans le juge que la bouche de la loi et Alain pour qui le véritable législateur était le juge, qui a raison ? Sans doute, aussi illustres soient ces auteurs, ni l'un, ni l'autre. La vérité se trouve probablement en chemin entre leurs positions extrêmes. Mais plus près de laquelle ? L'analyse commune est aujourd'hui que, si le juge a mission de dire le droit, celle-ci consiste à appliquer la loi et à l'interpréter pour pouvoir l'appliquer aux litiges particuliers qu'il doit, ce faisant, trancher. On peut pourtant estimer que c'est là une estimation réductrice du rôle du juge dans la réalisation du droit.

En réalité, la loi, telle qu'adoptée par le Parlement, n'est jamais qu'un squelette dépourvu de vie et c'est à la jurisprudence de le garnir de chair et de l'animer. Elle va d'ailleurs parfois plus loin encore jusqu'à lui ôter ou, au contraire, rajouter quelques os. Il ne faut donc pas se fier aux mots de la loi, car ils ne prennent que le sens que leur attribue la jurisprudence, un sens que celle-ci peut d'ailleurs changer en cours d'existence de la loi. Des cinq articles du Code civil (1382 à 1386), vieux de plus de deux siècles, qui constituent le droit commun de la responsabilité, seul l'article 1384 a subi quelques retouches législatives concernant la responsabilité des père et mère ainsi que celle des instituteurs et l'introduction d'un régime particulier concernant les incendies. Pourtant qui s'en rapporterait, pour connaître le sens des dispositions non modifiées depuis 1804, à ce qu'ils énoncent littéralement ne connaîtrait rien du droit de la responsabilité et, s'il cherchait des explications dans un traité du XIXe, voire du XXe siècle, il ne connaîtrait qu'un état du droit dont presque rien ne subsiste aujourd'hui. Entre temps, la jurisprudence a changé le sens des textes.

Mais, pour saisir le rôle véritable de la jurisprudence dans la signification de la loi, nul n'est besoin de remonter à une législation aussi ancienne. La loi du 5 juillet 1985 règle aujourd'hui, dans ses six premiers articles, la situation des victimes d'accidents de la circulation. Elle suit assez bien les recommandations du Discours préliminaire au premier projet de Code civil de Portalis :

« *L'office de la loi est de fixer, par de grandes vues, les maximes générales du droit : d'établir des principes féconds en conséquences, et non de descendre dans le détail des questions qui peuvent naître sur chaque matière.*

C'est au magistrat et au jurisconsulte, pénétrés de l'esprit général des lois, à en diriger l'application ».

On devrait d'ailleurs comprendre l'article 4 du Code civil non comme ordonnant au juge de combler les lacunes de la loi, mais comme le contraignant à considérer que la loi n'est jamais ni silencieuse, ni insuffisante, ni obscure, qu'elle remplit au contraire sa fonction, mais qu'il appartient au juge de remplir la sienne. L'article 4 dispose que « Le juge qui refusera de juger, sous prétexte du silence, de l'obscurité ou de l'insuffisance de la loi, pourra être poursuivi comme coupable de déni de justice ». Or « le prétexte est la raison alléguée pour dissimuler le véritable motif d'une action » (Le Robert Brio).

Où la loi distingue naissent toujours des problèmes de qualification. Chaque régime spécial de responsabilité confronte le juge à une double difficulté : il doit se demander si le régime particulier s'applique au cas qu'il doit trancher. Dans l'affirmative, il doit rechercher quelle est la solution du litige qu'impose ce régime ? Les mots de la loi ne donnent généralement pas à eux seuls la solution. La loi ne descend pas sur les faits comme un rayon de lumière qui les illumineraient. C'est au juge d'organiser leur rencontre et de les combiner. Pour les agencer, un ajustement est toujours nécessaire. Mais, pour le réaliser, le juge ne doit pas arranger ou façonner les faits pour qu'ils correspondent à la loi. C'est donc la loi elle-même qui devra servir de variable d'ajustement. Quand le législateur en est conscient, lorsqu'il élabore la loi, et lui donne la souplesse nécessaire, le travail du juge s'en trouve facilité et il n'a pas besoin de la violenter.

Ainsi la loi de 1985 ne désigne pas directement celui dont la responsabilité doit être retenue en cas d'accident, mais la jurisprudence n'a pas eu trop de mal à le découvrir. Ainsi, la loi se réfère à la notion de faute inexcusable. L'adjectif inexcusable, qui mesure la gravité requise de la faute, laissait bien sûr une place importante à une appréciation de la jurisprudence dont dépend pourtant fortement la portée même du régime des accidents de la circulation. Si la jurisprudence a commencé dans l'incertitude, la Cour de cassation a imposé son interprétation qui a donné à la loi une inflexion sévère pour le responsable et très protectrice pour les victimes [1]. On peut penser que c'est très volontairement que le législateur avait laissé ouvertes de telles questions. Cependant cette volonté des auteurs de la loi de laisser une

1. V. les dix arrêts de principe du même jour : Cass., 2e civ., 20 juil. 1987, Bull.civ . II. n° 160.

grande marge d'interprétation aux juges est beaucoup moins certaine s'agissant d'autres notions essentielles dont le sens pouvait *a priori* paraître évident. Il n'empêche qu'elles n'ont pas manqué de solliciter l'imagination des juges confrontés à des situations complexes non envisagées par la loi Ainsi, il semblait légitime de supposer que la notion de conducteur est simple et claire : le conducteur n'est-il pas celui qui conduit ? Mais les juges ont été confrontés à une multitude de cas échappant à l'apparente simplicité du langage courant, de sorte que le sens pris par le terme dans la loi est loin de correspondre à ce qu'à première vue on pouvait croire (art. 4 loi du 5 juillet 1985).

Cette dérive du sens ordinaire de termes, qui a aussi pour conséquence de donner à la loi une portée que le législateur sans doute ne prévoyait pas, on peut plus particulièrement la mesurer en confrontant certaines dispositions de l'un des articles de la loi de 1985 et un arrêt, entre autres, de la Cour de cassation, censé en vérifier la bonne application par les juges du fond.

L'article premier de la loi dispose que « Les dispositions du présent chapitre s'appliquent, même lorsqu'elles sont transportées en vertu d'un contrat, aux victimes d'un accident de la circulation dans lequel est impliqué un véhicule terrestre à moteur ainsi que ses remorques ou semi-remorques, à l'exception des chemins de fer et des tramways circulant sur des voies qui lui sont propres ».

L'arrêt de la deuxième chambre civile du 22 mai 2014 statue à propos d'une espèce qui ne met en cause ni la question du transport en vertu d'un contrat, ni celle des remorques et pas davantage celle des chemins de fer ou des tramways circulant en site propre. Chacune de ces questions a soulevé ou pourrait soulever des difficultés : Qu'est-ce qu'un site propre ? Que se passe-t-il si le tramway ou le train croise une voie de circulation ouverte ? La remorque doit-elle être attachée à son tracteur ? A ces questions, la jurisprudence a donné des réponses. On se contentera ici de porter l'attention sur celles qui étaient soulevées devant la Cour de cassation et auxquelles elle a répondu par son arrêt du 22 mai 2014.

Ces questions sont relatives à la notion de véhicule à moteur et à celle d'accident de la circulation. Elles déterminent le domaine même de la loi de 1985. Elles ne sont bien sûr pas nouvelles. La jurisprudence a même très souvent été appelée à se prononcer à leur propos. On s'intéressera pourtant à cet arrêt parce qu'il met remarquablement en évidence les distances que la jurisprudence peut prendre, non seulement avec la lettre de la loi, mais même avec son esprit.

Deux notions, qui sont les clés de la loi, sont en cause : celle de véhicule à moteur et celle d'accident de la circulation.

I. Des deux termes qui composent la première notion, celui de moteur semble a priori ne pas devoir prêter à discussion et pas davantage à des inventions jurisprudentielles. Mais, lorsqu'il s'agit de confronter un concept, même apparemment limpide, aux innombrables faces de la réalité, il ne manque jamais de survenir quelques difficultés (B). De telles difficultés sont, encore beaucoup plus rapidement, apparues concernant le concept de véhicule. La définition du terme véhicule telle que la donnent les dictionnaires de langue française s'est révélée inadéquate car trop étroite (A).

A. Lorsque le législateur a conçu sa loi en 1985, il s'agissait d'assurer aux victimes même fautives des trop nombreux accidents de la route une réparation de leurs dommages personnels. Les conducteurs de véhicules à moteur sont en principe assurés et, à défaut, un fonds de garantie supplée leur carence. On pouvait donc les déclarer responsables, alors même que leurs véhicules n'avaient joué qu'un rôle passif dans la réalisation de l'accident. Mais, bien entendu, dans l'esprit des auteurs de la loi, les victimes à protéger spécialement étaient celles dont on fait les comptes dans les statistiques des accidents de la circulation. Le terme de véhicule pouvait donc apparaître au législateur comme répondant aux objectifs poursuivis.

Ce terme ne trouve pas de place dans les dictionnaires de vocabulaire juridique, car s'il a été emprunté au langage courant, on n'a pas voulu pour autant voulu en faire un concept juridique en lui donnant une signification propre au droit.

Or les dictionnaires de langage courant définissent, au sens matériel du terme, le véhicule comme un engin servant au transport [2] ou comme un moyen de transport par terre [3] ou routier [4]. Le Robert – Brio ajoute une définition en terme administratif : engin à roues ou à moyen de propulsion servant à transporter des personnes ou des marchandises. Toutes ces définitions s'accordent pour reconnaître que le véhicule a pour fonction caractéristique d'assurer le transport, qu'il s'agisse de biens ou de personnes. Et le verbe véhiculer confirme ces définitions.

Mais l'arrêt du 22 mai 2014 ne reste pas dans les limites de ces définitions, approuvant les juges du fond d'avoir retenu qu'une tondeuse à gazon, certes « autoportée » et pourvue d'un siège pour le conducteur ainsi que d'un volant, constitue un véhicule à moteur au sens de la loi de 1985. La solution n'est pas nouvelle, puisqu'un précédent arrêt de la même chambre [5] l'avait déjà adoptée, en observant qu'une tondeuse de ce type était assujettie à l'obligation d'assurance automobile.

L'on peut comprendre et même approuver la solution. Si la jurisprudence avait adopté une conception stricte de la notion de véhicule à moteur, la détermination des accidents relevant de la loi et de ceux relevant du droit commun aurait abouti à des conséquences arbitraires.

D'abord, la notion de transport peut elle-même prêter à interprétation : un chariot élévateur peut-il être qualifié d'engin de transport ? Ensuite certains engins, tels que les tracteurs agricoles ont plusieurs fonctions dont celle de transport. D'autres, tels que des moissonneuses ou encore des engins de chantier, n'ont pas pour fonction

2. Le Robert, Dictionnaire historique de la langue française.

3. Larousse encyclopédique.

4. Dictionnaire de langue française, Le Robert-Brio.

5. Cass., 2e civ., 24 juin 2004, Bull.civ. n° 308.

principale le transport, mais peuvent accessoirement l'assurer. Fallait-il ou non les considérer comme des véhicules ? La réponse affirmative s'est évidemment imposée, puisque les accidents dans lesquels ils peuvent être impliqués sont de la même nature que ceux dans lesquels sont impliqués des véhicules au sens strict du terme. Pour la même raison, il a fallu étendre la notion de véhicule à des engins sans la moindre vocation de transport, tels que les engins de damage des pistes de ski [6], ou encore les balayeuses [7] et donc aussi aux tondeuses «auto-portées ».

Quels sont alors les éléments nécessaires pour qu'un engin soit considéré comme un véhicule par la jurisprudence. En relevant que la tondeuse était pourvue d'un siège sur lequel s'assoit le conducteur et d'un volant, l'arrêt du 22 mai 2014 donne certaines indications qui semblent conformes aux éléments le plus souvent retenus par les juges du fond. Sans doute n'est-il pas absolument nécessaire que le conducteur puisse s'asseoir sur un siège [8]. En revanche, n'est considéré comme véhicule que l'engin dont la fonction de déplacement normal nécessite la présence d'un conducteur à bord, assis ou debout, voire couché, dans ou sur l'engin. Ne serait donc pas véhicule à moteur l'engin qui se conduit de l'extérieur en étant, par exemple, radioguidé ou manipulé par un manche [9]. La solution est cependant loin d'être certaine. De toute façon, il est improbable qu'elle puisse perdurer, alors que les essais de voitures sans conducteur se multiplient. On peut d'ailleurs s'étonner de cette exigence d'une place pour le conducteur dans ou sur l'engin pour que celui-ci puisse être qualifié de véhicule, alors que la loi s'applique que l'engin ait effectivement ou non un conducteur à bord lors de l'accident. En réalité, on peut penser que la jurisprudence n'entend pas ériger en véritables critères les éléments qu'elle énumère dans ses arrêts au soutien de la qualification de véhicule, mais qu'elle recherche seulement dans chaque espèce les indices suffisant à justifier la décision. Ainsi l'arrêt du 22 mai 2014 approuve certes les juges du fond d'avoir qualifié la tondeuse de véhicule, sans pour autant vraiment affirmer que les éléments relevés par eux constituent des conditions de la qualification.

Même si l'arrêt du 22 mai 2014 n'évoque pas l'obligation d'assurance, celle-ci était relevée comme un élément significatif par l'arrêt de la même chambre du 24 juin 2004 qui avait déjà reconnu la qualité de véhicule à une tondeuse « auto-portée », dotée de quatre roues et d'un siège, et, comme telle, assujettie à l'assurance automobile obligatoire. Et l'obligation d'assurance est souvent relevée par la jurisprudence en faveur de la qualification de véhicule. Mais, dans l'affaire de la trottinette thermique, celle-ci a pu être qualifiée de véhicule, selon la Cour de cassation, quoique non homologuée et non soumise à assurance obligatoire, puisqu'elle ne devait pas circuler sur la voie publique. En revanche, la Cour de cassation a pu

6. CA Grenoble, 9 févr. 1987, D 1987.245, note Chabas.

7. Cass., 2e civ., 24 avr. 2003, Bull.civ. II n° 104.

8. Cass.2e civ., 17 mars 2011, n° 10-14.938 : une trottinette thermique est un véhicule terrestre à moteur.

9. Dameuse à moteur, mais sans roues et manipulé par le manche, Cass.2e civ., 20 mars 1996,Bull.civ. II., n° 67.

s'appuyer sur la non-soumission à l'obligation d'assurance pour décider qu'une voiture miniature, « assimilable à un jouet » ne constituait pas un véhicule au sens de la loi [10]. La Cour de Paris est allé plus loin encore, en déclarant qu'un « quad », véhicule de manège, moto à quatre roues assimilable à un jouet, n'était pas un véhicule au sens de la loi [11]. On peut certes comprendre, sinon approuver, les juges qui estiment que le domaine de la loi de 1985 et le lourd poids de responsabilité qu'elle fait peser sur une personne qui, non seulement, peut ne pas être fautive, mais dont le véhicule a pu ne jouer qu'un rôle passif dans la réalisation de l'accident, doivent être limités aux cas où l'engin impliqué est soumis à assurance obligatoire. Après tout, l'inapplicabilité de la loi de 1985 n'entraîne pas l'absence de responsabilité, lorsque l'engin a été la cause de l'accident, autrement dit, lorsqu'il a joué un rôle instrumental dans sa réalisation, car le cas relèvera alors de l'article 1384, alinéa 1, du Code civil (ou d'une éventuelle responsabilité contractuelle). Mais l'idée que l'accident puisse échapper à l'application de la loi de 1985, sous prétexte que l'engin impliqué est assimilable à un jouet paraît beaucoup moins défendable. Certes le jouet est généralement défini comme un objet dont les enfants se servent pour jouer. On peut alors se dire que les juges veulent éviter de faire peser une trop lourde responsabilité sur eux, encore que la responsabilité des parents puisse prendre le relais. Mais jusqu'à quel âge est-on un enfant ? Et peut-on vraiment croire que les adultes n'ont pas eux aussi leurs objets pour jouer ? Et la notion de jouet doit-elle être ou non limitée à des objets spécialement conçus pour le jeu ou étendue à tous ceux utilisés pour des jeux ? Le « quad » qui, pour la cour de Paris, était assimilable à un jouet, était-il vraiment destiné à l'usage exclusif des enfants ? Et quid des autos tamponneuses des manèges forains ? Toutes ces questions montrent que l'exclusion des jouets du domaine de la loi de 1985 ne peut conduire qu'à de nouveaux et insolubles problèmes de qualification et, du point de vue des victimes d'un accident de la circulation, est-t-il vraiment défendable que l'engin impliqué, moyen de déplacement doté des caractéristiques du véhicule à moteur tels que reconnues habituellement par la jurisprudence, ne relève cependant pas la loi de 1985, au motif qu'il est un jouet ou peut y être assimilé?

Encore ne faut-il pas trop critiquer des juges, confrontés à des situations non prévues par le législateur, de tâtonner parfois à la recherche de la moins mauvaise solution. Il s'agit, en réalité, pour eux beaucoup moins de découvrir le sens véritable de la loi que de lui donner un sens qui se prête aux solutions les plus pertinentes à leurs yeux. Et, de ce point de vue, on doit souligner l'importance de l'existence ou non d'une obligation légale d'assurance. Même, lorsqu'une décision ne fait pas expressément mention de cet indice, il semble néanmoins être tacitement pris en compte. La loi de 1985, dans ses articles 1 à 6, n'y fait pourtant pas la moindre allusion. Mais le pire eût sans doute été que le législateur ait cherché, lui-même, à prévoir toutes les éventualités et à donner par avance une réponse à toutes les questions

10. Cass., 2e civ., 4 mars 1998, Bull.civ.II, n°308.

11. Paris, 28 juin 2002, Juris-Data n°167811.

susceptibles de se poser, car, raisonnant dans l'abstrait, il aurait érigé un système figé, inadapté aux réalités.

Si la jurisprudence a élargi, par rapport au sens commun, la notion de véhicule, en essayant de poser quelques limites, on ne peut pas lui reprocher de s'être égarée, ses solutions restant généralement raisonnables. Elle a encore moins eu besoin de faire preuve d'imagination à propos de la notion de moteur et a, en ce qui concerne celle-ci, pu s'en tenir aux définitions courantes.

B. Mais même à propos d'un concept, aussi dépourvu apparemment de toute ambiguïté, des problèmes d'interprétation peuvent se poser : qu'en est-il des moteurs d'appoint ? Une bicyclette à assistance électrique doit-elle être qualifiée de véhicule à moteur ? Véhicule certainement, mais ... à moteur ? La source d'énergie qui permet le déplacement de l'engin doit-elle être stockée dans l'engin lui-même, ce qui donnerait une explication à la solution selon laquelle les autos tamponneuses ne relèvent pas de la loi de 1985, mais aurait aussi du aboutir à en exclure les trolleybus ?

Pour l'heure, la jurisprudence n'a eu à résoudre qu'un problème a priori facile et dont la réponse ne pouvait faire de doute. Un engin, bien que pourvu d'un moteur, ne peut à l'évidence pas être considéré comme un véhicule à moteur, si son moteur n'a pas pour fonction le déplacement, mais a une fonction d'outil. C'est pourquoi la Cour de cassation, dans son arrêt du 22 mai 2014, a pris soin de souligner que, dans l'espèce dont elle a eu à connaître, c'est la fonction « déplacement » qui était en cause et non la fonction « outil ».

Si, au moment de l'accident, le véhicule était en mouvement, la fonction « déplacement » est nécessairement en cause [12], sans même qu'il importe que le moteur soit en marche ou non. C'est le déplacement qui importe alors, plus que le moteur. La question se complique lorsque le véhicule impliqué est à l'arrêt. C'est alors qu'il s'agit, selon la jurisprudence, de déterminer si l'engin est impliqué par sa fonction « outil », donc non en tant que véhicule à moteur. On voit que la conception extensive du terme de véhicule, adoptée par la jurisprudence, l'a conduite à décider que, selon la façon dont l'engin est impliqué, il est ou non un véhicule à moteur. Le critère ne peut cependant être la fonction du moteur. Celui-ci peut, en effet, avoir une double fonction, à la fois de déplacement et d'outil. N'en est-il pas ainsi de la tondeuse « auto-portée » ? Et l'accident peut s'être produit sans que le moteur y ait la moindre part. Tout dépend alors du sens que donne la jurisprudence à la notion d'accident de la circulation.

II. Si, dans l'interprétation qu'elle a donnée de la notion de véhicule à moteur, la jurisprudence a fait preuve d'une audace raisonnée et toute relative, sa conception de ce qui peut être qualifié d'accident de la circulation est beaucoup plus débridée.

12. V., par exemple, Civ.2e, 17 déc. 1997, Bull. civ. II, n° 314.

Pour celui qui connaîtrait la loi, tout en ignorant la jurisprudence à laquelle elle a donné lieu, la surprise serait grande de découvrir ce que l'arrêt du 22 mai 2014 a affirmé être un accident de la circulation. La Cour de cassation admet que « la Cour d'appel a déduit à bon droit que l'incendie provoqué par ce véhicule en stationnement constituait un accident de la circulation, au sens de l'article premier de la loi du 5 juillet 1985, peu important qu'il se soit produit dans un garage privé individuel ». Voici donc une tondeuse « auto-portée », qui provoque, à l'intérieur du garage individuel privé où elle est rangée, un incendie causé par les vapeurs d'essence dues à une fuite du carburant destiné à alimenter et à faire fonctionner le moteur. Certes il n'est pas discutable qu'il s'agisse là d'un accident, mais la qualification qui lui a été donnée d'accident de la circulation ne peut paraître que totalement incongrue à un esprit non préparé qui ne manquera pas de penser que les juristes manquent du bon sens commun.

La question est donc de savoir comment la jurisprudence en est venue à adopter une conception aussi inattendue de l'accident de la circulation et aussi éloignée du sens commun.

Ce n'est certes pas le concept d'accident (A) qui fait problème, mais bien celui de circulation (B).

A. L'incendie provoqué par les émanations de vapeur d'essence mérite incontestablement la qualification d'accident, sans qu'il soit besoin de donner à ce terme une signification juridique particulière. La jurisprudence ne refuse cette qualification qu'à l'évènement dommageable volontairement commis par son auteur. En cela aussi, elle ne fait que respecter le sens commun. Encore faut-il que la solution soit assortie d'une présomption selon laquelle, lorsque la cause en est restée indéterminée, l'évènement dommageable est un accident. Lorsqu'il est établi que l'évènement dommageable a été volontairement commis et que l'auteur en est un tiers, c'est-à-dire quelqu'un qui n'était ni le conducteur, ni le gardien du véhicule impliqué, la solution a l'avantage de permettre au conducteur et au gardien d'échapper à l'application de la loi de 1985 et il est plus que probable qu'ils n'encourront pas davantage de responsabilité sur le fondement de l'article 1384, alinéa 1, car le fait du tiers, selon toute vraisemblance, imprévisible et irrésistible, sera retenu comme la seule véritable cause du dommage. En revanche, l'utilité de ne pas considérer l'évènement volontaire comme un accident sera moins évidente, lorsque son auteur aura causé le dommage avec le véhicule dont il aura pris de manière illicite la possession, en devenant ainsi le conducteur et le gardien : sa responsabilité civile pourra alors être engagée indifféremment sur le fondement des articles 1382 et 1383 ou sur celui de l'article 1384, alinéa1. Mais elle eût été la même, sous l'empire de la loi de 1985, si celle-ci avait été applicable. Et, bien entendu, il en va de même si c'est le conducteur ou le gardien légitime qui est l'auteur volontaire de l'évènement dommageable.

Au demeurant peu importe : on peut quand même en inférer que la jurisprudence ne prend de libertés avec les termes de la loi et leur sens que lorsque cela lui paraît nécessaire pour aboutir à des solutions convenables. Il en est ainsi, lorsque, dans un cas qui, sans être tout à fait celui prévu par la loi, les circonstances qui le rapprochent de ce dernier sont telles qu'il paraîtrait injuste qu'il soit soumis à d'autres règles. Mais, de cas voisins en cas voisins, un engrenage se forme et l'on s'éloigne de plus en plus des prévisions de la loi. Ce qu'il est ainsi advenu de la signification du terme « circulation » en est une remarquable illustration.

B. « Circulez, il n'y a rien à voir ! », dit le policier aux badauds qui s'attroupent sur la scène d'un accident. Il leurs intime ainsi de ne pas rester en place, mais de se mettre en mouvement pour dégager les lieux. La circulation implique le mouvement et, plus précisément, le déplacement.

Au sens commun avéré par tous les dictionnaires de langue française, la circulation est d'abord le « mouvement de ce qui est soumis à une marche circulaire ou à une marche continue et successivement renouvelée » (Larousse, Dictionnaire de la langue française, Lexis) et, ensuite, plus usuellement en ce qui concerne les véhicules à moteur, le fait ou la possibilité d'aller et de venir, de se déplacer en utilisant les voies de communication.

Cependant la jurisprudence a bien dû admettre qu'un véhicule arrêté peut être pris dans la circulation et impliqué dans un accident. Il suffit d'imaginer une voiture à l'arrêt à un croisement, attendant que le feu passe du rouge au vert, que heurte, venu de l'arrière, un cycliste inattentif. Il s'agit, en effet, alors incontestablement d'un accident de la circulation.

Doit-il en être autrement si la voiture était régulièrement stationnée sur un emplacement prévu à cet effet le long de la rue au bord d'un trottoir ? Répondre négativement à cette question aurait conduit à confondre implication et causalité au sens pris par celle-ci dans les autres régimes de responsabilité et donc à priver la loi d'une de son principal intérêt. Un véhicule étant impliqué, lorsque, sans sa présence, le même accident ne se serait pas produit, la voiture heurtée par un cycliste, voire par un piéton inattentif, remplit bien cette condition et il en sera encore de même, si le cycliste, ayant évité la voiture, ne l'a fait qu'au prix d'un écart qui a entraîné sa chute ou l'a conduit à heurter un autre obstacle. La qualification d'accident de la circulation reconnue par la jurisprudence à de tels évènements ne heurte d'ailleurs nullement les définitions du langage courant. Elle devient déjà moins évidente, lorsque le véhicule en stationnement a pris feu de lui-même, causant des dommages aux alentours. Mais déclarer la loi de 1985 inapplicable à un tel accident aurait eu pour conséquence de soumettre ce dernier au régime de la communication d'incendie de l'alinéa 2 de l'article 1384, c'est-à-dire à un régime de responsabilité fondée sur la preuve d'une faute. On aurait ainsi passé d'un extrême à l'autre : d'une responsabilité quasi automatique à une responsabilité difficile à établir. Or, du point de vue des victimes de l'incendie, le résultat pour eux étant le même, il eût été sans raison de distinguer selon que le véhicule a pris feu à la suite d'un heurt, auquel cas la loi de 1985 est sans conteste applicable, ou de manière spontanée. Et, même, du point de vue de l'éventuel responsable, il eût été absurde de le soumettre à un régime de responsabilité très favorable pour lui, lorsque le véhicule a joué un rôle instrumental dans l'accident et à un régime bien plus sévère, lorsque son véhicule n'a eu qu'un rôle passif.

Encore pouvait-on *a priori* supposer que l'évènement pour relever de la loi de 1985 doit s'être produit sur une voie ouverte à la circulation. Mais, bien entendu, il fallait de toute évidence y assimiler les couloirs de la rue réservés au stationnement des voitures, d'autant que ces couloirs font bien partie des voies de circulation et que le stationnement ou la sortie du stationnement nécessite (pour l'heure encore !) qu'un conducteur manœuvre pour y placer ou en déplacer son véhicule. Pouvait-on alors adopter une autre solution lorsque le stationnement se fait sur un parking public ? Les manœuvres nécessaires restent les mêmes que le stationnement ait lieu en surface, dans des sous-sols ou dans les étages d'un immeuble-parking.

Une voie ouverte à la circulation n'est pas toujours une voie publique. Mais, même si elle est privée, c'est bien le même type d'accidents qui s'y produit. Pourquoi le même régime de responsabilité ne s'appliquerait-il pas ? Et puis faut-il vraiment que l'accident dans lequel est impliqué un véhicule à moteur se soit produit sur un chemin, une rue ou une route ? Un tracteur est impliqué dans un accident ? Pourquoi ferait-on une différence selon que l'accident s'est produit en plein champ ou sur le chemin qui y mène ?

La jurisprudence, tout naturellement, en est venue à considérer que le lieu où l'évènement dans lequel est impliqué un véhicule à moteur importe peu. L'accident a pu se produire sur une vraie voie de circulation ou dans tout autre lieu où le véhicule a pu circuler, un parking, un champ, une cour privée, un garage privé, même réservé au seul véhicule impliqué. Et, comme il n'est pas exigé que le véhicule impliqué soit en mouvement et qu'il n'en sera pas moins impliqué s'il est immobile, sans qu'il importe davantage que son moteur soit en marche ou à l'arrêt, l'accident provoqué par le véhicule stationnée ou entreposé en un tel lieu relève de la loi de 1985: il en résulte que l'incendie provoquée par la fuite du réservoir à essence d'une tondeuse à gazon « auto-portée », et comme telle considérée comme un véhicule à moteur, est qualifié d'accident de la circulation et soumis à la loi de 1985, même si l'engin est, au moment des faits, remisé dans un garage privé et particulier.

Devant cette conception extraordinairement extensive de l'accident de la circulation, doit-on être surpris d'une limite posée par la jurisprudence ? Celle-ci décide que, lorsque l'accident de voitures ou de motocyclettes survient en compétition ou à l'entraînement, sur circuit fermé, la loi ne s'applique pas entre concurrents [13]. La solution pourrait à première vue paraître d'autant plus étrange que la loi de 1985 s'applique au contraire, lorsque les victimes sont des spectateurs et non des concurrents, de sorte que le même évènement pourra en même temps être et ne pas être un accident de la circulation. On pourrait certes chercher une explication dans l'article L.321-3-1 du Code du sport (même si le texte de cet article est postérieur à la jurisprudence citée, puisqu'il date d'une loi du 12 mars 2012). Mais ce texte n'écarte que l'application de l'article 1384, alinéa 1, du Code civil, et encore seulement pour le cas où le pratiquant d'un sport a causé des dommages matériels à un autre pratiquant. On pourrait alors se fonder sur le fait que, dans certaines compétitions automobiles,

13. Cass.2e civ., 19 juin 2003, Bull. II. n°197 ; 2e civ., 4 janv. 2006, Bull. II., n°1.

les accrochages font partie des faits quasi normaux de la course et que leur appliquer la loi de 1985 seraient contraires à leur nature et à leur esprit. Mais n'est-ce pas une manière de renvoyer à la notion d'acceptation des risques. Celle-ci n'a jamais eu sa place dans le régime de la loi de 1985, mais était prise en compte sous l'empire de l'article 1384, alinéa 1. Or, en écartant l'application de la loi de 1985, la jurisprudence renvoie de tels accidents à la compétence de l'article 1384, alinéa 1. C'est ainsi que ce dernier texte a été appliqué par un arrêt de la deuxième chambre civile du 4 novembre 2010 [14] au heurt de deux motocyclettes pilotées par des compétiteurs à l'entraînement sur circuit fermé. Mais, à cette occasion, la Cour de cassation a affirmé que le gardien de la chose, instrument du dommage, ne peut pas opposer l'acceptation du risque à la victime. Si la théorie de l'acceptation du risque est condamnée par la jurisprudence, l'intérêt de faire échapper les compétiteurs à la loi de 1985 devient illusoire. Peut-être la jurisprudence reviendra-t-elle en la matière sur l'exclusion de la loi de 1985. Mais le changement n'aurait pas de grandes conséquences, la victime étant dans ce type d'accidents elle-même conducteur, de sorte que sa situation et celle du responsable ne seront guère différentes que l'on applique la loi de 1985 ou que l'on continue d'appliquer l'article 1384, alinéa 1, du Code civil, tout en refusant la notion d'acceptation des risques.

Si, sur quelques points à la fois particuliers et secondaires, on peut émettre des réserves sur l'état actuel de la jurisprudence relative à l'article 1 de la loi du 5 juillet 1985, on doit cependant reconnaître que, malgré les apparences, elle a, dans l'ensemble, le mérite de la cohérence et que les distances qu'elle a prises avec la lettre de la loi sont justifiées. On reconnaîtra aussi à la loi le mérite de n'être pas être trop entrée dans les détails, permettant ainsi à la jurisprudence de construire, en fonction des cas qui se sont présentés à elle, un système raisonnable qui a conduit au succès de la loi.

On peut en tirer deux leçons. La première est que le législateur doit s'abstenir de chercher lui-même à répondre à toutes les situations. Il ne peut de toute façon les prévoir toutes et, en cherchant cependant à le faire il ne parvient qu'à construire des régimes complexes qui enferment les juges dans les étroites limites de dispositions trop catégoriques, insusceptibles d'interprétation, et dont ils ne pourraient se sortir qu'en les violant, à moins que, grâce à une rédaction maladroite, elles soient si obscures qu'elles n'aient par elles-mêmes aucun sens et que les juges en soient réduits à la divination. Ainsi, par exemple, peut-on regretter que les articles 1384-1 à 1384-18 oscillent entre ces deux extrêmes. La deuxième leçon est que, si l'utilité de la loi du 5 juillet 1985 et celle d'un régime de responsabilité propre aux accidents de la circulation ne laisse guère place au doute, la multiplication de régimes différents ne peut qu'aboutir à créer des problèmes de qualification qui finiront par être insolubles. Soit on aboutira à des chevauchements entre les domaines des différents régimes, soit on devra accepter des délimitations arbitraires. On ne peut donc qu'inviter le législateur à refréner son ardeur à produire des textes inutiles.

---

14. Cass.2e civ., 4 novembre 2010, Bull. II. n° 176.

(Les décisions citées sont répertoriées, avec des références plus complètes, dans les notes sous les articles de la loi du 5 juillet 1985, dans l'édition 2015 du Code civil Dalloz. Dans ces notes, on trouvera également des illustrations des différents points évoqués dans le présent article).

11

Pour une réforme du droit de la responsabilité nucléaire

Jonas Knetsch

Agrégé des Facultés de droit. Professeur à l'Université de La Réunion

Résumé

Essentiellement d'origine supranationale, les règles françaises régissant la responsabilité nucléaire se caractérisent par un particularisme fort au sein du droit de la responsabilité civile. L'existence d'un plafond de responsabilité et la canalisation du devoir de réparation sur l'exploitant limitent fortement les droits des victimes et instituent un partage inégalitaire du coût d'un accident nucléaire. Devant l'obsolescence de ces singularités, il est impératif de mieux répartir la charge indemnitaire entre les acteurs principaux de la filière nucléaire (exploitants, assureurs et État) et de responsabiliser davantage les autres acteurs associés à l'exploitation civile de l'énergie nucléaire (sous-traitants, constructeurs et fournisseurs). S'inspirant de législations étrangères récentes, l'étude cherche à démontrer les avantages d'un rapprochement du droit de la responsabilité nucléaire et du droit commun.

Avec son parc de 58 réacteurs nucléaires d'une puissance électronucléaire totale de 425 térawatt-heures produits par an, la France détient le record du pays le plus nucléarisé en Europe [1]. Dans le même temps, l'exploitation intensive de l'énergie nucléaire fait de la France un pays particulièrement exposé aux incidents liés à la libération, massive ou non, de substances radioactives. Il n'est pas besoin d'imaginer une catastrophe aussi apocalyptique que celles de Fukushima-Daiichi en 2008 ou de

1. INTERNATIONAL ENERGY AGENCY, Key World Energy Statistics 2014, OECD/IEA, Paris, 2014, p. 17. À en juger par le pourcentage d'électricité d'origine nucléaire produite en France (74,8 %), la France se hisse même au premier rang des pays les plus nucléarisés du monde.

Tchernobyl en 1986 pour justifier l'existence d'une réglementation spécifique à cette source d'énergie particulière, réglementation qui peut garantir que son exploitation tant civile que militaire se déroule dans des conditions qui assurent un équilibre entre les intérêts de l'industrie nucléaire, de l'État et de la société civile [2].

Au sein du droit de l'énergie nucléaire, un rôle particulier revient aux règles qui régissent la responsabilité de l'exploitant d'une installation nucléaire en cas d'accident [3]. Plus proche du droit civil que les règles qui gouvernent l'implantation et l'exploitation du réacteur, le droit de la responsabilité nucléaire est marqué d'un important particularisme au regard de la théorie générale de la responsabilité et même des autres régimes spéciaux. Mis en place progressivement dès les années 1960, ce régime spécifique se veut une réponse adaptée aux risques inhérents à la radioactivité qui font de l'industrie nucléaire une activité particulièrement dangereuse. En effet, l'ampleur des dégâts causés par la catastrophe de Fukushima et le coût de leur réparation, estimé à 187 milliards d'euros, ont remis au jour le potentiel dévastateur des accidents nucléaires [4].

Comptant parmi les accidents collectifs les plus graves, les catastrophes nucléaires ont tout naturellement suscité l'intérêt du Centre européen de recherche sur le Risque, le Droit des Accidents Collectifs et des Catastrophes (CERDACC) [5] dirigé, depuis 2006, par la dédicataire de ces lignes. Œuvrant pour la reconnaissance de la situation particulière des victimes d'accidents collectifs, Marie-France Steinlé-Feuerbach a contribué, par ses travaux, à une meilleure connaissance des méca-

2. Sur le droit nucléaire dans son ensemble, cf. Ph. Brun/L. Clerc-Renaud, *v°* Énergie nucléaire, Rép. civ. Dalloz (2009) et C. Stoiber *et al.*, Manuel de droit nucléaire, AIEA, Vienne, 2006. Parmi la littérature plus ancienne, on peut signaler H. Pac, *Droit et politiques nucléaires*, PUF, Paris, 1994 et J.-M. RAINAUD, *Le droit nucléaire*, PUF, Paris, 1994. Sur des questions plus spécifiques, cf. O. Guézou ET S. Manson (sous la dir.), Droit public et nucléaire, Bruylant, Bruxelles, 2013 ainsi que les actes d'un cycle de journées d'études J.-M. Pontier/E. Roux (sous la dir.), Droit nucléaire : le contentieux du nucléaire, PUAM, Aix-en-Provence, 2011 ; Droit nucléaire : la sûreté nucléaire, PUAM, Aix-en-Provence, 2012 et Droit nucléaire : démocratie et nucléaire, PUAM, Aix-en-Provence, 2013.

3. Sur la responsabilité civile du fait de l'exploitation d'une installation nucléaire, cf. S. GAllage-Alwis/P. Faron, « Le point sur la responsabilité en cas d'accident nucléaire », Dr. envir. 2013 (n° 212), p. 197 ; J.-M. Pontier, « La responsabilité du fait du nucléaire », *in*, J.-M. Pontier/E. Roux (sous la dir.), Droit nucléaire : le contentieux du nucléaire, *op. cit.* (note 2), p. 117 ; Ph. Brun/L. Clerc-Renaud, *v°* Énergie nucléaire, Rép. civ. Dalloz (2009), nos 90 et s. ; M.-B. Lahorgue, « Vingt ans après Tchernobyl : un nouveau régime international de responsabilité civile Nucléaire », JDI 2007, étude 2 et C. Stoiber *et al.*, Manuel de droit nucléaire, *op. cit.* (note 2), p. 117 et s.

4. En réaction à cette catastrophe, certains pays ont décidé d'arrêter la construction de nouvelles installations nucléaires, de ne pas allonger la durée de vie des réacteurs en activité ou d'en arrêter à terme l'exploitation (ex : Belgique, Allemagne), voire de stopper tout programme nucléaire (ex : Italie). Pour une analyse des réactions politiques à l'accident nucléaire de Fukushima, cf. M. Schneider/A. Froggatt/S. Thomas, *Nuclear* Power in a Post-Fukushima World, Worldwatch Institute, Paris/Berlin/ Washington, 2011, p. 41 et s. (téléchargeable sur http://www.worldwatch.org/system/files/pdf/ WorldNuclearIndustryStatusReport2011_ FINAL.pdf).

5. *Cf* récemment le numéro 1/2014 de la revue Riseo consacré au démantèlement des installations nucléaires (http://www.riseo.fr/IMG/pdf/riseo_ 1_2014.pdf) ainsi que la chronique « Le nucléaire au jour le jour » qui paraît régulièrement dans le Journal des Accidents et des Catastrophes (JAC).

nismes juridiques qui sont utilisés pour répondre à ces événements. La présente étude nous permet d'exprimer notre reconnaissance pour les nombreux colloques, tables rondes et journées d'études organisés sous sa direction qui ont été le cadre de très stimulantes discussions autour du « *droit des accidents collectifs* ».

Par ces lignes, nous souhaitons contribuer à une analyse critique des règles de responsabilité civile du fait de l'exploitation d'une installation nucléaire, tout en y apportant une perspective comparatiste. Ces réflexions sont également destinées à sortir de l'ombre un régime spécial de responsabilité dont l'étude semble avoir connu, au cours des dernières années, un certain désintérêt de la doctrine universitaire française [6]. Bien que la responsabilité nucléaire ait suscité une importante production scientifique, celle-ci émane essentiellement de professionnels du secteur nucléaire [7], et ce alors que l'actualité européenne inviterait à prendre du recul pour examiner l'avenir de la réglementation actuelle. En effet, la Commission européenne, préoccupée par la diversité des régimes en vigueur dans les États membres, a lancé, en 2013, une vaste consultation au sein de l'Union afin de préparer une éventuelle harmonisation du cadre législatif de « *l'assurance et de l'indemnisation des dommages causés par des accidents survenus dans des centrales nucléaires* » [8].

À la différence d'autres régimes de responsabilité d'origine supranationale, la responsabilité nucléaire est régie par plusieurs séries de conventions internationales auxquelles s'ajoutent des réglementations adoptées par chaque État partie. C'est précisément la difficile interaction entre ces corps de règles nationales et internationales et la coexistence de deux systèmes internationaux distincts qui expliquent pourquoi la Commission européenne envisage d'harmoniser le droit de la responsabilité nucléaire. Souhaitant rompre avec une complexité qui est surtout le résultat de l'histoire de l'Europe [9], les autorités européennes ont pris conscience, en effet, des

---

6. Les études parues pendant les années 1960 au sujet de la responsabilité nucléaire témoignent d'un intérêt doctrinal accru pour le droit nucléaire à cette époque. Cf. A. Albonetti/W. Belser *et al.*, Droit nucléaire européen, PUF, Paris, 1968 (spéc. p. 3 à 154) ; H. Puget (sous la dir.), Aspects du droit de l'énergie atomique, t. 1 : Responsabilité, assurance, transport, éd. CNRS, Paris, 1965 ; J.-P. Piérard, Responsabilité civile Énergie atomique et droit comparé, Bruylant, Bruxelles, 1963 ; M.-C. Camier, Responsabilité et assurance du risque atomique dans les droits européens, th. Dijon, éd. CFDC, Paris, 1959 et, parmi les études, J. Hébert, « La responsabilité dans le domaine de l'énergie nucléaire », JCP G 1966, I, 1979 et « La loi n° 68-943 du 30 octobre 1968, relative à la responsabilité civile dans le domaine de l'énergie nucléaire », JCP G 1969, I, 2232 ainsi que M. Prelle, « Responsabilité du risque atomique : la loi du 30 octobre 1968 », Gaz. Pal. 1968, 2, doctr. p. 230.

7. *Le Bulletin de droit nucléaire* dont les articles sont systématiquement publiés en langues anglaise et française, est une revue particulièrement riche pour qui veut accéder à l'actualité de la matière. La version intégrale de l'ensemble des numéros parus depuis 1968 ainsi qu'un index thématique des numéros 1 à 86 sont accessibles sur le site de l'OCDE (https://www.oecd-nea.org/law/nlbfr/).

8. La consultation a eu lieu du 30 juillet au 22 octobre 2013. Au moment de la rédaction de cette étude, les résultats de l'enquête n'étaient pas encore publiés (http://ec.europa.eu/energy/nuclear/consultations/20130718_powerplants_en.htm).

9. *Cf infra* n° 0.

conséquences économiques d'une diversité législative au sein des États membres qui ont ratifié les textes internationaux [10].

Élaborée sous l'égide de l'OCDE, la Convention de Paris du 29 juillet 1960 sur la responsabilité civile dans le domaine de l'énergie nucléaire [11] a été signée et ratifiée par 13 des 28 États membres de l'Union européenne (dont la France), auxquels s'ajoutent le Luxembourg et l'Autriche qui en sont signataires sans pour autant l'avoir ratifiée [12]. Complétée par la Convention de Bruxelles du 31 janvier 1963 [13] et amendée par trois protocoles additionnels dont le dernier, en date du 12 février 2004, n'est pas encore entré en vigueur, elle prévoit un système de responsabilité à triple détente [14]. Un accident nucléaire déclenche, tout d'abord, la responsabilité individuelle, objective et exclusive de l'exploitant de l'installation jusqu'à un plafond de 15 millions de droits de tirage spéciaux (DTS) [15]. Si ce plafond est insuffisant pour couvrir l'intégralité des dommages causés, l'État du lieu de l'installation est, ensuite, tenu de relayer l'exploitant et d'indemniser les victimes jusqu'à un deuxième plafond de 175 millions de DTS [16]. Enfin, si ce montant n'est toujours pas suffisant, tous les États ayant ratifié les conventions de Paris et de Bruxelles sont responsables conjointement jusqu'à un montant total de 300 millions de DTS, selon une clé de répartition qui tient notamment compte de leur puissance thermonucléaire respective [17].

Si les Conventions de Paris et de Bruxelles sont entrées en vigueur sous l'impulsion des Communautés européennes et de leurs États fondateurs, elles n'ont cependant jamais été adoptées par les États d'Europe de l'Est, aujourd'hui membres de l'Union européenne. Pendant la guerre froide, ceux-ci avaient trouvé dans l'Agence internationale de l'énergie atomique (AIEA) un cadre alternatif à l'ocde pour élaborer une réglementation concurrente aux Conventions de Paris et de Bruxelles : la Convention de Vienne relative à la responsabilité civile en matière de

10. Ainsi, pour la Commission, « *not only victims won't probably be treated equally, since not all of them will receive compensation for the same heads of damage; but also competition conditions of the operators in different MS could be distorted, since the amounts for which they might be held liable significantly varies from MS to MS* » (site internet indiqué *supra* note 8).

11. La Convention de Paris est entrée en vigueur en France le 1er avril 1968. Sa publication officielle est intervenue par le décret n° 69-154 du 6 février 1969 (*JO* 11 févr. 1969, p. 1583).

12. Le dernier état des ratifications peut être consulté sur le site de l'OCDE (http://www.oecd-nea.org/law/paris-convention-ratification.html). À ce jour, 16 États européens ont ratifié la Convention de Paris.

13. Entrée en vigueur en France le 4 décembre 1974, la Convention complémentaire à la convention de Paris du 29 juillet 1960 sur la responsabilité civile dans le domaine de l'énergie nucléaire (dite « *Convention de Bruxelles* ») a été publiée par le décret n° 75-196 du 18 mars 1975 (*JO* 27 mars 1975, p. 3284).

14. Pour une étude approfondie de ce système, cf. Ph. Brun/L. Clerc-Renaud, fasc. préc. (note 3), nos 100 et s. et C. Stoiber *et al.*, Manuel de droit nucléaire, *op. cit.* (note 2), p. 124 et s.

15. Art. 7 b) de la Convention de Paris du 29 juillet 1960 modifiée.

16. Art. 3 b) ii. de la Convention de Bruxelles du 31 janvier 1963 modifiée.

17. Art. 3 b) iii. et art. 12 de la Convention de Bruxelles du 31 janvier 1963 modifiée.

dommages nucléaires adoptée le 21 mai 1963 [18]. Modifiée par un protocole d'amendement du 12 septembre 1997, elle reprend des principes similaires à ceux de la Convention de Paris, mais régit essentiellement la responsabilité individuelle de l'exploitant. Initialement limitée à un plafond maximum de 5 millions de dollars [19], cette responsabilité peut, aujourd'hui, être limitée par chaque État contractant à un « *montant qui n'est pas inférieur à 300 millions de droits de tirage spéciaux, à moins qu'une intervention complémentaire de l'État soit prévue par la législation nationale* » [20]. Conscients de la complexité résultant de la coexistence de deux groupes d'États liés par deux conventions distinctes, la très grande majorité des États parties de la Convention de Vienne ou de la Convention de Paris ont signé le Protocole commun du 21 juin 1988 par lequel le régime d'indemnisation de la première convention est étendu aux victimes domiciliées dans des États qui sont parties de la seconde, et *vice-versa* [21].

Le droit français de la responsabilité nucléaire est issu du système des Conventions de Paris et de Bruxelles et de leurs accords additionnels subséquents, mais il prend également sa source dans la législation interne. En effet, comme la plupart des États liés par l'un ou l'autre des régimes conventionnels, la France a usé de la faculté d'adopter des règles nationales pour compléter et préciser la réglementation issue des textes internationaux. Édictées par les lois du 30 octobre 1968 [22] et du 13 juin 2006 [23], ces règles sont aujourd'hui codifiées au chapitre VII du titre IX du livre V du Code de l'environnement [24], dont les deux sections précisent, d'une part, les règles qui s'appliquent jusqu'à l'entrée en vigueur du protocole additionnel à la convention de Paris signé le 12 février 2004 (art. L. 597-26 à 46) et, d'autre part, celles qui n'entreront en vigueur qu'en même temps que ledit protocole (art. L. 597-

18. Le texte de cette convention est consultable sur le site de l'AIEA (http://www.iaea.org/ Publications/Documents/Conventions/liability.html). Elle est actuellement en vigueur dans 40 États.

19. Art. V, 1 de la Convention de Vienne dans sa version initiale.

20. Art. V, 1 a) et b) de la Convention de Vienne, telle que modifiée par le protocole d'amendement du 12 septembre 1997, en vigueur dans 12 États signataires (version consolidée consultable sur le site http://www.iaea.org/
Publications/Documents/Infcircs/1998/infcirc566.pdf).

21. Ce texte est entré en vigueur en France le 30 juillet 2014 à la suite du dépôt auprès de l'AIEA de l'instrument de ratification. Cf. aussi la loi n° 2014-308 du 7 mars 2014 autorisant l'approbation du protocole commun relatif à l'application de la convention de Vienne et de la convention de Paris (JO 9 mars 2014, p. 5024) ainsi que P.-E. Bouchez, « Trois ans après Fukushima, la responsabilité civile nucléaire s'harmonise », Actu-Environnement.com, 11 mars 2014.

22. Loi n° 68-943 du 30 octobre 1968 relative à la responsabilité civile dans le domaine de l'énergie nucléaire (*JO* 31 octobre 1968, p. 10195).

23. Art. 55 de la loi n° 2006-686 du 13 juin 2006 relative à la transparence et à la sécurité en matière nucléaire (*JO* 14 juin 2006, p. 8946).

24. Ordonnance n° 2012-6 du 5 janvier 2012 modifiant les livres Ier et V du code de l'environnement (*JO* 6 janvier 2012, p. 218).

1 à 25)[25]. En attendant sa ratification par au moins six États[26], seul le premier des deux blocs de règles régit donc actuellement la responsabilité nucléaire en droit français.

Sans trop vouloir entrer dans le détail de cette réglementation, la législation française contient des règles de portée générale qui méritent d'être signalées. En vertu de l'article L. 597-28 al. 2 C. Envir., « le montant maximum de la responsabilité de l'exploitant est fixé à 91 469 410,34 € pour un même accident nucléaire », ce plafond étant abaissé à environ 23 millions d'euros pour la responsabilité de l'exploitant d'une installation à risque réduit. Pour garantir l'indemnisation des victimes jusqu'à ce montant, l'exploitant « est tenu d'avoir et de maintenir une assurance ou une autre garantie financière à concurrence, par accident, du montant de sa responsabilité » (art. L. 597-31 al. 1er C. Envir.). Au-delà de ces montants, les textes prévoient une indemnisation complémentaire par l'État, conformément à la Convention de Bruxelles[27]. Sans s'y référer expressément, le Code de l'environnement consacre le principe de la responsabilité exclusive de l'exploitant, caractéristique du droit nucléaire international, en n'autorisant la substitution du transporteur de matières radioactives que dans des conditions très restrictives[28].

Comparées aux autres législations de l'Union européenne, les règles applicables en France révèlent une curieuse hétérogénéité des réglementations nationales en Europe[29]. S'agissant, tout d'abord, des plafonds de responsabilité, ceux-ci varient d'un montant de 3,87 millions d'euros en droit italien[30] à un montant de 1,2 milliards d'euros en Belgique[31], aux Pays-Bas[32] et en Espagne[33]. Plusieurs pays, dont

---

25. Cf M.-B. Lahorgue, « 2006 : l'année de la trilogie nucléaire », Dr. env. 2006 (n° 140), p. 212 et, plus sommairement, P. Bringuier, « Le droit nucléaire 2006-2008 », Dr. env. 2009 (n° 172), p. 16, spéc. p. 22.

26. Ce protocole entrera en vigueur lorsqu'il aura été ratifié ou confirmé par les deux tiers des parties contractantes à la Convention de Paris, soit six États (art. II (e) du protocole qui renvoie à l'article 20 de la Convention de Paris du 29 juillet 1960). Pour l'instant, seules la Norvège et la Suisse ont déposé un instrument de ratification auprès de l'AIEA.

27. *Cf supra* n° 0.

28. Art. L. 597-27 al. 3 C. envir. – *Cf* aussi *infra* n° 0 et note 96.

29. Pour une étude comparative du droit de la responsabilité nucléaire, cf. not. M. HINTEREGGER, « Atomhaftung in Europa – Bestand und Perspektiven », in : Festschrift für Helmut Koziol zum 70. Geburtstag, J. Sramek, Vienne, 2010, p. 667.

30. Art. 19 de la Legge 31 dicembre 1962, n. 1860, sullo impiego pacifico dell'energia nucleare (« 7 500 millions de lires italiennes »). Sur le droit nucléaire en langue italienne, *cf* G. NAPOLITANO/A. ZOPPINI (sous la dir.), Annuario di diritto dell'energia – Il diritto dell'energia nucleare, Il Mulina, Bologne, 2011 et V. BAINI, La responsabilità civile per danni derivanti dall'impiego dell'energia nucleare, th. Roma Tre, 2010.

31. Art. 7 de la loi du 22 juillet 1985 sur la responsabilité civile dans le domaine de l'énergie nucléaire (dans sa version issue de l'art. 2 de la loi du 13 novembre 2011). Sur cette loi, v. T. Vanden Borre, « Recente ontwikkelingen in het nucleaire aansprakelijkheidsrecht: innovatie of renovatie? », Milieu- en Energierecht 2000, p. 101.

32. Art. 5 al. 1er du Wet van 17 maart 1979, houdende regelen inzake aansprakelijkheid voor schade door kernongevallen (WAKO) modifié par l'article 1er d'une décision (besluit) du 31 août 2012. Sur la

l'Allemagne, prévoient même une responsabilité illimitée de l'exploitant nucléaire [34], alors qu'ils ont ratifié, pour la plupart, la Convention de Paris ou la Convention de Vienne [35]. Le droit autrichien se singularise, au sein de l'Union européenne, la responsabilité nucléaire n'y étant ni plafonnée, ni canalisée sur la personne de l'exploitant [36].

Compte tenu de ces différences considérables entre les réglementations nationales, la Commission européenne a initié la première phase d'une éventuelle réforme du droit de la responsabilité nucléaire à l'échelle de l'Union. Dans l'esprit des autorités européennes, la disparité législative peut, en effet, conduire à des distorsions de concurrence car le coût du risque de responsabilité, internalisé par les exploitants des installations nucléaires, varie considérablement en fonction des régimes de responsabilité nationaux [37]. Réfléchir à l'opportunité d'une réforme des règles de responsabilité en matière nucléaire oblige ainsi à tenir compte des dimensions européenne et internationale de la problématique.

Si l'on admet que le plafond actuel de 91,5 millions d'euros prévu par la législation actuelle n'est guère compatible avec l'ampleur des dernières catastrophes nucléaires, il n'est plus tellement question de savoir *si* une réforme du droit français de la responsabilité nucléaire s'impose, mais *comment* celle-ci pourrait être menée. Pour contribuer à ce débat, nous avons pris le parti de concentrer notre réflexion sur les deux principes les plus emblématiques de la législation actuelle, à savoir le plafonnement de la responsabilité et la canalisation de celle-ci sur la personne de l'exploitant. Ces deux caractéristiques cristallisent les critiques adressées à la réglementation actuelle et constituent les éléments essentiels du système de responsabilité actuel au regard de son évolution future.

Pour mener à bien cette analyse, une attention particulière a été prêtée aux droits étrangers qui ont déjà engagé des réformes ou qui se démarquent par un abandon des principes fondateurs de la responsabilité nucléaire. Cependant, l'approche compara-

---

législation néerlandaise, cf T. Vanden Borre, Efficiënte preventie en compensatie van catastroferisico's, th. Maastricht, Intersentia, Mortsel, 2001.

33. Art. 4 al. 4, 1° de la Ley 12/2011, de 27 de mayo, sobre responsabilidad civil por daños nucleares o producidos por materiales radiactivos. Sur ce texte, *cf* S. Salinas Alcega, La responsabilidad por daños nucleares o radiactivos, Cizur Menor, Thomson Reuters, 2013.

34. §§ 25 al. 1er et 31 al. 1er du Gesetz über die friedliche Verwendung der Kernenergie und den Schutz gegen ihre Gefahren (Atomgesetz ; traduction française au *Bull. dr. nucl.* 2002 [suppl. au n° 70]). Sur la responsabilité nucléaire en droit allemand, cf. T. Keich, « Die Haftung für Risiken aus dem Betrieb einer Kernanlage – Eine Bestandsaufnahme des deutschen Rechts », Natur und Recht 2011, p. 479.

35. Sur la compatibilité d'une responsabilité illimitée avec les dispositions de la Convention de Paris, cf. *infra* n° 0, note 63. – Une responsabilité déplafonnée est également prévue en Autriche, à Chypre, au Danemark, en Estonie, Finlande, Irlande et au Luxembourg.

36. §§ 3 et 11 al. 1er du Bundesgesetz über die zivilrechtliche Haftung für Schäden durch Radioaktivität (Atomhaftungsgesetz 1999). Cf. en langue française M. Hinteregger, « La nouvelle loi autrichienne sur la responsabilité civile pour les dommages nucléaires », Bull. dr. nucl. 1998 (n° 62), p. 27.

37. Cf. not. J. Handrlica, « Harmonisation de la responsabilité civile nucléaire au sein de l'Union européenne : Défis, options et limites », Bull. dr. nucl. 2009 (n° 84), p. 37, spéc. p. 55 et s.

tive présente en droit nucléaire, plus que dans d'autres branches du droit, le risque de s'inspirer de solutions qui sont adaptées à un contexte économique et politique déterminé, mais ne peuvent que difficilement être transposées dans le système juridique d'un autre pays [38]. Dans ce contexte, il ne faudra pas oublier que, dans le domaine de la responsabilité civile, l'indemnisation des victimes n'est pas une fin en soi et que l'intérêt des victimes devra aussi être conjugué avec des impératifs économiques qui varient d'un pays à l'autre [39].

Les insuffisances du droit français de la responsabilité nucléaire appellent une réforme qui pourrait s'articuler autour de deux modifications substantielles : le réexamen du partage de responsabilité entre l'État et l'exploitant d'une installation nucléaire (I) et la remise en cause du principe de canalisation de ce régime spécial de responsabilité (II).

I. Repenser le partage des responsabilités entre l'exploitant, l'État et les victimes

Dès lors qu'un accident nucléaire cause des dommages qui dépassent un montant total de 91,5 millions d'euros, le jeu du plafond de responsabilité prévu à l'article L. 597-28 al. 2 du Code de l'environnement rend partielle la responsabilité de l'exploitant de l'installation nucléaire. En effet, cette limitation de la responsabilité va opérer un transfert de la charge des dommages vers l'État, vers la communauté internationale et, en dernier lieu, vers les victimes [40]. Contrairement au droit commun de la responsabilité, le régime spécial de la responsabilité nucléaire se caractérise donc par un partage asymétrique des responsabilités en cas d'accident majeur.

Compte tenu de la maturité et du poids économique de l'industrie nucléaire, cette exonération partielle de l'opérateur suscite aujourd'hui des interrogations. Il est légitime de réfléchir à l'opportunité d'un retour au droit commun en la matière, notamment à travers l'assujettissement des opérateurs aux règles générales de la responsabilité civile, comme c'est le cas pour les autres exploitants d'installations à risques. Une telle réorientation passerait par la restauration d'une responsabilité civile illimitée et, partant, la suppression des plafonds de responsabilité (A). Pour être économiquement envisageable, cette mesure devra être liée à une meilleure exploitation des capacités d'assurance existantes (B).

---

38. J. Carbonnier, « *A beau mentir qui vient de loin ou Le mythe du législateur étranger* », *in* : Verzekeringen van Vriendschap – Rechtsgeleerde opstellen aangeboden aan prof. mr. T. J. Dorhout Mees, Kluwer, Deventer, 1974, p. 61.

39. Sur l'enracinement en droit français d'une idéologie de la réparation qui tend à passer sous silence la nécessité de cet équilibre, *cf* J.-S. Borghetti, « The Culture of Tort Law in France », Journal of European Tort Law 2012, p. 158, spec. p. 173 et s. – Comp. déjà S. Rottenberg, « Liability in Law and Economics », American Economic Review 1965 (vol. 55), p. 107, spéc. p. 109 (« *That there may be "too few" accidents is not ordinarily seen because it is thought by many that the value of human life is infinite, but neither society, in the allocation of collective resources, nor individuals act as though it were.* »).

40. Sur les différents plafonds prévus par les textes, *cf* déjà *supra* n° 0.

A. Supprimer les plafonds de responsabilité

Le plafonnement de la responsabilité civile en matière nucléaire constitue une dérogation au principe de la réparation intégrale qui régit le droit commun de la responsabilité [41]. Comme le rappelle la jurisprudence française avec une constance remarquable, « *le propre de la responsabilité civile est de rétablir aussi exactement que possible l'équilibre détruit par le dommage et de replacer la victime, aux dépens du responsable, dans la situation où elle se serait trouvée si l'acte dommageable n'avait pas eu lieu* » [42]. À l'instar de la plupart des systèmes juridiques, le droit français conçoit la responsabilité civile, en principe, comme un instrument qui fournit à la victime une réparation complète de l'ensemble des préjudices considérés comme réparables [43].

En droit nucléaire, le législateur français a rompu avec ce principe d'équivalence en répartissant la charge indemnitaire entre plusieurs personnes. Par la superposition de différents niveaux d'indemnisation, le coût de l'accident est réparti entre quatre acteurs différents [44] : en premier lieu, l'exploitant de l'installation nucléaire réparera le dommage jusqu'au plafond légal de 91,5 millions d'euros ; la deuxième tranche d'indemnisation sera versée par l'État du lieu de situation de l'installation nucléaires jusqu'à atteindre un plafond de 175 millions de DTS [45] ; puis, le troisième niveau est assuré par la communauté des États ayant ratifié la Convention de Bruxelles dans la limite d'un montant global de 300 millions de DTS [46] ; enfin, tous les dommages qui dépassent ce dernier plafond seront, en principe, supportés par les victimes, à défaut d'autre débiteur de la réparation [47].

Par conséquent, dès l'instant que le volume des dommages causés par l'accident dépasse le seuil de 91,5 millions d'euros, le plafonnement conduit à un relèvement partiel de l'exploitant d'une installation nucléaire de sa responsabilité individuelle. Cette particularité du droit nucléaire illustre bien le traitement privilégié que le législateur accorde aux exploitants d'installations nucléaires, lesquels jouissent d'un régime très favorable [48]. Alors qu'une entreprise qui gère une installation dangereuse risque d'engager sa responsabilité illimitée, la société d'exploitation qui est à

---

41. Sur ce principe, cf. les études fondamentales M.-È. Roujou De Boubée, Essai sur la notion de réparation, th. Toulouse, LGDJ, 1974, p. 267 et s. et C. COutant-Lapalus, Le principe de réparation intégrale en droit privé, th. Dijon, PUAM, 2002, *passim*.

42. Civ., 28 octobre 1954, *JCP G* 1955, II, 8765, note R. Savatier ; *RTD civ.* 1955, p. 324, obs. H. et L. Mazeaud.

43. Pour une étude comparative récente, cf. PH. Pierre/F. Leduc, La réparation intégrale en Europe – Etudes comparatives des droits nationaux, Larcier, Bruxelles, 2012.

44. V. déjà *supra* n° 0 et 0.

45. Ce qui équivaut à un montant d'environ 205 millions d'euros (taux de change du 10 octobre 2014).

46. Équivalant à une somme de 350,8 millions d'euros (*ibid.*).

47. Tel qu'un assureur auprès duquel la victime aurait souscrit une assurance de dommages.

48. Sur l'argument de l'égalité des victimes devant la loi en matière de responsabilité civile, v. N. Molfessis, Le Conseil constitutionnel et le droit privé, th. Paris 2, LGDJ, Paris, 1997, n° 322.

l'origine d'un accident nucléaire encourt sa responsabilité seulement pour un montant limité, lequel peut, selon l'ampleur de l'accident, constituer une part infime de son coût réel [49].

Comme le principe de canalisation de la responsabilité [50], le privilège des exploitants d'installations nucléaires s'explique par le contexte socio-économique dans lequel furent adoptées les Conventions de Paris et de Bruxelles. À l'époque, il importait aux autorités d'encourager les entreprises privées à s'engager dans un secteur d'activités aux risques encore incertains [51]. En limitant les conséquences économiques en cas d'accident, les conventions internationales cherchaient donc à inciter des investissements privés dans un domaine qui, jusque-là, était l'apanage des États disposant de l'arme nucléaire et qui ne s'ouvrait que très progressivement aux acteurs privés [52].

Eu égard à l'essor économique de l'industrie nucléaire depuis 1960, l'année de l'adoption de la Convention de Paris et compte tenu du caractère très asymétrique du partage des responsabilités en présence d'un accident d'ampleur catastrophique, on peut se demander si le maintien d'un système de responsabilité plafonné est encore justifié à l'heure actuelle. Ne faudrait-il pas voir dans la limitation de responsabilité le vestige d'un geste politique envers des entreprises privées manquant d'enthousiasme pour un investissement dans l'industrie nucléaire ? En 2006, le législateur français a décidé de réformer la réglementation, notamment en rehaussant le plafond de la responsabilité de l'exploitant à un montant de 700 millions d'euros [53]. Si cette augmentation réajuste à l'évidence la clé de répartition issue de la loi de 1968 pour tenir compte de l'ampleur des accidents nucléaires contemporains, elle ne s'attaque cependant pas au problème d'un traitement inégalitaire entre les exploitants de différents types d'installations à risque et n'empêche pas que les victimes d'un accident majeur soient dépourvues d'un droit à réparation intégrale de leurs dommages. Or, à la réflexion, il est possible d'envisager une solution plus radicale, à savoir la sup-

49. À supposer un accident dont le coût correspond aux chiffres médians calculés par l'Institut de recherche sur la sûreté nucléaire (*Méthodologie appliquée par l'IRSN pour l'estimation des coûts d'accidents nucléaires en France*, IRSN, Paris, 2014, p. 55), la part des dommages incombant à l'exploitant ne s'élèvera qu'à un pourcentage de 0,076 % (accidents graves) ou de 0,02 % (accidents majeurs).

50. V. *infra* nos 0 et s.

51. HARVARD LAW SCHOOL/ATOMIC INDUSTRIAL FORUM (SOUS LA DIR.), International Problems of Financial Protection Against Nuclear Risk (« Harvard Report »), Cambridge, 1959, p. 45 : « *It is widely recognized that if private industry is to participate in nuclear development, the aggregate amount for which any operator or supplier may be held liable for nuclear damage must be limited* ».

52. Sur le contexte de la privatisation de l'industrie nucléaire par l'*Atomic Energy Act* de 1954, cf. J.-P. Piérard, *op. cit.* (note 6), p. 272 et s. – En France, l'exploitation civile de l'énergie nucléaire n'a été ouverte aux entreprises privées que par une décision interministérielle du 13 novembre 1969. La France faisait alors appel à l'expertise de sociétés américaines pour développer une filière de réacteurs à eau légère (P. Reuss, L'épopée de l'énergie nucléaire: une histoire scientifique et industrielle, EDP, *Les Ulis*, 2007, p. 68).

53. Art. L. 597-4 al. 1er C. envir. – Ce plafond est réduit à 70 millions d'euros en cas d'accident causé par l'exploitation d'une installation « *à risque réduit* » (art. L. 597-4 al. 2 C. envir.).

pression pure et simple des plafonds de responsabilité, laquelle présenterait de nombreux avantages.

D'emblée, on peut invoquer l'argument de la systématique juridique et souligner l'incohérence du régime actuel avec le système de la responsabilité civile. En effet, un retour au droit commun par la suppression du plafonnement mettrait fin à une anomalie juridique et restaurerait la vocation de la responsabilité civile, fût-elle sans faute, aboutir à la réparation intégrale des chefs de préjudice. Bien que d'autres régimes spéciaux de responsabilité se caractérisent par l'existence de plafonds légaux de réparation [54], ceux-ci s'expliquent souvent par des raisons historiques[55] ou par la crainte du législateur d'une inassurabilité du risque de responsabilité illimité [56]. En tout état de cause, une limitation de la responsabilité par un plafond n'est pas consubstantielle à une responsabilité objective [57].

Ce premier argument n'a pas uniquement une portée théorique, car le retour à un régime de responsabilité déplafonné susciterait également une amélioration des droits des victimes, lesquelles ne peuvent se fonder sur les règles générales de la responsabilité civile pour obtenir une réparation complète [58]. Au lieu d'être supportée par des personnes extérieures à l'activité dangereuse [59], la charge de la réparation du dommage serait entièrement attribuée à l'exploitant de la centrale nucléaire de sorte que les victimes bénéficieraient, en principe, d'une indemnisation qui dépasse celle prévue par les conventions internationales et dépend davantage des capacités

54. On peut notamment citer les plafonds institués en matière de responsabilité du transporteur (maritime, aérien, terrestre et postal). Cf. G. Viney/P. Jourdain, Les effets de la responsabilité, Paris, LGDJ, 3e éd. 2010, n° 310.

55. Sur la limitation de la responsabilité de l'armateur, cf. A. Vialard, « La limitation de responsabilité, clé de doute pour le droit maritime du 21e siècle », DMF 2009, p. 21.

56. Ces considérations ont notamment conduit à l'adoption de la Convention CLC en matière de transport maritime d'hydrocarbures. Sur les négociations qui ont abouti à ce texte, v. R. Herber, « Das Internationale Übereinkommen über die Haftung für Schäden durch Ölverschmutzung auf See », RabelsZ 1970 (vol. 34), p. 223 et R. Ganten, « Diplomatische Konferenz in Brüssel », Hansa 1972, p. 372. – Pour un aperçu plus large de cette question, *cf* aussi notre étude « L'État face à l'inassurabilité des risques », RGDA 2012, p. 939, n° 21 *in fine*.

57. Telle est même la position du droit allemand qui connaît un grand nombre de régimes de responsabilité sans faute plafonnés. *Cf* H. Kötz, « Haftung für besondere Gefahr », AcP 1970 (vol. 170), p. 1, spéc. p. 36 et s.

58. Art. 6 a) de la Convention de Paris du 29 juillet modifiée : « *Le droit à réparation* pour un dommage nucléaire causé par un accident nucléaire *ne peut être exercé que* contre un exploitant responsable de ce dommage *conformément à la présente Convention* [...]. » (italiques par l'auteur). – Sur le caractère exclusif des règles de la responsabilité nucléaire et les perspectives d'une application du droit commun pour la réparation du dommage environnemental, cf. J. Gomez Del Campo, « Report on Environmental Nuclear Damage », *in* : AIDN/INLA (sous la dir.), Nuclear Inter Jura 1999 – Proceedings, INLA, Washington, 1999, p. 203, spéc. p. 241 et s.

59. Sur cette répartition, *cf supra* n° 0.

financières de l'exploitant que d'un plafond fixé arbitrairement par les autorités publiques [60].

Une telle solution permettrait, en outre, d'abandonner une méthode de législation inadaptée à l'évolution de l'ampleur des accidents industriels, ceux-ci étant, de plus en plus, dévastateurs de sorte qu'un système plafonné est « *toujours en retard d'un accident* » [61]. En effet, à en juger par les expériences passées [62], la lourdeur d'une modification des plafonds (par voie de révision ou de protocole d'amendement) fait des plafonds de responsabilité un instrument peu à même de parvenir à un partage équitable des responsabilités. La communauté internationale semble en avoir pris conscience, le protocole additionnel à la Convention de Paris de 2004 permettant aux États parties, à partir de son entrée en vigueur, de prévoir une responsabilité illimitée [63].

Au-delà des avantages qu'une responsabilité illimitée présenterait pour les victimes d'un accident nucléaire, le déplafonnement du régime de responsabilité constituerait une mesure qui s'inscrit dans une stratégie plus large de sécurisation des installations nucléaires. En effet, la limitation de la responsabilité personnelle est susceptible d'avoir pour effet secondaire une certaine déresponsabilisation, c'est-à-dire une diminution du niveau de vigilance observé par l'exploitant d'une installation nucléaire. Classiquement, on reconnaît à la responsabilité civile un rôle prophylactique de dissuasion des comportements anti-sociaux, rôle que l'on justifie par la crainte pour leur auteur de devoir supporter le coût de la réparation [64]. Comme le formule Monsieur Philippe le Tourneau, « *la responsabilité subjective est normative et un instrument de régulation sociale, [car son poids] incite les citoyens à "penser" leur comportement, [et] à en écarter, autant que faire se peut, les fautes* » [65].

---

60. Sur le patrimoine de l'exploitant comme assiette réelle du droit à réparation de la victime, *cf infra* n° 0.

61. A. Vialard, Droit maritime, PUF, Paris, 1997, n° 172 (à propos du plafonnement de la responsabilité en cas de dommages liés au transport maritime d'hydrocarbures).

62. Le législateur français a d'ores et déjà introduit, dans les articles 597-1 à 597-25 du Code de l'environnement, un nouveau régime de responsabilité nucléaire dont les plafonds sont bien supérieurs aux montants actuels. Ces textes n'acquerront force de loi qu'à l'entrée en vigueur du protocole du 12 février 2004 portant modification de la Convention de Paris (*cf supra* note 26).

63. Bien avant l'adoption du protocole de 2004, le législateur allemand avait instauré une responsabilité illimitée sans que l'OCDE, ni les autres États signataires de la Convention de Paris aient manifesté leur désapprobation. Si la conformité de cette réforme avec le droit international a donné lieu à un débat doctrinal controversé (cf. les références rassemblées par H. Haedrich, Atomgesetz mit Pariser Atomhaftungs-Übereinkommen, Nomos, Baden-Baden, § 31, n° 16), la nouvelle loi a majoritairement été approuvée au motif qu'elle est en harmonie avec l'esprit de la Convention de Paris. Celle-ci encouragerait les États à améliorer la situation des victimes d'accidents nucléaires, ce qui justifierait de déroger à certaines règles comme la limitation de la responsabilité (N. Pelzer, Begrenzte und unbegrenzte Haftung im deutschen Atomrecht, 1982, p. 54 et s.).

64. A. Tunc, « Responsabilité civile et dissuasion des comportements antisociaux », *in* : Mélanges Marc Ancel, 1975, t. 1, p. 407. *Cf* aussi J. Carbonnier, Droit civil, t. 2 : Les biens – Les obligations, 2004, n° 1114.

65. PH. LE Tourneau, Droit de la responsabilité et des contrats, 9e éd. 2012, n° 22.

Bien que l'effet préventif de la responsabilité se trouve affaibli par l'existence d'une assurance de responsabilité [66], un régime de responsabilité fortement limité – comme la responsabilité nucléaire du droit français – est de nature à neutraliser les incitations propres à minimiser le risque d'un dommage. Plus précisément, les plafonds de responsabilité peuvent conduire l'assureur de l'exploitant à ne pas user pleinement des techniques de responsabilisation afin de circonscrire la probabilité d'un sinistre [67]. À cet égard, les résultats des tests de résistance menés sous l'égide la Commission européenne ont révélé des défaillances inquiétantes dans le parc nucléaire en Europe, défaillances qui témoignent bien d'un relâchement de la vigilance des exploitants. S'il est évident que les causes de ce relâchement ne sont pas seulement à chercher du côté du plafonnement du régime de responsabilité [68], un déplafonnement de la responsabilité contribuerait à rétablir, au moins partiellement, l'effet préventif de la responsabilité civile et à inciter les sociétés d'exploitation à mieux maîtriser les risques liés à leur activité.

On pourrait objecter à notre analyse qu'un déplafonnement de la responsabilité nucléaire n'entraînerait pas *ipso facto* une meilleure indemnisation des victimes et une responsabilisation accrue des exploitants. Sans doute une application du principe de réparation intégrale aboutirait-elle à une responsabilité illimitée de l'exploitant. Cependant, cet alignement du régime sur le droit commun de la responsabilité ne doit pas faire oublier que toute responsabilité civile est limitée dans les faits, d'abord par la garantie d'assurance souscrite, puis en cas d'épuisement du plafond de garantie par le patrimoine saisissable du responsable, lequel constitue l'assiette définitive de son obligation de réparation [69]. En cas d'accident d'ampleur catastrophique, le patrimoine de l'exploitant serait donc largement insuffisant pour dédommager l'ensemble des victimes, et ce malgré la couverture de la responsabilité par une compagnie d'assurances. Dans une telle hypothèse, un système de responsabilité illimité entraînerait tout au plus la faillite de l'exploitant nucléaire, ce qui fragiliserait encore davantage la situation des victimes, et ce malgré un très probable soutien financier de l'État [70].

66. Cf. notamment M. Picard/A. Besson, Les assurances terrestres, t. 1 : Le contrat d'assurance, 5e éd. 1982, n° 352. Ces auteurs attestent à l'assurance de responsabilité l'effet de créer « *chez les assurés une insouciance regrettable [qui] diminu[e] leur vigilance et leur prudence* ».

67. Sur les techniques de responsabilisation assurantielles, *cf* H. Chartier, Responsabilisation en droit des assurances de responsabilité civile, th. Orléans, 2003, nos 237 et s. et déjà PH. Pierre, Vers un droit des accidents – Contribution à l'étude du report de la responsabilité civile sur l'assurance privée, th. Rennes 1, 1992.

68. AUTORITE DE SURETE NUCLEAIRE, Rapport de l'Autorité de sûreté nucléaire – Évaluations complémentaires de sûreté, ASN, Paris, 2012, p. 18 et s.

69. M. Radetzki, « Limitation de la responsabilité civile nucléaire : causes, conséquences, et perspectives », Bull. dr. nucl. 1999 (n° 63), p. 7, spec. p. 11.

70. Pour une analyse du soutien financier du gouvernement japonais à l'entreprise TEPCO à la suite de la catastrophe de Fukushima-Daiichi, cf. Y. Takahashi, « The Financial Support by the Nuclear Damage Compensation Facilitation Corporation », *in* : OECD (sous la dir.), *Japan's Compensation System for Nuclear Damage*, OECD, Paris, 2012, p. 41, spéc. p. 42 et s.

Si, à première vue, la suppression des plafonds ne paraît donc pas avoir d'effet majeur sur le règlement des dommages, le déplafonnement de la responsabilité présente cependant un avantage indéniable sur le terrain de l'action publique. L'État disposerait d'une marge de manœuvre importante pour décider à partir de quel seuil une intervention publique est indispensable pour sauver de la faillite l'entreprise d'exploitation. L'autorité publique pourrait même imposer à la société-mère de l'exploitant une participation financière à l'indemnisation en contrepartie d'une participation publique à la réparation des dommages. Une telle application du principe de transparence permettant de lever le voile corporatif (« *piercing the corporate veil* ») au sein d'un groupe de sociétés est, d'ailleurs, admise dans plusieurs législations étrangères [71].

En définitive, afin de moderniser le droit français de la responsabilité nucléaire, l'option de la suppression du plafond de responsabilité nous paraît être pertinente. Une telle voie nécessiterait néanmoins de sécuriser la responsabilité de l'exploitant par une meilleure exploitation des capacités d'assurance.

B. Garantir la responsabilité illimitée par l'assurance

Lors de l'adoption de la Convention de Paris, le plafonnement de la responsabilité nucléaire a aussi été justifié par des considérations d'assurabilité. Selon les rédacteurs de ce texte, le marché de l'assurance n'était alors guère capable de fournir une couverture du risque d'accident nucléaire, celui-ci ayant été perçu par les assureurs comme trop inconnu pour mettre en œuvre un calcul actuariel et constituer une mutualité [72]. Puis, même à supposer que le risque nucléaire pût être appréhendé par la technique de l'assurance, les compagnies d'assurance ne disposaient pas, selon les défenseurs d'une responsabilité limitée, de ressources financières suffisantes pour couvrir l'essentiel des dommages en cas de sinistre [73]. Les plafonds de responsabilité peu élevés ont donc été perçus comme une condition préalable de l'engagement des assureurs privés sur le marché de l'assurance du risque nucléaire [74].

L'essor du marché de l'assurance au cours des dernières décennies et l'amélioration des techniques assurantielles fragilisent aujourd'hui, plus de 50 ans après l'entrée en vigueur de la Convention de Paris, le bien-fondé de ces considéra-

71. *Cf* sur le droit allemand H. Haedrich, Atomgesetz mit Pariser Atomhaftungs-Übereinkommen, *op. cit.* (note 63), § 31, n° 13.

72. W. Belser, « Examen des solutions apportées par les lois nationales et les conventions internationales sur la responsabilité dans le domaine de l'énergie nucléaire aux problèmes posés aux assureurs par la couverture de cette responsabilité », *in* : A. Albonetti/W. Belser *et al.*, Droit nucléaire européen, *op. cit.* (note 6), p. 65, spéc. p. 69 et s. (« pour l'assureur, le risque [nucléaire] est *a priori* inassurable dans toutes les branches et il se voit même contraint de prendre *des mesures précises [...] pour protéger les communautés de risques qu'il gère* » [p. 75]).

73. M. Radetzki, art. préc. (note 69), p. 7, spéc. p. 12 et s.

74. Comp. Harvard Law School/Atomic Industrial Forum (sous la dir.), International Problems of Financial Protection Against Nuclear Risk (« Harvard Report »), *op. cit.* (note 51), p. 46 et 72.

tions. Pour apprécier la pertinence de l'argument assurantiel, il est indispensable de rappeler les contours de la notion d'assurabilité et les facteurs qui permettent de transférer un risque jugé inassurable dans la sphère de l'assurance [75]. L'assurabilité d'un risque est une notion tirée de l'économie de l'assurance dont les contours sont déterminés traditionnellement par quatre critères cumulatifs : le risque doit présenter un caractère aléatoire et dispersé ; il doit être possible de calculer la probabilité des sinistres, lesquels ne doivent pas se caractériser par une ampleur catastrophique [76].

Au vu de ces critères, le risque nucléaire suscite d'évidentes difficultés. Se traduisant par des sinistres aux dimensions considérables, ce risque se caractérise aussi par une incertitude particulière quant à la fréquence de sa réalisation, incertitude qui rend difficile le calcul de la probabilité statistique d'un accident nucléaire. Les prévisions faites par les assureurs se heurtent en effet à la relative rareté des sinistres, notamment majeurs et catastrophiques. Par ailleurs, dans un pays comme la France, le marché de l'énergie nucléaire se caractérise par une structure oligopolistique [77], seul un très petit nombre de grandes entreprises ayant le monopole de l'offre. Cette singularité de l'industrie nucléaire [78] fait obstacle à la constitution de mutualités suffisamment grandes pour diluer le risque d'un accident nucléaire.

En dépit de cette inadéquation du risque nucléaire aux critères traditionnels de l'assurabilité, force est de constater que des compagnies d'assurances, généralement regroupées dans des structurées spécifiques (« *pools d'assurance* »), proposent aux exploitants d'installations nucléaires situées dans des pays divers une couverture d'assurance [79]. Les critères mis en avant dans les études juridiques et économiques ne reflètent donc pas ou plus les frontières réelles de l'assurabilité qui sont dessinées par d'autres facteurs. À bien y réfléchir, l'attitude des assureurs se fonde sans doute moins sur la conjonction de critères techniques de l'assurabilité que sur des considérations économiques, à savoir le prix de l'assurance [80].

---

75. Sur cette problématique, cf. notre étude « L'État face à l'inassurabilité des risques », art. préc. (note 56), p. 939, nos 5 et s.

76. V. parmi la littérature abondante sur le sujet G. WAGNER, « (Un)insurability and the Choice between Market Insurance and Public Compensation Systems », *in* : W. Van Boom/M. Faure (sous la dir.), Shifts in Compensation Between Private and Public Systems, Springer, Vienne, 2007, p. 87, spéc. p. 89.

77. Plusieurs sociétés du groupe EDF exploitent les 58 réacteurs nucléaires produisant de l'électricité. À celles-ci s'ajoute la société Areva NC, gestionnaire de sept installations de transformation de substances radioactives.

78. T. Murakami, « World Nuclear Power Generation Markets and Prospects for Nuclear Industry Realignment », IEEJ Energy Journal 2008 (n° 8) (consultable sur http://eneken.ieej.or.jp/en/data/pdf/392.pdf).

79. En France, c'est le GIE « Assuratome » qui propose une couverture d'assurance pour l'exploitation d'une installation nucléaire ainsi que pour le transport de substances radioactives. *Cf* les informations sur le site internet http://www.assuratome.fr.

80. En ce sens aussi C. Gollier, « Analyse économique de l'assurabilité », Risques 2003 (n° 54), p. 75.

La détermination du prix de l'assurance est, en effet, d'une importance capitale pour que les assureurs s'engagent sur un marché assurantiel jugé peu attrayant. Ceux-ci ne vont proposer une couverture d'assurance que si leurs espérances de gain dépassent les dépenses engagées à raison des engagements assurantiels. Dans le même temps, les assureurs ne sont pas totalement libres de déterminer le niveau de leurs primes, car un prix trop élevé peut empêcher que le produit d'assurance rencontre, auprès de la clientèle visée, une demande suffisamment forte pour que sa commercialisation soit rentable pour l'assureur. Dans ce cas, l'aversion du risque de l'assuré potentiel n'atteint pas un degré tel que celui-ci sera prêt à assumer le prix de l'assurance fixé par l'assureur [81].

Ces observations très générales sur l'économie de l'assurance nous permettent de mieux comprendre l'interaction subtile entre les plafonds de responsabilité, fixé par le législateur, et les plafonds de garantie, imposés par la compagnie d'assurances. En effet, il ne faut pas oublier que, à côté d'un plafond légal ou conventionnel de *responsabilité*, les assureurs insèrent régulièrement dans leurs polices des plafonds de *garantie* qui délimitent la garantie en cas de sinistre. C'est grâce à cette limitation que les assureurs peuvent fixer une prime adéquate sachant leur prestation limitée même en cas d'un sinistre majeur.

Or, les travaux préparatoires des conventions internationales, en matière de responsabilité, révèlent que les plafonds légaux sont souvent calqués sur les capacités d'assurance, c'est-à-dire sur les garanties d'assurance que peuvent proposer les assureurs à un prix jugé acceptable pour leur clientèle [82]. En associant les compagnies d'assurance à l'élaboration d'un régime de responsabilité, on s'assure que les responsables pourront faire appel à une assurance de responsabilité dont le plafond de garantie conventionnel est, sinon identique au plafond légal de responsabilité, du moins relativement proche de ce seuil. La Convention de Paris sur la responsabilité civile dans le domaine de l'énergie nucléaire n'échappe pas à cette observation, son article 10 (a) prévoyant une concordance entre plafond de garantie et plafond de responsabilité [83].

De ces considérations générales sur l'économie de l'assurance, se dégage une piste de réflexion pour garantir la faisabilité économique d'une réforme de la responsabilité nucléaire. Il faudrait se demander, en effet, si les capacités d'assurance devront rester, dans l'avenir, le paramètre adéquat pour façonner le régime de responsabilité. Il serait intéressant, en effet, de réfléchir à une déconnexion entre les plafonds de garantie et l'étendue de la responsabilité de l'exploitant. Une telle me-

81. Jugeant la garantie d'assurance trop chère, l'assuré potentiel préférera alors être son « propre assureur ». Sur l'auto-assurance sous l'angle de l'analyse économique de l'assurance, *cf* not. cf. I. Ehrlich/G. Becker, « Market insurance, Self-Insurance and Self-Protection », Journal of Political Economy 1972 (vol. 80), p. 623.

82. *Cf* les références *supra* note 56.

83. Selon ce texte, « tout exploitant devra être tenu, pour faire face à la responsabilité prévue par la présente Convention, d'avoir et de maintenir, à concurrence du montant fixé conformément à l'article 7(a) ou 7(b) ou à l'article 21(c), une assurance ou une autre garantie financière ».

sure aurait pour avantage de recentrer la législation autour des intérêts des personnes *directement* visées par le régime de responsabilité, à savoir les exploitants et les victimes de l'accident nucléaire, et non de faire prévaloir ceux des acteurs qui n'y jouent qu'un rôle d'intermédiaire, c'est-à-dire les compagnies d'assurances.

Les expériences étrangères montrent que le marché de l'assurance est suffisamment évolutif pour s'adapter à une modification, même substantielle, d'un régime de responsabilité et que son fonctionnement ne dépend pas d'une réglementation qui leur est faite « *sur mesure* ». Ainsi, la réforme de la responsabilité nucléaire en droit allemand en 1985 par laquelle le législateur a supprimé le plafond de responsabilité pour instituer une obligation de réparation illimitée, n'a pas eu pour conséquence un retrait des compagnies d'assurance. Bien au contraire, celles-ci ont su faire évaluer leur pratique assurantielle et fournissent aujourd'hui, contre le paiement d'une prime augmentée, une couverture suffisante du risque de responsabilité [84].

À supposer qu'une responsabilité illimitée de l'exploitant soit adoptée par le législateur français, il faudra alors accepter qu'un exploitant nucléaire soit tenu, en cas de sinistre, de supporter lui-même la part des dommages-intérêts qui excède le plafond de garantie stipulé dans la police d'assurance et qui n'est pas prise en charge par l'État ou la communauté internationale en vertu d'une convention internationale. Ce retour à la responsabilité individuelle contraindrait ainsi l'exploitant à constituer des réserves ou une autre forme de garantie financière supplémentaire, laquelle pourrait même être imposée par le législateur pour éviter que l'accident nucléaire ne compromette sa solvabilité et, par voie de conséquence, l'indemnisation des victimes [85].

Toujours sur le terrain des effets économiques, il faut également évoquer l'augmentation des primes d'assurance qui découle l'adaptation des conditions de la garantie d'assurance subséquente à la suppression des plafonds de responsabilité. Cette incidence est inévitable, car la technique assurantielle oblige la compagnie d'assurance à déterminer le montant des primes de telle sorte que la somme des indemnités dues en cas de sinistre ne dépasse pas les primes versées par l'ensemble des assurés [86]. Quant à l'exploitant de l'installation nucléaire, il n'hésitera alors pas à répercuter cette hausse sur ses clients. Ce phénomène, connu en matière fiscale

84. T. Koletschka, Der Supergau als Anlageobjekt, th. Hambourg, Dt. Universitäts-Verlag, Wiesbaden, 2004, p. 33 et s. *Cf* aussi H. Haedrich, Atomgesetz mit Pariser Atomhaftungs-Übereinkommen, *op. cit.* (note 63), § 31, n° 8 (« *erstarkende Versicherungsmärkte* »).

85. La Convention de Paris, elle-même, envisage la possibilité d'une garantie financière non-assurantielle (cf. art. 10(a) *in fine*). – En droit allemand, les exploitants de centrales nucléaires ont conclu une convention de solidarité (« *Solidarvereinbarung* ») par laquelle tous les exploitants s'engagent à participer à l'indemnisation des victimes en cas d'accident. Sur cette garantie, cf. T. Keich, art. préc. (note 34), p. 479, spéc. p. 484.

86. De plus, les primes ne couvrent pas seulement le risque garanti, mais aussi les coûts dits de transaction liés à la gestion administrative des contrats d'assurance, au marketing du produit ainsi qu'aux frais de justice. Ces coûts accessoires peuvent représenter jusqu'à 30 % de la prime. *Cf* C. Gollier, art. préc. (note 80), p. 75, spéc. p. 78 (ce chiffre est cité dans le contexte de l'assurance automobile).

sous le nom d'incidence de l'impôt [87], conduit ainsi à transférer le renchérissement de l'assurance de responsabilité sur les cocontractants de l'assuré [88], c'est-à-dire essentiellement les consommateurs qui devront payer plus chère l'électricité produite par une centrale nucléaire. Il appartiendra alors aux entreprises d'électricité de présenter cette hausse des tarifs comme la contrepartie d'une meilleure protection des victimes et d'une plus grande sécurité des installations nucléaires ainsi que, plus largement, comme une mesure d'adaptation des tarifs au coût réel d'une politique énergétique qui réserve une place importante au nucléaire [89].

Pour contenir l'augmentation des primes d'assurance et afin de maîtriser l'effet de celle-ci sur les tarifs de l'électricité nucléaire, les autorités publiques pourront à leur tour instaurer un contexte propice à une meilleure exploitation des capacités d'assurance actuelle. Des impulsions politiques sont, en effet, indispensables pour que la suppression des plafonds de responsabilité puisse être amortie par une offre d'assurance augmentée. Parmi d'autres mesures [90], on peut notamment envisager la mise en place d'une réassurance publique au profit du GIE « *Assuratome* » qui fédère déjà les capacités financières d'entreprises d'assurance françaises, quelle que soit leur taille [91]. Ce *pool* d'assurance permet actuellement aux acteurs de la filière nucléaire de souscrire des produits d'assurance. Un tel dispositif aurait pour effet d'augmenter le niveau de couverture au-delà des capacités du marché privé de réassurance et de ne pas être tributaire des variations du coût d'une réassurance auprès de compagnies de réassurance ou de pools d'assureurs d'autres pays [92]. Un appui de l'État sous la forme d'une réassurance publique n'est d'ailleurs pas inconnu en France, notamment dans les domaines du risque de pollution ou du risque terroriste [93].

87. Sur ce phénomène, cf. M. Bouvier, Introduction au droit fiscal général et à la théorie de l'impôt, LGDJ, Paris, 11e éd. 2012, p. 43 et s.

88. Sur la prise en compte de la translation du coût de l'indemnisation dans l'analyse des régimes de responsabilité et d'assurance, cf. P. ATiyah, Accidents, Compensation and the Law, Weidenfeld and Nicolson, Londres, 3e éd. 1980, p. 512 et s. V. déjà C. Sainctelette, De la responsabilité et de la garantie (Accidents de transport et de travail), Bruylant, Bruxelles, 1884, p. 107 et s.

89. Cour des comptes, Les coûts de la filière électronucléaire, Doc. fr., Paris, 2012, p. 240 et s.

90. Sur la possibilité de transférer le risque nucléaire vers les marchés financiers par la création d'obligations pour catastrophes nucléaires (*nuclear catastrophe bonds*), cf. M. Radetzki, art. préc. (note 69), p. 7, spéc. p. 18 avec d'autres références.

91. En déclarant le montant pour lequel elles souhaitent couvrir une part du risque de responsabilité, de petites entreprises d'assurance peuvent s'associer au pool d'assurance sans risque pour leur capacité financière. – Sur le fonctionnement de pools d'assurance nucléaires dans d'autres pays, cf. not. S. Reitsma, « Nuclear Insurance Pools: History and Development », in : OECD/NEA (sous la dir.), Nuclear Accidents, Liability and Guarantees, OECD, Paris, 1993, p. 341.

92. *Cf* T. Vanden Borre, « Channelling of Liability: A Few Juridical and Economic Views on an Inadequate Legal Construction », *in* : N. Horbach (sous la dir.), *Contemporary Developments in Nuclear Energy Law: Harmonising Legislation in CEEC/NIS*, Kluwer Law International, La Haye, 1999, p. 13, spec. p. 16 et s.

93. Depuis 2002, le GAREAT (Gestion de l'Assurance et de la Réassurance des risques Attentats et actes de Terrorisme) gère la réassurance des risques attentats et actes de terrorisme (J. Deparis, « Garantir

Bien que la suppression des plafonds de responsabilité puisse être atténuée par une augmentation corrélative des garanties d'assurance, la réforme engendrera inévitablement une hausse du coût d'exploitation des centrales nucléaires. Afin de concilier une telle réforme avec les intérêts économiques liés à la production nucléaire, on pourrait penser à libéraliser la responsabilité nucléaire en remettant en cause la deuxième règle spécifique à ce régime : la canalisation de la responsabilité sur la personne de l'exploitant.

II. Décanaliser la responsabilité nucléaire

Si l'institution de plafonds d'indemnisation est un procédé relativement fréquent en matière de responsabilité civile, la canalisation de la responsabilité civile sur la personne de l'exploitant de l'installation nucléaire est plus singulière et constitue, à en croire la doctrine, le concept le plus caractéristique du droit nucléaire [94]. Canaliser la responsabilité sur un acteur signifie qu'un demandeur ne peut agir en justice contre une personne de son choix aux fins d'obtenir réparation, mais doit actionner la personne désignée par la loi comme responsable. Véhiculant une conception stricte de cette idée [95], l'article 6 (a) et (b) de la Convention de Paris du 29 juillet 1960 énonce cette règle dérogatoire dans les termes suivants : « *Le droit à réparation pour un dommage causé par un accident nucléaire ne peut être exercé que contre un exploitant responsable de ce dommage [de sorte que] aucune autre personne n'est tenue de réparer un dommage causé par un accident nucléaire* ».

Mis à part des cas de figure exceptionnels [96], la charge de l'indemnisation des victimes repose donc exclusivement sur les épaules de l'exploitant, peu important que, en réalité, l'accident trouve son origine dans la négligence d'un fournisseur ou d'un constructeur de l'installation nucléaire. Instaurée pour faciliter la procédure d'indemnisation, cette règle n'est pourtant pas à l'abri de toute critique. Une ouverture de la responsabilité vers d'autres acteurs de la filière nucléaire permettrait, en effet, de rééquilibrer ce régime de responsabilité et de corriger une anomalie qui ne s'explique plus que par l'évolution historique de l'industrie nucléaire.

---

les conséquences d'actes de terrorisme : Le GAREAT », Risques 2010 [n° 84], p. 76). – Sur le groupement de réassurance ASSURPOL, créé en 1989, qui couvre les risques liés à la pollution environnementale, cf. F. Chaumet, « L'assurance du risque environnemental », Cah. dr. entr. 1999 (n° 1), p. 23.

94. T. Gadkowski, *International Liability of State for Nuclear Damage*, Adam Mickiewicz Univ. Press/Eburon, Poznań/Delft, 1989, p. 83 avec d'autres références (« the most characteristic concept of nuclear law »). *Cf* aussi J. Hébert, art. préc. (note 6), JCP G 1966, I, 1979, n° 9 (« la règle la plus originale de nos conventions »).

95. Sur le concept de canalisation économique, *cf infra* n° 0 *in fine*.

96. L'article 6 (c) prévoit notamment la possibilité pour un demandeur d'agir en responsabilité contre une personne qui a causé intentionnellement l'accident et contre l'exploitant d'un réacteur « *faisant partie d'un moyen de transport* ». – Sur la question des recours subrogatoire ouverts à l'exploitant, *cf infra* nos 0 et s.

Afin de démontrer le bien-fondé d'une libéralisation de la responsabilité nucléaire, nous examinerons dans un premier temps l'anachronisme de la responsabilité exclusive de l'exploitant (A) avant d'étudier de quelle manière le régime de responsabilité pourrait être étendu à d'autres acteurs économiques (B).

A. L'anachronisme de la responsabilité exclusive des exploitants

Les origines de la canalisation de la responsabilité nucléaire [97] remontent aux années 1950, lorsque le gouvernement fédéral des États-Unis a décidé d'ouvrir l'exploitation de réacteurs nucléaires aux entreprises privées [98]. Alors que l'indemnisation des dommages causés par des accidents nucléaires relevait jusqu'alors de la responsabilité exclusive de l'État fédéral [99], la fin du monopole public a eu pour conséquence un transfert du risque de responsabilité vers les acteurs privés de l'industrie nucléaire naissante. Assez rapidement, il s'est avéré que ce choix politique n'avait pas été accompagné de mesures permettant aux entreprises privées d'investir ce secteur économique dans des conditions idéales. En particulier, il était difficile pour ces nouveaux acteurs de faire face au risque de responsabilité, les compagnies d'assurance hésitant à proposer une garantie pour un risque aux contours encore inconnus [100]. Aussi, les entreprises d'électricité réclamèrent-elles des modifications du régime de responsabilité en menaçant de se retirer de la filière électronucléaire américaine.

Étayées par des études scientifiques [101], ces revendications ont poussé le législateur fédéral à adopter le *Price-Anderson Nuclear Industries Indemnity Act* du 2 septembre 1957 qui a remodelé les fondements du droit américain de la responsabilité nucléaire et qui forme encore aujourd'hui le socle de la matière [102]. Résultat d'un compromis politique entre l'industrie américaine et les autorités publiques, ce texte institue, parmi d'autres mesures, une règle de canalisation dite économique (*economic channelling*) de la responsabilité nucléaire. En vertu de celle-ci, le coût de l'indemnisation des dommages nucléaires est toujours supporté par l'assureur de

97. Sur la question de la canalisation, *cf* E. Ameye, « Channelling of Nuclear Third Party Liability towards the Operator: Is it Sustainable in a Developing Nuclear World or is there a Need for Liability of Nuclear Architects and Engineers? », European Energy and Environmental Law Review 2010, p. 33 et T. Vanden Borre, art. préc. (note 92), p. 13.

98. *Atomic Energy Act* du 30 août 1954. *Cf* aussi déjà *supra* n° 0 (note 52).

99. L'idée de la canalisation de la responsabilité trouve son origine lointaine dans les clauses exclusives de responsabilité stipulées, avant la privatisation du secteur, dans les contrats entre la Commission de l'énergie atomique des États-Unis (AEC) et ses fournisseurs, cf. H. Fischerhof, art. préc. (note 106), p. 111, spéc. p. 112.

100. V. *supra* nos 17 et s.

101 *Cf* en particulier U.S. ATOMIC ENERGY COMMISSION, *Theoretical Possibilities and Consequences of Major Accidents in Large Nuclear Power Plants (dit « The Brookhaven Report »)*, Washington, 1957.

102. Sur cet amendement à l'*Atomic Energy Act*, cf. not. D. Cavers, « Improving Financial Protection of the Public against the Hazards of Nuclear Power », Harvard Law Review 1964 (vol. 77), p. 644.

responsabilité de l'exploitant, bien que l'action en responsabilité ait été dirigée contre un autre acteur impliqué dans la survenance de l'accident. Selon la législation américaine, il reste donc toujours possible, en dépit d'une garantie d'assurance unique, d'assigner en responsabilité civile d'autres personnes que l'exploitant, notamment un de ses fournisseurs, le concepteur ou le constructeur du site. Si cette forme de canalisation ne fait pas obstacle à une pluralité de responsabilités, elle aboutit en définitive à ce qu'un seul acteur, l'assureur de responsabilité civile, assume l'intégralité du coût de la réparation des dommages à laquelle l'exploitant ou l'un de ses partenaires commerciaux ont été condamnés [103].

Toujours en vigueur en droit américain, la règle de canalisation a par la suite été exportée sur le continent européen, mais non sans subir une importante transformation. En effet, à la fin des années 1950, l'industrie nucléaire américaine cherchait à s'implanter sur un marché ouest-européen qui était alors en plein essor après les années de la reconstruction. Le risque d'engager leur responsabilité civile personnelle dissuadait les entreprises américaines à investir, alors que leur contribution se limitait souvent à la fourniture de matériel et de technologies à des exploitants. Afin de soutenir les entreprises américaines et faciliter leur implantation en Europe, les autorités américaines se sont appuyées sur les résultats d'une étude réalisée à l'Université de Harvard [104] pour réclamer l'élaboration d'une convention internationale qui fixerait, en Europe, un régime de responsabilité favorable aux partenaires économiques américains.

Les auteurs du *Harvard Report* voyaient, en effet, dans la responsabilité des fournisseurs un réel danger économique pour l'industrie nucléaire américaine, car un régime de responsabilité non canalisé conduirait les victimes à multiplier leurs actions en justice et à rechercher une indemnisation non seulement auprès de l'exploitant mais également auprès de ceux qui, de près ou de loin, ont participé à l'exploitation de l'installation nucléaire ou de l'une de ses nombreuses composantes [105]. Forts de cette analyse, les auteurs se sont alors prononcés pour une responsabilité exclusive de l'exploitant afin de mettre à l'abri les entreprises américaines qui, pour la plupart, n'opéraient pas comme exploitants d'une installation nucléaire. Appuyées par la délégation américaine au cours des négociations intergouvernementales, ces considérations ont été reprises, malgré les réserves de plusieurs États [106], dans les conventions internationales à travers la règle de canalisation juridique.

---

103. Dans la terminologie américaine, on parle de manière imagée d'une « assurance-parapluie » (*umbrella insurance*). Sur ce type de garantie, *cf* aussi *infra* n° 0. – Sur la distinction entre canalisation économique et juridique, cf. T. Vanden Borre, art. préc. (note 92), p. 13, spéc. p. 27 et s.

104. *Harvard Law School/Atomic Industrial Forum (sous la dir.), International Problems of Financial Protection Against Nuclear Risk (« Harvard Report »)*, Cambridge, 1959, 95 p.

105. Harvard Law School/Atomic Industrial Forum (sous la dir.), *op. cit.* (note 104), p. 56 et s.

106. C'est en Allemagne que la canalisation juridique a rencontré la résistance la plus vive, aussi bien de la part des autorités que de la doctrine juridique. Cf. A. Warrikoff, « Soll Deutschland die Pariser Atomhaftungskonvention ratifizieren? », Atomwirtschaft - Atomtechnik (atw) 1965, p. 129 ; H. Fischer-

Il serait cependant inexact de considérer que la seule raison de la consécration de la canalisation juridique en droit international de la responsabilité nucléaire était l'institution d'un « *bouclier juridique* » favorisant l'investissement en Europe d'entreprises américaines. Deux autres arguments ont été avancés pour expliquer cette spécificité du droit nucléaire, arguments dont l'exposé des motifs de la Convention de Paris se fait l'écho. Celui-ci relève d'abord que le principe de la canalisation aura pour effet de faciliter et d'accélérer l'indemnisation des victimes, car « *il est souhaitable d'éviter les difficultés et délais qui résulteraient dans chaque cas de la possibilité d'actions en responsabilité multiples* » [107]. Ensuite, ce principe permettrait aussi « *d'éviter un cumul des assurances qui, sinon, devraient être souscrites par tous ceux susceptibles d'être associés à la construction ou à l'exploitation d'une installation nucléaire, autres que l'exploitant lui-même, et de regrouper ainsi les capacités d'assurances disponibles* » [108]. Bien que ces arguments aient été présentés, au moment de l'adoption de la Convention de Paris, comme les « *motifs principaux* » de la concentration de la responsabilité sur la personne de l'exploitant, leur importance réelle doit être relativisée. Les auteurs semblent unanimes à estimer que les pressions économiques des fournisseurs américains, relayées par la délégation des États-Unis, jouait un rôle bien plus important dans l'acceptation de la canalisation juridique par les autres États, que la protection des victimes ou une optimisation des capacités d'assurance [109].

Compte tenu de l'origine de la canalisation juridique de la responsabilité de l'exploitant, il est légitime de se demander si, avec un recul de plus de cinq décennies, le contexte économique et politique justifie encore le maintien de cette singularité. Le développement d'une industrie nucléaire performante et la solidité financière de leurs partenaires commerciaux pourraient en effet plaider pour un abandon. Par ailleurs, les assureurs ont développé de nouvelles techniques de mutualisation qui pourraient être utilisées pour aligner le régime assurantiel de l'industrie nucléaire sur les pratiques présentes dans des branches voisines, telles que l'exploitation d'installations dangereuses ordinaires, où la victime peut agir aussi bien contre l'exploitant qu'à l'encontre d'autres acteurs ayant concouru à la réalisation du

hof, « Das Problem einer dogmatischen Begründung der rechtlichen Kanalisierung der Haftung auf den Betreiber einer Kernanlage », VersR 1966, p. 60,1 ainsi que, de ce dernier auteur, en langue française, « Essai d'une théorie juridique de la canalisation de la responsabilité sur l'exploitant d'une installation nucléaire », *in* : A. Albonetti/W. Belser *et al.*, Droit nucléaire européen, op. cit. (note 6), p. 111 et s. – D'autres États comme l'Autriche, l'Espagne et la Grèce s'y sont également opposés. *Cf* E. Ameye, art. préc. (note 97), European Energy and Environmental Law Review 2010, p. 33, spéc. p. 41.

107. Exposé des motifs de la Convention de Paris du 29 juillet 1960, n° 15 (consultable sur https://www.oecd-nea.org/law/expose-fr.pdf).

108. Exposé des motifs de la Convention de Paris du 29 juillet 1960, n° 18. – Sur ce phénomène de « *pyramidisation* » des primes d'assurance, *cf* aussi Harvard Law School/Atomic Industrial Forum (sous la dir.), *op. cit.* (note 104), p. 57 ainsi que *infra* n° 0.

109. T. Vanden Borre, art. préc. (note 92), p. 13, spéc. p. 20 et 25 avec d'autres références. Cf. déjà H. Fischerhof, art. préc. (note 106), p. 111, spéc. p. 118 (« *la raison profonde d'une limitation de la responsabilité [...] ne peut être recherchée que dans la volonté d'encourager l'application de l'énergie nucléaire à des fins pacifiques* »).

dommage [110]. Enfin, il n'est pas certain que l'objectif de protection des victimes fournisse réellement une justification suffisante, car dans d'autres domaines c'est précisément la pluralité des débiteurs qui est le gage d'une indemnisation complète et rapide [111] et que cet objectif ne saurait, en tout état de cause, expliquer l'interdiction d'exercer un recours subrogatoire [112].

Ces arguments permettent de comprendre pourquoi certaines législations ont récemment abandonné la règle de canalisation juridique pour revenir à un régime de responsabilité plus proche du droit commun. Déjà mentionnée à propos du plafonnement de la responsabilité [113], la loi autrichienne du 7 octobre 1998 prévoit ainsi que « *les dispositions du Code civil et d'autres règles de droit, aux termes desquelles il y a lieu d'indemniser des dommages de plus vaste portée ou d'autres personnes qu'en vertu de la présente loi fédérale, demeurent intactes* » [114].

Dans le même esprit, le législateur indien a mis fin à une conception stricte de la canalisation juridique en octroyant aux exploitants d'une installation nucléaire le droit de se retourner contre leurs fournisseurs pour recouvrer tout ou partie des indemnités versées aux victimes [115]. Adoptée dans un pays où l'industrie nucléaire est en pleine croissance, la loi n° 19/2010 sur la responsabilité civile pour des dommages nucléaires [116] cherche, par ce moyen, à responsabiliser l'ensemble des acteurs

110. Sur les potentialités d'une assurance de type « *umbrella insurance* », cf. *infra* n° 0.

111. T. Vanden Borre, art. préc. (note 92), p. 13, spéc. p. 38 (« *it can be argued that by abolishing concurrence the number of potential defendants for victims to sue will be reduced, whereas it could be precisely beneficial to these victims to sue more persons* »). – Telle est notamment la raison d'être de la responsabilité concurrente du producteur et du fournisseur en matière de produits défectueux. *Cf* sur ce point, J.-S. Borghetti, La responsabilité du fait des produits : étude de droit comparé, Paris, LGDJ, 2004, n° 501.

112. E. Ameye, art. préc. (note 97), European Energy and Environmental Law Review, 2010, p. 33, spéc. p. 37 et 38 (« *it is noteworthy that the protection of victims [...] explains why victims can only sue the operator, but does not explain why legal channelling impedes the operator to recover the compensation from the other players* »).

113. *Cf supra* n° 0.

114. La traduction provient du Bulletin de droit nucléaire 1999 (suppl. au vol. 63), p. 3. Sur l'encadrement de ce droit d'action, cf. *infra* n° 0 *in fine*. – Il est à noter que le choix d'une responsabilité non canalisée s'inscrit dans un contexte politique spécifique à l'Autriche. En effet, à la suite d'un référendum, le Parlement autrichien a interdit tout programme nucléaire civil ce qui facilite la définition d'une politique juridique en la matière, le législateur n'étant pas contraint de tenir compte des intérêts économiques d'une industrie nucléaire locale.

115. Cf. sect. 17 du *Civil Liability for Nuclear Damage Bill* : « *Après avoir versé les indemnités conformément à la section 6, l'exploitant d'une installation nucléaire peut intenter un recours lorsque (a) celui-ci est expressément prévu par la disposition écrite d'un contrat, (b) l'accident nucléaire résulte d'un fait du fournisseur ou de l'un de ses employés, notamment d'un défaut apparent ou caché d'appareils ou de matériels fournis ou d'une prestation de services mal exécutée, (c) l'accident nucléaire résulte d'un acte ou d'une omission d'un individu ayant agi avec l'intention de causer un dommage nucléaire.* » (traduction de l'auteur). – Sur ce texte, *cf* l'analyse très détaillée de A. Hariharan, « India's Nuclear Civil Liability Bill and Supplier's Liability: One Step Towards Modernizing the Outdated International Nuclear Liability Regime », Wm. & Mary Envtl. L. & Pol'y Rev. 2011 (vol. 36), p. 233, spéc. p. 243 et s.

116 . Pour une version intégrale de ce texte, cf. le site internet http://www.prsindia.org/uploads/media/Nuclear/NuclearDamageBIll,2010.pdf

de l'industrie nucléaire, y compris les fournisseurs étrangers. Les commentateurs indiens de ce texte ont souligné que cette orientation législative a été facilitée par un contexte socio-économique particulièrement propice, la Cour suprême d'Inde ayant rendu pendant les débats parlementaires une décision très remarquée dans l'affaire de la catastrophe de Bhopal, décision qui a attiré l'attention de l'opinion publique sur les enjeux environnementaux de l'économie indienne [117].

Au regard de l'évolution législative dans différents pays non liés par les Conventions de Paris ou de Vienne, la règle de canalisation juridique de la responsabilité nucléaire ne semble plus avoir, à l'échelle internationale, le vent en poupe. L'heure est davantage à un retour aux principes du droit commun de la responsabilité civile, c'est-à-dire à une responsabilité concurrente des personnes qui ont effectivement causé l'accident. Si une telle ouverture de la responsabilité nucléaire aux autres intervenants est tout à fait envisageable en France, elle doit nécessairement s'accompagner d'un certain encadrement pour tenir compte des engagements internationaux en la matière.

B. L'ouverture de la responsabilité aux autres intervenants

Précisons d'emblée qu'une suppression pure et simple du principe de canalisation en droit nucléaire français n'est pas envisageable dans l'immédiat, car elle est contraire aux engagements internationaux de la France. L'article 6(b) de la Convention de Paris du 29 juillet 1960 interdit, en effet, qu'une autre personne que l'exploitant de l'installation puisse être « *tenue de réparer un dommage nucléaire causé par un accident nucléaire* » [118]. Ouvrir le contentieux de la responsabilité nucléaire aux fournisseurs et aux sous-traitants des exploitants exigerait alors soit une dénonciation de la Convention de Paris, soit sa révision, toutes deux hautement improbables en l'état actuel des choses [119].

Pour autant, l'article 6 de la Convention de Paris n'est pas rétif à toute remise en cause du principe de canalisation juridique. Bien qu'étroitement encadrés par ce texte, les recours subrogatoires d'un exploitant nucléaire ayant réparé le dommage nucléaire sont en effet autorisés dans deux hypothèses. Selon l'article 6 (f) de la Convention, un droit de recours est prévu lorsque l'accident nucléaire a été causé

117. A. Hariharan, art. préc. (note 115), p. 233, spéc. p. 249 et s.

118. Tout comme la Convention de Vienne, la Convention de Paris réserve le cas où le dommage nucléaire a été causé dans un contexte de transport de substances radioactives (art. 6(b) de la Convention). Sur cette question, *cf* les différentes contributions réunies dans IAEA (sous la dir.), *Safety of Transport of Radioactive Material*, IAEA, Vienne, 2004, p. 1 à 34.

119. La situation est plus facile en Allemagne, en Autriche ou en Grèce, ces pays ayant exprimé, lors de la signature de la Convention de Paris, une « *réserve du droit de laisser subsister, par une disposition de la législation nationale, la responsabilité d'une personne autre que l'exploitant, à condition que cette personne soit entièrement couverte, même en cas d'action mal fondée, soit par une assurance ou une autre garantie financière obtenue par l'exploitant, soit au moyen des fonds publics* » (annexe I de la Convention).

par la faute intentionnelle d'une personne physique et – hypothèse plus intéressante – « *si et dans la mesure où le recours est prévu expressément par contrat* ».

Il suffirait donc que l'exploitant d'une installation nucléaire négocie l'insertion dans les contrats conclus avec ses cocontractants d'une clause réservant la mise en œuvre d'un recours subrogatoire en cas de négligence, pour que leur immunité civile soit levée et que l'exploitant ou son assureur puissent recouvrer tout ou partie des indemnités versées aux victimes. L'article 6 (f) ne précisant pas dans quel type de contrat un tel recours doit être prévu, on pourrait penser que la convention vise à la fois le contrat conclu entre l'exploitant et son cocontractant (fournisseur, sous-traitant, architecte, constructeur, *etc.*) Et le contrat d'assurance souscrite auprès du pool d'assurance. Le principe de l'effet relatif des contrats et l'impératif de prévisibilité plaident cependant pour une interprétation plus restrictive selon laquelle la possibilité de prévoir une clause de recours serait limitée au seul contrat conclu avec le cocontractant de l'exploitant [120]. Si cette pratique contractuelle n'est pas à l'heure actuelle systématique, le législateur français pourrait cependant imposer l'insertion d'une telle clause dans les contrats et rendre ainsi obligatoire la possibilité d'un recours subrogatoire, à l'instar des stipulations impératives existant pour d'autres types de contrat dont le contenu est réglementé par la loi [121].

En plus d'être compatible avec les engagements internationaux de France, une telle solution médiane qui n'ouvre la responsabilité nucléaire aux autres intervenants qu'au stade du recours subrogatoire, constituerait une avancée considérable du système de responsabilité nucléaire. Réticents à une rupture totale avec la canalisation de la responsabilité, les législateurs autrichien et indien ont, eux aussi, opté pour une telle ouverture limitée. Comme nous l'avons vu, la loi indienne de 2010 institue un droit de recours légal en cas de négligence du fournisseur et, en particulier, en présence « *d'un défaut apparent ou caché d'appareils ou de matériels fournis ou d'une prestation de service mal exécutée* » [122]. Le droit nucléaire autrichien, quant à lui, va plus loin en prévoyant que le droit de recours de l'exploitant coexiste avec celui pour la victime d'agir directement contre le fournisseur, mais à la condition de prouver qu'elle n'est pas en mesure d'obtenir indemnisation auprès de l'exploitant de l'installation nucléaire [123].

---

120. En ce sens, v. aussi S. Gallage-Alwis/P. Faron, art. préc. (note 3), Dr. envir. 2013, p. 197, spéc. p. 199 (les auteurs ne s'expliquent cependant pas sur ce point).

121. De manière générale sur l'emprise croissante de l'ordre public sur le contenu de certains contrats spéciaux tels que le contrat d'assurance, le contrat de bail à usage ou le contrat de travail, cf. F. TERRE/PH. SIMLER/Y. LEQUETTE, *Droit civil – Les obligations*, Paris, Dalloz, 11e éd. 2013, n° 36 avec des exemples et d'autres références.

122. Sect. 17(b) du *Civil Liability for Nuclear Damage Bill*. Sur cet aspect de la loi, cf. A. HARIHARAN, art. préc. (note 115), p. 233, spéc. p. 247 et s.

123. Plus innovatrice, cette dernière mesure a pu être adoptée en Autriche, car ce pays n'a ratifié ni la Convention de Paris, ni la Convention de Vienne, toutes deux prohibant en principe une action directe de la victime contre le fournisseur (voir respectivement art. 6(a) et art. II, 5). – Cf. M. HINTEREGGER, art. préc. (note 36), *Bull. dr. nucl.* 1998 (n° 62), p. 27, p. 31 (« responsabilité concurrente »).

57.Si la remise en cause du principe de canalisation ne se conçoit ainsi qu'au stade du recours subrogatoire de l'exploitant, elle présenterait pour autant plusieurs avantages, tant sur le plan de la procédure d'indemnisation que sur celui de la responsabilisation de l'industrie nucléaire.

58.Sur le plan de la procédure d'indemnisation, d'abord. Comme nous l'avons vu, la proposition que nous défendons n'affecte pas la canalisation juridique au stade de l'action en responsabilité des victimes. Celles-ci ne pourront agir que contre l'exploitant de l'installation nucléaire de sorte qu'aucun autre acteur impliqué dans l'accident ne pourra être assigné simultanément. Dès lors, la mise en place d'un droit de recours n'affaiblit en rien les avantages procéduraux du principe de canalisation, à savoir la simplicité d'une procédure unique. Il serait à craindre, en effet, qu'une multiplication des débiteurs et partant des procédures conduise à des débats longs et complexes sur les responsabilités respectives des différents acteurs, ce qui nuirait à l'évidence à l'efficacité du système actuel [124].

59.Sur le plan de la responsabilisation de l'industrie nucléaire, ensuite. Restaurer la responsabilité individuelle des fournisseurs et des sous-traitants de l'exploitant ainsi que des architectes et des constructeurs d'une installation nucléaire permettrait de revenir, à l'instar de ce que nous préconisons sur l'étendue de la responsabilité [125], aux principes fondamentaux du droit commun de la responsabilité. La suppression d'une immunité civile absolue permettrait, en effet, d'associer à la procédure d'indemnisation des acteurs qui, aujourd'hui, n'encourent aucune sanction civile en cas de négligence, aussi grave soit-elle [126]. Le rétablissement de leur responsabilité civile, sous la forme d'un droit de recours de l'exploitant, entraînera ainsi la réintroduction de sanctions civiles qui les inciteront à limiter des comportements à risque et à veiller au respect des normes de sécurité en vigueur [127]. Le secteur de la sous-traitance nucléaire n'évoluerait donc plus dans un espace sans risque juridique, mais répondrait de ses défaillances de la même manière que les opérateurs économiques dans d'autres branches d'activités.

124. Pour une analyse économique de cet aspect, *cf* T. Vanden Borre, art. préc. (note 92), p. 13, spéc. p. 36 et s. (l'auteur relève que l'absence de canalisation juridique au stade de l'obligation à la dette de réparation n'empêche en rien un règlement rapide des dommages dans le cadre du pool d'assurance ANI [*American Nuclear Insurers*]). Indépendamment de la question de sa non-conformité à la Convention de Paris, une décanalisation totale de la responsabilité nucléaire se doit donc d'être accompagnée d'une procédure d'indemnisation spécifique, à l'instar de ce qui existe pour les accidents de la circulation (loi du 5 juillet 1985) ou pour les accidents médicaux (loi du 4 mars 2002).

125. *Cf supra* nos 0 et s.

126. Sur le plan juridique, la responsabilité pénale n'est pas affectée par la Convention de Paris et peut donc être mise en œuvre dans les mêmes conditions que pour tout secteur économique. Sur le terrain économique, les entreprises fautives craignent tout au plus que l'exploitant ne renouvelle pas le contrat de fourniture ou de sous-traitance ou qu'il mette fin au contrat à titre de sanction contractuelle.

127. Pour gérer le risque de responsabilité civile, les cocontractants de l'exploitant d'une installation nucléaire seraient amenés à souscrire des contrats d'assurance de responsabilité. Sur les techniques de responsabilisation en présence d'une telle couverture, cf. *supra* n° 0 et les références indiquées à la note 67. – Sur la question de la « *pyramidisation* » des primes d'assurance, *cf infra* n° 0.

60.Reste alors la question du sort de l'assurance nucléaire en cas d'assouplissement de la règle de canalisation juridique. L'un des arguments principaux invoqués à l'encontre d'un système de responsabilité non canalisé tenait à un cumul des garanties d'assurance et, partant, à un enchérissement de la couverture du risque de responsabilité nucléaire [128]. Par l'effet d'une « *pyramidisation* » des primes, le marché perdrait un moyen de fédérer les capacités d'assurance existantes et ne saurait offrir des garanties satisfaisantes à un prix acceptable. Rappelons cependant que la législation américaine ne connaît pas de canalisation juridique et que les compagnies d'assurance ont su développer une garantie d'assurance unique, souscrite par l'exploitant, qui couvre la responsabilité de celui-ci, mais également de tout autre acteur de la filière nucléaire condamné à réparer les dommages. Une telle garantie dite « *parapluie* » ou « *omnibus coverage* » atténue fortement le risque d'un cumul des primes d'assurance tout en permettant un recours par l'assureur contre un tiers responsable. Si, au moment de l'adoption de la Convention de Paris, ce type d'assurance n'avait pas encore été suffisamment développé par les assureurs en Europe [129], il ne fait pas de doute que le marché européen est aujourd'hui bien plus performant qu'il y a cinquante ans. Aussi bien les assureurs français pourraient-ils adapter leurs garanties à un nouveau contexte normatif en proposant des garanties similaires à celles du marché américain [130].

128. *Cf supra* n° 0 avec d'autres références.

129. Cf. *supra* n° 0. V. aussi W. BELSER, art. préc. (note 72), p. 65, spéc. p. 85 et s.

130. Les polices « parapluie » ne sont pas inconnues en France et existent sous la forme d'une garantie « pour le compte de qui il appartiendra » notamment en matière d'assurance automobile. Sur ce type d'assurance, cf. V. NICOLAS, *Essai d'une nouvelle analyse du contrat d'assurance*, th. Caen, LGDJ, Paris, 1996, nos 541 et s. ainsi que A. Astegiano-La Rizza, *L'assurance et les tiers – Variations sur le thème de la complexité des relations contractuelles*, th. Lyon 3, Defrénois, Paris, 2004, p. 57 et s.

12

L'indemnisation des victimes des essais nucléaires français : cent fois sur le métier, remettre son ouvrage…

Hervé Arbousset

Maître de conférences en droit public, Directeur du CERDACC EA 3992

« *Je tiens le monde pour ce qu'il est : un théâtre où chacun doit jouer son rôle* »,

William Shakespeare, *Le marchand de Venise.*

Le lecteur de ces lignes ne le sait sans doute pas, mais nous entretenons une relation intellectuelle et amicale intense avec le Professeur Steinlé-Feuerbach. Intellectuellement, il nous est souvent arrivé d'échanger des points de vue sur tels ou tels problèmes juridiques faisant ainsi fi de la subtile, et désormais relative, distinction entre droit privé et droit public. D'ailleurs, quel joli pied de nez à l'académisme des Facultés de droit, le Professeur Steinlé-Feuerbach, spécialiste de certaines questions de droit pénal, est ainsi entré dans une matière qui relève plus du droit public que du droit privé [1]. Il nous est aussi arrivé de rédiger à quatre mains quelques articles de doctrine et, plus récemment, d'être associés, avec d'autres collègues, à la rédaction d'une chronique annuelle publiée par la revue Droit de l'environnement. Ainsi, si le dialogue des juges est une évidence en droit français, nous nous réjouissons du dialogue que le Professeur Steinlé-Feuerbach a su créer entre les universitaires de droit privé et les universitaires de droit public. Au plan humain, mais nous serons plus

1. La classification académique du droit pénal, entre droit public et droit privé. Sur un paradoxe de la science du droit, Maud Baldovini, Thèse, Université de Caen/Basse Normandie, soutenue le 10 décembre 2009.

concis car il est ici question de la sphère intime des relations qui nous animent, l'amitié, qui nous lie au Professeur Steinlé-Feuerbach depuis de très nombreuses années, est restée intact au fil du temps et perdurera au-delà, désormais, de son éloignement statutaire des Facultés de droit. Pour toutes ces raisons, il était inconcevable que nous ne participions pas aux Mélanges qui lui sont aujourd'hui offerts.

Si les chats, compagnons incontournables de la vie du Professeur Steinlé-Feuerbach, sont, selon la légende, dotés de plusieurs vies [2], cette dernière a aussi connu plusieurs vies. D'abord, Professeur de mathématiques dans l'enseignement secondaire, à force de volonté et de travail, elle a, ensuite, embrassé une carrière universitaire, tout en se mettant au service des victimes d'accidents collectifs et de catastrophes. Or, ces dernières sont nombreuses [3]. Nous voudrions ici revenir sur l'une d'entre elles : l'exposition aux essais nucléaires français. D'autant plus que le législateur a, récemment [4], jugé opportun de modifier le texte fondateur en la matière, la loi du 5 janvier 2010 relative à la reconnaissance et à l'indemnisation des victimes d'essais nucléaires français [5]. Cela a abouti à la publication du décret d'application de cette loi, le 15 septembre 2014 [6].

Aucun d'entre nous, avec le recul dont nous disposons aujourd'hui, ne peut nier le caractère catastrophique des essais nucléaires français. Pour nous en convaincre, approprions-nous la définition adoptée par Caroline Lacroix. Selon cette dernière, la catastrophe peut être définie comme « *un événement ponctuel ou sériel d'origine naturelle et/ou anthropique, susceptible de recevoir une qualification pénale, causant d'importants dégâts matériels et/ou de nombreuses victimes et générateur d'un fort impact émotionnel, qui, à ce titre, nécessite la mise en œuvre de mesures spécifiques dans l'intérêt des victimes* » [7].

Les 210 essais nucléaires réalisés par la France du 13 février 1960 au 27 janvier 1996, d'abord dans le Sahara puis en Polynésie française, constituent d'évidence des

2. « *Dans ma cervelle se promène*
Ainsi qu'en son appartement,
Un beau chat, fort, doux et charmant
Quand il miaule, on l'entend à peine,
Tant son timbre est tendre et discret ;
Mais que sa voix s'apaise ou gronde,
Elle est toujours riche et profonde.
C'est là son charme et son secret... », Charles Baudelaire, Le chat, *in* Les fleurs du mal.

3. Nous renvoyons à la thèse dirigée par le Professeur Steinlé-Feuerbach « La réparation des dommages en cas de catastrophes », Caroline Lacroix, Bibliothèque de droit privé, tome 490, LGDJ, 2008.

4. Loi n° 2013-1168 du 18 décembre 2013 relative à la programmation militaire pour les années 2014 à 2019 et portant diverses dispositions concernant la défense et la sécurité nationale, JORF, 19 décembre 2013, p. 20570 et s.

5. Loi n° 2010-2, J.O.R.F., 6 janvier 2010, p. 327 et s.

6. Décret n° 2014-1049 du 15 septembre 2014 relatif à la reconnaissance et à l'indemnisation des victimes des essais nucléaires français, JORF n°0215 du 17 septembre 2014, page 15200 et s.

7. « *La réparation des dommages en cas de catastrophes* », *op. cit.*, p. 13.

événements anthropiques qui, au fil des années, ont conduit à la multiplication d'affections et à la décision, bien tardive, du législateur non seulement de reconnaître la qualité de victimes [8], c'était le moins que l'on puisse attendre de lui, mais aussi et surtout de mettre en place un dispositif tendant à assurer l'indemnisation. Il nous semble à ce propos, que cette double démarche soit essentielle tant le volet indemnisation, s'il est important, doit être accompagné de la reconnaissance du statut de victime, à moins que le seul processus d'indemnisation aboutisse, en lui-même, à reconnaître les victimes des essais nucléaires. En effet, l'indemnisation implique l'existence de préjudices et ainsi la présence de victimes [9]. Ainsi, si l'intitulé de la loi laisse croire, d'emblée, qu'il y a, d'une part, la consécration des victimes des essais nucléaires, et, d'autre part, la mise en place d'un mécanisme d'indemnisation, peut-être tout simplement le législateur n'a-t-il pas voulu prioriser la reconnaissance du statut de victimes et leur indemnisation, décidant ainsi de les placer au même niveau. En ce qui concerne le fort impact émotionnel participant à la qualification de catastrophe, le caractère non ponctuel de celle-ci, puisqu'elle s'est seulement révélée au fil des décennies, a pu laisser infuser le sentiment d'une émotion bien relative, au-delà des prises de position adoptées par telles ou telles associations de défense. En effet, la réaction du Parlement, particulièrement de l'Assemblée nationale dont le mode d'élection la rend plus (et parfois trop) sujette à agir justement dans l'émotion sinon dans l'émotionnel, a été bien tardive, laissant penser que l'impact émotionnel était relativement faible. Néanmoins, le fait que de nombreuses propositions de lois aient été déposées à partir de 2002 et jusqu'en 2010 [10] peut laisser croire que c'est une certaine émotion populaire qui a amené des représentants de la Nation à tenter de la relayer, hélas en vain. En effet, c'est au début des années 2000, que des associations de victimes des essais nucléaires français ont vu le jour, mettant ainsi en avant, auprès de l'opinion publique, le drame des victimes et de leurs ayants droit.

La loi du 5 janvier 2010 a constitué un acte fort de la part du gouvernement, qui en fut l'instigateur, et du Parlement, qui en a été l'auteur. Or, la mise en œuvre de ce

8. *« Il est un peu troublant de constater que le législateur parle de « reconnaissance ». Or, la reconnaissance est le « fondement » qui était invoqué par le législateur de la fin du XIXème siècle et du début du XXème pour attribuer des secours (et non une réparation) aux victimes de catastrophes », in* L'indemnisation des victimes d'essais nucléaires français, Jean-Marie Pontier, AJDA 2010, p. 677.

9. Nous renvoyons le lecteur à une problématique qui semble plus présente en droit public qu'en droit privé sur la distinction entre le dommage nécessairement objectif (entendu comme une atteinte à une chose, à une personne, à une situation) et le préjudice par nature subjectif (il s'agit des conséquences du dommage sur une personne). *Cf* La notion de préjudice en droit administratif français, Isabelle Poirot-Mazères, RDP 1997, p. 519 et s. ; Le préjudice en droit administratif français. Etude sur la responsabilité extra contractuelle des personnes publiques, Christine Cormier, LGDJ 2002. Faut-il distinguer le dommage et le préjudice ? : point de vue publiciste, Christine Paillard, Responsabilité civile et assurances, n°3, mars 2010 ; Le préjudice indemnisable en droit administratif, Christine Paillard, JCP administratif, janvier 2011, Etudes, 1, p. 7 et s.

10. Une quinzaine de propositions de loi ont été déposées tant devant l'Assemblée nationale que devant le Sénat sans être inscrites à l'ordre du jour. Seule la proposition de loi déposée notamment par Christiane Taubira a été inscrite à l'ordre de jour de l'Assemblée nationale le 27 novembre 2008, venant ensuite en discussion. Le Ministre de la défense s'était alors engagé à déposer un projet de loi et avait demandé le retrait de la proposition.

texte a montré les imperfections qu'il contenait pouvant expliquer le faible nombre de demandes et d'indemnisations (I). Face à cet échec, le Parlement a amélioré à la fin de l'année 2013, le texte adopté quelques années plus tôt sans que cela suffise peut-être à assurer l'indemnisation de toutes les victimes et de leurs ayants droit (II).

I. Un bilan de l'indemnisation très décevant

La promulgation de la loi destinée à assurer l'indemnisation des victimes des essais nucléaires français a été indéniablement une avancée (A), même si, dans son application, la loi s'est révélée inefficace (B).

A. L'utilité réelle de la loi du 5 janvier 2010

Au fil des années, la situation générée par les essais nucléaires réalisés par la France est apparue dramatique (1) aboutissant, tardivement, à une réaction du Parlement (2).

1. Un contexte dramatique

Afin d'assurer la sécurité de ses intérêts et de ses ressortissants, la France a décidé de se lancer, après d'autres Etats, dans l'ère du nucléaire civil et militaire [11]. Le volet militaire prit la forme d'études et de tirs réalisés d'abord dans le Sahara algérien (de 1960 à 1965) puis en Polynésie française (à partir de 1966 jusqu'en 1996). Si des mesures de protection ont bien été prises, leur mise en œuvre a été partielle faisant ainsi courir d'énormes risques tant aux personnels civils et militaires employés, qu'aux populations vivant dans les secteurs et au-delà des secteurs de tirs (particulièrement pour les tirs effectués dans l'atmosphère [12]). D'ailleurs, il n'est pas certain que les bonnes mesures de protection aient été justement adoptées.

L'étude d'impact accompagnant le projet de loi relatif à la réparation des conséquences sanitaires des essais nucléaires français estimait que 70 000 personnes pouvaient avoir été professionnellement exposées et qu'environ 30 000 habitants étaient

---

11. En effet, en 1945, de Gaulle chargea Raoul Dautry et Frédéric Joliot de proposer une organisation de l'industrie française du nucléaire. Puis, il créa le Commissariat à l'énergie atomique par une ordonnance du 18 octobre 1945, quelques mois avant sa démission de la présidence du Gouvernement provisoire de la République Française. Après son retour au pouvoir en 1958, les travaux sur le nucléaire militaire mais aussi civil reprennent afin de permettre d'assurer l'indépendance de la France. *« Nous continuerons notre effort atomique, convaincus d'aider ainsi au développement scientifique, technique et industriel de la nation, de renouveler l'âme et le corps de notre armée, comme le commande l'époque moderne, de donner à la France les moyens de sa sécurité et de son indépendance, par là même ceux de son action au profit de l'équilibre et de la paix du monde »*, C. de Gaulle, conférence de presse du 23 juillet 1964.

12. En Polynésie, entre 1966 et 1974, il y a eu 41 essais aériens ayant entraînés des retombées radioactives en raison des conditions météorologiques.

susceptibles de développer une pathologie liée à l'exposition aux radiations [13]. Ces chiffres, même s'ils ne sont que des approximations, dénotent l'ampleur de la catastrophe. L'étude d'impact faisait d'ailleurs état, pour justifier l'adoption d'un mécanisme d'indemnisation des victimes, du « *caractère exceptionnel de l'irradiation subie* ».

Comment les victimes pouvaient-elles obtenir indemnisation, sinon réparation, jusqu'à l'adoption de la loi du 5 janvier 2010 ? Les travailleurs relevant du régime de la sécurité sociale, c'est-à-dire les agents civils de l'Etat et les salariés de droit privé, devaient se prévaloir de l'article L 461-1 du code de la sécurité sociale faisant présumer d'origine professionnelle l'affection lorsqu'elle figure sur le tableau des maladies radio-induites et qu'elle a été contractée dans les conditions prévues par ce tableau (présomption d'imputabilité). Les militaires devaient se référer aux articles L. 2 et 3 du code des pensions militaires d'invalidité et des victimes de guerre retenant une présomption d'imputabilité, sous conditions, quand la preuve de l'origine professionnelle de la maladie est impossible à apporter [14], la réparation n'étant alors que forfaitaire. Certains salariés bénéficiaient du régime spécifique de sécurité sociale pour la Polynésie française s'appuyant sur une présomption d'origine professionnelle des maladies radio-induites avec une réparation forfaitaire. Les habitants quant à eux n'avaient pas d'autre choix que de saisir le juge administratif, devant apporter alors la preuve d'un préjudice, d'un fait générateur et d'un lien de causalité, afin d'obtenir une réparation intégrale. Naturellement, les militaires ou civils pouvaient aussi rechercher la responsabilité de l'Etat.

Ainsi, selon la situation des victimes, certaines devaient démontrer l'existence d'un lien de causalité. Or, comme avec l'amiante, dont on connaît le très long délai de latence, l'exposition à un rayonnement ionisant n'a produit ses effets dévastateurs sur la santé de certaines personnes que bien après l'exposition et même la fin des essais. Or, on le sait, l'écoulement du temps entre les essais et le développement d'une maladie radio-induite peut conduire à une distorsion du lien de causalité et même à ce qu'il se dissipe, la maladie pouvant éventuellement se rattacher à une autre cause. Ainsi, un arrêt de la cour administrative d'appel de Paris a souligné la difficulté, pour le juge, de reconnaître le lien de causalité entre les pathologies développées et

---

13. Un rapport d'information du Sénat de 2013 fait état de 80 000 personnes habitant à proximité et susceptibles ainsi d'avoir été exposées. Sénat, rapport enregistré le 18 septembre 2013, n°856. Par comparaison, le nombre de décès liés à l'amiante oscillerait de 60 000 à 100 000 sur 25 ans, alors que le dernier rapport du FIVA indique que depuis 2000, 81552 dossier d'indemnisation ont été déposés par des victimes (13ème rapport, 2013, p. 3) ce qui représente au total près de 4 milliards d'euros versés.

14. C.E., 22 septembre 2014, n°366628 : l'apparition d'un syndrome post-traumatique plus de 60 jours après le retour d'un militaire d'une mission à l'étranger interdit à celui-ci de bénéficier de la présomption légale de l'article L3 du code des pensions militaires d'invalidité. Le Conseil d'Etat rappelle qu'il appartient alors au militaire « *d'apporter la preuve de cette imputabilité par tous moyens de nature à emporter la conviction des juges* » (*cf* C.E., 29 avril 2013, n°344749).

les irradiations et ainsi la responsabilité de l'Etat du fait de l'exposition à la radioactivité [15].

Au demeurant devant le juge administratif, le fait générateur devait être fautif pour rendre possible la réparation du préjudice. La difficulté tenant ainsi à la nécessité pour la victime de démontrer une faute était d'ailleurs aggravée par la forme qu'elle devait prendre. Ainsi, la cour administrative d'appel de Bordeaux s'est appuyée sur l'exigence et l'existence d'une faute lourde pour retenir la responsabilité de l'Etat à l'égard d'une victime d'irradiations radioactives (à l'occasion de son service militaire) lors de l'essai, par l'armée, d'une bombe atomique de forte puissance sur la montagne de Talafela en 1962 [16].

Cette disparité de solutions n'était pas satisfaisante par sa complexité et le traitement différencié que l'on imposait aux victimes. Après un long combat mené par ces dernières, par leurs associations, mais aussi des élus de la Nation, le Parlement a enfin adopté, en 2010, une loi jugée alors par les autorités politiques comme essentielle.

2. Une réaction législative tardive mais remarquable

Il aura ainsi fallu que les victimes et leurs ayants droit patientent près de 40 ans après le 1er tir pour qu'un Gouvernement prenne, enfin, la réelle mesure de la situation sanitaire existante imputable à des choix politiques passés, destinés à assurer l'indépendance de la France, mis en œuvre dans des conditions de sécurité peu optimales.

Le projet de loi enregistré le 27 mai 2009 à la présidence de l'Assemblée nationale avait pour objectif de faciliter l'indemnisation des victimes sans toutefois qu'il soit, à ce moment-là, question de les reconnaître en tant que telles [17]. En effet, ce ne sera qu'au stade de la discussion parlementaire qu'apparaîtra l'intitulé final de la loi, soulignant la double finalité recherchée : la reconnaissance et l'indemnisation des

15. CAA Paris, 10 mars 2011, n° 09PA03187 : « *le lien de causalité entre les pathologies et lésions dont souffre actuellement l'intéressé... et les irradiations alléguées... n'est pas... établi* » alors que le certificat médical dont se prévaut le demandeur émet « *une simple hypothèse* », qu'il s'appuie sur une lettre qu'il avait adressée à la commission de réforme et une fiche « *dont le caractère probant n'est pas établi en l'absence de date et de signature faisant état de résultats d'examens qui auraient été pratiqués par le centre national de recherche nucléaire* ». Dès lors, « *ces seuls éléments ne constituent pas un faisceau d'indices suffisant pour considérer que les maux dont il souffre sont imputables à une contamination par des substances radioactives* ».

16. CAA Bordeaux, 16 juin 2003, n° 00BX01446 : « *le fait d'avoir laissé M. X... assister à l'essai nucléaire en cause face à la montagne, à l'extérieur de l'abri anti-atomique existant, puis participer à plusieurs reprises sans protection particulière au prélèvement d'échantillons dans la zone contaminée dans les semaines ayant suivi l'explosion, constitue une faute lourde de l'Etat susceptible d'engager sa responsabilité* ».

17. Le projet de loi faisait seulement référence à « *la réparation* » qui plus des seules « *conséquences sanitaires* » des essais nucléaires français. On est ainsi très loin de l'intitulé final de la loi du 6 janvier 2010.

victimes. Le travail parlementaire a ainsi non seulement porté sur le contenu du processus d'indemnisation, mais aussi sur la signification qu'il fallait donner à cette démarche. Néanmoins, vouloir créer au profit des victimes un régime d'indemnisation propre, constituait déjà, au stade du projet de loi, une reconnaissance de celles-ci.

Au cours des discussions au sein des deux assemblées, le projet de loi a évolué de manière significative démontrant ainsi, une fois de plus l'utilité du Parlement et du bicaméralisme pourtant trop souvent décrié. En effet, il n'est désormais plus seulement question d'une exposition directe à des rayonnements ionisants, solution par trop restrictive, alors que la formule désormais retenue par l'article 1er de la loi met en avant opportunément le caractère négatif des essais nucléaires [18]. Au-delà, le champ d'application géographique initial (Centre saharien des expérimentations militaires, Centre saharien des expérimentations militaires des oasis, Atolls de Mururoa et Fangataufa et « *zones exposées de Polynésie française inscrites dans un secteur triangulaire* ») a été étendu aux essais réalisés sur l'atoll de Hao et pour les retombées radioactives sur la presqu'île de Tahiti. Par ailleurs, l'aide du Ministère de la défense a été offerte aux demandeurs, la présomption de causalité a aussi été préférée tout en reconnaissant au comité d'indemnisation des victimes des essais nucléaires (CIVEN) créé la faculté de considérer l'indemnisation impossible lorsqu'il estime le risque « *comme négligeable* ». De plus, l'obligation pour le CIVEN de respecter le principe du contradictoire et le droit pour le demandeur d'être assisté de la personne de son choix ont été retenus, un délai de 4 mois a été imposé au CIVEN pour présenter au Ministre de la défense une « *recommandation* », le Ministre devant notifier sa décision motivée au demandeur dans les 2 mois en l'accompagnant de « *la recommandation du comité* ». Le Parlement a décidé, enfin, de créer une commission consultative de suivi des conséquences des essais nucléaires consultée sur le suivi de l'application de la loi ainsi que sur les éventuelles modifications à apporter à la liste des maladies radio-induites et pouvant adresser des recommandations au Ministre de la défense et au Parlement.

S'il est de l'honneur de nos gouvernants et des parlementaires d'avoir su apporter une réponse à un désastre sanitaire imputable à l'Etat, la loi du 5 janvier 2010 participe, comme d'autres textes antérieurs, à assurer la continuité juridique de l'Etat et la capacité de celui-ci à admettre les erreurs, sinon les fautes, passées commises en son nom. Se pose, d'ailleurs, la question de savoir quel est l'objet exact de la loi, donc le fondement de celle-ci, entendu comme la justification profonde la caractérisant. Est-ce une loi par laquelle l'Etat reconnaît sa responsabilité ? Si tel est le cas, de quelle responsabilité parle-t-on ? Le silence du gouvernement mais aussi celui de la loi, nous incite, *a priori*, à considérer qu'il n'est pas question pour l'Etat de reconnaître sa responsabilité, tout du moins de manière explicite, comme cela avait été

18. Le projet de loi indiquait : « *Toute personne souffrant d'une maladie radio-induite résultant directement d'une exposition à des rayonnements ionisants à l'occasion des essais nucléaires* », alors que la loi précise : « *Toute personne souffrant d'une maladie radio-induite résultant d'une exposition à des rayonnements ionisants dus aux essais nucléaires* ».

le cas avec la loi du 31 décembre 1957 [19] et la loi du 5 avril 1937 [20]. Pourtant, au cours des débats, quelques parlementaires ont avancé cette idée, alors que le Parlement a rejeté la proposition consistant à donner naissance à un fonds d'indemnisation. Or, cette structure juridique est « *reconnu[e]s comme détachée[s de toute idée de responsabilité* » [21]. Ne pourrait-on pas alors estimer que le rejet de créer un fonds d'indemnisation, dont la raison d'être est la garantie sociale entendue comme désignant « *l'ensemble des régimes législatifs d'indemnisation distincts de la responsabilité et des secours* » [22], prouverait la volonté législative de reconnaître la responsabilité de l'Etat ? D'ailleurs, Didier Truchet range non seulement les fonds d'indemnisation mais aussi l'indemnisation des essais nucléaires dans ce qu'ils qualifient de « *responsabilité sans fait* » [23], qu'il convient de comprendre comme caractérisant une responsabilité imputable à la personne sur qui va peser la charge de l'indemnisation sans qu'elle ait été, elle-même, auteur du fait préjudiciable. Pourtant, la situation provoquée par les essais nucléaires français ne nous paraît pas entrer dans cette catégorie puisque ce sont les agissements de l'Etat qui ont provoqué le désastre... Quoi qu'il en soit, l'absence d'affirmation explicite de la responsabilité de l'Etat dans la loi du 6 janvier 2010 empêche d'identifier celle-ci avec certitude, même si, elle semble exister de manière implicite [24]. Néanmoins, un autre type de responsabilité dépasse le cadre juridique : la responsabilité morale. Il est ici question de la morale laïque modifiant le sens des mots « *responsable* » et « *responsabilité* ». Comme l'écrivait Michel Villey « *Nous voici maintenant responsables devant notre for personnel ; sinon, devant l'humanité, la société, les temps futurs- ces substituts de Dieu. Et dans ces nouvelles perspectives va même disparaître l'imagerie de la comparution devant un juge...* » [25]. Certes, l'affirmation de Michel Villey portait sur l'Homme doté de raison, à même de se forger une morale et de se considérer alors

19. Loi attribuant compétence aux tribunaux judiciaires pour statuer sur les actions en responsabilité des dommages causés par tout véhicule et dirigés contre une personne de droit public n° 57-1424, JORF du 5 janvier 1958 page 196 et s.

20. Loi modifiant les règles de la preuve en ce qui concerne la responsabilité des instituteurs et le dernier alinéa de l'article 1384 du code civil relatif à la substitution de la responsabilité de l'Etat à celle des membres de l'enseignement public, JORF du 6 avril 1937 page 3923.

21. Regards sur les transformations de la responsabilité administrative, M. Deguergue, *in* La responsabilité administrative : comparaison internationale, RFAP, n° 147, 2013, p. 576.

22. La notion de réparation de dommages en droit administratif français, M. Sousse, LGDJ 1994, p.95.

23. Droit administratif, D. Truchet, PUF, 5ème édition, 2013, p. 432 et s. A l'inverse, Thibault Leleu, ne range pas l'indemnisation des essais nucléaires dans la responsabilité sans fait. L'auteur considère qu'il s'agit d'une responsabilité sans faute. Essai de restructuration de la responsabilité publique, A la recherche de la responsabilité sans fait, LGDJ, 2014, Bibliothèque de droit public, tome 280, p.66 et s.

24. Sous l'égide de la loi du 18 décembre 2013, le secrétariat d'Etat aux anciens combattants indique, dans une réponse écrite à une question posée par le député Frédéric Folliot, « *Ce comité instruit au cas par cas les dossiers de demande d'indemnisation afin d'éviter d'instaurer une automaticité de la réparation, contraire au droit de la responsabilité.* », Question publiée au JO le 22 juillet 2014 page : 6094, réponse publiée au JO le 19 août 2014 p. 6991.

25. Esquisse historique sur le mot responsable, *in* La responsabilité à travers les âges, Economica, 1989, p. 75 et s., p. 83.

comme moralement responsable. Or, ici, il n'est pas question de l'Homme mais de l'Etat. Peut-il, par ses représentants, reconnaître qu'il est moralement responsable ? Puisque le législateur, d'abord, le juge administratif, ensuite, génèrent des régimes de responsabilité à la charge de l'Etat, régimes de nature juridique, on ne voit pas pourquoi les représentants de l'Etat ne pourraient pas faire peser sur celui-ci une responsabilité morale. Dès lors, il semble que le législateur ait souhaité, par cette loi, consacrer une responsabilité morale de l'Etat alors que la responsabilité juridique de ce dernier serait plus implicite. Jacques Moreau estime que le mécanisme d'indemnisation des essais nucléaires, mais aussi ceux permettant d'indemniser les victimes de l'amiante, du sang contaminé de l'hépatite C, dénote que l'on est « *plus proche de l'assurance que de la responsabilité* » [26]. Il nous paraît, pourtant, que le mécanisme d'indemnisation consacré par la loi du 6 janvier 2010 doit être distingué de ceux retenus pour le VIH, l'amiante et les accidents médicaux. En effet, alors que dans ces trois situations ont été mis en place des structures chargées d'indemniser les victimes et leurs ayants droit, qualifiées de fonds d'indemnisation, dotées de la personnalité juridique, rien de tel n'est consacré par la loi de 2010 bien que certains éléments nous rapprochent d'évidence des fonds d'indemnisation (encadrement spatial, temporel et en fonction des personnes concernées, réparation intégrale, absence de démonstration d'un comportement fautif, présomption de causalité, pouvoirs d'investigation reconnus à la structure créée, désistement de toute action juridictionnelle en cours du fait des mêmes chefs de préjudices dans l'hypothèse d'une acceptation de l'offre...). Ainsi, avec cette loi, on semble se situer entre la responsabilité et la garantie sociale, dans une forme hybride.

Le texte final de la loi donnait ainsi naissance à un mécanisme d'indemnisation unifié et simplifié au profit des victimes et de leurs ayants droit. Pourtant, parce que la perfection n'est pas de ce monde, le texte pouvait être sujet à critiques, sinon à discussion alors que son efficacité pratique n'a pas été au rendez-vous.

B. L'inefficacité de la loi du 5 janvier 2010

« *Les lois inutiles affaiblissent les lois nécessaires* ». Cette citation de Montesquieu, résume le sentiment éprouvé, dans les semaines et les mois qui ont suivi la promulgation de la loi du 6 janvier 2010, non seulement par des personnes touchées, dans leur chair, à la suite des essais nucléaires français, mais aussi par de très nombreux citoyens. Passée la promulgation de la loi, des juristes ont ainsi fait part de l'avancée certaine apportée par cette loi ainsi que de leur scepticisme par rapport à certaines des dispositions de celles-ci (1). Au fil des années, la mise en œuvre de la loi est apparue très difficile amenant la classe politique à proposer des modifications voire à adapter, en vain, les textes réglementaires d'application de la loi (2).

26. La responsabilité administrative, *in* Traité de droit administratif, Dalloz, 2011, p. 631 et s., p. 638.

1. Le scepticisme de certains juristes après la promulgation

Jean-Marie Pontier, tout en reconnaissant l'avancée procurée par la loi du 6 janvier 2010, a souligné son insuffisance en ce qui concerne l'indépendance du CIVEN et l'exclusion des « *victimes par ricochet* » [27]. Isabelle Poirot-Mazères, soulignant que la procédure est « *objectivement maîtrisée* » par la présence du Gouvernement, a pointé du doigt les reproches tenant, d'une part, à la composition du CIVEN qui exclut toute représentation des associations de victimes, et d'autre part, à la délimitation des zones affectées et à la liste des maladies retenues [28]. Quant à nous, nous avons regretté que les ayants droit ne puissent pas obtenir réparation de leur propre préjudice, que les associations de défenses des victimes des essais nucléaires ne soient pas associées aux travaux du CIVEN, tout en nous interrogeant sur la place réservée au Ministre de la défense, seule autorité compétente pour proposer une indemnisation puisque le CIVEN était chargé de présenter à celui-ci une recommandation ne le liant ainsi aucunement [29].

Le texte de la loi, en lui-même, doit-il être loué ou au contraire objet de critiques ? Certes, la loi n'était pas parfaite en raison du restrictivisme spatial retenu, de la limitation de la liste des affections adoptée par le législateur, mais également parce qu'il est donné trop de place au Ministre de la défense. Néanmoins, elle a tout de même le mérite d'exister, permettant de percevoir désormais les essais nucléaires français comme un « *objet de droit* », formule déjà utilisée à propos du nucléaire civil. Car, s'il existe un droit nucléaire civil, sinon un droit du nucléaire civil, dont le spectre est très large puisqu'il va de la construction des installations nucléaires de base jusqu'à leur démantèlement en passant par les modalités de réparation des accidents voire des catastrophes nucléaires, la question de l'existence d'un droit du nucléaire militaire restait en suspend tant la matière est stratégiquement sensible et soumise, pendant très longtemps, au régime du secret-défense. Ainsi, la loi de 2010 a permis de créer un droit qui, dès lors, n'a pas pour objet de réglementer l'usage de l'arme nucléaire mais d'assurer l'indemnisation des victimes ayant participé au processus de création de celle-ci ou habitant des zones sur lesquelles les tirs ont eu lieu.

---

27. L'indemnisation des victimes des essais nucléaires français, AJDA 2010, p. 976 et s.

28. « *L'analyse révèle ainsi une forte emprise des pouvoirs publics sur le déroulement mais aussi l'issue de la procédure amiable de réparation. Il restera aux victimes à éprouver l'efficacité des garde-fous et recours prévus, à l'encontre de toute limitation budgétairement imposée ou tout arbitrage purement comptable du ministre* », La loi n°2012-2 du 5 janvier 2010 relative à la reconnaissance et à l'indemnisation des victimes des essais nucléaires français : enfin ?..., Revue de droit sanitaire et social, 2010, p. 662 et suiv.

29. L'indemnisation des victimes des essais nucléaires, JCP A, juillet 2010, 13 et suiv. L'occasion nous est donnée ici de préciser que le titre retenu par l'éditeur n'était pas celui que nous avions proposé. En effet, nous avions suggéré « *Les retombées non radioactives des essais nucléaires français sur le législateur* », titre dont on peut tout de même convenir qu'il était un peu provocateur…

2. L'échec de l'application de la loi interpelant le pouvoir politique

Toute loi est le fruit d'un travail parlementaire destiné à faire évoluer la société. En l'espèce, il s'agissait d'améliorer la vie des victimes et de leurs ayants droit. Or, justement quel a été leur ressenti face à la loi du 5 janvier 2010 ? L'association des vétérans des essais nucléaires et l'association *Moruroa e Tatou* ont regretté un champ d'application géographique de la loi trop étroit puisqu'elle ne concernait pas toute la Polynésie française. Elles ont aussi milité en faveur d'une nouvelle méthode de travail du CIVEN.

En ce qui concerne la classe politique, passé le temps de la satisfaction, est venu celui de l'évaluation de la loi de 2010. Un sentiment d'indispensable perfectionnement a vu le jour, non seulement du côté de l'opposition mais aussi de la majorité. Ainsi, au mois de février 2012 (les esprits chagrins y ayant vu, à quelques mois de l'élection présidentielle, un coup politique du Président de la République), le chef de l'Etat, Nicolas Sarkozy, a annoncé, dans une vidéo aux Polynésiens, que « *le nouveau décret* reconnaissant et indemnisant les victimes des essais nucléaires en Polynésie française *est aujourd'hui prêt* » et « *sera publié sans attendre* ». Il ajoutait « *dès 2007, j'ai souhaité que ce sujet soit mis sur la table, et que l'Etat reconnaisse et indemnise les victimes des essais nucléaires. C'est le cas avec la loi du 5 janvier 2010, qui est une loi historique pour la Polynésie française... Je vous avais promis d'assouplir les conditions d'application de cette loi, afin que l'ensemble de l'île de Tahiti soit couverte, et que la liste des maladies retenues soit élargie. Le nouveau décret est aujourd'hui prêt, et dès que les associations locales auront été consultées, ce décret sera publié sans attendre* ». Nicolas Sarkozy souhaitait « *que nous puissions regarder en face toute notre histoire, sans en occulter les éventuelles zones d'ombre* ». L'engagement présidentiel a été tenu puisque un nouveau décret fut publié le 3 mai 2012 [30], qui, d'une part, autorisait le réexamen des demandes rejetées sur le fondement du décret antérieur du 11 juin 2010 et, d'autre part, élargissait le périmètre géographique des zones de l'atoll de Hao et de celle de l'île de Tahiti, dans lesquelles le demandeur doit avoir résidé ou séjourné, tout en ajoutant à la liste des maladies radio-induites le cancer du sein chez l'homme et trois nouvelles pathologies (lymphome non hodgkinien, myélome et myélodysplasie).

Ces évolutions n'ont pourtant pas conduit à un accroissement du nombre des indemnisations. En effet, réunie le 11 décembre 2012, la commission de suivi des conséquences des essais nucléaires présidée par le Ministre de la défense, a constaté que sur un total de 786 dossiers d'indemnisation déposés, ce qui constitue un chiffre faible par rapport à la prévision d'environ 10 000 personnes impactées potentiellement par les essais nucléaires, seulement 400 ont donné lieu à examen par le CIVEN

30. Décret n° 2012-604 du 30 avril 2012 modifiant le décret n° 2010-653 du 11 juin 2010 pris en application de la loi relative à la reconnaissance et à l'indemnisation des victimes des essais nucléaires français, JORF n°0104 du 3 mai 2012 p. 7807 et s. Nous étions en pleine campagne pour le 2nd tour de l'élection présidentielle, ce qui peut être interprété comme un signe adressé aux électeurs dont eux-mêmes ou leurs proches ont été victimes ou simplement comme la marque de la continuité de l'Etat quels que soient les événements.

qui a recommandé au Ministre de la défense d'allouer une indemnisation seulement pour 9 dossiers… Ainsi, 386 dossiers ont été purement et simplement écartés de la procédure et 391 jugés recevables ont été rejetés [31].

Par un communiqué de presse du même jour, le Ministre de la défense a invité les députés et les sénateurs membres de la commission de suivi à visiter le CIVEN et à en suivre les travaux, afin d'avoir une meilleure compréhension du fonctionnement du mécanisme de reconnaissance et d'indemnisation. Si cette proposition est pour le moins louable, puisqu'elle devait permettre aux élus de la Nation, membres de la commission de suivi, de comprendre ce qui fonctionne ou ne fonctionne pas afin d'y remédier, elle n'est pas sans poser difficulté. En effet, la loi du 6 janvier 2010 ne prévoit pas pareille association. Peut-on alors considérer que le silence de la loi permettrait d'autoriser cette présence ? Au demeurant, puisqu'il n'est pas possible aux personnes sollicitées par le CIVEN de lui opposer le secret professionnel, permettre aux députés et sénateurs d'assister aux discussions du CIVEN ne risque-t-il pas de poser un souci en termes de secret des délibérations de celui-ci alors qu'elles touchent un sujet sensible : celui de la santé ? Cela n'a pourtant pas empêché la mise en œuvre de cette suggestion. Le Ministre a également demandé qu'un travail d'évaluation sur l'application de la loi soit réalisé par les autorités de contrôle du ministère, avec le concours du ministère de la Santé, afin d'analyser les procédures actuelles et les modalités d'application concrètes de la loi. Une telle initiative louable en soi, nous paraît pourtant bien tardive d'autant qu'il existe depuis 2010 la commission consultative de suivi des conséquences des essais nucléaires consultée notamment sur le suivi de l'application de la loi...

Le très mauvais pourcentage de dossiers pour lesquels le CIVEN a proposé au Ministre de la défense l'octroi d'une indemnisation (2,3%) a interpelé des parlementaires. Ainsi, le 29 mai 2013, une proposition de loi, afin d'actualiser la loi du 5 janvier 2010, a été enregistrée à la présidence de l'Assemblée nationale [32]. Les députés membres du Parti Gauche démocrate et républicaine, porteurs de ce texte, proposaient notamment la suppression du renversement de la présomption de causalité dans l'hypothèse d'un risque négligeable mais aussi l'extension de la zone géographique d'indemnisation à toute la Polynésie. Le 18 septembre 2013, un rapport d'information a été enregistré à la présidence du Sénat au nom de la commission sénatoriale « *pour le contrôle de l'application des lois sur la mise en œuvre de la loi n° 2010-2 du 5 janvier 2010 relative à la reconnaissance et l'indemnisation des victimes des essais nucléaires français* » [33]. Les auteurs de celui-ci (Corinne Bouchoux et Jean-Claude Lenoir) ont notamment préconisé de revoir les zones géographiques,

31. Déjà, dans son édition du 23 février 2012, le quotidien Le Monde soulignait une indemnisation « *au compte-gouttes* » puisque seulement 4 malades sur 684 dossiers déposés avaient vu le CIVEN proposer au Ministre une indemnisation.

32. A.N., n°1065. Proposition de loi portant actualisation de certaines dispositions de la loi n°2010-2 du 5 janvier 2010 relative à la reconnaissance et à l'indemnisation des victimes des essais nucléaires français.

33. *Op. cit.*

puisque la levée du secret défense sur certains documents était intervenue et notamment d'englober tout le territoire de la Polynésie française dans le champ d'application de la loi, d'encourager la levée du secret défense, de consolider les effectifs du CIVEN qui associerait, en son sein, des experts désignés par les associations de victimes, de privilégier une analyse au cas par cas des dossiers par le CIVEN qui serait désormais placé sous l'autorité du Premier ministre et de sanctuariser le budget alloué à l'indemnisation tout en renforçant l'information à destination des populations locales. Le 9 octobre 2013, le Ministre de la défense a présidé, la 4ème réunion de la commission consultative de suivi des conséquences des essais nucléaires. Il a notamment proposé une meilleure coordination interministérielle, que des experts proposés par les associations assistent à une réunion du CIVEN, que la poursuite des déclassifications de documents concernant les essais nucléaires perdure et que soit lancée une étude spécifique sur la reconnaissance des vétérans. En ce qui concerne les indemnisations, le Ministre a indiqué qu'une étude serait lancée en vue de mieux informer les personnes susceptibles d'avoir été exposées à des radiations, afin qu'elles puissent, le cas échéant, déposer un dossier auprès du CIVEN. Enfin, le Ministre a souhaité que le périmètre de l'application de la loi soit étendu à toute la Polynésie française, répondant en cela à une attente forte des associations qui ont salué cette proposition. Ainsi, le Ministre de la défense prenait, une fois de plus, acte des difficultés d'assurer l'indemnisation des victimes en renvoyant au Parlement le soin d'améliorer la loi du 6 janvier 2010.

Qu'est-ce qui peut expliquer ce très faible nombre de dossiers validés par le CIVEN ? Un comité trop timoré ? Cela paraît guère envisageable, parce qu'il a été constitué de manière à garantir son impartialité et son indépendance et que l'on ne voit pas l'intérêt qu'il pourrait avoir à écarter la quasi-totalité des dossiers, d'autant qu'il est seulement l'auteur de recommandations qui ne constituent pas des offres d'indemnisation. Faut-il alors chercher une réponse du côté du Ministre de la défense, seul habilité à faire une proposition suite à la recommandation du CIVEN et plus enclin *a priori* à rejeter les demandes ? A dire vrai, s'il est exact que c'est au niveau du CIVEN que 777 dossiers ont été rejetés, peut-être sont-ce, d'abord et avant tout, les conditions retenues par le législateur qui posaient difficulté. Elles semblaient ainsi trop restrictives tant du point de vue des zones géographiques concernées que du nombre trop limité de maladies retenues, aboutissant à ce que la loi soit totalement contre-productive et amène à créer un sentiment de colère qui risquait d'avoir des effets inversement proportionnel aux espoirs que les victimes et leurs ayants droit avaient pu légitimement forgés au moment du vote de la loi en 2010. Au-delà, un autre écueil existait : l'interprétation des conditions… d'ailleurs, une des solutions, qui dans l'absolu, est très favorable aux victimes, obligeant le comité d'indemnisation à démontrer, pour renverser la présomption de causalité, « *qu'au regard de la nature de la maladie et des conditions de son exposition le risque attribuable aux essais nucléaires [peut] être considéré comme négligeable* » (article 4 II) ne permettait-elle pas au comité et, *in fine*, au Ministre de la défense de considérer presque systématiquement que le risque était justement négligeable ?

De son côté, le juge administratif doit s'en tenir aux termes de la loi et aux conditions que celle-ci a fixé. En atteste l'arrêt de la cour administrative d'appel de Paris, du 10 mars 2011, rejetant la requête présentée par un ancien matelot de la marine nationale affecté au centre d'expérimentation du Pacifique entre le 13 mai 1966 et le

14 mai 1967, débouté par le tribunal administratif de la Polynésie française le 31 mars 2009, invoquant le bénéfice de la présomption de causalité consacrée par la loi du 5 janvier 2010. Selon le juge d'appel, parce qu'il n'est pas atteint de l'une des maladies mentionnées par le décret du 11 juin 2010, cette demande ne peut pas être accueillie [34].

Si, comme l'a justement affirmée Christine Bréchon-Moulènes : « *l'histoire d'une loi ne se termine pas le jour de sa publication* », la loi du 6 janvier 2010 ne déroge pas à cette maxime. Les difficultés de mise en œuvre du dispositif législatif ont convaincu le législateur de la nécessité d'adapter le texte. Mais, il n'est pas certain que cela soit suffisant, tant que les victimes ne se seront pas appropriées le mécanisme d'indemnisation qui leur est pourtant dédié.

II. Des adaptations bienvenues mais incomplètes du processus d'indemnisation

A la fin de l'année 2013, le législateur a décidé d'adapter le processus d'indemnisation dont le décret d'application a été publié 9 mois plus tard [35]. Il ressort de cette nouvelle loi, la volonté affichée de rendre le processus d'indemnisation exempt de toute dépendance vis-à-vis du Ministre de la défense en érigeant le CIVEN en autorité administrative indépendante (A). D'autres améliorations ont aussi vu le jour (B), sans toutefois qu'il soit certain que le nouveau processus sera totalement efficace. Car l'essentiel reste pour les victimes et leurs ayants droits de s'approprier celui-ci en dépassant le sentiment dominant jusqu'à présent selon lequel il ne servirait à rien.

A. Le choix opportun d'un seul acteur de l'indemnisation, de surcroit indépendant : le CIVEN

Deux remarques préliminaires s'imposent en ce qui concerne le processus législatif ayant abouti aux modifications apportées à la loi de 2010.

En premier lieu, c'est à l'occasion de la discussion du projet de loi de programmation militaire pour la période 2014-2019 et portant diverses dispositions concernant la défense et la sécurité nationale, qu'il a été décidé de modifier le processus d'indemnisation des victimes des essais nucléaires [36]. Il peut, d'emblée, paraître surprenant d'avoir choisi la discussion sur ce texte de loi pour y intégrer des dispositions qui en paraissent bien éloignées. Certes, dans les deux cas, il est question des activités sinon des actions militaires. Mais la perspective temporelle n'est, *a priori*, pas la même. En effet, pour les victimes des essais nucléaires, il s'agit d'une ap-

34. CAA Paris, 10 mars 2013, *op. cit.*

35. Décret du 15 septembre 2014 relatif à la reconnaissance et à l'indemnisation des victimes des essais nucléaires, n°2014-1049, JO, du 17 septembre 2014, p. 15200 et s. Le décret d'application de la loi du 6 janvier 2010 avait été publié un peu plus rapidement, soit le 11 juin 2010.

36. JORF, 19 décembre 2013, p. 20570 et suiv.

proche tournée vers le passé puisque l'on cherche à améliorer leur indemnisation par rapport à des expositions anciennes. Or, la loi de programmation militaire s'inscrit, au contraire, dans la dimension prospective de l'action publique, comme le confirme, d'ailleurs, la période sur laquelle elle porte. Pourtant, peut-être peut-on considérer que l'amélioration du sort des victimes des essais nucléaires s'inscrit dans une vision future où, dans une configuration proche, la prévention sera le maître mot. Qui plus est, vouloir améliorer l'indemnisation, consiste à s'inscrire dans une perspective non pas tournée vers le passé mais orientée vers le futur. Pourtant, si l'objectif de la loi est aussi d'adopter « *des dispositions concernant la défense et la sécurité nationale* », l'amélioration de la loi de 2010 paraît bien éloignée de cet objet.

En second lieu, ce n'est pas le gouvernement qui a été l'initiateur des modifications apportées à la loi du 5 janvier 2010, mais le Parlement. Ainsi, alors qu'en 2009 c'est le Gouvernement qui fut l'instigateur de cette évolution législative, rien de tel en 2013. Si, cela n'a rien d'essentiel puisque, au final, l'important était ailleurs (donner plus de vigueur au processus d'indemnisation), cela renforce l'importance du Parlement. Apparaît aussi, une nouvelle fois, l'intérêt du bicaméralisme puisqu'il a permis d'améliorer le travail législatif et d'ajouter des dispositions parfois essentielles.

Le Parlement a décidé d'ériger le CIVEN en autorité administrative indépendante, ce qui, au moins en raison des termes utilisés, devrait trouver grâce auprès des victimes et de leurs ayants droit (1). Il est ainsi donné naissance, pour la 1ère fois, à une autorité administrative indépendante chargée d'assurer une mission d'indemnisation des victimes et de leurs ayants droit (2).

1. La qualification d'autorité administrative indépendante : une réponse forte adressée aux victimes

Nous vivons, peut-être plus qu'hier, dans un monde où la communication est incontournable et avec elle le choix le plus adapté possible de mots devant permettre de caractériser immédiatement ce que l'on cherche à faire sinon à dire. Le législateur, d'évidence, n'échappant pas à ce contexte, a décidé de frapper les esprits en transformant le CIVEN en autorité administrative indépendante. Cette rupture avec le passé est bienvenue car elle doit permettre de faire clairement comprendre aux victimes que l'indemnisation n'est pas tributaire de choix politiques, ce que pouvait leur laisser croire le dispositif adopté en 2010 puisque le CIVEN n'avait que des fonctions d'investigation et de proposition, le Ministre statuant *in fine* et pouvant ainsi apparaître à tort (car il pouvait, et dans la pratique allait, suivre souvent les recommandations du CIVEN) comme maître de l'indemnisation.

La catégorie des autorités administratives indépendantes apparues en 1978 lorsque le Parlement qualifia de la sorte la commission nationale informatique et libertés, a, au fil des décennies, grossie pour, aujourd'hui, comprendre près d'une quarantaine d'entités [37]. Celles-ci sont créées par des lois ordinaires voire des lois organiques. Depuis la révision constitutionnelle de 2008, le titre XI *bis* de la Constitution porte sur le défenseur des droits, qualifié par la loi organique du 30 mars 2011 d'« *autorité constitutionnelle indépendante* ». Néanmoins, le Conseil constitutionnel a préféré la qualifier d'« *autorité administrative dont l'indépendance trouve son fondement dans la Constitution* » [38] sans en faire, dès lors, pour autant un « *pouvoir public constitutionnel* » [39]. Ainsi, s'il existe seulement une catégorie, celle des autorités administratives indépendantes, celle-ci se dissocie en deux ensembles. D'une part, il y a les autorités publiques indépendantes, dotées de la personnalité juridique et qui disposent ainsi du droit d'ester en justice, d'une autonomie financière et sont susceptibles de voir leur responsabilité engagée. D'autre part, il existe les autorités administratives indépendantes qui ne sont pas dotées de la personnalité juridique et des attributs qui y sont attachées. Le CIVEN se rattache désormais à ce dernier ensemble bien que la loi de 2013, comme d'autres lois précédemment, reconnaisse au président de cette autorité non personnalisée la « *qualité pour agir en justice au nom du comité* ». C'est au cours des débats devant le Sénat qu'un article additionnel fut proposé bouleversant ce qui était contenu dans la loi de 2010 puisqu'il s'agissait de transformer le CIVEN en autorité administrative indépendante, tout en indiquant précisément la composition de celui-ci. Selon l'auteur de cet amendement, la sénatrice Corinne Bouchoux, « *Il s'agit de transformer l'élément central de la procédure d'indemnisation, le... CIVEN, en une autorité administrative indépendante, afin de garantir son indépendance et celle de ses membres à l'égard du Ministère de la défense* ». Cette volonté de reconnaître au CIVEN une totale indépendance a semblé tellement importante que cet amendement proposait d'ajouter que « *dans l'exercice de leurs attributions, les membres du comité ne reçoivent d'instruction d'aucune autorité* ». Cette précision a d'ailleurs été conservée dans la loi. Le Ministre de la défense a souligné l'intérêt qu'il portait à la transformation du CIVEN en une autorité administrative indépendante jugeant ainsi que « *cela permettra de répondre aux critiques selon lesquelles un soupçon de partialité pèserait sur les décisions prises par le ministre* ».

Transformer le CIVEN en autorité administrative indépendante a non seulement un sens en raison du dernier mot employé qui devrait rassurer les victimes et leurs ayants droit, mais aussi des conséquences juridiques attachées à la qualification d'autorité administrative indépendante. En effet, il est, tout d'abord, question d'une autorité, c'est-à-dire d'une entité disposant d'un pouvoir de décision. Or, tel est évidemment le cas avec le CIVEN puisqu'il a pour fonction de décider s'il doit y avoir

37. Le Sénateur Patrice Gélard, a dénombré 42 autorités administratives indépendantes. Rapport fait au nom de la commission des lois constitutionnelles, du Sénat, n° 616, 11 juin 2014, p. 47 et s.

38. C.C., 29 mars 2011, n°2011-626 DC.

39. Les autorités constitutionnelles indépendantes, autorités administratives, B. Delaunay, AJDA 2011, p. 817. « *Si les autorités indépendantes peuvent à l'occasion se hisser au rang constitutionnel par leur origine, elles conservent donc en toute hypothèse une nature administrative et ne s'accompagnent d'aucun régime juridique propre. Les autorités constitutionnelles indépendantes peuvent subsister dans notre droit, elles ne dérangeront point* ».

indemnisation et alors à quelle hauteur celle-ci doit être fixée [40]. Il s'agit, ensuite, d'une autorité administrative, c'est-à-dire d'une structure agissant au nom et pour le compte de l'Etat, dont les actes relèvent d'un juge puisque les autorités administratives indépendantes relèvent du contrôle juridictionnel, sans toutefois que le juge administratif soit toujours compétent. En ce qui concerne le CIVEN, s'il agit au nom de l'Etat, le législateur est resté silencieux sur l'éventuel contrôle juridictionnel qui pourrait être exercé à son encontre et, logiquement, sur l'ordre de juridiction compétent. Ainsi, la loi de 2013, reprenant celle de 2010, précise seulement que l'acceptation de l'offre du CIVEN vaut désistement de toute action juridictionnelle en cours et « *rend irrecevable toute autre action juridictionnelle visant à la réparation des mêmes préjudices* ». On est ainsi très loin des précisions apportées par la loi ayant créée le FIVA qui indiquait que « l*e demandeur ne dispose du droit d'action en justice contre le fonds d'indemnisation que si sa demande d'indemnisation a été rejetée, si aucune offre ne lui a été présentée dans le délai mentionné au premier alinéa du IV ou s'il n'a pas accepté l'offre qui lui a été faite. Cette action est intentée devant la cour d'appel dans le ressort de laquelle se trouve le domicile du demandeur. Celui-ci a la possibilité de se faire assister ou représenter par son conjoint, un ascendant ou un descendant en ligne directe, un avocat ou un délégué des associations de mutilés et invalides du travail les plus représentatives* ». Le silence de la loi n'est pas satisfaisant puisque la rigueur juridique exige de savoir précisément si l'on peut contester les décisions du CIVEN et alors devant quel juge. Il faut considérer que le refus de l'offre présentée par le CIVEN devra être porté devant le juge administratif puisqu'il s'agira de contester des décisions prises pour le compte de l'Etat (en dehors des exceptions législatives et jurisprudentielles inapplicables ici) relatives au refus d'indemnisation ou à une offre jugée insuffisante. Il s'agit, enfin, d'une autorité administrative indépendante du pouvoir exécutif. Comme l'écrivait Michel Degoffe, « *A cet égard, on peut soutenir que l'autorité administrative indépendante traduisait une méfiance à l'égard de l'exécutif : le gouvernement ne peut prendre des décisions impartiales, aussi faut-il confier le pouvoir de décision, dans des domaines sensibles, à des entités indépendantes de lui* » [41]. Le CIVEN qualifié de la sorte est donc indépendant non seulement du Ministre de la défense mais aussi plus généralement du pouvoir exécutif.

Or, l'indépendance s'apprécie particulièrement au regard de la composition de l'autorité administrative et ainsi du statut reconnu à ses membres. La composition du CIVEN a donné lieu, en 2013, à des précisions par rapport à ce qui était prévu par la loi de 2010 qui ne déterminait nullement le nombre de membres, indiquant seulement que le CIVEN serait « *composé notamment d'experts médicaux nommés conjointement par les ministres chargés de la défense et de la santé sur proposition du*

40. « *La catégorie des autorités administratives indépendantes ne peut avoir de spécificité (et le terme d'autorité ne peut être justifié) que si elle ne comprend que des organismes détenant, pour l'accomplissement même de leur mission, un pouvoir de décision* », Droit administratif général, tome 1, 15ème édition, 2001, Montchrestien, p. 228.

41. Les autorités publiques indépendantes, AJDA 2008, p. 622 et s.

Haut Conseil de la santé publique » [42]. Ainsi, et ceci peut être là encore pour tenter d'apaiser les victimes et de renouer le lien de confiance perdu, le législateur, à l'initiative de la sénatrice Corinne Bouchoux, a décidé d'inscrire dans la loi la composition complète du CIVEN, tout en éloignant le spectre d'une désignation des membres par le Ministre de la défense et le Ministre de la santé puisqu'ils étaient désignés par ces deux ministres en application de la loi de 2010 (sur proposition du Haut conseil de la santé publique). La présidence continue à être réservée à un conseiller d'Etat ou à un conseiller à la Cour de cassation, gage d'une objectivité réelle, d'une indépendance certaine et d'une compétence juridique incontestable. La loi fixe à 9 le nombre de membres (outre le président, 8 personnalités qualifiées dont au moins 4 médecins désignés sur proposition du Haut conseil de la santé publique, deux compétents en matière de radiopathologie et un spécialiste d'épidémiologie, un spécialiste de la réparation des dommages corporels et un médecin nommé, après avis conforme du Haut conseil de la santé publique, « *sur proposition des associations représentatives de victimes des essais nucléaires* ») nommés par décret.

Il est ainsi confirmé et amplifié la place incontournable dévolue au Haut conseil de la santé publique puisque non seulement la désignation de 4 des 5 médecins nécessite une proposition de ce dernier sans, comme le prévoyait le décret de 2010, que les Ministres de la défense et de la santé désignent certains membres, alors qu'il a été décidé, sur proposition du Ministre de la défense, que la désignation du médecin proposé par les associations de victimes ne puisse intervenir qu'après l'avis, qui plus est conforme, du Haut conseil de la santé publique. Cela constituait une vieille revendication des associations regrettant le manque de transparence dans les méthodes de travail du CIVEN. La diversité des modalités de désignation fait apparaître que le Parlement traite différemment la proposition de nomination des associations de victimes puisque la nomination exige non seulement de demander l'avis du Haut conseil de la santé publique mais aussi de le suivre. Cependant, en pratique n'aboutit-on pas au même résultat : une désignation à la suite d'une proposition ou d'un avis conforme du Haut conseil de la santé publique donnant à celui-ci un rôle incontournable ? Pour ce qui est des trois autres « *personnalités qualifiées* », la loi est muette, le Gouvernement aura toute l'attitude dans son choix, ce que certains auront sans doute tendance à regretter même si, à eux seuls, ils ne constitueront pas la majorité.

La loi de 2013 précise également, ce que ni la loi de 2010 ni le décret d'application ne prévoyaient, que les fonctions de membres du CIVEN prennent fin seulement du fait de la démission ou de l'empêchement constaté par le comité, ce qui renforce le souci de garantir l'indépendance totale de ses membres. Le Parlement a aussi précisé que les « *crédits nécessaires à l'accomplissement des missions*

42. Le décret du 11 juin 2010 précisait que le CIVEN était composé outre son Président de 2 personnalités désignées par le Ministre de la défense pour trois ans dont un moins un médecin, de deux personnalités désignées pour trois ans par le ministre chargé de la santé dont au moins un médecin choisi en raison de sa compétence dans le domaine de la radiopathologie et de 3 personnalités qualifiées désignées conjointement par le ministre de la défense et le ministre de la santé pour trois ans...

du comité d'indemnisation des victimes des essais nucléaires sont inscrits au budget des services généraux du 1er ministre », solution déjà retenue pour d'autres autorités administratives indépendantes, mais qui, pour le CIVEN, semble montrer la volonté de rompre avec la logique antérieure où le Ministre de la défense avait la main mise sur toute la dimension financière, ce qui le rendait juge et partie.

L'indépendance du CIVEN à l'égard du pouvoir exécutif implique aussi l'absence d'un quelconque pouvoir de tutelle exercé par le Gouvernement [43] malgré les affirmations du Ministre de la défense devant l'Assemblée nationale [44]. Il y a ainsi une différence importante entre une autorité administrative indépendante et un établissement public. En effet, ce dernier est l'objet d'une tutelle, ce qui autorise l'autorité de tutelle à annuler, à approuver et à autoriser les actes et actions de l'autorité sous tutelle sans disposer, néanmoins, du pouvoir d'instruction et de réformation. Pourtant, par le passé, le FIVA par exemple, a reçu de la Ministre de la santé, des instructions renforçant l'impression d'une dépendance forte de cet établissement public à l'égard du pouvoir politique [45].

Dans le rapport rendu par le Conseil d'Etat en 2001 sur les autorités administratives indépendantes, on peut lire : « les autorités administratives indépendantes existantes créées par la loi ont acquis une place solide dans l'appareil d'État et constituent un mode d'action publique accepté, qui a donné des preuves d'efficacité et contribue à une image de modernisation et d'adaptation des institutions publiques » [46]. Il faut espérer que la transformation du CIVEN en autorité administrative indépendante ne vienne pas, avec le temps, contredire cette appréciation. Car, au-delà de la création d'une nouvelle autorité administrative indépendante, il s'agira de découvrir si les trois éléments majeurs justifiant sa création sont au rendez-vous : l'exigence d'impartialité, le nécessaire professionnalisme de ses membres et l'absolue efficacité…

2. La création, pour la 1ère fois, d'une autorité administrative indépendante en charge d'une mission d'indemnisation

C'est suffisamment remarquable pour être souligné. Il n'avait jamais été créé par le législateur d'autorité administrative indépendante en charge d'assurer l'indemnisation (pour reprendre le mot employé par le législateur). En effet, la quarantaine d'autorités administratives indépendantes existantes ont des missions toutes autres

---

43. C.E., Rapport public, 2001, Les autorités administratives indépendantes, « *les ministres ne disposent pas de pouvoir d'autorité au sens strict du terme à l'égard des autorités administratives indépendantes, en tout cas pas de pouvoir hiérarchique et pas de pouvoir de tutelle* » p. 320.

44. « Puisque le CIVEN va devenir une autorité administrative indépendante sous la tutelle du 1er ministre… ».

45. L'indemnisation des victimes de l'amiante par le FIVA : 10 ans déjà…, H. Arbousset, R.R.J. 2013-2, p. 739 à 771, p. 757-758.

46. *Op. cit.*, p. 325.

puisqu'il s'agit d'assurer des médiations, de mettre en œuvre une régulation, de protéger les libertés publiques, de garantir l'impartialité de la puissance publique mais aussi parfois de mettre en œuvre une évaluation sinon une expertise. Ainsi, en 2013, le Parlement a décidé de faire correspondre exactement l'intitulé du CIVEN et sa mission d'indemnisation puisqu'il est désormais le seul à statuer par des décisions et non plus des recommandations. Les critiques adressées au dispositif adopté en 2010, notamment celle tenant à la place trop importante du Ministre de la défense, ont donc conduit à cette évolution à laquelle s'ajoute également la substitution à ce dernier « *des administrations concernées* » pour aider les victimes à justifier des conditions imposées par le texte, la réunion au moins deux fois par an, non plus à l'initiative du Ministre de la défense mais du Gouvernement, de la commission consultative de suivi des conséquences des essais nucléaires et la possibilité pour cette commission de faire des recommandations non plus au Ministre de la défense et au Parlement mais au Gouvernement et au Parlement.

Ainsi, il existe deux types de structures juridiques de nature administrative, mis en place par le législateur afin d'assurer l'indemnisation des victimes de certains dommages collectifs, à côté de structures de nature privée. Il y a, tout d'abord, et de façon assez classique, des établissements publics, comme le FIVA et l'oniam. Il y a, ensuite, et de manière nouvelle, une autorité administrative indépendante : le CIVEN. A l'occasion de la discussion sur la loi de 2010, l'idée de donner naissance à un fonds d'indemnisation avait d'ailleurs été avancée par certains parlementaires pour assurer une meilleure indépendance du CIVEN jugé trop dépendant du Ministère de la défense, ce que l'étude d'impact avait, dès le départ, rejeté [47]. Il aura ainsi fallu attendre 4 ans pour que le Parlement, suivi ensuite par le Gouvernement, prenne conscience de l'intérêt sinon de la nécessité d'assurer une indépendance encore plus forte de la structure d'indemnisation des victimes des essais nucléaires par rapport au pouvoir politique. Mais, le choix final n'a pas été celui de transformer le CIVEN en fonds d'indemnisation ayant la nature d'un établissement public, mais en autorité administrative indépendante. Cette solution est plus intéressante car l'absence de tutelle à l'égard du CIVEN, contrairement à ce qui se rencontre avec un établissement public, doit permettre de restaurer la confiance des victimes. D'ailleurs, ce n'est pas tant la spécificité du drame lié aux essais nucléaires que l'inefficacité du mécanisme retenu au départ qui a amené le législateur à créer une autorité administrative indépendante. Or, certains parlementaires se sont, depuis, interrogés sur l'opportunité d'avoir érigé le CIVEN en autorité administrative indépendante et non en établissement public, proposant de faire précéder la création de toute autorité administrative indépendante d'une évaluation devant permettre de dé-

---

47. Un fonds d'indemnisation est « *généralement créé pour pouvoir indemniser les victimes lorsque l'auteur est insolvable, n'a pas pu être identifié ou encore que la responsabilité ne peut être clairement établie compte tenu du grand nombre d'intervenants... Or [ici], le nombre de victimes est circonscrit aux personnes exposées aux essais nucléaires et il ne peut y avoir de nouvelles victimes. Une fois ces victimes indemnisées, le dispositif est amené à s'éteindre. C'est l'Etat qui prendra à sa charge l'indemnisation du préjudice sans exercer d'action récursoire d'aucune sorte* ». *In* Etude d'impact du projet de loi, mai 2009, p. 12.

terminer si les compétences qui seraient confiées à la nouvelle entité ne pourraient pas être exercées par une autorité existante [48]. Certains sénateurs ont même proposé de supprimer la qualification d'autorité administrative indépendante donnée au CIVEN, sans toutefois et c'est bien regrettable, préciser alors qu'elle devrait être la nature juridique de ce dernier [49].

Le mouvement de socialisation des risques tendant à faciliter l'indemnisation des victimes prend ainsi un nouveau visage, celui d'une autorité administrative indépendante. S'il a pu être écrit que les fonds d'indemnisation sont « *une sorte de « laboratoire du droit de l'indemnisation, fertiles en innovations qui pourront être reprises par le droit commun* » [50], une nouvelle étape vient d'être franchie puisqu'une autorité administrative peut aussi agir au nom de la solidarité de la Nation à l'égard des victimes. Pourtant, la frontière entre un fonds d'indemnisation « *rétrospectif* » [51] et le CIVEN est bien ténue. Car, outre la présomption de causalité en faveur des victimes, l'encadrement spatial, temporel et humain, les pouvoirs d'investigation, le désistement de toute action juridictionnelle en cours du fait des mêmes chefs de préjudice dans l'hypothèse d'une acceptation de l'offre, il s'agit, comme avec les fonds d'indemnisation « *rétrospectifs* », d'une réponse des pouvoirs publics face à une catastrophe collective ayant « *révélé des dysfonctionnements de l'administration publique...* » [52], dont le financement de l'action pèse sur l'Etat, tout en cherchant à limiter les recours contentieux et à restaurer ainsi l'harmonie sociale. La différence semble cependant apparaître au niveau du degré d'indépendance que l'on donne à la structure créée. Elle sera plus importante avec la qualification d'autorité administrative indépendante. Mais, la transformation du CIVEN en autorité administrative indépendante ne risque-t-elle pas alors de faire naître, chez les victimes de l'amiante, par exemple, le souhait, que le FIVA devienne lui aussi une autorité administrative indépendante afin de donner encore plus de force à l'indépendance nécessaire de celui-ci ? Cela n'est pas évident, tout simplement parce que le dispositif d'indemnisation des victimes de poussières d'amiante adopté en 2000 était, dès le départ, satisfaisant et que sa mise en œuvre a démontré son efficacité.

Le législateur, sur proposition de la sénatrice Corinne Bouchoux, a décidé que le CIVEN devait statuer par une décision motivée dans un délai de 8 mois à compter du dépôt du dossier complet. La motivation est une exigence importante, là encore

48. Sénat, rapport d'information, n°616, 11 juin 2014, au nom de la commission des lois constitutionnelles, le rapporteur Patrice Gélard « *s'interroge donc sur le choix qui a été fait d'une transformation du CIVEN en AAI plutôt qu'en un établissement public administratif, choix qu'une étude d'impact aurait probablement permis de justifier* », p.17.

49. Proposition de loi portant statut des autorités administratives indépendantes et des autorités publiques indépendantes, Patrice Gélard, Jean-Pierre Sueur, Sénat, n°812, 25 septembre 2014.

50. Le droit de la responsabilité et les fonds d'indemnisation, Jonas Knetsch, Thèse de doctorat, 2011, p. 16.

51. *Idem*, p. 97 et s. Ce type de fonds est destiné à gérer « *les suites de faits dommageables de grande ampleur* » dans une logique ainsi curative contrairement aux fonds prospectifs concernant des dommages qui risquent de frapper des victimes dans le futur.

52. *Ibidem*, p. 98.

pour rétablir la confiance avec les victimes, puisqu'elle exige de la part du CIVEN de traiter au cas par cas les demandes, sans dès lors aucune automaticité dans l'indemnisation ou dans le refus d'indemniser, et d'expliquer la décision favorable ou non qu'il est amené à prendre. Il s'agit donc de permettre aux victimes de mieux comprendre le sort réservé à leurs demandes, tout en permettant peut-être, de réduire le nombre de recours contentieux en raison d'une incompréhension de la décision rendue. La motivation obligatoire permettra aussi aux victimes, en cas de recours contentieux, de pouvoir contester point par point les motifs retenus par le CIVEN et ainsi de ne pas partir d'une feuille blanche. Le délai pour obtenir une décision du CIVEN est désormais de 8 mois alors que, jusque-là, il était de 6 mois (4 mois pour la recommandation du CIVEN, 2 mois pour la décision du Ministre) qui pouvait être porté à 8 mois lorsque des expertises médicales étaient demandées (6 mois pour la recommandation du CIVEN, 2 mois pour la décision du Ministre). A titre de comparaison, le délai dont dispose le FIVA pour rendre une décision d'indemnisation est fixé par la loi à 6 mois. Le législateur a ainsi décidé de donner plus de temps au CIVEN qu'il n'en a donné au FIVA alors pourtant qu'il y a, sinon qu'il y aura, plus de victimes des poussières d'amiante que de victimes des essais nucléaires français. Cette disparité peut pourtant s'expliquer, au-delà de la complexité de beaucoup de dossiers, par la prise en compte législative de l'afflux rapide de demandes d'indemnisation suite à la modification de la loi de 2010, même si comme le montre l'exemple du FIVA, le respect du délai légal constitue un objectif vers lequel le FIVA doit tendre, même si en pratique cela reste encore difficile [53]. Il s'agit ainsi sans doute d'anticiper la hausse des demandes adressées au CIVEN.

La loi de 2010, tout en consacrant le nécessaire respect du principe du contradictoire, avait précisé que « l*e demandeur peut être assisté par une personne de son choix* » dans l'examen de sa demande. Cette précision, pourtant conservé en 2013, n'a pas été jugée suffisante puisqu'il a été ajouté que les modalités de fonctionnement du CIVEN mais aussi « *les modalités permettant le respect du principe du contradictoire et des droits de la défense... doivent inclure la possibilité, pour le requérant, de défendre sa demande en personne ou par un représentant* ». Reste des interrogations. D'abord, l'introduction de l'oralité, confirmée par le décret du 15 septembre 2014, constituera-t-elle concrètement une avancée pour le demandeur ? Ensuite, ce dernier pourra-t-il présenter d'autres arguments que ceux énoncés dans sa demande écrite, le décret de 2014 précisant seulement qu'il peut « *s'exprimer devant le comité pour défendre son dossier, ou désigner un représentant pour le faire en son nom* » ? Au-delà, la mise à la charge du demandeur de ses frais de déplace-

53. Selon le dernier rapport du FIVA, le délai est désormais de 10 mois et 2 semaines en moyenne. Plus précisément, en ce qui concerne les maladies bénignes, le délai de présentation est de 7 mois (soit 1 semaine de moins qu'en 2012 et 9 semaines de moins qu'en 2011) et de 7 mois et deux semaines pour les maladies les plus graves (contre 8 mois et 1 semaine en 2012 et 6 mois et 3 semaines en 2011). Néanmoins, une analyse plus fine des résultats présentés par le FIVA permet de constater que le dernier trimestre de l'année 2013 a connu une baisse significative du délai de présentation de l'offre pour les maladies malignes (5 mois et 2 semaines) et les affections bénignes (6 mois et 2 semaines).

ment ou de ceux de son représentant par le décret de 2014, ne risque-t-elle pas d'amener le demandeur à renoncer à vouloir être entendu par le CIVEN ?

Au cours des débats devant l'Assemblée nationale, fut proposé avec succès d'obliger le CIVEN à remettre un rapport annuel d'activité sans toutefois, comme pour le FIVA ou quelques autorités administrative indépendantes [54], imposer une date limite. Cette solution inexistante dans la loi de 2010, avait été retenue par le décret du 11 juin 2010 imposant au « *président du comité d'indemnisation [de] remet[tre] chaque année au ministre de la défense un rapport retraçant l'activité du comité* ». Mais, cette obligation manquait singulièrement de portée du fait de l'absence de diffusion de ce rapport et ainsi de son caractère strictement confidentiel. On doit, dès lors, se satisfaire que le législateur ait imposé la publication d'un rapport annuel d'activité, comme c'est le cas pour beaucoup d'autorités administratives indépendantes [55]. Ainsi, la publication annuelle du rapport permettra à tous les Français de connaître les chiffres et éléments clés (nombre de dossiers transmis, origine géographique des demandes, montant annuel des indemnisations versées, répartition des victimes en fonction des pathologies, de l'âge et du sexe des victimes, délai de paiement, contentieux liés aux offres du CIVEN...) et ainsi de savoir si le dispositif fonctionne ou ne fonctionne pas. Peut-être aurait-il été utile de préciser que le rapport du CIVEN serait aussi transmis au Gouvernement et au Parlement (comme cela fut proposé par des députés [56]) afin de leur permettre d'évaluer eux-aussi l'application du dispositif d'indemnisation.

Cette obligation d'élaborer un rapport si elle n'est pas nouvelle en ce qui concerne les autorités administratives indépendantes, ne l'est pas non plus pour les fonds d'indemnisation, comme en attestent le rapport annuel du FIVA adressé au Parlement et au Gouvernement ou le rapport semestriel de l'oniam destiné au Parlement, au Gouvernement et à la commission nationale des accidents médicaux. La lecture de ces rapports est d'ailleurs extrêmement intéressante puisqu'elle permet d'avoir non seulement une vue d'ensemble sur les activités de ces fonds d'indemnisation qui passent par l'indemnisation et le contentieux qui peut en découler et par les recours subrogatoires. Ces rapports sont également un excellent document de travail pour le Parlement lui permettant de contrôler l'action de la structure créée et éventuellement d'apporter des modifications aux textes initialement adoptés. Néanmoins, si les rapports annuels d'activité d'une autorité administrative indépen-

54. L'Autorité de régulation des communications électroniques et des postes doit rendre son rapport avant le 30 juin, alors que la Haute autorité de santé doit rendre son rapport annuel avant le 1er juillet. Les autres autorités administratives ne sont pas soumises à rendre leur rapport annuel avant une date butoir.

55. Par exemples : Agence française de lutte contre le dopage, Autorité de la concurrence, Autorité de régulation ferroviaire, Commission nationale des interceptions de sécurité, CSA, Défenseur des droits, Hadopi, Autorité des marchés financiers... En revanche, en ce qui concerne le Haut Conseil de l'évaluation de la recherche et de l'enseignement supérieur, l'Autorité de sureté nucléaire et la Haute autorité de la santé, la loi n'impose pas de publication.

56. Pour de nombreuses autorités administratives indépendantes, le rapport annuel est obligatoirement transmis parfois au seul Gouvernement, parfois au Gouvernement et au Parlement, quelquefois au Président de la République, au Gouvernement et au Parlement, voire au 1er ministre.

dante, mais aussi des fonds d'indemnisation, constituent l'outil privilégié de leur contrôle par le Parlement cela n'est possible que si ces rapports sont systématiquement déposés auprès des Assemblées parlementaires, ce que la loi rappelons-le n'impose pas, que leur « *contenu comporte des rubriques obligatoire : bilan de l'utilisation par l'autorité des crédits par l'autorité administrative indépendante et de la mise en œuvre de ses prérogatives, règles de déontologie dont elle s'est dotée, présentation des règles et de la doctrine qu'elle suit dans l'exercice de ses missions... et que leur présentation soit systématique devant les commissions permanentes compétentes de chaque assemblée* » [57].

Reste néanmoins un écueil majeur sur lequel le Parlement n'a pas décidé d'évoluer radicalement. Celui qui permettait et permet toujours au CIVEN de renverser la présomption de causalité dès lors « *qu'au regard de la nature de la maladie et des conditions de son exposition le risque attribuable aux essais nucléaires [peut] être considéré comme négligeable* ». C'est reconnaître l'absence d'une présomption irréfragable et ainsi toute automaticité dans l'indemnisation. Mais alors, qu'est-ce qu'un risque négligeable ? La loi de 2010 n'apportait aucune précision, ce qui peut aisément se comprendre. D'une part, parce qu'une loi a un caractère général et impersonnel alors que le caractère négligeable est éminent subjectif puisque lié à chaque situation. D'autre part, parce que nous sommes dans une logique de probabilité où, dès lors, l'incertitude est grande. Or, la jurisprudence administrative, au regard de la loi de 2010, a annulé des décisions du Ministre de la défense au motif que le CIVEN n'apportait pas la preuve du caractère négligeable du risque[58]. Pour faire face à ces solutions contentieuses, l'Assemblée nationale, suivie ensuite par le Sénat, a décidé d'imposer au CIVEN de justifier l'existence de ce risque négligeable auprès de l'intéressé. Dès lors, loin de satisfaire les associations de victimes et les victimes elles-mêmes qui auraient préférer l'abandon pur et simple de cette condition restrictive, amenant alors à consacrer une présomption irréfragable, le législateur exige une motivation et ainsi une justification de sa décision par le CIVEN. Si cela laisse présager que ce dernier sera plus attentif qu'il ne l'a été jusqu'à présent, ne disparaît pas le risque que le juge administratif annule la décision, non pas tant pour défaut de justification du risque négligeable, mais pour inexactitude de l'évaluation

57. *Op. cit.*, p. 23.

58. *Contra* : CAA Lyon, 20 février 2014, n°13LY00269 : Si « *Mme D... conteste la méthode retenue par le comité d'indemnisation des victimes des essais nucléaires, qui l'a conduit à évaluer à 0,02 % la probabilité d'une relation de causalité entre l'exposition aux rayonnements ionisants retenue pour M. D...lors de sa présence sur les sites d'expérimentation nucléaires et la maladie dont il avait été atteint, pour en déduire que le risque attribuable aux essais nucléaires dans la survenue de cette maladie pouvait être considéré comme négligeable... ces critiques ne sont ainsi pas davantage de nature à remettre en cause les résultats des mesures d'exposition prises en compte par l'administration ; que, dans ces conditions, eu égard au caractère négligeable du risque attribuable aux essais nucléaires dans la survenue de la maladie de M. D..., la requérante ne peut invoquer la présomption résultant des dispositions du II de l'article 4 de la loi du 5 janvier 2010 ; que, par suite, en l'absence de démonstration d'un lien de causalité certain et direct entre l'exposition de M. D...aux rayonnements ionisants dus aux essais nucléaires français et la maladie dont il a souffert, le ministre de la défense était fondé à rejeter la demande d'indemnisation présentée par Mme D...* ».

du risque négligeable. Lors des discussions devant l'Assemblée nationale, le Ministre de la défense a affirmé : « *si le taux est faible, c'est parce que le Comité ne constate pas de lien avéré. Pour être valide, le dossier doit faire apparaître un risque d'exposition supérieur à 1% seulement-contre 50% dans d'autres pays- et, en dépit de ce seuil très bas, les experts médicaux concluent souvent à l'absence de lien* » [59]. La difficulté tenant à la détermination du caractère négligeable ou non du risque par le CIVEN porte en définitive sur la conception du droit à l'indemnisation consacrée par le législateur. Celle-ci, si elle est rendue plus facile, n'est jamais automatique, comme en attestent aussi le FIVA et l'ONIAM.

Au demeurant, le CIVEN « *comme toute institution, ne peu[ven]t assurer [sa] mission que pour autant qu'on [lui] en donne les moyens* » [60]. Moyens matériels et humains seront, en effet, indispensables pour que cette structure exerce pleinement la mission législative renouvelée qui lui est désormais confiée.

B. Des améliorations spatiales, temporelles et procédurales

La loi du 18 décembre 2013 a renouvelé, en l'étendant, le champ géographique adopté en 2010 et élargi en 2012 (1), tout en légalisant l'obligation que les demandes rejetées sous l'empire de la loi de 2010 soient réexaminées au regard du nouveau dispositif législatif (2).

1. La consécration d'un droit à indemnisation pour toute la Polynésie française

C'est à l'initiative du Ministre de la défense que fut proposé, au cours des débats à l'Assemblée nationale, d'élargir à toute la Polynésie française et durant la même période (du 2 juillet 1966 au 31 décembre 1998) le bénéfice de l'indemnisation et ainsi de dépasser la solution adoptée en 2010 où seulement quelques parties de ce territoire étaient incorporées dans le dispositif d'indemnisation alors que les périodes prises en compte différaient selon l'espace géographique concerné. Cette démarche avait été proposée par les représentants de la Polynésie française lors d'une réunion de la commission de suivi des essais nucléaires. Il s'agissait, selon le Ministre de la défense, « *de manifester à la Polynésie française la reconnaissance de la nation pour sa contribution à l'efficacité de notre politique de dissuasion* ». Apparaît ainsi l'idée de sacrifice justifiant l'indemnisation qui constitue aussi la marque, à nouveau renouvelée, de l'inefficacité des mesures de protection face à la recherche de l'efficacité dans la dissuasion nucléaire. Il s'agit, en outre, de prendre réellement en compte les retombées radioactives des 41 tirs en altitude réalisés de 1966 à 1974

59. *Cf* Réponse à une question écrite posée par le député Philippe Foliot, n°60936, JORF, 19 août 2014, p. 6991 : « *Une probabilité de causalité supérieure ou égale à 1 % conduit à la décision de retenir la demande* ».

60. C.E., Rapport public, 2001, Les autorités administratives indépendantes, *op. cit.*, p. 323.

puisque par exemple « *l'essai Centaure, en 1974, a eu des répercussions jusqu'à Tahiti, où des retombées d'iode ont été constatées* » [61]. Il fallait sans doute également tenir compte de la levée du secret-défense sur certains dossiers intervenue depuis la promulgation de la loi de 2010 permettant de découvrir des retombées radioactives sur une très grande partie du territoire de la Polynésie française.

2. La légalisation du réexamen obligatoire des dossiers rejetés sous l'empire du droit antérieur

L'article 54 de la loi de 2013 modifie l'article 8 de la loi de 2010 en érigeant en disposition législative, la solution retenue dans le décret du 30 avril 2012 qui précisait que les demandes d'indemnisation ayant conduit à une décision de rejet, parce qu'elles n'entraient pas dans le champ d'application de la loi ou parce que « *la pathologie du demandeur ne figurait pas sur la liste des maladies radio-induites annexés au même décret dans sa version antérieure au présent décret* » sont réexaminées au regard des nouvelles règles en vigueur. La loi conserve cette logique en précisant ainsi que les demandes rejetées sur le fondement de la loi de 2010 sont réexaminées dès lors qu'elles concernent des personnes présentent en Polynésie française entre le 2 juillet 1966 et le 31 décembre 1998. Même s'il n'y a ainsi aucune innovation sur le fond, et qu'il s'agit de tenir compte de l'extension du périmètre géographique désormais retenue, la consécration par la loi et non par un décret, peut sans doute s'expliquer, là encore, par le souci d'adresser un autre signal fort en faveur des victimes.

Au-delà, l'article 54 de la loi de 2013 conserve, au bénéfice des ayants droit des victimes décédées avant la promulgation de la loi de 2013, la faculté de saisir le CIVEN dans un délai de cinq ans à compter de la promulgation de la loi de 2013. Néanmoins, le Parlement n'a pas profité de l'occasion, il n'en a même pas discuté, pour permettre aux ayants droit d'obtenir réparation de leurs préjudices personnels. Ceci n'est guère compréhensible puisque la loi de 2013 a pour but d'améliorer la loi de 2010 et que cette solution est déjà retenue par certains fonds d'indemnisation et que cela aurait permis au législateur de s'inscrire dans la solution adoptée par les juridictions administratives et judiciaires. Cette solution est regrettable puisque quelle que soit l'origine de l'affection, les ayants droit peuvent éprouver une souffrance personnelle. Aussi, n'auront-ils alors d'autre choix que de saisir le juge administratif alors que le dispositif législatif avait pour ambition de confier au CIVEN le traitement des dommages causés par les essais nucléaires.

L'Etat français tirant les conséquences de l'inefficacité de la loi du 6 janvier 2010 a donc décidé non pas de se contenter d'une adaptation à la marge, par voie réglementaire, du processus d'indemnisation des victimes, mais d'apporter des modifications profondes au dispositif législatif. Il s'agit ainsi de faire renaître la con-

61. Sénat, 13ème rapport d'information sur la mise en œuvre de la loi n° 2010-2 du 5 janvier 2010 relative à la reconnaissance et l'indemnisation des victimes des essais nucléaires français, 2013, *op. cit.*

fiance entre les victimes et leurs ayants droit et l'Etat français. Pourtant, cette confiance disparue ne peut réapparaître désormais que si le processus législatif revisité, donnant une place déterminante au CIVEN, aboutit, dans les faits, à faire de celui-ci un acteur indépendant et surtout offrant des indemnisations à la mesure de la douleur passée, présente et future des personnes irradiées et de leurs ayants droits. Dans le cas contraire, l'intervention du Parlement, pour la seconde fois, aura été inutile démontrant alors l'incapacité de celui-ci à apporter une réponse adaptée à tant de souffrance.

Qu'il nous soit finalement permis de dédier au Professeur Steinlé-Feuerbach non seulement cet écrit mais aussi cette affirmation de Sénèque pour qui : « *La vie ressemble à un conte : ce qui importe ce n'est pas sa longueur mais sa valeur* ».

13

Feu la jurisprudence Association Eau et rivières de Bretagne ?

Jean-Materne Staub

Professeur de droit public à l'Université de Strasbourg

La décision *Association Eau et rivières de Bretagne* est bien connue des juristes en droit de l'environnement. Elle a fait couler beaucoup d'encre alors qu'il s'agit d'un arrêt simplement publié aux tables du Lebon [1] mais qui a donné lieu à une chronique des membres du centre de recherche et de diffusion juridiques du Conseil d'Etat [2] et dont les conclusions ont été publiées [3]. Sa célébrité résulte de la transposition, voire même de l'adaptation, de la théorie de l' « écran législatif » à un litige dans lequel l'acte administratif, faisant l'objet d'un recours pour excès de pouvoir, est critiqué pour n'avoir pas respecté la Charte de l'environnement alors qu'il a été pris en application d'une loi. L'affaire tranchée en 2006 posait la question inédite de savoir si un justiciable a la possibilité ou non d'invoquer directement une ou plusieurs dispositions de la Charte malgré l'existence d'une loi s'interposant entre la décision administrative attaquée et le texte introduit dans le Préambule par la loi constitutionnelle du 1er mars 2005. Les sous-sections réunies ont répondu par la négative en jugeant que « lorsque des dispositions législatives ont été prises pour assurer la mise en œuvre des principes énoncés aux articles 1, 2 et 6 de la Charte de l'environnement, la légalité des décisions administratives s'apprécie par rapport à ces dispositions... ». Par cette formulation, la Haute juridiction s'exprime par un

1. CE, 19 juin 2006, *Association Eau et rivières de Bretagne*, Rec. Tables 2006, p. 956. Par souci de gain de place, l'auteur s'excuse de ne pas reproduire, lorsqu'elles existent, les références de doctrine consacrées aux décisions de justice mentionnées *infra*.

2. C. Landais - F. Lenica, chron. *in* AJDA 2006, n° 29, p. 1586.

3. M. Guyomar, concl. *in* BJCL 2006, n° 7, p. 475.

considérant de principe qu'elle comprime quelque peu, puisque ne reprenant que trois des articles de la Charte – ceux articulés par la requête – sur les dix qu'elle comporte.

De cette motivation, on peut dégager deux idées. D'une part, l'arrêt n'innove guère en se situant dans la ligne traditionnelle suivie par la Haute juridiction dans son appréhension des éléments constitutifs du préambule de la Constitution de 1958. Il s'inscrit ainsi dans le courant jurisprudentiel interdisant la confrontation d'un acte administratif à ceux des principes contenus dans le préambule de 1946 qui manqueraient d'une précision suffisante pour être immédiatement applicables et qui, dès lors, nécessiteraient l'intervention du législateur pour procurer de la consistance à la norme supérieure [4]. La Charte ne saurait échapper à cette logique. D'autre part, cette décision inaugurale met en place un écran législatif des plus hermétiques. D'un côté, la décision semble fermer la lucarne qu'avait, semble-t-il, ouverte la jurisprudence sur l'invocabilité du Préambule de la constitution précédente. Dans l'hypothèse d'une trop grande généralité des termes de l'une de ses dispositions, celle-ci ne s'impose au pouvoir réglementaire que dans les conditions et limites définies par les mesures législatives la développant [5], ce qui peut laisser penser qu'un règlement pourrait être directement opposé à cette disposition s'il allait au-delà desdites « conditions et limites ». Or l'arrêt de 2006 indique qu'un acte administratif ayant une incidence sur l'environnement ne sera contrôlé que par rapport aux seules dispositions de la loi et telle que celle-ci envisage le principe mentionné dans la charte et non pas tel qu'il est défini par cette dernière. D'un autre côté, il a été relevé, aussi bien en doctrines universitaire que contentieuse, que la décision « Eau et rivières de Bretagne » s'affranchissait, en en élargissant la portée, de la théorie classique de la loi-écran issue de la décision Arrighi [6]. Celle-ci, et pour reprendre le phrasé des chroniqueurs sous cet arrêt, « interdit au requérant d'invoquer la contrariété à la Constitution d'un acte administratif lorsque cette inconstitutionnalité réside en réalité dans la loi dont l'acte administratif procède. Mais cet écran n'est protecteur que lorsque la cause de l'inconstitutionnalité réside effectivement dans la loi » [7]. Dans ce cas, le contrôle de la constitutionnalité de l'acte administratif entraînerait en effet celui de la loi. S'estimant en principe incompétent pour juger de la constitutionnalité des lois, le juge administratif rejette le moyen tiré de l'inconstitutionnalité de l'acte administratif. En revanche, si le vice est propre à l'acte lui-même, le juge pourra l'examiner sans avoir à confronter la loi à la Constitution. Avec notre décision, la seule existence de dispositions législatives mettant en œuvre la Charte « paralyse invariable-

4. CE, 10 déc. 1962, *Société indochinoise de constructions électriques et mécaniques*, Rec.1962, p. 676.

5. CE, 27 sept. 1985, *France Terre d'Asile*, Rec. 1985, p. 263. Le critère du degré de précision est utilisé par le juge pour déterminer l'applicabilité directe d'un principe constitutionnel. Il est utile car, à moins d'introduire une sorte de gouvernement des juges qui conduirait la juridiction saisie à expliciter elle-même le concept, l'absence de précision d'une norme ne peut que conduire le juge à exercer un contrôle très réduit sur la décision administrative attaquée.

6. CE, sect., 6 nov. 1936, *Arrighi*, Rec.1936, p. 966.

7. Chron. préc., spéc. p. 1586 col. 2.

ment » [8] toute invocabilité directe de cette dernière, que le vice d'inconstitutionnalité trouve sa source dans la loi ou soit attaché intrinsèquement à l'acte administratif litigieux. On peut ainsi parler d'« écran total » dans la mesure où quelle que soit la nature du dispositif de l'acte administratif attaqué et où que se niche l'illégalité qui l'envenime, le moyen tiré d'une violation de la Charte sera entaché d'inopérance.

Cette architecture que l'on a pu taxer d'efficace et d'audacieuse aurait subi quelques coups de butoir particulièrement depuis l'avènement de la question prioritaire de constitutionnalité (QPC) en 2010 et du rendu en 2013 de la décision Fédération nationale de la pêche en France. Ces deux évènements à caractère juridique (que nous dénommons les grands ressorts), joints à d'autres tempéraments moins « médiatiques » (les petits ressorts), auraient pris en tenaille la conception de l'écran législatif véhiculée par la décision de 2006 de telle sorte que certains auteurs ou rapporteurs publics ont pu annoncer sinon sa future disparition du moins son cantonnement à sa place initiale. Le glas de la notion a-t-il vraiment sonné ?

I. Les petits ressorts de la tenaille

La décision de 2006 a sécrété son propre antidote. En présence de dispositions législatives pouvant être regardées comme mettant en œuvre les principes de la Charte, les requérants ne peuvent invoquer directement ceux-ci à l'encontre de toute décision administrative si ce n'est, « s'agissant de dispositions législatives antérieures à l'entrée en vigueur de la Charte de l'environnement, qu'elles ne soient pas incompatibles avec les exigences qui découlent de cette charte ». S'il en est ainsi, ces dispositions doivent être regardées comme implicitement abrogées et le juge est fondé à en constater l'abrogation de manière déclaratoire [9]. Ce contrôle de compatibilité de la loi, qui est en réalité un contrôle de constitutionnalité par le juge ordinaire qui ne dit pas son nom, résulte du constat selon lequel une norme ne peut plus être regardée comme en vigueur du fait de sa contrariété avec une norme postérieure supérieure ou de rang équivalent. L'écran ne peut alors plus fonctionner puisque la loi-écran a été expurgée de l'ordonnancement juridique. Le Conseil d'Etat a été amené à faire usage de la jurisprudence sur l'abrogation implicite au sujet de la Charte dans une affaire où ont été écartées des dispositions législatives qui habilitaient le pouvoir réglementaire à intervenir dans un domaine réservé, depuis l'entrée en vigueur de la Charte, à la loi. Il s'en est suivi l'annulation partielle du décret attaqué pour incompétence, l'incompatibilité entre la loi et l'article 7 du texte constitutionnel résultant d'un vice de légalité externe [10]. Toutefois, comme l'a démontré M.

8. J. Robbe, note sous CE, ass., 12 juill. 2013, *Fédération nationale de la pêche en France*, RFDA 2014, n° 1, p. 115, spéc. p. 119 col. 1.

9. *Cf.* CE, ass., 16 déc. 2005, *Ministre des affaires sociales, du travail et de la solidarité et Syndicat national des huissiers de justice*, Rec. 2005, p. 570, concl. J.-H. Stahl.

10. CE, 24 juill. 2009, *Comité de recherche et d'information indépendantes sur le génie génétique CRII GEN*, Rec. 2009, p. 294.

Stahl dans ses conclusions sur la décision de 2005, les manifestations positives d'une abrogation de cette nature sont « rares » [11] car, rapportait-il, le juge ne se résigne « à une telle conclusion que lorsqu'il y a entre les deux textes une incompatibilité radicale » [12].

En effet, il faut bien comprendre que ce constat d'inconciliabilité débouche inéluctablement sur un vide juridique auquel le juge répugne, puisque le pouvoir réglementaire n'est plus en capacité d'agir. Il l'est d'autant moins, que depuis l'ajout par la révision constitutionnelle du 1er mars 2005 d'un nouveau chef de compétence au profit du pouvoir législatif, à savoir qu'il détermine désormais les principes fondamentaux de la préservation de l'environnement, le nouveau partage entre la loi et le règlement qui en a résulté a exclu l'existence d'un pouvoir réglementaire autonome en matière environnementale au titre de l'article 37 de la Constitution [13]. En revanche, demeure concevable l'exercice par le Premier ministre des prérogatives propres qu'il détient en vertu de la jurisprudence Labonne dans le domaine de la police générale, à condition que cette dernière s'applique sur l'ensemble du territoire [14]. Cependant, on peut considérer que le domaine écologique donne peu de prise à ce pouvoir réglementaire autonome et, qu'en la circonstance, prévalent davantage des régimes de police spéciale. Or, avec les polices spéciales, eu égard aux atteintes aux libertés qu'implique leur régime, seul le Parlement est compétent pour en poser les principes essentiels [15], de telle sorte que le pouvoir réglementaire opère seulement pour expliciter la loi en veillant à ne pas méconnaître la volonté du législateur [16].

On s'en est aperçu, la pratique de l'abrogation implicite débouche largement sur une impasse : l'absence de tout dispositif normatif de nature à régler une question environnementale donnée qu'une inertie postérieure du législateur amplifierait. Maintenant, à supposer que l'autorité administrative prenne malgré tout une réglementation venant combler le défaut de texte, on doit alors se demander si l'acte administratif en cause pourra être vérifié directement par rapport à la Charte en se dispensant de l'écran. Mais, au préalable, il faudra vaincre l'écueil de la compétence

11. Concl. préc., spéc. p. 576.

12. D. Labetoulle, concl. sur CE, sect., 9 nov. 1979, *Ministre de l'agriculture et Société d'aménagement de la côte de Monts c/ Association pour la défense de l'environnement en Vendée*, AJDA 1980, n° 6, p. 362, spéc. p. 363, col. 3.

13. *Cf.* E. Geffray - S.-J. Lieber, chron. sous CE, *ass., 3 oct. 2008, Commune d'Annecy*, AJDA 2008, n° 39, p. 2166, spéc. p. 2167, col. 1. Eviction qui a son exception avec la définition des contraventions spécifiques à la protection de l'environnement étant donné que leur édiction entre dans le champ de l'article 37 (*cf.* P. Prével, « La Charte de l'environnement, l'administration et le Conseil d'Etat : applicabilité ou invocabilité de la Charte », RFDA 2014, n° 4, p. 773, spéc. p. 776 col. 1).

14. CE, 8 août 1919, *Labonne*, Rec. 1919, p. 737 ; GAJA 2013, n° 35. S'il vient au législateur d'intervenir en parallèle, le Premier ministre peut continuer à pratiquer sa compétence hors du champ prévu par la loi mais, s'il se situe dans ce champ, il doit respecter la volonté du législateur (*cf.* L. Derepas, concl. sur CE, 19 mars 2007, *Mme Le Gac et autres*, RFDA 2007, n° 4, p. 770, spéc. p. 772 col. 1).

15. Cons. const., 20 févr. 1987, *Code rural*, déc. 87-149 L.

16. CE, ass., 2 nov. 1973, *SA Librairie François Maspero*, Rec. 1973, p. 611.

administrative. Or celui-ci semble assez difficilement surmontable, que la Charte sollicite ou pas l'action du législateur pour en délimiter les contours.

Si la Charte procède à un renvoi exprès à la loi (articles 3, 4 et 7), le pouvoir réglementaire ne pourra être suscité car il faudra attendre que le législateur se soit manifesté. Dès lors, l'usage précoce de l'article 21 de la Constitution sera dépourvu de base légale et l'acte poursuivi annulé. De surcroît, on peut avancer que la jurisprudence Dehaene n'est pas davantage d'un grand secours [17]. Elle s'émancipe de la compétence attribuée par le Préambule de 1946 au législateur afin d'encadrer le droit de grève en permettant au gouvernement, compte tenu des lacunes de l'état de la législation, de réglementer à sa place. Néanmoins, ce pouvoir de substitution ne serait sans doute plus concédé aujourd'hui par le juge car la solution est « datée », la Constitution actuelle ayant depuis institué une « stricte séparation des compétences législatives et réglementaires » [18]. En outre, un tel empiètement dérogatoire sur la compétence du législateur ne s'envisage que de manière exceptionnelle, c'est à dire en situation d'urgence caractérisée et donc, n'étant pas en mesure de prospérer, on saisit aisément pourquoi il n'y a pas eu de seconde affaire Dehaene. Il semble intéressant de réserver quand même l'hypothèse où un règlement autonome du type « Labonne » serait actionné. Un requérant pourrait alors estimer qu'il empiète sur le domaine de la loi et stigmatiser le vide législatif ambiant. C'est ce que semble autoriser le juge administratif, attendu que dans le 12ème considérant de sa décision Fédération nationale de la pêche en France [19], il a indiqué que « l'absence » de dispositions législatives peut être contestée par la voie de la question prioritaire de constitutionnalité. Cette incise présente l'intérêt de consacrer un droit constitutionnellement garanti pour tout citoyen qui se traduit par une obligation pour le législateur – et non une simple faculté – d'édicter des règles de fond assurant la mise en œuvre du principe de prévention des atteintes à l'environnement [20].

Si la Charte fait silence sur les conditions de son application (les autres articles), il n'y a en théorie pas besoin de loi, bien qu'en pratique des lois peuvent s'avérer indispensables vu l'éventuelle imprécision ou généralité des termes des dispositions de la Charte analysées. Ici, on voit mal comment pourrait survenir un pouvoir réglementaire spontané, surgi de nulle part, puisque, ainsi que nous l'avons examiné, le pouvoir réglementaire autonome d'origine constitutionnel ou jurisprudentiel est en la matière, nous semble-t-il, réduit à la portion congrue. Faisons toutefois un effort et supposons que le domaine dans lequel réglemente le gouvernement se prête à des mesures traduisant le pouvoir propre de police générale tel que l'a dessiné la jurisprudence Labonne. De deux choses l'une. Soit les actes issus de cette compétence sont susceptibles d'être directement confrontés à l'un des articles de la Charte ne re-

17. CE, ass., 7 juill. 1950, *Dehaene*, Rec. 1950, p. 426 ; GAJA 2013, n° 61.

18. X. de Lesquen, concl. sur CE, 26 juin 2013, *Commune de Roquefère et autres*, RFDA 2013, 5, p. 1096, spéc. p. 1098, note 15.

19. CE, ass., 12 juill. 2013, *Fédération nationale de la pêche en France*, Rec. 2013, p. 192.

20. D'après J. Robbe, note sous CE ass., 12 juill. 2013, préc., RFDA 2014, n° 1, p. 115, spéc. p. 120 col. 1.

quérant pas un support législatif. Cet article, pour être invocable, devra être considéré comme d'effet direct, autrement dit de nature à « créer, dans le chef des particuliers, des droits subjectifs dont ceux-ci seraient fondés à se prévaloir devant un juge » [21]. Si l'immédiateté est reconnue, la technique de l'écran législatif n'a aucune raison d'être. A ce jour, seul l'article 5 bénéficie d'une justiciabilité directe. Pour les autres, la jurisprudence n'a pas encore arbitré. Soit le caractère impératif du principe fait défaut. Partant, la Charte devient inatteignable et le moyen tiré de son inconstitutionnalité sera rejeté.

Alors que dans le cadre de la jurisprudence sur l'abrogation implicite, la loi a disparu, on recense le cas où, plus simplement, la loi est inutile parce que l'on peut s'en dispenser. Effectivement et dans l'état actuel de la jurisprudence, seul l'article 5 de la Charte échappe complètement à l'absence d'invocabilité directe. Il est immédiatement justiciable devant les tribunaux car il « est en effet celui qui, de tous ceux de la Charte, a la portée la plus précise de sorte qu'en doctrine sa justiciabilité était une cause entendue depuis le début » [22]. Après quelques errements tenant à l'interférence du principe de l'indépendance des législations pour délimiter le champ d'application du principe de précaution, la juridiction administrative a pris clairement position dans le précédent Association du quartier « Les Hauts de Choiseul » où elle a conféré au principe de précaution, en matière de protection de l'environnement, toute son efficience en termes d'invocabilité [23]. Le Conseil d'Etat y a jugé explicitement que l'article 5 de la Charte s'impose « directement » à l'autorité administrative et, par voie de conséquence, que le moyen tiré de la méconnaissance du principe de précaution est opérant sans qu'il y ait lieu d'en apprécier la portée au regard de normes de rang inférieur. Par la suite, l'article 5 a été rendu directement invocable dans différents contentieux et ce avec l'idée que le principe qu'il dégage « a été hissé au rang constitutionnel et donc que sa vocation est de s'appliquer à tout pouvoir et dans tous les domaines » [24]. La transversalité du principe de précaution a déjà été effectivement corroborée à plusieurs reprises. On citera, bien entendu, les déclarations et autorisations délivrées en application de la législation sur l'urbanisme [25] mais aussi les domaines de l'aménagement de l'espace [26] et les préoccupations d'aménagement durable [27]. La haute assemblée a même été jusqu'à admettre que la protection de la santé humaine soit jaugée à l'aune du prin-

21. E. Geffray - S.-J. Lieber, chron. préc., spéc. p. 2170, col. 1.

22. D. Botteghi, concl. sur CE, 30 janv. 2012, *Société Orange France*, Lebon 2012, p. 2, spéc. pp. 6-7, avec en note les auteurs répertoriés.

23. CE, 19 juill. 2010, Association du quartier « Les Hauts de Choiseul », Rec. 2010, p. 333.

24. D. Botteghi, concl. sur CE, 30 janv. 2012, préc., spéc. p. 7.

25. CE, 30 janv. 2012, *Société Orange France*, Rec. 2012, p. 2 ; CE, 21 oct. 2013, *SA Orange France*, Rec. Tables 2013, p. 708.

26. CE, ass., 12 avr. 2013, *Association coordination interrégionale stop THT et autres*, Rec. 2013, p. 60, concl. A. Lallet.

27. CE, 3 juin 2013, *Association interdépartementale et intercommunale pour la protection du lac de Sainte-Croix, de son environnement, des lacs, sites et villages du Verdon*, Rec. Tables 2013, p. 717.

cipe de précaution. Cette détermination ne manque pas de hardiesse car il est vrai que le constituant de 2005 n'a sans doute pas souhaité que le principe de précaution soit directement invocable en cas d'atteinte à la santé humaine. Les travaux préparatoires excluaient la santé publique du champ d'application direct de l'article 5 et le texte lui-même conditionne la mise en œuvre du principe à la réalisation d'un dommage pouvant affecter gravement et de manière irréversible l'environnement. Consécutivement à l'un ou l'autre tâtonnement [28], le Conseil d'Etat a finalement estimé que le risque en matière de santé devait emprunter le vecteur environnemental au sens où le principe de précaution s'applique lorsqu'un « dommage grave est susceptible d'être causé non pas à l'environnement lui-même mais à la santé humaine du fait d'une atteinte même peu grave et réversible à l'environnement » [29]. Pour l'assemblée du contentieux, ce principe englobe non seulement les risques de dommage grave et irréversible pour l'environnement mais aussi ceux « d'atteinte à l'environnement susceptibles de nuire de manière grave à la santé » [30]. Autrement dit, un risque sanitaire grave résultant d'une altération de l'environnement entre dans le champ du principe de précaution. De la sorte, le juge veille à ce que le principe ne soit pas inconsidérément étendu au delà de l'intention du constituant et de la lettre de l'article 5. Relevons, qu'une fois invocable, il faut encore qu'il ait matière à s'appliquer à l'espèce. Le principe ne peut trouver application, depuis la décision « stop THT », que si le risque allégué est à la fois grave dans ses effets et probable dans sa réalisation. La décision de 2013 estime en effet que la précaution est applicable qu'en cas risque plausible – donc non connu et non avéré – et d'une portée incertaine en l'état des connaissances scientifiques, mais susceptible de causer des dommages graves et irréversibles à l'environnement ou de nuire de manière grave à la santé. Le principe de précaution garanti à l'article 5 de la Charte exige donc des données scientifiques fiables de nature à étayer la potentialité d'un risque grave.

II. Les grands ressorts de la tenaille

Depuis le 1er mars 2010, date d'entrée en vigueur de la question prioritaire de constitutionnalité (QPC), la loi ne peut plus être en principe soustraite à un contrôle juridictionnel de constitutionnalité *a posteriori*. La contrariété d'une loi promulguée à la Charte peut être soulevée à l'occasion d'un recours pour excès de pouvoir contre une décision administrative par le biais d'un mécanisme de renvoi opéré par le Conseil d'Etat – qui n'est pas une exception d'inconstitutionnalité car le pouvoir de répondre à la QPC n'est pas attribué au juge de droit commun – qui pourra être

---

28. Voy. CE, 8 oct. 2012, *Commune de Lunel*, Rec.Tables 2012, p. 862.

29. X. Domino - A. Bretonneau, chron. sous CE, ass., 12 avr. 2013, *Association coordination interrégionale stop THT et autres*, AJDA 2013, chron. p. 1046, spéc. p. 1047.

30. CE, ass., 12 avr. 2013, *Association coordination interrégionale stop THT et autres*, Rec. 2013, p. 60, concl. A. Lallet. Etait en cause la nocivité supposée des champs électromagnétiques émis par une ligne à très haute tension sur la santé humaine. Pour une application positive du nouveau champ d'application du principe de précaution, voy. CE, 26 févr. 2014, *Association Ban Abestos France et autres*, req. n° 351514, Rec. 2014, aux tables.

examinée en dernier lieu par le Conseil constitutionnel [31]. On lit ici ou là que le mécanisme instauré par l'article 61-1 de la Constitution a fait perdre à l'écran législatif l'une de ses justifications puisque son « objet était initialement de sanctuariser la loi promulguée avec un éventuel contrôle *a priori* par le Conseil constitutionnel et à cette fin de faire obstacle à l'invocation à son encontre de normes de valeur constitutionnelle devant le juge administratif » [32]. Soit, mais la théorie ne disparaîtra pas pour autant car l'on est face à une dérogation de source textuelle qui doit être manœuvrée avec prudence, la Haute juridiction ne s'étant pas encore départie définitivement du primat de la souveraineté de la loi. On constate effectivement qu'elle est d'un maniement relativement complexe et aux conditions d'admission sélectives qui ne conduisent pas au bout du processus à faciliter une solution prévisible d'abrogation par le juge constitutionnel. Il est vrai, néanmoins, qu'elle sera moins opposée par les juges du fond dans la mesure où le justiciable, querellant un acte administratif, aura tendance à contester non plus directement la Charte mais la constitutionnalité de la loi elle-même.

A supposer que le requérant ait saisi le juge de l'excès de pouvoir par un écrit ou un mémoire motivé et distinct de ses conclusions principales où est invoquée non la simple inconstitutionnalité de l'acte administratif mais celle de la loi [33], il doit encore franchir une triple barrière. D'abord, les dispositions législatives ciblées doivent être elles-mêmes applicables au litige, ce qui est le cas lorsque elles servent de base légale à l'acte attaqué ou à certaines de ses dispositions [34] ou lorsqu'un des requérants se plaint qu'une disposition de cette loi ne lui a pas été appliquée et qu'il en réclame l'extension [35]. Soulignons quand même que cette difficulté n'est pas vraiment contraignante et peut être facilement maîtrisée. Ensuite, aucune des dispositions législatives en cause ne doit avoir déjà fait l'objet d'une décision du Conseil constitutionnel. Il n'y a ainsi pas lieu de renvoyer devant les juges de l'aile Montpensier dès lors que la question porte sur une disposition législative qui a été déclarée conforme à la Constitution et alors même que le Conseil n'a pas eu expressément à se prononcer sur sa conformité à la Charte. En va-t-il en conséquence pour l'invocation de l'article 7 à l'encontre de l'article 37 de la loi du 13/7/2005 relatif à la création de

---

31. La loi constitutionnelle du 23 juillet 2008, explicitée par la loi organique n° 2009-1523 du 10 décembre 2009 et le décret n° 2010-148 du 16 février 2010, dispose : « lorsque, à l'occasion d'une instance en cours devant une juridiction, il est soutenu qu'une disposition législative porte atteinte aux droits et libertés que la Constitution garantit, le Conseil constitutionnel peut être saisi de cette question sur renvoi du Conseil d'Etat ou de la Cour de cassation qui se prononce dans un délai déterminé ».

32. X. de Lesquen, concl. sur CE, 26 juin 2013, *Commune de Roquefère et autres*, préc., spéc. p. 1098, col. 1.

33. Le requérant doit mette en cause expressément la conformité de la clause législative litigieuse aux exigences de valeur constitutionnelle de la Charte : CE, 24 avr. 2012, *Association France Nature Environnement* (pt 5), Rec. Tables 2012, p. 962 (sur un autre point), JCP A 2013, act. 35.

34. CE, 9 juill. 2010, *Gueranger*, req. n° 339261.

35 . CE, 14 avr. 2010, *Labane*, Rec. 2010, p. 110.

zones de développement éolien [36]. Avec cet empêchement, l'accès au juge se fermera progressivement mais sûrement. Enfin, l'invocation de la Charte en regard de dispositions législatives doit soulever une question sérieuse [37]. Relève de ce questionnement, et concernant l'ensemble des articles de la Charte, le point de savoir si celle-ci est elle-même accessible, puisque les dispositions constitutionnelles invocables par toute personne devant le juge compétent ne peuvent concerner que les normes qualifiées de droit ou de liberté. Ainsi, il a été reconnu que peuvent être soulevées la méconnaissance des droits et obligations qui résultent des articles 1 et 2 de la Charte [38] ainsi que l'atteinte au principe de participation fixé à l'article 7 [39]. En revanche, l'article 6 n'instituant pas un doit ou une liberté, la méconnaissance du principe de conciliation « ne peut, en elle-même, être invoquée à l'appui d'une QPC sur le fondement de l'article 61-1 de la Constitution » [40]. Dans la même veine, on peut raisonnablement tabler que les exigences prévues aux articles 8 (éducation et formation) et 9 (recherche et innovation) sont inatteignables ainsi que, étant donné sa formulation et son contenu, la proclamation de l'article 10. Si l'on se reporte sur tel ou tel article de la Charte et particulièrement son article 7, fréquemment sollicité par les parties, celui-ci prévoit le droit de toute personne de « participer à l'élaboration des décisions publiques ayant une incidence sur l'environnement ». Sont ainsi critiquées des dispositions législatives traitant de tel ou tel type de décision administrative pour n'ayant pas été précédées d'une mesure de participation du public. Il ressort de la jurisprudence du Conseil constitutionnel qu'il a circonscrit la portée matérielle de ces décisions étant donné qu'il en a restreint le champ d'application aux seules décisions ayant une incidence directe et significative sur l'environnement [41]. Les décisions postérieures ont confirmé cette conception stricte écartant, par exemple, une telle qualification pour des normes techniques fixant une quantité de bois dans les constructions [42], les autorisations de travaux de recherches minières pour certains minerais [43] ou les délimitations du domaine public naturel [44].

36 CE, 30 janv. 2013, *Association Préservons notre cadre de vie*, req. n° 363673 (*cf.* Cons. const.,7 juill. 2005, *Loi de programme sur la politique énergétique*, déc. n° 2005-516 DC).

37. V., par ex., CE, 12 sept. 2012, *Association France Nature Environnement et Agir pour les paysages*, n° 357839, QPC (positif).

38. Cons. const., 8 avr. 2011, *M. Michel Z. et autres*, déc. n° 2011-116 QPC. On notera qu'une exigence de fond (le devoir de tout individu de prendre part à la préservation et à amélioration de l'environnement de l'article 2) est comprise comme un droit constitutionnellement garanti. C'est logique, car une obligation « crée toujours un droit dans le chef de celui qui en est le créancier » (E. Cortot-Boucher, concl. sur CE, ass., 12 juill. 2013, *Fédération nationale de la pêche en France*, RFDA 2014, n° 1, p. 97, spéc. p. 104, col. 2).

39. Cons. const., 14 oct. 2011, *Association France Nature Environnement*, n° 2011-183-184 QPC.

40. Cons. const., 23 nov. 2012, *M. Antoine de M*, déc. n° 2012-283 QPC. Conf. *in* Cons. const., 11 oct. 2013, *Société Schuepbach Energy LLC, déc. n° 2013-346 QPC.*

41. Cons. const., 23 nov. 2012, *Association FNE,* déc. n° 2012-282 QPC.

42. Cons. const., 24 mai 2013, *Syndicat français de l'industrie cimentière et Fédération de l'industrie du béton*, déc. 2013-317 QPC.

43. Cons. const., 26 avr. 2013, *Association ensemble pour la planète*, déc. 2013-308 QPC.

44. Cons. const., 24 mai 2013, *SCI Pascal*, déc. 2013-316 QPC.

Le Conseil d'Etat a fait sienne cette acception de ladite notion en refusant de renvoyer des QPC pour des décisions considérées comme n'ayant pas d'incidence directe [45] ou significative [46]. Ajoutons par ailleurs que le filtre que constitue le passage obligé par la Haute juridiction administrative peut aboutir à un constat de constitutionnalité qui rend inopérant la saisine du Conseil constitutionnel. En va-t-il de la sorte pour des dispositions du code rural, antérieures à l'entrée en vigueur de la révision constitutionnelle, déclarées conformes à l'article 2 de la Charte [47]. Là encore, on s'en est rendu compte, l'utilisation de la voie de la QPC n'est pas boîte de Pandore qui ouvrirait la loi à la vindicte du requérant lambda.

Il est clair que, pour nombre d'auteurs, la décision Fédération nationale de la pêche en France a signifié le déclin de l'écran total selon lequel, rappelons-le, la seule présence d'une loi s'interposant entre l'acte administratif critiqué et la Charte suffit à empêcher l'examen du bien-fondé du moyen d'inconstitutionnalité. Le juge a procédé en deux étapes. Il a affirmé l'existence d'une réserve de compétence au profit du pouvoir réglementaire autorisant une confrontation directe à la norme constitutionnelle environnementale. Il a ensuite dégagé le critère permettant de délimiter l'étendue de l'exercice de cette compétence.

Saisi de l'invocabilité de l'article 3 de la Charte, l'assemblée du contentieux a estimé que « l'obligation incombant à toute personne de prévenir ou limiter les atteintes qu'elle est susceptible de porter à l'environnement ne s'impose que dans les conditions définies par les dispositions législatives ainsi que par les dispositions réglementaires et les autres actes pour les mettre en œuvre » et « qu'il appartient aux autorités administratives de veiller [au respect de cette obligation] lorsqu'elles sont appelées à préciser les modalités de mise en œuvre de la loi définissant le cadre de la prévention ou de la limitation des conséquences d'une atteinte à l'environnement ». Une telle formulation indique le repli de la loi-écran aux seuls vices législatifs. La décision s'inscrit dans le sillage d'une jurisprudence qui a, parallèlement à celle restée fidèle au courant initié par l'arrêt Eaux et rivières de Bretagne, réduit le pouvoir couvrant de l'écran législatif. En rapport avec la jurisprudence de 2006, on constate qu'elle est d'application élargie. En effet, elle opère indistinctement dans deux cas de figure. D'une part, bien évidemment, lorsque la Charte renvoie à la loi pour en fixer les conditions et, le cas échéant, les limites (articles 3, 4 et 7). La Haute assemblée a ainsi jugé que la légalité des actes administratifs doit être appréciée par rapport aux différentes législations comprises comme ayant développé les principes contenus dans les articles de la Charte impliquant une intervention du législateur. Elle s'y est employée à l'égard du principe de prévention des atteintes portées à

---

45. CE, 9 oct. 2013, *Syndicat de gestion des eaux et de l'environnement du Gâtinais Est et Ouest de l'arrondissement de Montargeois*, Rec. Tables 2013, p. 709.

46. CE, 17 oct. 2013, *Commune d'Illkirch-Graffenstaden*, Rec. Tables 2013, p. 709.

47. CE, 14 sept. 2011, *Pierre*, Rec. 2011, p. 441. Solution identique en matière de participation du public : CE 12 juin 2013, *Fédération des entreprises de recyclage*, Rec. Tables 2013, p. 709.

l'environnement [48]. Pareillement, des moyens fondés directement sur la méconnaissance de l'article 7 de la Charte de l'environnement sont irrecevables. Le Conseil d'Etat en a décidé ainsi pour chacune des deux acceptions du principe exposé dans cet article, à savoir le droit d'accès du public aux informations relatives à l'environnement détenues par les autorités publiques [49] et celui de participer à l'élaboration des décisions publiques ayant une incidence sur l'environnement [50]. D'autre part, une médiation législative est aussi requise lorsque la Charte fait silence sur un renvoi à la loi pour en préciser sa portée (les autres articles, moins l'article 5). Ainsi, dans l'affaire Association Eau et rivières de Bretagne, étaient invoqués les articles 1 (droit de vivre dans un environnement équilibré et sain), 2 (devoir de prendre part à la préservation et à l'amélioration de l'environnement) et 6 (devoir pour les autorités publiques de promouvoir un développement durable) de la Charte. Et bien la légalité de l'arrêté fixant les règles techniques de divers élevages a été appréciée au regard des dispositions législatives du code de l'environnement qui imposent aux ICPE des sujétions destinées, entre autres, à la protection de l'eau [51]. Face à ces solutions d'inopérance radicale, évoluait en concomitance tout un courant issu de la jurisprudence sur l' « écran transparent ». Selon cette théorie, une loi qui, tout en renvoyant à l'autorité réglementaire le soin de définir certaines règles, ne contient en elle-même aucune règle de fond de telle sorte qu'elle ne fait pas obstacle à ce que soient critiquées les dispositions réglementaires adoptées au regard des règles supra-législatives. Dans cette situation, le vice d'inconstitutionnalité constitue seulement un vice propre du règlement. Dès lors, la conformité de la loi à la Constitution n'est pas en cause compte tenu, précisément, de la vacuité matérielle de cette loi (type loi-

48. CE, 26 déc. 2012, *Association France Nature environnement*, Rec. Tables 2012, p. 640 (sur un autre point); JCP A 2013, act. 35.

49. CE, 23 avr. 2009, *Association France nature environnement*, n° 306242 ; AJDA 2009, n° 16, p. 858. V., aussi, CE, 1er mars 2013, *Société Roozen France et autre et CRIIRAD et autres*, n° 340859, Rec. Tables 2013, p. 876 (sur un autre point).

50. CE, 12 juin 2013, *Fédération des entreprises du recyclage*, Rec. Tables 2013, p. 709. Dans cette dernière affaire, des plus explicites, les sous-sections réunies ont conclu à ce que le non respect du principe de participation ne peut être invoqué à l'encontre du décret relatif à l'obligation de constituer des garanties financières en vue de la mise en sécurité de certaines ICPE dans la mesure où une disposition législative - l'article L. 120-1 du code de l'environnement - a mis en œuvre ce principe constitutionnel, c'est-à-dire est venu préciser les conditions et limites dans lesquelles celui-ci est applicable aux décisions réglementaires de l'Etat et de ses établissements publics.

51. De surcroît, comme l'écran législatif n'est pas suscité par la Constitution elle-même, le juge, afin de garantir une justiciabilité étendue des actes administratifs en prise avec les articles concernés de la Charte, tient compte de l'ensemble des mesures réglementaires ou jurisprudentielles destinées à mettre en œuvre les principes constitutionnels. On en a un aperçu éclairant pour une règle d'origine juridictionnelle (CE, 17 mars 2010, *Alsace Nature et autres*, Rec. Tables 2010, p. 862 ; BJCL 2010, p. 170, concl. C. Roger-Lacan, obs. M.G.). A l'appui d'un recours contre une déclaration d'utilité publique d'une autoroute, était invoqué l'article 6, lequel impose une conciliation entre la protection et la mise en valeur de l'environnement, le développement économique et le progrès social. Le Conseil d'Etat a estimé que ce moyen devait être examiné au titre du contrôle de bilan - norme jurisprudentielle - opéré sur l'utilité publique du projet. L'inconstitutionnalité de la décision administrative attaquée avec un article de la Charte non tributaire d'une source législative dédiée peut donc être invoquée dès lors qu'il existe une règle de substitution, en l'occurrence de caractère jurisprudentiel.

cadre) et donc, rien n'empêche le contrôle de constitutionnalité de l'acte administratif [52]. Cette jurisprudence a été ensuite assouplie à l'occasion d'un recours où étaient invoquées utilement deux alinéas de Préambule de 1946 à l'encontre d'un décret pris pour l'application d'une loi subordonnant le bénéfice d'une prestation sociale à une condition d'activité, car les dispositions réglementaires en cause fixaient le quantum de cette condition dont la loi s'était contentée de prévoir le principe [53]. Cette solution rejoint d'autres arrêts où, la loi, attribuant une compétence au pouvoir réglementaire, lui fixe des lignes directrices pour son exercice. En dépit de l'existence d'un décret d'application d'une loi qui pose des conditions de fond, le requérant a pu directement mettre en cause la constitutionnalité de ce règlement [54]. Dans la même direction, on peut citer la décision Société Air Algérie, cette dernière précisant toutefois que l'écran retrouverait son intensité si l'acte réglementaire se bornait à réitérer une disposition législative [55]. C'est déjà là apprécier la « marge de manœuvre » [56] concédée au pouvoir réglementaire pour être libéré de la loi-écran.

En relevant qu'il appartient au juge administratif, « au vu de l'argumentation dont il est saisi, de vérifier si les mesures prises pour l'application de la loi, dans la mesure où elles ne se bornent pas à en tirer les conséquences nécessaires, n'ont pas elles-mêmes méconnu ce principe [de prévention]», il faut comprendre que l'intermédiation du législateur ne joue plus dès lors que l'autorité administrative est allée au-delà du texte législatif en lui ajoutant telle ou telle disposition substantielle. Dans l'affaire de 2013, le partage entre la loi et le règlement était tel que le décret relatif à la gestion et à la pêche de l'anguille contenait des « éléments propres » qui ne résultaient pas directement de la loi et qui relevaient, au contraire, de la « marge d'appréciation » laissée à l'administration [57]. Sans annuler le décret, le Conseil d'Etat a jugé que ses dispositions « participent de la mise en œuvre de l'article 3 de la Charte, en déterminant les modalités de prévention de l'extinction de l'anguille européenne ». Cette possibilité de confrontation directe entre un acte réglementaire et une règle de valeur constitutionnelle dépend donc de savoir s'il existe en l'espèce un lien de nécessité directe entre la loi et l'acte administratif. Pour l'instant, la jurisprudence n'a donné qu'une réponse négative et ce, dans une espèce où était invoqué l'article 1er de la Charte garantissant le droit de chacun de vivre dans un environnement équilibré et respectueux de la santé. Les dispositions d'un décret, ayant pour objet de protéger la population contre les risques sanitaires liés à une exposition à l'amiante dans les immeubles bâtis, qui établissent un seuil d'empoussièrement de cinq fibres par litre d'air, au-delà duquel des travaux de confinement ou de retrait d'amiante sont exigés du propriétaire, n'ont pas été considérées comme la consé-

52. CE, 17 mai 1991, *Quintin*, RDP 1991, p. 1429, concl. R. Abraham.

53. CE, 27 oct. 2011, *CFDT et autres*, Rec. Tables 2011, p. 743.

54. CE, 23 avr. 2007, *CATRED et autres*, AJDA 2007, n° 37, p. 2055.

55. CE, 6 déc. 2012, *Société Air Algérie*, Rec. p. 398.

56. P. Trouilly, note sous CE, ass., 12 juill. 2013, préc., Env. 2013, n° 10, p. 46, spéc. p. 49.

57. Expressions empruntées aux conclusions de Mme Cortot-Boucher.

quence nécessaire des dispositions législatives qui fondent ce texte [58]. Une transposition de ce qui a été retenu pour l'article 3 à l'article 1 s'imposait *a fortiori* puisque celui-ci ne renvoie pas à la loi le soin d'en définir les conditions d'application. L'avenir dira ce qu'il faut davantage entendre par « conséquences nécessaires ». Il est évident qu'un règlement d'application d'une loi « a forcément une valeur ajoutée par rapport à celle-ci » [59], si bien que, dans une interprétation extensive de la formule dégagée par la Haute juridiction, il ne resterait plus grand-chose de la théorie de la loi-écran. Il semble qu'il en adviendrait ainsi si l'on considérait que l'écran ne puisse intervenir que si l'acte administratif reprend les termes de la loi, se contente de les expliciter ou de les mettre en œuvre. On doit reconnaître que la volonté du juge de se « rapprocher » de la Constitution tient de solides raisons. De manière contingente, il s'agit de « faire disparaître les angles morts dans l'application contentieuse des dispositions constitutionnelles » [60]. En effet, refuser de se prononcer sur la constitutionnalité d'une clause administrative comportant une règle de fond non définie par la loi équivaudrait à un « déni de justice » [61], qui serait d'autant plus criant que la disposition en cause serait à l'abri de toute critique sur le terrain de la compétence de son auteur. Sur un plan plus global, on assiste à une réappropriation de la Constitution par le juge français. Il ne faut pas oublier que les droits et devoirs énumérés dans la Charte ont reçu pleine valeur constitutionnelle [62] et, qu'en conséquence, cette dernière doit être le moins possible médiatisée. En outre, on s'aperçoit que le juge se retranche de moins en moins derrière le caractère trop abstrait ou généraliste des divers éléments du Préambule, particulièrement du dernier arrivé, afin de leur dénier toute justiciabilité [63]. La conception légicentriste dont se prévalait la jurisprudence Société indochinoise, et qui a été revitalisée par l'arrêt Eaux et rivières de Bretagne, ne semble effectivement plus de mise aujourd'hui. La loi est bien l'expression de la volonté générale mais la tendance dominante est de « donner corps, autant que possible, à l'idée que la Constitution irradie, dans les limites de la théorie de la loi-écran, l'ensemble des actes administratifs » [64].

---

58. CE, 26 févr. 2014, *Association Ban Abestos France et autres*, n° 351514, aux tables.

59. C. Landais, concl. inéd. sur CE 27 oct. 2011, *CFDT*, n° 343943.

60. A. Roblot-Troizier et G.Tusseau, chron. sous CE, ass., 12 juill. 2013, préc., RFDA 2013, n° 6, p. 1259, spéc. p. 1262, col. 1.

61. P. Cassia, note sous CE, 6 déc. 2012, *Société Air Algérie*, RFDA 2013, n° 3, p. 653, spéc. p. 656, col. 2.

62. Cons. const., 19 juin 2008, *Loi relative aux organes génétiquement modifiés*, n° 2008-564 DC. CE, ass., 3 oct. 2008, *Commune d'Annecy*, Rec. 2008, p. 322 ; GAJA 2013, 19ème éd., n° 114. A la décharge de la décision de 2006, on notera que celle-ci est située dans le temps au sens où la valeur juridique de la Charte n'avait pas été encore pleinement dégagée.

63. Il semble d'ailleurs que le caractère programmatoire de l'un ou l'autre article de la Charte ne conduise pas forcément à un rejet au fond des prétentions des requérants suite à un contrôle minimum d'aspect plus formel qu'efficient. Par exemple, bien que l'article 3 de la Charte n'émet pas une règle de fond spécifiquement précise, le juge a dans sa décision de 2013 exercé un contrôle normal sur le décret confronté à cette disposition constitutionnelle.

64. E. Cortot-Boucher, concl. sur CE, ass., 12 juill. 2013, *préc.*, spéc. p. 10, col.).

En conclusion, consécutivement à la mise au point de 2013, la conception de la loi-écran véhiculée par la jurisprudence Eaux et rivières de Bretagne a sans doute vécu. Il n'en demeure pas moins que ladite théorie n'est pas abandonnée, la décision Fédération nationale de la pêche en France le confirme dans sa motivation. En termes d'efficacité, l'écran conserve son intensité; mais il a perdu en étendue. La question reste posée de savoir quel sera exactement le domaine d'évolution qui lui sera réservé ?

14

Le quasi-contrat au secours de la RSE ?

Blandine Rolland

Maître de conférences de droit privé – HDR (Université Jean Moulin Lyon 3). Membre associé du Centre Européen de recherche sur le Risque, le Droit des Accidents Collectifs et des Catastrophes (EA 3992)

Résumé

Les engagements volontaires en matière de Responsabilité sociale de l'entreprise (RSE) ont-ils une portée juridique ? Il s'agit de déterminer si l'entité considérée est engagée par la politique de RSE qu'elle annonce et, le cas échéant, son degré d'engagement. Les techniques classiques du droit des obligations mais aussi du droit pénal sont de nature à conférer une dimension juridique à ce type de comportement volontaire affiché par les entreprises. Cependant ces solutions ne sont pas suffisantes. En effet, les entreprises affirment souvent qu'elles n'entendent pas être liées juridiquement par les engagements qu'elles prennent. Toute la difficulté réside donc dans cette situation d'un discours de RSE dont la portée juridique n'est pas voulue et n'est pas souhaitée. La notion générale de quasi-contrat, découverte ou redécouverte par la Cour de cassation en 2002, pourrait utilement être appelée au secours de la RSE. Il convient à cet égard d'envisager les apports certains de cette notion de quasi-contrat à la construction d'un régime juridique pour la RSE avant de déterminer les incertitudes qui subsistent.

Cet hommage constitue un triple remerciement à Madame le Professeur Marie-France Steinlé-Feuerbach : remerciement pour avoir immédiatement intégré au sein du CERDACC l'auteur de ces lignes lors de son arrivée en Alsace comme jeune maître de conférences ; remerciement pour lui avoir suggéré de travailler sur les risques industriels, domaine dans lequel elle a rencontré la « RSE » qui ne l'a plus quittée depuis ; remerciement pour sa confiance indéfectible et son amitié.

La « Responsabilité sociale de l'entreprise » dite « RSE » constitue la démarche d'une entreprise qui porte une certaine attention à tous ceux qui l'entourent, en d'autres termes à ses « parties prenantes » [1]. La Commission européenne définit la RSE comme « *l'intégration volontaire par les entreprises de préoccupations sociales et environnementales à leurs activités commerciales et leurs relations avec les parties prenantes* » [2]. Puis elle donne une nouvelle définition complémentaire de la RSE en 2011. C'est « *la responsabilité des entreprises vis-à-vis des effets qu'elles exercent sur la société* » [3]. La RSE concerne les actions de celles-ci qui vont au-delà des obligations juridiques qui leur incombent à l'égard de la société et de l'environnement. « *Afin de s'acquitter pleinement de leur responsabilité sociale, il convient que les entreprises aient engagé, en collaboration étroite avec leurs parties prenantes, un processus destiné à intégrer les préoccupations en matière sociale, environnementale, éthique, de droits de l'homme et des consommateurs, dans leurs activités commerciales et leur stratégie de base* » [4].

Ainsi définie, la RSE trouve des terrains d'expression très variés. Les entreprises et les entités ont de multiples moyens pour exprimer leurs actions ou leurs engagements en matière de RSE. Pour ne citer que ses manifestations les plus connues : l'obligation de présenter des données sociales, sociétales et environnementales dans les rapports annuels de gestion, la mise en avant de codes et chartes éthiques dans les entreprises [5], la publicité verte et plus largement la publicité décrivant des pratiques de RSE, l'« investissement socialement responsable » (ISR), l'attitude des entreprises en difficulté face au droit de l'environnement, les engagement divers et va-

1. Sur la RSE en général, voir, parmi une littérature très abondante : F. Lépineux, J.-J. Rosé, C. Bonanni et S. Hudson, *La Responsabilité sociale de l'entreprise, Théories et pratiques* : Dunod, 2010. – A. Chauveau et J.-J. Rosé, *L'entreprise responsable* : Paris, Éd. d'organisation, 2003. – J.-J. Rosé, sous la dir., *Responsabilité Sociale de l'entreprise, pour un nouveau contrat social* : De Boeck, Bruxelles, 2006. – N. Barthe et J.-J. Rosé, sous la dir., *Responsabilité Sociale de l'entreprise – Entre globalisation et développement durable* : De Boeck, Bruxelles, 2011. – Comp. : P. Lagadec, *La civilisation du risque, Catastrophes technologiques et responsabilité sociale* : Seuil, 1981.

2. Définition figurant dans les documents de la Commission dès le *Livre Vert : promouvoir un cadre européen pour la Responsabilité sociale des entreprises*, Bruxelles, 18 juillet 2001, Com (2001) 366.

3. Communication de la Commission au Parlement européen, Conseil, Conseil économique, social et environnemental, et Comité des régions, le 25 octobre 2011, Com (2011) 681, *RSE : une nouvelle stratégie de l'UE pour la période 2011-2014*, p. 7. – Voir le commentaire de F.-G. Trébulle, « Le paquet « Entreprises responsables » » : *D.* 2012, p. 144.

4. Communication de la Commission préc., Com (2011) 681, p. 7.

5. F. Osman, « Avis, directives, codes de bonne conduite, recommandations, déontologie, éthique, etc … : réflexion sur la gradation des sources privées du droit », *Revue trimestrielle de droit civil* 1995, p. 509. – A. Sobczack, *Réseaux de sociétés et codes de conduite : un nouveau modèle de régulation des relations de travail pour les entreprises européennes*, Paris, LGDJ, Bibl. de droit social, 2002. – I. Desbarats, « Codes de conduite et chartes éthiques des entreprises privées, regard sur une pratique en expansion », *JCP E* 2003, I, 112. – I. Desbarats, « La valeur juridique d'un code de conduite » : *JCP E* 2006, 1214.

riés qui peuvent être pris en matière de RSE … Toutes ces pratiques et ces discours des entreprises en matière de RSE invitent à relire le Droit à l'aune de cette conception émergente du rôle de l'entreprise et de ses responsabilités.

La question essentielle pour les juristes consiste à déterminer si l'entreprise est juridiquement « responsable » de ses actions en matière de RSE. À écouter les promoteurs de la RSE, il ne s'agirait que de discours généraux qui ne sauraient avoir aucune portée juridique. L'entreprise communique, dresse des rapports sociaux et environnementaux, base sa publicité sur des éléments de développement durable mais ne veut pas être tenue par ces propos. La responsabilité sociale ne saurait déboucher sur une responsabilité juridique ! La RSE resterait du domaine des bons sentiments et des engagements purement moraux. Elle ferait partie de la *soft law* à défaut d'être consacrée par la *hard law*. Il s'agit pourtant d'un comportement que l'entreprise annonce vis-à-vis de ses parties prenantes, un comportement fait d'ouverture, de respect et de prudence. Il n'est donc pas possible d'en rester à cette approche philosophique de la responsabilité [6], même si on peut affirmer que plus l'entreprise est socialement responsable, moins elle sera responsable juridiquement de ses actes.

Les différentes manifestations de la RSE dans la vie et surtout dans les discours des entreprises appellent le développement et la construction d'un régime juridique cohérent. Lorsqu'une entreprise annonce un comportement de RSE, de deux choses l'une. Soit elle affirme un fait réel et vérifié, alors elle se contente de dire la vérité. À supposer qu'on démontre la véracité de son affirmation, il ne saurait y avoir de responsabilité juridique encourue. Soit elle annonce un comportement ou une attitude dont on peut prouver qu'il n'est pas fondé, alors il convient de déterminer la portée de cet engagement. L'entreprise est-elle liée par ce discours en matière de RSE ?

Les engagements volontaires en matière de RSE (par ex. Ceux qui sont contenus dans un rapport de gestion ou sur un site internet) peuvent-ils donner lieu à une responsabilité juridique de l'entreprise qui vient à les violer [7] ? Au-delà, peut-on parvenir à la contraindre d'honorer ses engagements ? Le Droit est bien obligé de se saisir de ces pratiques des entreprises. L'enjeu majeur est celui de la dimension contraignante de ces comportements ou de ces discours. Il s'agit de déterminer si l'entité

---

6. M. Villey, « Esquisse historique sur le mot responsable », *Archives de philosophie du droit*, « La responsabilité », Tome 22, Sirey, 1977.

7. C. Neau-Leduc, « La responsabilité sociale de l'entreprise : quels enjeux juridiques ? » : *Droit social* 2006, p. 952. – B. Rolland, « De la RSE à la responsabilité juridique, l'exemple de la démarche environnementale » : *in Responsabilité sociale de l'entreprise : pour un nouveau contrat social*, sous la dir. de J.-J. Rosé, De Boeck, 2006, p. 93. – A. Sobczack, « Le cadre juridique de la RSE en Europe et aux Etats-Unis » : *Droit social* 2002, p. 806 s. – F.-G. Trébulle, V° « Responsabilité sociale de l'entreprise (Entreprise et éthique environnementale) » : *Répertoire sociétés Dalloz*, 2003. – F. Verdun, « Emergence de la responsabilité sociétale des entreprises (RSE) et nouvelles interrogations juridiques » : *Rev. intern. de la compliance et de l'éthique des affaires*, suppl. JCP E 2013, n° 40, 13.

considérée est engagée par la politique de RSE qu'elle annonce, et le cas échéant, son degré d'engagement.

Les techniques classiques du droit des obligations [8] mais aussi dans une certaine mesure, du droit pénal [9], sont de nature à conférer une portée juridique à ce type de comportement volontaire affiché par les entreprises. En droit des obligations, dans certains cas, les données de RSE peuvent être contractualisées avec la ou les parties prenantes concernées (par ex. Les clauses dans les conventions de sous-traitance ou d'approvisionnement [10], dans les baux commerciaux ou ruraux, dans les cessions d'entreprise, les cas de négociations avec l'autorité publique en matière de droit des installations classées [11], les accords environnementaux dans un secteur donné [12]...). En outre, un discours ou un engagement en matière de RSE pourrait donner lieu à la qualification d'obligation civile [13] ou d'engagement unilatéral [14], ce qui pour

8. F.-G. Trébulle, art. préc. : *Répertoire sociétés Dalloz*, § 42 *sq.*

9. M. Lobé-Lobas, « L'engagement volontaire RSE au service de la preuve pénale » : *Environnement et développement durable* 2014, Etudes 4. – Sur l'aspect pénal de l'affaire Erika : F.-G. Trébulle, « Arrêt Erika : illustration de la responsabilité du fait de négligences » : *Bull. Joly Sociétés* 2013, p. 69 ; L. Neyret, « L'affaire Erika : moteur d'évolution des responsabilités civile et pénale » : *D.* 2010, p. 2238 ; L. Neyret, « De l'approche extensive de la responsabilité pénale dans l'affaire Erika » : *Environnement et développement durable* 2010, Etudes 29. – Voir aussi l'incrimination de pratiques commerciales trompeuses par C. consom., art. L. 121-1 *sq.*

10. Voir F.-G. Trébulle, « Vers une amélioration de la prise en compte des chaînes d'approvisionnement ? » : *Environnement et développement durable* 2014, Repère 2.

11. Com. 26 mars 2008, pourvoi n° 07-11.619, JurisData n° 2008-043377 : *Le Mensuel Juridique*, Éd. F. Lefebvre, juin 2008, n° 10, p. 13 ; M.-P. Blin-Franchomme, *RLDA* 2008, n° 32, spéc. p. 67 ; *Bull. Joly Sociétés* 2008, p. 908, note F.-G. Trébulle ; *Rev. sociétés* 2008, p. 812, note B. Rolland ; *Rev. proc. coll.* 2009, comm. 183, note J.-P. Ruffié ; *RTD com.* 2008, p. 576, note C. Champaud et D. Danet.

12. M.-P. Blin-Franchomme, Les accords environnementaux et la RSE : bilan et perspectives juridiques des démarches volontaires contractuelles en matière d'environnement : *in* H. Savall, M. Bonnet, V. Zardet, et M. Péron, (dir.), *Responsabilité sociale de l'entreprise, Actes du 3ème Congrès de l'ADERSE* : Ed. ISEOR, IAE de Lyon III, ADERSE, SIM-Academy of Management, 2005, volume 2, p. 1381. – M.-P. Blin, *BDEI* 2009, n° 23, p. 53.

13. C. cass. civ. 1°, 10 oct. 1995 : *Bull.* n° 352 ; *D.* 1996, somm. p. 120, note R. Libchaber ; *D.* 1997, p. 155, note G. Pignarre ; *D.* 1997, chr. p. 85, N. Molfessis. – V. en dernier lieu : C. cass. civ. 1°, 4 janv. 2005, pourvoi n° 02-18904 ; *D.* 2005, p. 1393 note G. Loiseau. – Comp. F.-G. Trébulle, art. préc. : *Répertoire sociétés Dalloz*, spéc. § 36.

14. Sur la notion : C. Grimaldi, *Quasi-engagement et engagement en droit privé : recherche sur les sources de l'obligation* : Defrénois, coll. « Doctorat et Notariat », 2007. – M.-L. Izorche, *L'avènement de l'engagement unilatéral en droit contemporain*, Th. Aix en Provence 1989, PUAM, 1995, préf. J. Mestre. – J. Martin de la Moutte, *L'acte juridique unilatéral*, Paris, Éd. LGDJ, 1951. – R. Worms, *De la volonté unilatérale considérée comme source d'obligations en droit romain et en droit français*, Paris, Éd. Giard, 1891. – A. Sériaux, « L'engagement unilatéral en droit positif français actuel » : *in L'unilatéralisme et le droit des obligations* : Economica, 1999. – E. Dockès, « L'engagement unilatéral de l'employeur », *Droit social* 1994, p. 227. – C. cass. civ. 1°, 28 mars 1995 : *Bull.* n° 150 ; *D.* 1996, p. 180, note J.-L. Mouralis ; *RTD civ.* 1995, p. 886, obs. J. Mestre.

l'instant n'a pas été consacré en jurisprudence [15]. En revanche, la violation d'un tel engagement a pu entraîner une faute civile de l'entité concernée [16].

Mais ces solutions ne sont pas suffisantes. En effet, les entreprises affirment souvent qu'elles n'entendent pas être liées juridiquement par les engagements qu'elles prennent. Elles n'ont donc pas la conscience de s'engager juridiquement, bien au contraire elles le nient. Toute la difficulté réside donc dans cette situation d'un discours de RSE dont la portée juridique n'est pas voulue et n'est pas souhaitée ! Or pour être engagé, en principe, il faut le vouloir. En outre, l'engagement volontaire unilatéral doit être pris à l'égard de personnes plus ou moins déterminées pour lier l'entité qui le prend.

Dès lors, la notion générale de quasi-contrat, découverte ou redécouverte par la Cour de cassation en 2002, pourrait être utilement appelée au secours de la RSE [17]. Il convient à cet égard d'envisager les apports certains de la notion de quasi-contrat à la construction d'un régime juridique pour la RSE (I) avant de déterminer les incertitudes qui subsistent (II).

I. Les apports de la théorie du quasi-contrat en matière de RSE

La Cour de cassation a « découvert » dans le Code civil une théorie générale du quasi-contrat notamment à propos des affaires dites des « loteries publicitaires » [18]. Jusqu'alors, le Code civil était classiquement utilisé pour régir la gestion d'affaire (C. Civ., art. 1372) et la répétition de l'indu (C. Civ., art. 1376) et la jurisprudence avait consacré l'enrichissement sans cause. Dans son arrêt de la chambre mixte du 6

---

15. Pour le refus de donner une portée juridique à un code éthique : TGI Nanterre, 30 mai 2011, n° 10/02629 Assoc. France Palestine et OLP c/ Alstom et Veolia, Affaire du Tramway de Jérusalem, non publiée ; CA Versailles, 22 mars 2013, n° 11/05331 : signalé par F.-G. Trébulle, in « Entreprise et développement durable (2ème partie) Responsabilité sociale des entreprises » : *Entreprise et développement durable* décembre 2013, chr. « Un an de ... », 6, § 157 *sq*.

16. Ce qui a été retenu dans l'affaire de l'Erika : CA Paris, 30 mars 2010 : *JAC* n° 103, note E. Desfougères : http://www.iutcolmar.uha.fr/internet/recherche/Jcerdacc.nsf/91fe2b771e4d47c1c12570bc004f07f3/a5a36b94fd532121c125770b0029bbda?OpenDocument ; L. Neyret, « De l'approche extensive de la responsabilité pénale dans l'affaire Erika » : *Environnement et développement durable* 2010, Etudes 29 ; L. Neyret, « L'affaire Erika : moteur d'évolution des responsabilités civile et pénale » : *D.* 2010, p. 2238 ; K. Le Couviour, « Erika : décryptage d'un arrêt peu conventionnel » : *JCP G* 2010, 432. – C. cass., crim., 25 sept. 2012, n° 10-82.938, F-P+B+R+I : *JAC* n° 127, note E. Desfougères : http://www.iutcolmar.uha.fr/internet/recherche/Jcerdacc.nsf/00b1baa6c5288743c1257711002d2c42/f4272e446b2bdf3ac1257a98002b1f60?OpenDocument ; *JCP G* 2012, 1243, note K. Le Couviour ; *Bull. Joly Sociétés* 2013, p. 69, note F.-G. Trébulle ; *D.* 2012, p. 2711, note P. Delebecque ; *RLDA* 2013, n° 78, p. 60, note M.-P. Blin-Franchomme. – Comp. C. cass., civ. 2°, 10 juin 2004 : *Bull.* n° 294 ; *JCP G* 2005, I, 114, § 5, obs. F. Labarthe ; *RTD civ.* 2004, p. 728, note J. Mestre et B. Fagès ; *RRJ* 2006, p. 421, note C. Lièvremont.

17. F.-G. Trébulle, art. préc. : *Répertoire sociétés Dalloz*, § 47.

18. X. Pin et L. Devin, « Quasi-contrat. Théorie générale » : *JurisClasseur Civil Code*, Art. 1370 et 1371, (2011), § 3. – P. Le Tourneau, V° Quasi-contrat : *Répertoire civil Dalloz*, 2014, § 53.

septembre 2002 [19], la Cour de cassation statue au visa de l'article 1371 du Code civil selon lequel « *Les quasi-contrats sont les faits purement volontaires de l'homme, dont il résulte un engagement quelconque envers les tiers, et quelquefois un engagement réciproque des deux parties* ». En conséquence, « *l'organisateur d'une loterie qui annonce un gain à une personne dénommée sans mettre en évidence l'existence d'un aléa s'oblige, par ce fait purement volontaire à le délivrer* ».

Cette qualification au titre d'une catégorie générale des quasi-contrats pourrait être étendue à un engagement pris en matière de RSE. En effet, aussi bien du côté du destinataire que de l'émetteur, le quasi-contrat correspond à la situation tout à fait particulière de la RSE. Il vient répondre à une attente légitime qui a pu naître chez le destinataire de l'annonce (A). Il est en outre précisément applicable dans le cas d'une situation non voulue en tant que telle par l'émetteur (B).

A. Quasi-contrat et « attente légitime » du destinataire

Plusieurs fondements peuvent être assignés au quasi-contrat. À ce propos, il convient de reprendre la très belle analyse qui a été consacrée à la théorie générale du quasi-contrat par le professeur Xavier Pin et Madame Laura Devin [20]. Ils présentent le quasi-contrat comme étant d'abord « *un fait juridique profitable, un avantage reçu sans droit qui doit être restitué* » [21]. La justification réside dans une obligation de cohérence. En application de l'adage « *Nul ne peut se contredire au détriment d'autrui* », nul ne peut non plus s'enrichir au détriment d'autrui [22].

Puis, ils font valoir un dédoublement progressif de la notion : « il existe des quasi-contrats résultant d'un avantage reçu sans cause et des quasi-contrats reposant sur un avantage attendu voire une simple expectative ou un « enrichissement manqué » [23]. Cette seconde approche paraît très intéressante. C'est celle qui correspond précisément aux arrêts de la Cour de cassation sur les loteries publicitaires. Dans ces affaires, on ne peut pas relever d'avantage reçu par le destinataire, mais bien au contraire une attente déçue. Monsieur le Professeur Pin et Madame Devin fondent ainsi la catégorie générale des quasi-contrats sur la thèse de l'expectative. « Le quasi-contrat pourrait être l'instrument (...) d'exécution voire de délivrance d'une expec-

---

19. C. cass. ch. mixte, 6 sept. 2002 : *Bull.* n° 4 ; *BICC* 15 oct. 2002, concl. R. de Gouttes et Rapp. J.-P. Gridel ; *D.* 2002, p. 2963, note D. Mazeaud ; *JCP* 2002, II, 10173, note S. Reifegerste ; *JCP E* 2002, 1687, note G. Viney. – C. cass. civ. 1°, 18 mars 2003 : *Bull.* n° 85 ; *Rép. Defrénois* 2003, n° 18, art. 37810, § 88, p. 1168, note R. Libchaber. – Voir depuis en dernier lieu : C. cass., civ. 1°, 30 oct. 2013, n° 11-27.353, non pub. au Bull. ; C. cass., civ. 1°, 10 juill. 2013, n° 12-22.234 et n° 12-20.849, non pub. au Bull. ; C. cass., civ. 1°, 29 mai 2013, n° 12-16.647, non pub. au Bull.

20. X. Pin et L. Devin, « Quasi-contrat. Théorie générale » : *JurisClasseur Civil Code*, Art. 1370 et 1371, (2011).

21. X. Pin et L. Devin, art. préc., § 1.

22. X. Pin et L. Devin, art. préc., § 3.

23. X. Pin et L. Devin, art. préc., § 3.

tative » [24]. « Certains faits volontaires de l'homme – en l'occurrence des faits d'annonce – font naître des expectatives, et obligent l'annonceur à réaliser les prestations annoncées en faveur de l'expectant » [25].

Ils se réfèrent également à la thèse de Monsieur le Professeur Grimaldi [26] et relèvent à sa suite que le quasi-contrat est un quasi-engagement qui constituerait « *un engagement apparent dont l'exécution peut être imposée à celui qui par sa faute a suscité chez autrui une croyance légitime dans la réalité de cet engagement* » [27]. D'autres auteurs ont pu fonder aussi le quasi-contrat sur un engagement apparent [28] ou sur la croyance légitime [29].

De ces diverses présentations, il paraît intéressant de retenir que le quasi-contrat de l'article 1371 du Code civil vient répondre à une attente légitime qui est née chez le destinataire du fait de l'annonce. Mais celle-ci est déçue faute de concrétisation ou de réalisation de l'engagement qui ne paraît être qu'apparent. Ainsi, dans le cadre de sa politique de RSE, une entreprise a communiqué des informations relatives à ses pratiques sociales, sociétales ou environnementales. Elle a publié des données ou des engagements dans son rapport annuel de gestion, dans sa charte d'entreprise ou son code éthique, ou sur son site internet. Ces engagements font naître une attente légitime chez ses lecteurs. Ils s'attendent légitimement à ce que le comportement de l'entreprise soit en conformité avec ces indications. Cependant l'entité peut chercher de son côté à se soustraire à son engagement.

B. Quasi-contrat et « engagement non voulu » de l'émetteur

La qualification générale de quasi-contrat au sens de l'article 1371 permet ensuite de donner une portée juridique aux hypothèses d'engagements non voulus. Il est en effet des situations dans lesquelles on constate un discours assorti d'un refus d'engagement de la part de son auteur. Pour certains, cet argument n'est pas suffisant pour écarter totalement l'application de la notion voisine d'engagement unilatéral [30]. Cependant, ces cas d'engagements non voulus paraissent rentrer dans le

24. X. Pin et L. Devin, art. préc., § 81.

25. X. Pin et L. Devin, art. préc., § 97.

26. C. Grimaldi, *Quasi-engagement et engagement en droit privé – recherche sur les sources de l'obligation* : Defrénois 2007.

27. X. Pin et L. Devin, art. préc., § 95.

28. A. Bénabent, *Droit des obligations* : Montchrestien, 12ème éd., 2010, § 450. – P. Le Tourneau, art. préc., § 48 et 59. – X. Pin et L. Devin, art. préc., § 91.

29. M.-P. Peis-Hitier, « De la croyance légitime comme critère de définition des quasi-contrats » : *LPA* 25 janv. 2006, n° 18. – X. Pin et L. Devin, art. préc., § 93. – P. Le Tourneau, art. préc., § 57. – Voir aussi F.-G. Trébulle, art. préc. : *Répertoire sociétés Dalloz*, § 47.

30. P. Brun, « Loteries publicitaires trompeuses, La foire aux qualifications pour une introuvable sanction » : *Mélanges J. Calais-Auloy*, Dalloz, 2004, p. 191, spéc. n° 14 s. : « *Peut-on condamner la thèse de l'acte juridique unilatéral au seul motif que la volonté réelle de délivrer le lot fait manifestement défaut chez notre organisateur de loteries* »...

champ d'application de la théorie du quasi-contrat. Le quasi-contrat constitue le moyen de lier juridiquement une personne qui annonce un comportement sur lequel elle ne désire pourtant pas s'engager réellement.

Le refus de reconnaissance de l'engagement pris de la part de l'émetteur constitue d'ailleurs l'une des conditions à l'application de la théorie du quasi-contrat. En effet Monsieur le Professeur Pin et Madame Devin soulignent dans leur étude que lorsqu'« *il est possible de mettre en évidence un réel engagement de la part de l'annonceur, c'est-à-dire une promesse, l'action quasi-contractuelle ne devrait pas être admise* » en raison du caractère subsidiaire de cette notion [31]. De deux choses l'une. Si l'engagement formalisé est réellement voulu, alors il faut appliquer la notion d'engagement unilatéral consacré aussi bien en doctrine qu'en jurisprudence [32]. Il est fondé sur le force obligatoire de la volonté, même unilatérale. Au contraire, si l'engagement bien que formalisé et publié n'est pas voulu, le quasi-contrat lui donne une portée juridique. Il permet de donner une consistance juridique à une annonce dont l'émetteur prétend qu'il ne souhaitait pas l'exécuter parce qu'il ne se considère pas comme engagé.

Un autre auteur écrit en ce sens que « *Le quasi-contrat est devenu pour la Cour de cassation une technique de sanction des promesses sans lendemain* » [33]. Il semble cependant le regretter car certaines affaires de loterie publicitaire semblent mal cacher des demandes faites de mauvaise foi [34]. Il souhaite que l'exigence de bonne foi du destinataire soit remise en honneur dans le cadre des quasi-contrats qui visent à rétablir un équilibre moral selon lui. Quoiqu'il en soit, en matière de RSE, la question se pose plutôt du côté de l'émetteur. L'absence de bonne foi paraît remplie de la part d'une entreprise qui essaie de se soustraire à son engagement de RSE. Elle annonce un comportement socialement responsable – sans doute pour maximiser son profit – et ensuite fait valoir qu'elle n'a pas entendu être tenue par son engagement.

Mais pour que l'engagement de RSE puisse lier à ce point son auteur qui ne l'a pas voulu, il convient que cet engagement réponde en outre à une condition de précision. Le discours doit être suffisamment explicite et précis. « *l'annonce doit être suffisamment explicite pour être crédible* » [35]. L'engagement pris dans le cadre de rapports, chartes ou codes éthiques, sites internet, développés par les entreprises doit être rédigés en des termes clairs, précis, chiffrés ou bien entouré de circonstances explicites. À cet égard, une directive européenne relative aux pratiques commerciales trompeuses, non transposée en droit français sur ce point, visait le cas où un professionnel ne respecte pas un code auquel il s'est volontairement soumis et con-

31. X. Pin et L. Devin, art. préc., § 110.
32. Voir *supra*.
33. E. Petit, « Loteries publicitaires : d'un assouplissement à l'autre ? » : *D.* 2013, p. 2650.
34. Voir E. Petit, art. préc. – Voir dans le même sens X. Pin et L. Devin, art. préc. § 109.
35. X. Pin et L. Devin, art. préc., § 105.

tenant des engagements fermes et vérifiables, et non de simples aspirations [36]. Le rôle de la jurisprudence sera de déterminer à partir de quel point une allégation devient véritablement source d'engagement eu égard à la fermeté et à la précision du discours.

Ainsi exposé, le recours à la théorie du quasi-contrat permet de proposer qu'une parole claire, ferme et précise, donne lieu à un engagement de la part de l'entreprise ou de l'entité qui l'émet. Il s'agit de donner une portée juridique à une annonce, un discours, un rapport, une charte éthique… En revanche, peu importe la réalité de la volonté qui y a conduit. Il suffit que cette annonce ait fait naître une attente et une expectative dans le public. En d'autres termes, l'annonce de RSE peut être sanctionnée si elle ne correspond pas à la réalité du comportement de l'entité. Lorsqu'il y a défaut de cohérence entre le discours et les actes, une attente légitime est née qui doit être satisfaite. Cependant, des incertitudes demeurent dans l'application de cette théorie en matière de RSE.

II. Les incertitudes de la théorie du quasi-contrat en matière de RSE

L'application de la théorie générale de quasi-contrat en matière de RSE présente des incertitudes. Ce régime mérite des adaptations pour parvenir à sanctionner efficacement les entreprises qui ne mettent pas en cohérence leurs discours de RSE et leurs actes. La question essentielle est celle de la détermination des personnes visées par l'engagement (A). Plus secondaire est la question du régime de la sanction applicable (B).

A. Quasi-contrat et indétermination du destinataire

La principale incertitude réside dans le fait de savoir si l'on peut étendre le régime du quasi-contrat à un engagement qui n'a pas de destinataire précis et déterminé. Le discours formalisé de RSE consiste à exposer des pratiques et des politiques en termes de responsabilité sociale, sociétale et environnementale et à s'imposer des obligations en la matière. Mais ce discours passe par la production de rapports annuels et par le développement de sites internet qui n'ont par hypothèse pas de destinataires précis et déterminés. À cet égard, il pourrait paraître difficile de considérer les actions et comportements de RSE annoncés par l'entreprise comme sources d'obligations, faute de destinataire déterminé de l'engagement.

En effet, dans le cadre de la consécration d'une catégorie générale de quasi-contrat, la Cour de cassation pose expressément l'exigence que le bénéficiaire soit

36. Directive PE et CE, n° 2005-29, 11 mai 2005, art 6.2.b. – M.-P. Blin-Franchomme, Entreprises et responsabilité : aperçu de quelques avancées récentes du développement durable dans la vie des affaires : *Revue Lamy Droit des affaires*, 2008, n° 32, spéc. p. 63.

identifié nommément. Elle vise « *l'organisateur d'un jeu publicitaire qui annonce un gain à une personne dénommée* » [37].

Dès lors, est-il possible d'étendre cette théorie aux discours et engagements de RSE pour lesquels les destinataires existent mais sont diffus et non déterminés ? Les discours de RSE sont destinés à toutes les « parties prenantes » de l'entreprise [38]. Les parties prenantes recouvrent d'une part toutes les personnes qui sont concernées ou qui s'intéressent à l'activité de l'entreprise et d'autre part toutes les personnes que l'entreprise considère elle-même comme étant dans sa sphère d'influence. Ce peuvent être ses clients, ses concurrents, ses riverains, la société civile, des ONG, … Toutes ces personnes ont librement accès au site internet de l'entreprise et aux publications qu'elle y diffuse.

Concernant le rapport annuel de gestion, la situation est aujourd'hui compliquée par le fait que ce document n'est plus par principe déposé au Registre du commerce et des sociétés. Seules les sociétés par actions admises aux négociations sur un marché réglementé ou un système multilatéral de négociation sont tenues de déposer au RCS le rapport de gestion [39] ou bien celles qui établissement un rapport de gestion de groupe [40]. Pour les autres sociétés, le rapport de gestion est simplement tenu à disposition des personnes intéressées au siège de la société [41], ce qui peut paraître relativement illusoire en pratique. Cette mesure résultant de la loi du 22 mars 2012 relative à la simplification du droit et à l'allègement des démarches administratives paraît de nature à freiner la diffusion des informations financières et extra-financières des sociétés commerciales et à attenter à la transparence de ces informations à destination des parties prenantes [42]. Mais si l'entreprise s'intéresse vraiment à ses parties prenantes, ces données, informations et engagements en matière de RSE sont diffusés par d'autres canaux, notamment les rapports dédiés au développement durable ou à la RSE. Ils figurent alors sur le site internet de l'entreprise.

Il paraît donc décisif d'insister pour l'extension de cette catégorie de quasi-contrat précisément à l'hypothèse d'un engagement sans destinataire précis. Le texte même de l'article 1371 du Code civil ne s'y oppose pas directement tant il est rédigé en termes généraux. Il vise l'« *engagement quelconque envers un tiers* ». Par sa généralité, cette formule ne permet pas d'imposer que le tiers soit déjà précisément dé-

37. Formule dans tous les arrêts précités relatifs aux loteries publicitaires. – X. Pin et L. Devin, art. préc., § 102.

38. F.-G. Trébulle, « *Stakeholders theory* et droit des sociétés » : *Bull. Joly sociétés* 2006, p. 1337 et 2007, p. 7.

39. C. com., art. L. 232-23, I, issu de L. n° 2012-387 du 22 mars 2012.

40. C. com., art. L. 232-22, I, 1° issu de L. n° 2012-387 du 22 mars 2012 pour les SARL. – C. com., art. L. 232-23, I, 1° issu de L. n° 2012-387 du 22 mars 2012 pour les sociétés par actions.

41. C. com. art. L. 232-22, I et R. 232-20-1 issu de D. n° 2014-1063 du 18 sept. 2014 pour les SARL. – C. com., art. L. 232-23 I et R. 232-21-1, issu de D. n° 2014-1063 du 18 sept. 2014 pour les sociétés par actions.

42. B. Rolland, « Le *reporting* social, sociétal et environnemental : regards critiques » : *Bull. Joly Sociétés* 2014, p. 287, spéc. § 35 *sq*.

terminé lors de l'engagement pris. Il peut être simplement déterminable en renvoyant à l'ensemble des parties prenantes de l'entreprise qui constituent bien le destinataire implicite du discours et des engagements en matière de RSE. Cette formule de l'article 1371 du Code civil ne permet pas non plus d'exclure l'hypothèse d'un tiers qui serait constitué en réalité d'un groupe de personnes intéressées au même titre (consommateurs, clients, personnes aspirant à la protection des enjeux sociaux, sociétaux et environnementaux de l'entreprise).

Cette consécration d'un quasi-contrat dont le destinataire serait indéterminé au départ permettrait de faire prévaloir le principe de cohérence, en évitant que l'entité ne se soustraie à son engagement au prétexte de l'absence de destinataire désigné. En outre, cette approche extensive correspond bien au caractère subsidiaire du quasi-contrat déjà relevé. Si l'engagement est suffisamment précis et pris à l'égard d'une personne déterminée, il s'apparente plutôt à un engagement unilatéral classique, sous réserve de la volonté de s'engager qui peut faire défaut.

Il convient de relever enfin que si le ou les destinataires de l'engagement sont indéterminés au départ, il est évident qu'ils devront être déterminés au moment où la sanction sera mise en jeu. La personne qui agit contre l'émetteur de l'engagement démontre *ipso facto* qu'elle se considère comme le destinataire de l'engagement.

B. Quasi-contrat et détermination de la sanction

La détermination de la sanction applicable en matière de quasi-contrat est marquée également par une incertitude. En effet, la doctrine est partagée sur le point de savoir quel régime il convient de lui appliquer : responsabilité contractuelle ou délictuelle.

Selon Monsieur le Professeur Pin et Madame Devin, l'action quasi-contractuelle donne plutôt lieu à une « action en réclamation ou en délivrance d'une prestation – qu'une action en exécution proprement dite » [43] . « La qualification quasi-contractuelle entraîne l'obligation pour l'auteur de l'annonce de délivrer la chose ou la prestation annoncée. L'action permet donc de transformer l'expectative en un principe certain de créance » [44]. Elle peut finalement être « assimilée à une action en exécution contractuelle » [45]. Monsieur le Professeur Le Tourneau est plus nuancé mais parvient à la même solution [46]. Il expose que puisqu'il n'y a pas de contrat, la responsabilité ne peut être contractuelle mais forcément délictuelle. Cependant « lorsque le quasi-contrat est voisin d'un contrat (...) il serait conforme à la nature des choses de recourir, par analogie, au régime de la défaillance contractuelle » [47].

43. X. Pin et L. Devin, art. préc., § 107.

44. X. Pin et L. Devin, art. préc., § 113.

45. X. Pin et L. Devin, art. préc., § 113.

46. P. Le Tourneau, art. préc., § 33 et 53.

47. P. Le Tourneau, art. préc., § 33.

« l'annonce purement volontaire du gain au destinataire implique l'exécution de l'engagement pris » [48]. Mais en présence de « tiers absolus », il faudrait revenir au régime délictuel [49].

S'agissant d'engagements en matière de RSE, l'application pourrait cependant s'avérer un peu plus délicate que la délivrance d'un lot publicitaire ! Si l'entreprise a annoncé un comportement précis dans le domaine social, sociétal ou environnemental, elle devrait pouvoir être contrainte à honorer son engagement, donc à exécuter les mesures prévues. Ainsi, en matière de protection de l'environnement, elle peut s'être engagée à s'abstenir de rejeter tel ou tel élément, à réduire ses émissions de gaz à effet de serre à concurrence d'un certain pourcentage dans un délai précis, à mettre en place telle ou telle politique sociale ou environnementale, ... La mise en pratique de ces engagements, la mesure de leur effectivité et les procédures contraignantes pour y parvenir, inviteront à l'innovation.

Il faut aussi être attentif à l'intérêt à agir de la partie prenante qui porte l'affaire en justice [50]. Par exemple l'ONG qui assigne l'entreprise devra démontrer son intérêt collectif en matière la sauvegarde de l'environnement pour obtenir l'exécution d'objectifs environnementaux. Mais la jurisprudence a déjà eu l'occasion d'admettre l'intérêt à agir d'une ONG en matière de protection des droits de l'homme agissant à l'encontre d'une entreprise, même si au fond elle a été déboutée de son action en raison de l'absence de portée juridique des codes éthiques des entreprises concernées [51].

En conclusion, le risque juridique susceptible de peser sur les engagements inconsidérés de RSE devrait conduire à une sage précaution de la part des entreprises et autres entités. La RSE doit rester un instrument de prévention de la responsabilité juridique [52]. En effet, il ne s'agit pas de freiner le développement d'une politique de RSE et des actions de communication en la matière. Mais il convient bien plutôt d'inciter les entreprises à plus de cohérence dans leurs discours. Les engagements fermes et précis à propos des actions sociales, sociétales et environnementales, devraient correspondre à ce que l'entreprise développe effectivement ou bien peut légitimement mettre en œuvre à plus long terme. Le caractère nuancé des affirmations s'apparente à une sorte d'obligation de moyens que l'entreprise s'impose. Si l'entreprise affiche une réelle obligation de résultat, le risque est qu'elle puisse être condamnée à honorer son engagement à travers cette notion de quasi-contrat si ses actes ne pas en cohérence avec ses affirmations. C'est ce qu'il faut éviter !

---

48. P. Le Tourneau, art. préc., § 53.

49. P. Le Tourneau, art. préc., § 33.

50. CPC, art. 31.

51. TGI Nanterre, 30 mai 2011, préc. et CA Versailles, 22 mars 2013, préc.

52. Voir en ce sens : F.-G. Trébulle, « La RSE, outil de prévention des contentieux » : *Juriste d'Entreprise Magazine* 2012, n° 14, p. 26.

15

Le recours subrogatoire du Fonds de Garantie des victimes d'actes de Terrorisme et d'autres Infractions :

Personne responsable, personne tenue à réparation

Nathalie Faussat

Directeur du FGTI

Les victimes d'infraction bénéficient, en droit interne, d'un dispositif d'indemnisation unique en son genre et financé par la collectivité des assurés. Ce dispositif repose sur le Fonds de garantie des victimes des actes de Terrorisme et d'autres Infractions (FGTI), alimenté par un prélèvement sur les contrats d'assurance de biens [1].

Si ce dispositif d'indemnisation résultant de la loi n° 90-589 du 6 juillet 1990 qui a confié au FGTI la charge de régler les indemnités allouées par la Commission d'Indemnisation des Victimes d'Infractions (CIVI) est de mieux en mieux connu et maîtrisé par les victimes et leurs conseils [2], la suite logique attachée au recours du FGTI et toutes les conséquences qui peuvent en résulter restent cependant ignorés de beaucoup. Ainsi que nous allons le constater, les règles juridiques régissant le recours du FGTI, fondé sur la notion de subrogation, et les difficultés auxquelles il peut se voir confronté ne font que dessiner en creux les grands principes régissant l'indemnisation des victimes d'infractions : absence de subsidiarité pour les atteintes

1. Articles L.422-1 et R.422-4 du code des assurances.

2. Sur la responsabilité professionnelle d'un avocat n'ayant pas saisi la CIVI, voir Civ. 2ème, 1er juin 2011, n°09-72002.

les plus graves à la personne et autonomie d'un dispositif exclusivement centré sur la victime.

Ce recours est expressément prévu par l'article 706-11 du code de procédure pénale [3] alinéa 1er qui dispose que « le Fonds est subrogé dans les droits de la victime pour obtenir des personnes responsables du dommage causé par l'infraction ou tenues à un titre quelconque d'en assurer la réparation… ». Il fait appel à deux notions, outre celle du mécanisme de la subrogation : non seulement le responsable du dommage mais aussi la personne tenue à un titre quelconque d'en assurer la réparation. Dans sa rédaction antérieure à la loi du 6 juillet 1990, l'article 706-11 du code de procédure pénale prévoyait déjà que : « L'Etat est subrogé dans les droits de la victime pour obtenir des personnes responsables du dommage causé par l'infraction ou tenues à un titre quelconque d'en assurer la réparation totale ou partielle le remboursement de l'indemnité ou de la provision versée par lui, dans la limite du montant des réparations à la charge desdites personnes ».

En transférant de l'Etat à la collectivité des assurés la charge de l'indemnisation des victimes d'infraction, le législateur a également transféré au FGTI la possibilité d'une action récursoire s'exerçant dans les mêmes termes.

A titre préliminaire, il convient de rappeler les grandes lignes de l'indemnisation des victimes d'infractions devant la CIVI. Toute victime peut solliciter devant la CIVI la réparation du dommage qui résulte « *de faits volontaires ou non qui présentent le caractère matériel d'une infraction* [4] ». Cependant, selon la nature de l'atteinte et la gravité du préjudice, le régime indemnitaire est différent.

Les victimes d'atteintes à la personne les plus graves, obtiennent une réparation intégrale, sans conditions de ressources, sur le fondement de l'article 706-3 du code de procédure pénale. Peu importe qu'elles puissent obtenir par ailleurs réparation de leur préjudice : l'obligation légale du FGTI à leur égard n'est pas subsidiaire [5].

En revanche, les victimes d'atteintes légères à la personne, ainsi que les victimes de certaines atteintes aux biens, ne peuvent obtenir qu'une réparation plafonnée [6], placée sous conditions de ressources mais également sous réserve de rapporter la preuve de ne pouvoir « *obtenir à un titre quelconque une réparation ou une indemnisation effective et suffisante de [leur] préjudice* ». Ces restrictions résultent des dispositions de l'article 706-14 du code de procédure pénale.

Il en résulte nécessairement que le recours du FGTI, lorsqu'il a indemnisé sur le fondement de l'article 706-14 du code de procédure pénale ne peut être dirigé que

3. Article 706-11 : « Le fonds est subrogé dans les droits de la victime pour obtenir des personnes responsables du dommage causé par l'infraction ou tenues à un titre quelconque d'en assurer la réparation totale ou partielle le remboursement de l'indemnité ou de la provision versée par lui, dans la limite du montant des réparations à la charge desdites personnes ».

4. Article 706-3 du code de procédure pénale.

5. Principe récemment réaffirmé par la Cour de cassation, Civ. 2ème, 30 avril 2014, n°13-14943.

6. 4 212 € pour 2014.

contre l'auteur de l'infraction. En revanche, après avoir indemnisé sur le fondement des dispositions de l'article 706-3 du code de procédure pénale, le FGTI peut exercer son recours contre d'autres débiteurs de la victime. Ce sont donc principalement ces cas de recours, après indemnisation sur le fondement de l'article 706-3 du code de procédure pénale, qui seront évoqués dans ces développements.

Quoiqu'il en soit, le recours subrogatoire du FGTI, outre qu'il constitue une des ressources du FGTI expressément prévue par l'article R 422-5 alinéa 1er du code des assurances, a également pour finalité de replacer le droit à indemnisation au sein d'un système juridique fondé sur la notion de responsabilité et d'éviter ainsi que la consécration d'un droit à indemnisation par la solidarité nationale au seul bénéfice des victimes ne devienne, pour les auteurs d'infraction, une garantie contre les conséquences civiles de leurs actes.

La subrogation pouvant se définir comme une « opération qui substitue une personne ou une chose à une autre (subrogation personnelle ou réelle), le sujet ou l'objet obéissant au même régime juridique que l'élément qu'il remplace » [7], le FGTI, après avoir indemnisé, se trouve, juridiquement, dans la situation de la victime créancière d'un droit à indemnisation.

Ce panorama d'arrêts récents permet d'illustrer la notion de personne tenue à réparation et d'évoquer certaines des difficultés (outre celles pratiques liées à des questions de solvabilité) rencontrées lors du recours contre l'auteur du dommage.

I. La notion de personne tenue à réparation

Le FGTI est subrogé dans les droits de la victime pour obtenir des personnes responsables du dommage causé par l'infraction ou tenues à un titre quelconque d'en assurer la réparation totale ou partielle le remboursement de l'indemnité ou de la provision versée par lui, dans la limite du montant des réparations à la charge desdites personnes. Si le recours du FGTI contre le responsable du dommage semble relever de l'évidence, la notion de personne tenue à un titre quelconque d'assurer la réparation dudit dommage a donné lieu à une jurisprudence abondante.

Ainsi que cela vient d'être rappelé, la faculté pour le FGTI d'exercer le recours contre toutes personnes tenues à un titre quelconque d'assurer la réparation du dommage est la contrepartie de l'absence de subsidiarité du FGTI. Les dispositions de l'article 706-3 du CPP permettent aux victimes d'une atteinte grave à la personne d'obtenir la réparation de leur préjudice dès lors qu'est établi l'élément matériel de l'infraction et ce, par une procédure rapide et peu coûteuse devant la CIVI. L'obligation principale du FGTI à l'égard des victimes est une facilité que la loi leur accorde, en leur évitant, même en présence d'un payeur solvable, de subir les lenteurs et aléas d'une action judiciaire en responsabilité. En contrepartie, le FGTI peut obtenir remboursement auprès d'autres personnes que le responsable du dommage,

7. Lexique des termes juridiques Dalloz.

dont les capacités contributives sont bien souvent sans commune mesure avec l'ampleur du préjudice qu'il a causé.

Cette faculté accordée au FGTI a fait l'objet de multiples contestations amenant la Cour de cassation à affirmer à plusieurs reprises que le recours du FGTI n'était pas fondé sur la responsabilité délictuelle exclusivement et pouvait, notamment, être de nature contractuelle. Il n'est sans doute pas anodin à cet égard que les trois espèces citées ci-après relèvent non pas d'un mécanisme de responsabilité pour faute mais d'une obligation contractuelle de sécurité de résultat, laquelle pèse notamment sur les transporteurs et sur les voyagistes.

Recours contre le transporteur, débiteur contractuel d'une obligation de sécurité de résultat. Dans la première espèce, la victime d'une agression à bord d'un train avait obtenu réparation de son préjudice par le FGTI. Ce dernier, subrogé dans les droits de la victime indemnisée et pouvant, par conséquent, se prévaloir du fondement de l'obligation de sécurité dont bénéficiait la victime, a exercé son recours contre la SNCF. Devant la Cour de cassation, la SNCF a tenté, en vain, non seulement de faire juger que les dispositions de l'article 706-11 du code de procédure pénale étaient inconstitutionnelles, mais aussi de voir limiter le recours du FGTI à la seule indemnisation des préjudices résultant du dommage, argument qui serait de nature à exclure tout autre fondement, notamment celui tiré du contrat de transport.

La SNCF a posé la question prioritaire de constitutionnalité suivante : « l'article 706-11 du code de procédure pénale est-il contraire à la Constitution au regard de l'article 6 [8] de la Déclaration des droits de l'homme et du citoyen, en ce qu'il aboutit à substituer un tiers, au surplus non civilement tenu pour autrui, à l'auteur de l'infraction, pourtant tenu de dédommager sa victime ? » ;

Par un premier arrêt du 9 décembre 2010 [9], la deuxième chambre civile de la Cour de cassation a considéré que la question n'était pas nouvelle et ne présentait pas de caractère sérieux « *en ce qu'au regard des principes constitutionnels de responsabilité personnelle et d'égalité, la disposition contestée n'exonère pas la personne pénalement responsable de son obligation d'indemniser la victime et n'opère aucune substitution en permettant l'exercice d'un recours subrogatoire par le Fonds contre un autre débiteur d'indemnisation* ».

Le pourvoi n'a pas plus prospéré, et par arrêt publié du 7 avril 2011 [10], la Cour de cassation a relevé que « l'article 706-11 du code de procédure pénale édicte au profit du Fonds une subrogation dans les droits de la victime d'une infraction à l'encontre, non seulement des personnes responsables du dommage causé par l'infraction, mais également de celles tenues à un titre quelconque d'en assurer la

---

8. « La Loi est l'expression de la volonté générale. Tous les Citoyens ont droit de concourir personnellement, ou par leurs Représentants, à sa formation. Elle doit être la même pour tous, soit qu'elle protège, soit qu'elle punisse ».

9 Pourvoi n°10-17884.

10. *Idem.*

réparation totale ou partielle, que cette disposition ne limite nullement la subrogation aux actions fondées sur une responsabilité délictuelle et n'impose aucun préalable dans les choix des personnes actionnées » et que le Fonds pouvait exercer son recours subrogatoire contre la SNCF tenue d'une obligation contractuelle de sécurité de résultat à l'égard de la personne transportée.

Il en résulte que le recours subrogatoire du FGTI n'est pas contraire à la Constitution et que la loi ne limite nullement la subrogation aux actions fondées sur une responsabilité délictuelle et n'impose aucun préalable dans les choix des personnes actionnées.

Recours contre le voyagiste, débiteur contractuel d'une obligation de sécurité de résultat. Dans la deuxième espèce, Mme X et Mme Y ont acheté à la société Européenne de tourisme et d'aviation "Forum Voyages" de Nantes (agence "forum voyages") un séjour en Turquie du 18 au 25 février 2002, organisé par le voyagiste Marmara assuré par la société Generali. Le 20 février 2002, dans le cadre d'une excursion, Mme X a été blessée dans un accident de la circulation alors qu'elle était passagère du véhicule dont Mme Y, conductrice, a perdu le contrôle. La CIVI a alloué à Mme X une provision, réglée par le FGTI, lequel a ensuite assigné la société Marmara, son assureur et l'agence "forum voyages" en remboursement.

Pour rejeter les demandes du FGTI, l'arrêt de la Cour d'appel de Paris retient que l'application de l'article 706-11 du code de procédure pénale exige la démonstration de l'existence d'une infraction sauf à dénaturer le sens et la portée de ce texte et que les conditions dans lesquelles Mme X a été blessée dans un accident de la route en Turquie sont ignorées. Rien ne permet par conséquent de considérer que ses blessures seraient le résultat d'une infraction imputable à quiconque.

Par un arrêt publié du 7 février 2013 [11], la Cour de cassation censure en relevant que le FGTI a versé à la victime les indemnités allouées par la CIVI et que la victime tenait son droit à indemnisation contre le défendeur au recours subrogatoire d'un contrat [12] qui la liait à lui, et non d'un fait présentant le caractère matériel d'une infraction. Il en résulte donc que ni le voyagiste ni son assureur ne peuvent utilement opposer au FGTI l'absence d'infraction, puisque la question n'est pas là.

Recours dans le cadre d'une convention d'assistance bénévole.- La troisième espèce consacre la responsabilité d'un organisateur de stages croisières dans le cadre d'une convention d'assistance bénévole. M. X encadrait, en qualité de chef de bord bénévole, un stage-croisière de voile organisé par l'Union nationale des centres sportifs de plein-air (l'ucpa). Il a été blessé par arme à feu lors d'une agression par des pirates, alors que le bateau était au mouillage dans une baie de l'île de Margarita, au large du Venezuela. L'UCPA et son assureur ont contesté que l'UCPA soit liée par une convention d'assistance bénévole à M. X et donc tenue, sur le fondement de

11. Pourvoi n°11-26519.

12. L'article L211-16 du code du tourisme prévoit au bénéfice de tout acheteur d'un voyage à forfait une obligation de sécurité de résultat portant sur toutes les prestations comprises dans le forfait.

cette convention, d'indemniser celui-ci des dommages subis, alors que le chef de bord, fût-il bénévole, d'un catamaran mis à disposition par l'organisateur du cadre d'un stage-croisière de voile n'est pas lié à celui-ci par une convention d'assistance, dès lors qu'en tant que chef de bord il a la maîtrise et la responsabilité de l'organisation, ainsi que de la sécurité, de l'expédition. L'UCPA a soutenu que dans la convention d'assistance bénévole, l'assisté doit réparer les dommages subis par l'assistant, sauf faute de celui-ci et qu'en l'espèce l'UCPA ne pouvait être tenue de réparer les dommages subis par M. X, car l'UCPA ne pouvait être tenue pour responsable d'avoir fait escale dans l'île de Margarita, quand il incombait au chef de bord, garant de la sécurité des passagers et du voilier qui lui avaient été confiés, de s'assurer de la sécurité des mouillages dans lesquels il jetait l'ancre.

Par un arrêt du 15 octobre 2014 [13], la 1ère chambre civile de la Cour de cassation a relevé que l'ucpa organisait des stages de croisières au Venezuela à bord de catamarans dont l'encadrement était confié à un chef de bord diplômé et bénévole, qui œuvrait ainsi de façon déterminante au bon déroulement de la croisière définie par l'ucpa qui en était le bénéficiaire exclusif pour avoir perçu le prix de la participation de stagiaires qu'elle avait elle-même choisis. Il en résulte donc que l'ucpa était liée à M. X par une convention d'assistance bénévole. Par ailleurs, le chef de bord disposait d'une certaine latitude pour déterminer, avec son équipage, l'itinéraire précis du bateau, mais il devait rendre compte chaque jour à un correspondant en application d'un programme définissant à l'avance les principales étapes d'une croisière intitulée « escale à Margarita », en sorte que le mouillage aux abords de cette île ne relevait pas d'une initiative de M. X, qui s'était conformé aux consignes reçues de l'ucpa, à qui il incombait de vérifier la sécurité des croisières qu'elle organisait dans cette région où des agressions violentes avaient déjà été enregistrées. M. X n'a donc commis aucune faute pouvant exonérer celui qu'il assistait de la responsabilité encourue à son égard au titre de la convention d'assistance bénévole. Enfin, ni l'ucpa ni son assureur ne sont fondés à faire valoir que le FGTI ne dispose d'une action récursoire qu'à l'égard des seules personnes responsables du dommage causé par l'infraction et qu'en l'espèce l'ucpa n'étant ni l'auteur des faits criminels, ni le responsable du dommage subi par M. X.

La Cour de cassation confirme que l'article 706-11 du code de procédure pénale subroge le Fonds de garantie dans les droits de la victime pour obtenir remboursement, non seulement des personnes responsables du dommage causé par l'infraction, mais aussi de celles tenues d'en assurer, à un titre quelconque, la réparation totale ou partielle et que le Fonds de garantie est donc recevable à agir à l'encontre de l'UCPA et de son assureur, tenus d'indemniser le dommage sur le fondement d'une obligation contractuelle de sécurité.

Cet arrêt récent, certes inédit, montre que la 1ère chambre civile, saisie car dans cette affaire le FGTI s'était joint à l'action engagée par la victime directe (qui

13. Pourvoi n°13-20875.

n'avait reçu devant la CIVI qu'une indemnisation provisionnelle), donc le co-contractant de l'UCPA, partage l'analyse déjà affirmée par la 2ème chambre civile.

Recours en cas de pluralité de cause du dommage indemnisé par le FGTI. La subrogation du FGTI dans toutes les actions que la victime aurait pu elle-même engager a également conduit la Cour de Cassation, en cas de pluralité de causes, à permettre au FGTI d'exercer son recours pour l'intégralité de sa créance contre l'un des co-responsables qui n'est pas l'auteur de l'infraction. Les faits étaient les suivants. Jean-François X, depuis lors décédé, a été blessé le 5 décembre 1991 dans un accident de la circulation impliquant le véhicule conduit par M. Y, assuré auprès de la société La Lilloise aux droits de laquelle sont venues successivement AGF et Allianz. M Y a été déclaré coupable du délit de blessures involontaires sous l'empire d'un état alcoolique en état de récidive légale. A la fin de l'année 1993, la victime a subi au sein du Centre hospitalier de Meaux une intervention chirurgicale en vue de l'ablation d'un fixateur externe posé à la suite de l'accident du 5 décembre 1991 et a été victime, au cours de cette intervention, d'un accident d'anesthésie qui l'a laissé gravement handicapé. Le médecin anesthésiste, M. Z., a été reconnu coupable du délit de blessures involontaires le 30 décembre 1999 par le tribunal correctionnel. Parallèlement les juridictions administratives ont condamné le Centre hospitalier de Meaux au paiement d'indemnités en réparation du préjudice subi. La CIVI a également été saisie d'une demande de réparation des dommages causés par l'infraction commise par M. Z.

Après avoir réglé les sommes mises à sa charge par un arrêt de la cour d'appel de Paris du 30 mai 2008, le FGTI a assigné M. Y, conducteur du véhicule impliqué dans l'accident de la circulation et son 'assureur sur le fondement de l'article 706-11 du code de procédure pénale en remboursement. La Cour d'appel de Paris a fait droit à cette demande par arrêt du 14 novembre 2011. M. Y et son assureur ont vainement soutenu que seule l'infraction ayant ouvert le droit à indemnisation de la victime par la commission d'indemnisation des victimes d'infractions (CIVI) pouvait fonder le recours subrogatoire du FGTI. Ils ont fait valoir que leur obligation d'indemnisation procédait de l'accident de la circulation survenu le 5 décembre 1991, et non de l'infraction commise par le docteur Z, à l'origine du lourd handicap de Jean-François X indemnisé par le FGTI. Ils ont entendu soutenir que l'obligation *in solidum* de réparer la totalité du dommage subi par la victime n'était instaurée qu'au seul profit de celle-ci et que dans ces conditions, lorsque le préjudice résulte de la faute commise par plusieurs personnes, le FGTI subrogé ne peut agir contre ces personnes que pour leur part de responsabilité.

Pour autant, la Cour de Cassation dans l'arrêt rendu le 17 janvier 2013 [14] par la 2ème chambre civile, maintient que le FGTI est subrogé dans les droits de la victime et que le recours subrogatoire qu'il exerce n'est pas un recours entre co-obligés dont la contribution à la dette a lieu en proportion de leurs fautes respectives. L'opération du 9 novembre 1993 a été rendue nécessaire par l'accident de la circulation survenu

14. Pourvoi n°12-12158.

5 décembre 1991 causé par le véhicule de M. Y assuré par la société AGF. Il existe un lien de causalité direct et certain entre le handicap de Jean-François X consécutif à l'anesthésie et l'accident de la circulation du 5 décembre 1991 sans lequel l'intervention chirurgicale et le dommage qui en est résulté ne se seraient pas produits. Plusieurs causes ont donc participé successivement à un même dommage et en ont été les conditions nécessaires, toutes en sont les causes. M. Y et son assureur tenus à la réparation intégrale des préjudices résultant de l'accident en application de l'article 1er de la loi du 5 juillet 1985 sont donc tenus *in solidum* de rembourser au FGTI les sommes qu'il a versées.

Il est à souligner que la juridiction administrative a retenu une solution pouvant être considérée comme similaire dans le cas d'un assassinat commis par deux auteurs dont un des deux était en libération conditionnelle. La Cour administrative d'appel de Paris, sur le fondement de la responsabilité sans faute, a confirmé par un arrêt rendu en formation plénière le 20 décembre 2013 [15] que la responsabilité de l'Etat était engagée et que ce dernier ne pouvait se prévaloir des agissements de l'autre auteur (dont il n'était pas tenu au titre de la responsabilité pour risque) pour obtenir la réduction de l'indemnisation à la charge de l'Etat.

II. Personne responsable du dommage

Si la définition du responsable du dommage causé par une infraction pose, juridiquement, peu de difficultés dès lors que les règles de la procédure pénale sont là pour désigner, quand cela est possible, l'auteur des faits, cette responsabilité peut devoir s'articuler avec d'autres règles juridiques.

Recours contre l'auteur de l'infraction mineur à la date des faits. Ainsi, les dispositions de l'article 1384 al 4 du code civil permettent au FGTI d'exercer son recours contre les parents, civilement responsables de leur enfant mineur, quand bien même les faits ayant causé le dommage sont des faits volontaires.

La responsabilité des parents du fait de leur enfant mineur n'est pas pour autant de nature a exonérer le mineur de sa propre responsabilité civile, ainsi que la 2ème chambre civile vient de le confirmer par arrêt publié du 11 septembre 2014 [16].

Sébastien X, mineur de quinze ans, a été reconnu coupable de blessures volontaires ayant entraîné une incapacité temporaire totale de plus de huit jours, commises sur la personne de Hicham Y par un jugement du tribunal pour enfants le 18 février 1993. Le même tribunal, statuant sur intérêts civils, a condamné Sébastien X. Et ses parents *in solidum* à verser aux époux Y., représentants légaux de leur fils mineur Hicham, une indemnité provisionnelle et ordonné une expertise médicale. Le Fonds de garantie des victimes des actes de terrorisme et autres infractions (FGTI), après

15. N°12PA03752.

16. Pourvoi n°13-16897.

avoir indemnisé la victime, a exercé son recours subrogatoire à l'encontre de M. Sébastien X. Et de ses père et mère.

Par arrêt du 16 janvier 2013, la cour d'appel de Rouen à condamné Sébastien X *in solidum* avec ses parents, M. Alain X. Et Mme Catherine Z épouse X , ces deux derniers étant condamnés solidairement, à rembourser le FGTI. Sébastien X a soutenu n'être pas tenu à indemnisation à l'égard de la victime, au motif qu'il était mineur à la date des faits et que ses parents étaient solidairement responsables. La cour d'appel a affirmé que la minorité de l'auteur au moment des faits ne faisait pas obstacle à sa condamnation à indemniser la victime pour le dommage qu'elle avait subi à la suite de la faute qu'il avait commise, la condamnation des père et mère sur le fondement de l'article 1384, alinéa 4, du code civil ne faisant pas obstacle à la condamnation personnelle du mineur sur le fondement de l'article 1382 du code civil.

La Cour de cassation valide cette position en retenant que la minorité de M. X ne fait pas obstacle à sa condamnation à indemniser la victime pour le dommage qu'elle a subi à la suite de sa faute et qu'il doit l'être *in solidum* avec ses parents lesquels, seuls, sont tenus solidairement.

Au delà des cas, relativement simples, où la victime, créancière de l'indemnisation, est un tiers par rapport au débiteur final, les cas d'infractions commises au sein d'une même famille complexifient le recours du FGTI.

La dette de l'auteur des faits est constituée dans son patrimoine dès la commission de l'infraction et impacte ainsi la communauté des biens en cas de mariage, ainsi que l'actif successoral en cas de décès.

Recours contre un membre de la famille de la victime. Il résulte des dispositions de l'article 724 du Code civil que le conjoint survivant est saisi de plein droit des biens, droits et actions du défunt, sous l'obligation d'acquitter toutes les charges de la succession [17]. Dans ces conditions, le FGTI, subrogé, peut être admis à solliciter le remboursement des indemnités réglées auprès du conjoint survivant de l'auteur des faits, lequel peut avoir un lien de parenté avec la victime. La Cour de cassation a été amenée à préciser que les immunités familiales résultant des dispositions de l'article L121-12 du code des assurances n'étaient pas applicables au recours subrogatoire du FGTI.

Les faits sont les suivants. Le 9 avril 2006, Louis X a tiré avec un fusil de chasse à deux reprises sur le petit-fils de son épouse, M. Y, avant de retourner l'arme contre lui et se donner la mort. M. Y, grièvement blessé, a saisi la CIVI qui par décision du 31 décembre 2007 a ordonné une expertise médicale et alloué à M. Y une provision. Le FGTI a exercé un recours subrogatoire à l'encontre de Mme Z veuve X, seule héritière de son époux décédé, afin d'obtenir le remboursement de la somme réglée à titre de provision.

17. Cour de cassation, 1ère chambre civile – 15 mars 1988 n° 86-15791.

La Cour d'appel d'Aix en Provence a déclaré ce recours irrecevable au motif que les dispositions de l'alinéa 3 de l'article L. 121-12 du code des assurances, qui est intégré au chapitre premier « Dispositions générales » applicable aux différentes sortes d'assurances examinées dans les chapitres successifs du Titre deuxième du Livre premier, est applicable au chapitre VI de ce même titre deuxième lequel est relatif à l'assurance contre les actes de terrorisme et renvoie aux articles L. 422-1 à L. 422-3 afférents au FGTI d'où il ressort que les dispositions de l'article L. 121-12 du code des assurances aux termes desquelles l'assureur qui a indemnisé la victime n'a pas de recours à l'encontre de la grand-mère de celle-ci, sauf dans le cas de malveillance de sa part, sont opposables au FGTI.

Par arrêt du 6 février 2014, la 2ème chambre civile de la Cour de cassation censure la décision en relevant que les dispositions de l'article L. 121-12 du code des assurances concernent exclusivement la subrogation légale de l'assureur qui a payé l'indemnité d'assurance dans les droits et actions de l'assuré, de sorte que les immunités familiales qu'il prévoit, notamment au profit des ascendants de l'assuré, ne sont pas applicables au recours subrogatoire exercé par le FGTI sur le fondement distinct de l'article 706-11 du code de procédure pénale.

Certains cas d'infractions intra-familiales peuvent voir une victime par ricochet être également civilement responsable du dommage, et donc tenue à réparer le préjudice subi, y compris par elle-même. A cet égard, la constitution de partie civile devant la juridiction pénale n'est pas de nature à permettre au parent d'un enfant mineur de s'exonérer de sa responsabilité civile [18].

En conclusion, et si au vu des cas évoqués, le recours du FGTI fondé sur la notion de subrogation paraît offrir de larges possibilités, il se heurte pour autant à certaines difficultés notamment celle liée au délai pour agir. A cet égard, la responsabilité du transporteur aérien, qui ne peut être recherchée, à peine de forclusion, que pendant un délai de deux ans, offre un exemple criant.

La victime tient des dispositions de l'article 706-5 du code de procédure pénale un délai de trois ans à compter des faits pour saisir la CIVI d'une demande d'indemnisation [19]. En cas de crash aérien, il peut donc arriver que la victime [20] subroge le FGTI dans des droits qu'elle a laissé prescrire, le privant ainsi de toute action récursoire contre une compagnie aérienne solvable et assurée [21].

La stricte règle du droit de la subrogation, aux termes de laquelle un débiteur, poursuivi par un créancier subrogé dans les droits du créancier d'origine peut lui opposer les mêmes exceptions qu'il aurait opposées à celui-ci est d'une extrême sévé-

18. La difficulté est d'autant plus grande que l'assurance de responsabilité civile ne couvre que le tiers au contrat.

19. Délai qui est prorogé en cas de poursuites pénales.

20. Sauf à avoir interrompu de délai par une constitution de partie civile.

21. Cour de cassation 1ère chambre civile 17 novembre 1999 n° 98-11106 (décision intervenue à propos du crash aérien du Mont Saint Odile le 20 janvier 1992).

rité en matière de délai. En effet, le délai de prescription peut avoir expiré avant même que le FGTI n'ait été en possibilité d'agir.

Le juge administratif semble plus souple. Le Conseil d'Etat [22] a admis que la créance que l'auteur d'un dommage, subrogé dans les droits de la victime qu'il a indemnisée en exécution d'une décision judiciaire détient sur une collectivité publique à laquelle le dommage est également imputable se rattache à l'exercice au cours duquel est intervenue la décision judiciaire ayant fixé le montant de la réparation.

Une évolution de la jurisprudence, mieux, une réécriture de l'article 706-11 du code de procédure pénale intégrant la notion déjà présente dans le code civil [23] selon laquelle la prescription ne court pas contre celui qui est dans l'impossibilité d'agir serait souhaitable.

Les chiffres

Dans le cadre de l'indemnisation des victimes d'infraction devant la CIVI, en 2013 :

Le FGTI a réglé 261,9 millions d'euros (dont 257,9 millions d'euros sur le fondement de l'article 706-3 du code de procédure pénale).

Le FGTI a recouvré 61,8 millions d'euros dont 47,5 millions d'euros auprès des auteurs d'infraction et 14,3 millions d'euros auprès des autres personnes tenues à réparation.

15% des dossiers contre les auteurs d'infractions font l'objet d'un recours judiciaire, ce qui représente 30 % des encaissements.

22. Arrêt du 21 octobre 2009 N°309836.

23. Article 2234.

16

L'anxiété des « travailleurs de l'amiante »

Questions autour de la reconnaissance d'un préjudice

Benoit Géniaut

Maître de conférences en droit privé à l'Université de Haute-Alsace, CERDACC, EA 3992

Par un arrêt du 11 mai 2010, la chambre sociale de la Cour de cassation admet que des travailleurs de l'amiante préretraités [1] puissent demander à leur ancien employeur l'indemnisation de leur préjudice d'anxiété lié à leur exposition à l'amiante [2]. De nombreux arrêts rendus depuis viennent fixer le cadre de cette réparation. Si ces solutions peuvent paraître limitées au seul cas des « *travailleurs de l'amiante* » et si l'on dénonce « *la fragilité d'un édifice construit de toutes pièces* » [3], elles illustrent, néanmoins, une reconnaissance plus générale du préjudice d'anxiété [4]. Cette reconnaissance doit beaucoup au pouvoir d'interprétation dont dispose la Cour de cassation. Mais, on aurait tort de la lui attribuer à titre exclusif. Elle est plutôt le fruit d'un

1. Salariés qui perçoivent une allocation de cessation anticipée d'activité des travailleurs de l'amiante (ACAATA) sur le fondement de l'Art. 41 de loi n° 98-1194 du 23 décembre 1998. Sur les questions actuelles posées par l'amiante, voir : Hervé Arbousset, Des conséquences (encore et toujours) juridiques et financières de l'exposition à des poussières d'amiante, JAC n° 147, 2014.

2. Soc. 11 mai 2010, pourvois n°09-42.241 à 09-42.257 : Bull. civ. V, n° 106 ; D. 2010. 2048, note Cristina Bernard ; JCP E 2012. 1302, note Joël Colonna, Virginie Renaux-Personnic ; SSL 2010, 1446, obs. Françoise Champeaux ; RTD Civ. 2010. 564, obs. Patrice Jourdain ; JCP S 2010, 1261 obs. Gérard Vachet.

3. Alexis Bugada, L'obligation de sécurité pesant sur l'employeur en matière prud'homale : obligation de moyen ou de résultat ?, JCP S 2014. 1450, spé. n° 30.

4. Sur laquelle voir notamment : André Schneider, Chronique d'une naissance : le préjudice d'anxiété, JAC n° 24.

processus, amorcé il y a plus de vingt ans et faisant intervenir différents acteurs – auteurs, avocats, juges, juristes – sur leurs scènes respectives. Dans cette œuvre de composition, Mme le Professeur Marie-France Steinlé-Feuerbach a, très tôt, pris toute sa place. L'auteur montre ainsi dans une étude publiée en l'an 2000 « *l'émergence d'un préjudice spécifique d'angoisse* » [5]. S'appuyant sur plusieurs décisions de la Cour de cassation ou de juges du fond, Mme Steinlé-Feuerbach dégage les grandes lignes de l'indemnisation de ce préjudice, tant pour les victimes directes que leurs proches, illustrant parfaitement la contribution doctrinale à l'évolution jurisprudentielle.

Plus modestement, la reconnaissance du préjudice d'anxiété dans les relations de travail peut être mise en question. Deux interrogations surgissent d'emblée. La première est celle de savoir sur quel terrain l'on se place : la reconnaissance est-elle une question de fait ou de droit ? La seconde porte sur la nature du questionnement : s'agit-il de se demander si le préjudice existe ou s'il mérite d'être indemnisé ? A vrai dire, ces questions s'entrelacent, si bien que la reconnaissance du préjudice d'anxiété suppose une justification entre fait et droit (I), reposant sur la recherche d'incessants compromis (II).

I. Une justification entre fait et droit

Le code civil, qu'il s'agisse de la responsabilité contractuelle ou extra-contractuelle, ne livre aucune catégorisation des préjudices indemnisables. Contrairement aux droits allemands ou italiens, par exemple, qui nomment des catégories de préjudice, le droit français de la responsabilité paraît donc reléguer la question de la reconnaissance d'un préjudice sur le plan des faits [6]. Au fond, tout préjudice est indemnisable, pourvu qu'il soit certain et direct. Il ne reste qu'à en apprécier l'existence et l'étendue dans les faits. Pourtant, comme le souligne Mme Muriel Fabre-Magnan, la question « *réside dans ce que le droit peut et doit réparer* ». Nécessairement, donc, l'appréciation se généralise, débordant le seul cas à trancher. La notion de « *reconnaissance* » d'un préjudice paraît alors parfaitement adéquate pour exprimer ce passage du cas à la norme. Il y a là sans doute quelque « *nominalisme du droit* », dont on peut légitimement dénoncer la dérive [7]. Relevons, d'abord, que si le législateur ne nomme pas les préjudices indemnisables, d'autres vont s'en charger. Dans le cadre judiciaire, les avocats détailleront les préjudices subis par la victime dans le but d'en obtenir la meilleure indemnisation. D'un point de vue rhétorique, présenter plusieurs préjudices offre une meilleure chance d'obtenir une indemnisation plus élevée. Les juges à leur tour, dans la motivation de leur décision, répon-

5. Marie-France Steinlé-Feuerbach, Victimes de violences et d'accidents collectifs. Situations exceptionnelles, préjudices exceptionnels : réflexions et interrogations, Médecine et Droit, éd. Elsevier novembre-décembre 2000, n° 45, p. 1.

6. Sur ces questions et comparaisons, voir Muriel Fabre-Magnan, Le préjudice existentiel, D. 2010. 2376.

7. Muriel Fabre-Magnan, préc.

dront aux demandes en détaillant les préjudices subis et indemnisables. Mais, ce pouvoir de nominalisation du droit, pour parler à la manière de Pierre Bourdieu [8], ne se limite pas à une simple question d'argumentation. Il répond aussi à des circonstances particulières, à un contexte mélangé de droit et de fait, ce qui l'illustre précisément le cas des travailleurs de l'amiante.

Rappelons que le code de la sécurité sociale interdit de poursuivre sur un autre terrain que celui de ses propres dispositions la réparation des accidents du travail et maladie professionnelles. Aux termes de l'article L. 451-1 dudit code « *aucune action en réparation des accidents et maladies mentionnés par le présent livre (relatif aux accidents du travail et maladie professionnel) ne peut être exercée conformément au droit commun, par la victime ou ses ayants droit* ». L'employeur, partie au contrat de travail, bénéficie alors d'une certaine immunité civile, dont la prévision se trouve conforme à la Constitution [9]. La réparation est alors assurée de manière forfaitaire par les caisses de sécurité sociale qui se substituent aux employeurs. Seul un complément d'indemnisation peut être versé en cas de faute inexcusable de l'employeur. Sans remettre en cause cette immunité de l'employeur, un fonds d'indemnisation des victimes de l'amiante (FIVA) a été créé pour indemniser les « *travailleurs de l'amiante* ». Ce fonds assure une réparation intégrale du préjudice, dérogatoire à celle forfaitaire prévue par le code de la sécurité sociale pour les autres accidents ou maladies. Les souffrances morales seront indemnisées à ce titre. Pour autant, les maladies spécifiques liées à l'exposition à l'amiante peuvent se déclarer bien des années après cette exposition, sans qu'aucun signe précurseur ne soit décelable. Et ce n'est qu'une fois la maladie déclarée que l'indemnisation du travailleur pourra avoir lieu. Or, cette indemnisation ne prend pas en compte la période antérieure à la déclaration de la maladie. Conscient de cette période particulière pour le travailleur, le législateur a ouvert la possibilité de bénéficier d'une préretraite spécifique aux travailleurs de l'amiante qui n'ont pas encore déclaré de maladie professionnelle. L'allocation de cessation anticipée d'activité est alors versée en fonction du salaire de référence, calculé sur les douze derniers mois d'activité. Le taux varie de 85 % à 50 %. Compensant une perte de revenu, cette allocation ne tient aucunement compte de quelque souffrance morale endurée par les anciens salariés.

L'on perçoit, alors, les circonstances propices à l'émergence du préjudice d'anxiété : les travailleurs de l'amiante ne peuvent obtenir l'indemnisation d'une maladie qui n'est pas encore déclarée, même si la probabilité qu'elle survienne est forte. Si jamais celle-ci vient à se déclarer, seuls les préjudices postérieurs à cette déclaration seront pris en compte. Par ailleurs, l'allocation perçue du fait de la cessation anticipée de leur activité ne vient combler que leur perte de revenus professionnels, qui plus est de manière partielle. L'on pourra rétorquer qu'il n'y a là que la

8. P. Bourdieu, La force du droit. Eléments pour une sociologie du champ juridique, Actes de la recherche en sciences sociales, 1986, n°64, p. 3, spé. p. 12.

9. Cons. Const. Déc. QPC n°2010-8 du 18 juin 2010 : RCA 2010. 8, note H. Groutel; JCP 2010. 1015, no 10, obs. Bloch; Dr. ouvrier 2010. 612, obs. F. Guiomard ; D. 2011. Chron. 459, note Porchy-Simon.

conséquence d'une exigence fondamentale du droit de la responsabilité : celle d'un préjudice certain et non aléatoire. Mais pourtant, en ouvrant l'acaata aux travailleurs exposés à l'amiante sans avoir déclaré de maladie, le législateur paraît reconnaître la situation spécifique de ces derniers. Le prolongement de cette intention dans la possibilité d'une réparation du préjudice d'anxiété face au risque de maladie relève d'une politique juridique dont la Cour de cassation a la maîtrise, mais qu'on ne saurait lui imputer comme purement discrétionnaire.

Indéniablement, la reconnaissance du préjudice d'anxiété des travailleurs de l'amiante témoigne d'une volonté des magistrats de la Cour de cassation d'assurer une pleine indemnisation du préjudice subi par les « *travailleurs de l'amiante* ». En désignant ainsi ce préjudice, la Cour va, d'une part, le faire échapper à l'indemnisation déjà couverte par l'allocation de retraite anticipée et, d'autre part, le séparer des conséquences de la maladie professionnelle elle-même. Cela suppose donc pour la Cour de consacrer une nouvelle catégorie de préjudice. La haute juridiction ne peut conduire ce qui constitue bel et bien une politique juridique qu'en cherchant à forger des compromis.

II. La recherche de compromis

La Cour de cassation entend maintenir son image de simple interprète du droit, et non de législateur. Or, en consacrant une catégorie de préjudice non visée par les textes, ne fait-elle pas œuvre créatrice de droit ? La question dépasse largement le seul cas de la reconnaissance du préjudice d'anxiété qui nous intéresse ici. Relevons, toutefois, la prégnance du débat sur le rôle du juge dans les controverses doctrinales qui peuvent – légitimement – naître à propos de la jurisprudence relative à ce préjudice d'anxiété. En des termes forts, un auteur a dénoncé ainsi récemment l'attitude de la Cour : « *Ex facto principis, la chambre sociale de la Cour de cassation a finalement habillé une prestation sociale déconnectée du droit de la responsabilité. (...) La science juridique a remplacé le droit pour améliorer un régime de préretraite jugé insuffisant* ». On objectera simplement les deux points vus précédemment. D'abord, le « *préjudice d'anxiété* » n'est pas une pure invention de la chambre sociale de la Cour de cassation, qui peut s'appuyer sur plusieurs arrêts antérieurs d'autres formations de la Cour de cassation et sur un important travail doctrinal et de praticiens. Ensuite, le législateur, en ouvrant la préretraite amiante aux travailleurs exposés mais non encore malade, a bien pris en compte la situation spécifique de ces derniers. Cette recherche d'un compromis entre l'objectif d'une indemnisation des travailleurs en question et du respect des fonctions qui sont reconnues à la Cour de cassation s'incarne plus avant dans l'affirmation du caractère « *spécifique* » du préjudice d'anxiété des travailleurs de l'amiante. Dans le droit de la responsabilité, la notion de préjudice spécifique n'est pas dotée d'une signification univoque. Utilisée par la Cour de cassation à propos du préjudice d'anxiété des travailleurs de l'amiante, que peut-elle recouvrir ?

Dans un sens plutôt technique, la spécificité peut être synonyme de l'autonomie du préjudice, par rapport à d'autres chefs d'indemnisation. L'usage de l'adjectif vient souligner la nécessité de bien distinguer entre le risque de maladie professionnelle et l'anxiété du salarié devant ce risque qui constitue un préjudice à elle-seule.

Sans cette *spécificité-autonomie*, l'anxiété ne constituerait pas un préjudice certain et relèverait, si tant est qu'elle puisse être indemnisée, du droit de la sécurité sociale. Cela explique en particulier la compétence du conseil de prud'hommes, affirmée par la Cour de cassation. Certes, il a été suggéré que l'anxiété découle d'un préjudice corporel entendu de manière large, l'exposition à l'amiante devant s'analyser comme une manière d'atteinte à l'intégrité physique [10]. Dans ce cas, l'art. L. 451-1 du code de la sécurité sociale ferait obstacle à l'action du travailleur contre son ancien employeur. Mais, la chambre sociale de la Cour de cassation maintient sa conception du préjudice d'anxiété comme ne résultant pas de la seule exposition à un risque créé par l'amiante [11] et comme distincte d'une atteinte à la santé, réparant « *l'ensemble des troubles psychologiques, y compris ceux liés au bouleversement dans les conditions d'existence* » [12]. La deuxième chambre civile confirme d'ailleurs cette analyse. Dans un arrêt récent du 20 novembre 2014 [13], cette dernière rejette le pourvoi d'une salariée qui, invoquant un préjudice spécifique d'anxiété au regard d'une exposition prolongée à des poussières d'amiante, a saisi en 2011 le Fonds d'indemnisation des victimes de l'amiante (FIVA) pour obtenir l'indemnisation de la crainte de développer une maladie liée à cette exposition. La Cour de cassation approuve les juges du fond d'avoir déclarée irrecevable la demande d'indemnisation, la salariée n'ayant déclaré à ce jour aucune maladie liée à l'amiante et ne pouvant donc justifier d'une atteinte à sa santé, alors que cette dernière conditionne l'indemnisation par le FIVA [14].

Mais la spécificité peut aussi visée les destinataires de la jurisprudence, c'est-à-dire les travailleurs préretraités de l'amiante. Il s'agirait donc d'une *spécificité-singularité*, moyen pour la Cour de cassation de faire entendre qu'elle n'a point ouvert la boîte de Pandore. On retrouve, alors, le compromis réalisé entre innovation jurisprudentielle et cantonnement de la Cour au rôle de simple interprète des textes. L'extension de la jurisprudence relative au préjudice d'anxiété pourrait être importante et, pour d'aucuns, inquiétante. En effet, compte tenu de l'affirmation d'une obligation de sécurité de résultat pesant sur l'employeur, le seul le fait d'avoir exposé le salarié à de l'amiante suffit à engager la responsabilité de l'employeur. Or, ne relève-t-on pas déjà que tout travail est susceptible d'angoisse ? La dénonciation d'un tel risque d'escalade dans les actions en responsabilité n'est d'ailleurs pas propre à la jurisprudence de la chambre sociale. Elle concerne d'autres arrêts qui, par exemple, ont reconnu comme possible préjudice indemnisable la crainte d'une

10. Dominique Asquinazi-Bailleux, note ss Soc., 25 sept. 2013, JCP S, n° 48, 2013. 1458.

11. Soc. 2 juillet 2014 : Bull. civ. V, à paraître ; RLDC 2014, n° 119, p. 24 obs. Marion Wagner ; JCP S 2014, n° 44, p. 23, obs. Dominique Asquinazi-Bailleux.

12. A. Guégan-Lécuyer, La consécration du droit à réparation d'un « *préjudice spécifique d'anxiété* » globalisé au profit des salariés exposés à l'amiante, D. 2013. 2954.

13. Civ. 2ème, 20 novembre 2014, pourvoi n° 13-26693.

14. Comme le souligne la Cour d'appel, « *l'article 53 de la loi n° 2000-1257 du 23 décembre 2000 modifiée qui a créé le FIVA pose comme condition de l'indemnisation des préjudices résultant directement d'une exposition à l'amiante l'existence d'une atteinte à l'état de santé de la victime* ».

personne porteuse d'une sonde cardiaque informée qu'une éventuelle défectuosité, repérée sur des appareils similaires, pouvait se révéler fatale [15]. Reste que la Cour de cassation parle, à l'égard du préjudice d'anxiété des travailleurs de l'amiante, d'une « *inquiétude permanente face au risque de déclaration à tout moment d'une maladie liée à l'amiante* » [16]. La formule souligne le caractère « exceptionnel » du préjudice et de sa réparation [17] et permet raisonnablement de penser que l'extension dans les relations du travail de ce préjudice d'anxiété devrait être limitée [18].

Les auteurs s'interrogent plus avant sur le sens d'une indemnisation de l'angoisse ou anxiété. Mme Cristina Bernard soulève ainsi ces questions : « *l'exposition à tout danger, quelle que soit sa nature, ne créerait-elle pas une angoisse ? L'incertitude de l'avenir n'est-elle pas anxiogène pour tout individu ? Le droit est-il susceptible de panser ces maux ?* ». Et de conclure : « *Nous ne le pensons pas* » [19]. Pour Mme Muriel Fabre-Magnan, « *le risque est cependant d'aller trop loin, et de vouloir, par la responsabilité civile, réparer des maux qui ne sont pas réparables* » [20]. Et l'auteur d'ajouter que « *la multiplication des préjudices moraux réparables favorise également une certaine part de comédie et d'abus de la part des victimes, surtout à une époque favorable à l'attitude consumériste et victimaire* » [21]. Plus encore, « *d'un point de vue anthropologique, la pente est sans doute régressive qui consiste, comme dans les sociétés archaïques, à vouloir trouver une cause (et donc un responsable) à tout Malheur* » [22]. La *spécificité-singularité* du préjudice d'anxiété conduit alors la Cour de cassation a forgé des compromis d'ordre axiologique, tant les questions soulevées dépassent la seule technique juridique.

Témoigne de cette recherche de compromis axiologique la manière dont la Cour tend à objectiver la réparation du préjudice d'anxiété, alors que ce dernier paraît éminemment subjectif. Les salariés n'ont ainsi pas à rapporter directement la preuve

---

15. Civ. 1ère 19 déc. 2006 : RTD Civ. 2007. 352, obs. Patrice Jourdain ; D. 2007. 2897, obs. Philippe Brun ; JCP 2007. II. 10052, note Sophie Hocquet-Berg.

16. Voir ainsi Soc. 23 octobre 2014, pourvois n° 13-22348 à 13-22354.

17. Rapp. Marie-France Steinlé-Feuerbach, Victimes de violences et d'accidents collectifs. Situations exceptionnelles, préjudices exceptionnels : réflexions et interrogations, préc.

18. On songe ainsi à l'angoisse des salariés exposés accidentellement à une surdose de rayons ionisants, qui doivent subir des douches de décontamination et un suivi médical renforcé, sans qu'une lésion corporelle ne puisse être décelée. Un jugement du Conseil de prud'hommes a ainsi accordé une indemnité de 1000 € à un salarié en raison « *de l'inquiétude immédiate et temporaire qui a été causé par la faute de l'entreprise* ». Mais la juridiction rejette la demande au titre d'un préjudice d'anxiété, « *dès lors qu'il n'existe pas, en l'état des connaissances actuelles, de risque d'apparition à plus ou moins brève échéance d'une pathologie en lien avec le degré de contamination* » (Cons. Prud'h. Rouen, 1er août 2013, n° 11/02396). Rapp. Benoît Géniaut, La qualification d'accident du travail et l'exposition aux particules radioactives. A propos de Juridiction de proximité Rouen, 29 sep. 2011, JAC n° 119, 2011.

19. Cristina Bernard, La recherche des préjudices des salariés « *préretraités amiante* » à l'aune du droit commun de la responsabilité civile, D. 2010. 2048.

20. Muriel Fabre-Magnan, Le dommage existentiel, préc.

21. *Ibid.*

22. *Ibid.*

de leur angoisse. Leur indemnisation est acquise dès lors qu'ils ont travaillés dans l'un des établissements mentionnés à l'article 41 de la loi n° 98-1194 du 23 décembre 1998 et figurant sur une liste établie par arrêté ministériel pendant une période où y étaient fabriqués ou traités l'amiante ou des matériaux contenant de l'amiante [23]. L'indemnisation n'est pas plus dépendante de la soumission du salarié à des contrôles médicaux réguliers [24]. En outre, la responsabilité se fondant sur une obligation de sécurité de résultat, les salariés n'ont pas à établir quelque faute de la part de l'employeur. Ce dernier peut simplement invoquer l'existence d'une cause exonératoire. L'objectivation ainsi réalisée du préjudice d'anxiété permet alors de répondre aux critiques tenant au caractère « *irréparable* » de la souffrance psychique et au risque d'une instrumentalisation par les victimes de leur souffrance à des fins mercantiles. Elle permet encore de prendre en compte l'exigence d'égalité entre les victimes, en assurant une certaine rationalisation des décisions pour ce qui concerne l'évaluation de leur préjudice, même si celle-ci relève du pouvoir souverain d'appréciation des juges du fond. C'est ainsi que la Cour de cassation retient que le préjudice d'anxiété naît à la date à laquelle les salariés ont connaissance de l'arrêté ministériel d'inscription de l'activité sur la liste des établissements permettant la mise en œuvre de l'acaata [25] ; encore que la visée d'égalité peut être dénoncée « *comme une entreprise d'égalitarisme psychique face à l'anxiété* » [26]… Preuve, s'il en est, que la recherche de compromis dans la conduite d'une politique juridique n'est, en rien, l'aveu d'une faiblesse, mais bien au contraire une nécessité d'ordre démocratique que la jurisprudence doit assumer. Qu'il soit permis de penser que la Cour de cassation la réalise de manière satisfaisante pour ce qui concerne le préjudice d'anxiété des « *travailleurs de l'amiante* ».

---

23. Soc. 2 avril 2014 : Bull. civ. V, n° 95 ; D. 2014. 1312, note Christophe Willmann ; RLDC 2014, n° 116. 29, obs. Philippe Bugnicourt ; JCP S, n°25, p. 50, obs. Dominique Asquinazi-Bailleux ; Juris. Soc. Lamy 2014, n°367, p. 14. obs. Hélène Tissandier ; JAC n° 143, 04/2014, obs. Benoît Géniaut.

24. Soc. 4 déc. 2012, n° 11-26294, D. 2012. 2973 et 2013. Pan. 2658, obs. S. Porchy-Simon ; RLDC 2013, p. 16, note M. Delevay.

25. Soc. 2 juillet 2014, préc.

26. Alexis Bugada, L'obligation de sécurité pesant sur l'employeur en matière prud'homale : obligation de moyen ou de résultat ?. préc., n° 32.

VICTIMES
ET
RESPONSABILITE PENALE

17

La Justice restaurative en France

Robert Cario

Professeur de criminologie. Université de Pau et des Pays de l'Adour.
Président de l'Institut Français pour la Justice Restaurative (IFJR)

« Rien n'est plus fort qu'une idée
Dont l'heure est venue »
(Citation attribuée à Victor Hugo)

Continuation de pratiques ancestrales, assez universelles, de régulation des conflits de nature criminelle, la Justice restaurative a été (ré)inventée à la fin des années '70 dans les pays anglo-saxons. Plus timidement, elle a fait son apparition en France au début des années '80 au travers de la médiation pénale. Elle connaît, enfin, une consécration au travers de dispositions spécifiques de la loi du 15 août 2014 relative à l'individualisation des peines et renforçant l'efficacité des sanctions pénales.

La crise des Systèmes de justice pénale contemporains, un peu partout dans le monde, rendait inévitable ce retour aux sources, enrichies naturellement par le respect des droits humains fondamentaux et des principes fondateurs du droit criminel. Inflation pénale galopante, déni de justice au travers du taux inacceptable de classements sans suite, recours phagocytaire aux alternatives aux poursuites, durée infinie des procédures, augmentation excessive des très courts temps pénitentiaires, multiplication et allongement inconsidérés des périodes de sûreté, densité carcérale intenable conduisant à des traitements régulièrement considérés comme humiliants et dégradants par le Comité européen pour la prévention de la torture, notamment, attestent la réalité d'une telle crise, en France pour le moins. Certes, ce constat, dont le diagnostic est bien établi, peut conduire à des interprétations différentes. Mais il demeure que le populisme ambiant, acteur inconséquent d'une telle crise, conduit à punir des comportements de faible gravité par les peines les plus lourdes, à appauvrir, voire désarmer, les pratiques pénitentiaires dont la fonction de resocialisation est la seule digne d'un Etat de droit.

Une telle ambition punitive n'a de sens pour personne : infracteurs, victimes, proches, communautés d'appartenance, société civile se déclarent en effet massivement insatisfaits des réponses actuelles au phénomène criminel. Convient-il de rappeler que la mission prioritaire des politiques criminelles est la prévention, notamment précoce, dont les résultats scientifiquement évalués sont implacables en termes de coût / efficacité : un euro investi offre en retour une économie à plus ou moins terme, selon les programmes, de six à douze euros. Ce n'est qu'en cas d'échec des politiques criminelles préventives que répression et traitement doivent être activés, mais en favorisant le plus possible les peines en milieu ouvert qui coûtent, selon les dispositifs, de trois à quatre fois moins cher au citoyen contribuable.

Sans ignorer le risque de son instrumentalisation au regard des logiques répressives qui dominent notre Système de Justice, la Justice restaurative peut apporter un complément très prometteur d'équité à la réponse strictement juridico-pénale, massivement orientée vers le passé de l'acte commis.

I. Les contours de la Justice restaurative dans le monde

Contrairement au procès pénal (au déroulé vertical, généralement confiscatoire de la parole des protagonistes mêmes, trop souvent passifs), le processus restauratif, sans empiéter sur les prérogatives des acteurs de la chaîne pénale, offre une dynamique intégrative à toutes celles et ceux qui souhaitent personnellement apporter des réponses aux répercussions du crime.

A. Éléments notionnels sur la Justice restaurative

De nombreuses définitions de la Justice restaurative sont communément proposées. D'une manière simplement synthétique, elle suppose la participation volontaire de tou(te)s celles et ceux qui s'estiment concerné(e)s par le conflit de nature criminelle, afin de négocier, ensemble, par une participation active, en la présence et sous le contrôle d'un « tiers justice » et avec l'accompagnement éventuel d'un « tiers psychologique et/ou social », les solutions les meilleures pour chacun, de nature à conduire, par la responsabilisation des acteurs, à la réparation de tous afin de restaurer, plus globalement, l'Harmonie sociale.

Comme souligné précédemment, la Justice restaurative ne s'inscrit pas en opposition avec le Système de justice pénale, mais en complémentarité avec ses missions régaliennes. Ayant le souci de tous, elle n'est donc pas spécialement dédiée aux victimes. Elle n'est soumise à aucun dogme religieux et les valeurs spirituelles qui l'animent appartiennent à quiconque se sent lié à notre humanité, en toute laïcité. Dans ce même esprit, elle n'est pas tournée vers le pardon, celui-ci demeurant à l'appréciation libre et intime des intéressés. Enfin et pour l'essentiel, la Justice restaurative n'a aucune ambition thérapeutique, pas davantage que le procès pénal.

B. Principales mesures de Justice restaurative

Les mesures de Justice restaurative sont nombreuses et peuvent être mises en place autant dans le cadre de la prévention que dans ceux de la répression (procès pénal) ou du traitement (exécution des peines).

La médiation victime – infracteur offre aux intéressés l'opportunité d'une rencontre volontaire afin qu'ils discutent des caractéristiques, des conséquences et des répercussions du conflit de nature pénale qui les oppose, quelle que soit la gravité du crime. Le but de la médiation victime/infracteur est, tout d'abord, de rendre possible une telle rencontre ; d'encourager, ensuite, l'auteur à mesurer l'impact humain, social et/ou matériel de son action et d'en assumer la responsabilité ; de conduire encore chacun à reconsidérer le point de vue de l'autre et à en tenir davantage compte ; d'amener, enfin et principalement, les intéressés à envisager les contours de la réparation de tous les préjudices causés.

La conférence du groupe familial poursuit les mêmes objectifs que les médiations victime / infracteur mais réunit un nombre plus diversifié de participants autour de l'infracteur, de la victime et du médiateur / facilitateur. Se joignent à eux toutes les personnes ou institutions ayant intérêt à la régulation du conflit et/ou susceptibles d'apporter un support quelconque aux protagonistes directs. La conférence permet d'envisager ainsi, en présence du juge, les caractéristiques du soutien que l'environnement familial ou social est susceptible d'apporter aux intéressés en vue de les aider à retrouver leur place au sein de la communauté.

Le cercle de détermination de la peine s'élargit à tous les membres de la communauté qui souhaitent y participer. Ils permettent à chacun de s'exprimer sur les conditions de l'émergence du conflit et ses conséquences afin d'envisager une résolution qui prenne en compte les intérêts de tous et consolide les valeurs communes de la collectivité concernée (aux quatre plans affectif, physique, psychologique et spirituel).

Les rencontres détenus (ou condamnés) – victimes peuvent être offertes à un groupe de condamnés (à une peine privative de liberté ou exécutée au sein de la communauté) et à un groupe de victimes (trois à cinq personnes respectivement), ne se connaissant nullement. A côté des animateurs, au nombre de deux, la présence de deux représentants de la société civile est requise, avec le souci d'un réel équilibre entre les genres. De telles rencontres n'ont pas véritablement les mêmes ambitions que les mesures précédentes dans la mesure où la sanction, prononcée, est en cours d'exécution et la victime indemnisée. Ce que les uns et les autres viennent chercher se trouve situé sur un autre registre, plus symbolique mais pour autant susceptible d'être fortement réparateur : la libération des émotions négatives consécutives au crime qui continuent de les submerger, à défaut d'avoir été effectivement prises en compte par les professionnel(le)s jusqu'alors investis dans le procès pénal.

Le Cercle de soutien et de responsabilité (CSR), sur proposition du coordonnateur, après accord du détenu et vérification de l'éligibilité de son cas, est mis en place, avant la sortie de prison. De manière particulièrement attentive et assidue, des membres bénévoles de la communauté (de 3 à 5 généralement, spécialement recrutés et formés) (constituant le cercle intérieur ou d'accompagnement) rencontrent le condamné (« *core member* » ou « participant principal ») et décident, ou non, de s'engager dans le cercle. Sous le contrôle et l'appui de professionnels, également bénévoles (psychologues, policiers, agents pénitentiaires, travailleurs sociaux notamment) (constituant le cercle extérieur ou ressources), des rencontres hebdomadaires, voire plus fréquentes dans les semaines suivant la sortie, ont lieu entre les bénévoles et la personne libérée.

C. Protocole et évaluation des mesures de Justice restaurative

Ces mesures de Justice restaurative se déroulent selon un protocole assez proche, à deux conditions préalables pour toutes : que l'ensemble du processus soit maîtrisé par d'authentiques professionnels spécialement formés selon les mesures et les rôles qu'ils/elles y tiennent ; que la préparation des personnes et l'élaboration des modalités concrètes de la mesure soient des plus abouties.

Cinq phases sont généralement identifiées, avec des variations parfois importantes selon que la mesure est retenue dans le pré- ou le post-sententiel notamment : 1) examen de l'éligibilité de l'affaire à une mesure restaurative particulière par l'autorité judiciaire compétente, le médiateur et/ou l'animateur ; 2) préparation des protagonistes volontaires de la mesure envisagée (victimes, infracteurs et/ou proches). Le médiateur (au sens large) les rencontre séparément (et ensuite par groupe selon les mesures) en vue de constater leur consentement, leurs réelles motivations, leurs aptitudes psychologiques à tirer profit de la mesure, dans le but de vérifier que la participation au processus restauratif n'aggravera pas l'ampleur de leurs souffrances ; 3) rencontre entre la victime et l'infracteur (ou dans un groupe élargi, plus ou moins anonymes selon les cas), de manière telle que la sécurité physique et psychologique des personnes soit assurée. Le cadre et les objectifs de la mesure retenue rappelés, le médiateur/animateur invite les parties à s'exprimer sur les circonstances ayant conduit à la cristallisation du conflit par le passage à l'acte infractionnel, leurs ressentis et émotions corrélatifs ainsi que sur les actions envisagées pour en réparer les répercussions, selon la nature de la mesure et le stade processuel de son exécution ; 4) signature d'un éventuel protocole d'accord (après consultation le cas échéant de leurs conseils respectifs) qui, après la validation, selon les législations, de l'autorité judiciaire mandante, 5) est mis en œuvre sous le contrôle du médiateur/animateur et/ou, le cas échéant, des personnes s'y étant engagées, ou non, dans le cadre des rencontres post-sententielles.

En complément du règlement des conséquences directes du crime, en termes de sanctions et/ou réparations indemnitaires à venir ou de celles issues du jugement définitif, les parties peuvent négocier, lorsque la mesure restaurative choisie le prévoit, des accords particuliers. Ils dépendent étroitement du contexte criminel, de l'infracteur, de la victime et, plus généralement, des personnes concernées par le crime et impliquées dans la mesure de Justice restaurative. Au travers des échanges que permettent les mesures mises en œuvre, les questions du « pourquoi » et du « comment » sont discutées. Elles sont essentielles pour les victimes et leurs proches, de même que pour les proches de l'infracteur et l'infracteur lui-même, en termes de responsabilisation relativement aux réalités concrètes des victimisations consécutives à son acte. Les solutions les meilleures sont négociées afin de réguler, de manière très pragmatique, les aspects de la vie quotidienne, fortement perturbée par le crime, tant au plan familial que social, d'autant plus que les actes graves se déroulent entre personnes qui se connaissent dans la très grande majorité des cas (famille, lieu de travail). La sincérité de l'infracteur rend accessibles aux victimes les excuses sous forme diverses, de nature à favoriser la reconquête de l'estime de soi et la reconnaissance réciproque de sa dignité de personne. Les accords sont dans la plupart des cas exécutés grâce à la qualité du support que les proches ou les membres de la communauté se sont engagés à apporter. C'est en toutes ces caractéristiques, novatrices sans être originales, que résident la richesse et la finesse des rencontres restauratives.

La satisfaction des intéressés ayant bénéficié de l'une des mesures restauratives précitées est réelle. Evalués scientifiquement, les sentiments des protagonistes convergent : avoir obtenu justice, ressentir un apaisement physique, psychique voire même psychosomatique, notamment. La reconnaissance offerte par le processus restauratif est soulignée par tous comme la condition d'un possible retour (ou sa consolidation) parmi les autres êtres humains, car avoir la chance de pouvoir donner son point de vue est réparateur, quelle que soit la gravité du crime. Magistrats et acteurs socio-judiciaires considèrent que la complémentarité entre les mesures de Justice restaurative et celle de la Justice pénale est parfaitement viable, vecteur d'humanisation, facteur de gain de temps pour tous. Ainsi socialisé, le désir de « vengeance vindicative et destructrice » s'estompe pour laisser place au partage, à la réciprocité, à l'intercompréhension, à la vengeance vindicatoire qui rend à nouveau actif, qui permet de reprendre le pouvoir sur sa vie. La peur du crime, comme expérience vécue, s'estompe à l'écoute des infracteurs, de la sincérité de leurs regrets et de leurs engagements pour l'avenir.

Des coûts judiciaires, sanitaires et sociaux sont ainsi incontestablement épargnés. Il importe encore de remarquer – et ce n'est pas le moins important – que le taux de récidive est bien moins élevé, grâce à la responsabilisation subséquente du condamné. Prenant conscience qu'il appartient à la communauté, prête à l'accueillir après s'être acquitté de ses obligations, il mesure clairement que c'est l'acte qu'il a commis qui est stigmatisé comme inacceptable, alors que lui-même demeure une personne, ayant toute sa place parmi les autres êtres humains.

II. Les réalités de la Justice restaurative en France

Après une relative frilosité au cours des dernières décennies, la Justice restaurative s'inscrit aujourd'hui pleinement dans l'arsenal législatif français. Aux belles prémisses mises en œuvre à titre expérimental au milieu des années 1980 s'ajoutent désormais tout l'éventail des mesures que la Justice restaurative promeut, à tous les stades de la procédure pénale, y compris lors de l'application des peines.

A. Prémisses de la Justice restaurative

Deux principales mesures tendent à s'inscrire actuellement dans la philosophie de la Justice restaurative : la médiation pénale et la réparation pénale à l'égard des mineurs. Des expérimentations sont en cours en matière de Rencontres détenus-victimes ainsi que de médiation post-sentencielle au bénéfice des adultes.

Les rencontres de type « médiation entre infracteur et victime », en face à face, sont à l'œuvre en France depuis la loi du 4 janvier 1993. Selon les statistiques officielles disponibles, leur nombre est en baisse constante. Concernant les majeurs, il s'agit de la médiation pénale, prévue à l'art. 41-1-5° du CPP, au seul stade des poursuites. Dans une moindre mesure, en ce qui concerne les mineurs, l'article 12-1 de l'Ordonnance du 2 février 1945 prévoit le recours, à tous les stades de la procédure cette fois, à une mesure ou une activité d'aide ou de réparation à l'égard de la victime ou dans l'intérêt de la collectivité.

Ces deux dispositifs s'inspirent assez directement pour les majeurs et plus aléatoirement pour les mineurs de la justice restaurative. Cependant, dans le premier cas, les trois objectifs de la Justice restaurative que sont la réinsertion sociale de l'infracteur, la réparation de la victime et le rétablissement de la paix sociale sont simplement alternatifs depuis 1999. De manière plus discutable encore, l'initiative de la mesure est abandonnée à la seule appréciation de la victime, depuis 2010. Dans le second cas, si la mesure de réparation vise la victime, cette dernière y est rarement associée dans les faits.

Il n'est pas indifférent de préciser qu'au stade des poursuites, ces deux mesures heurtent des principes fondamentaux de procédure criminelle : présomption d'innocence, séparation des fonctions judicaires, égalité d'accès devant le juge, règle « *non bis in idem* », publicité des débats, principalement. La possibilité de recourir dorénavant, grâce à la Loi du 15 août 2014, à tous les stades de la procédure, à une rencontre restaurative – dont la médiation fait partie – constitue une évolution substantielle dans le respect de ceux-ci.

Très récemment, pour pallier les insuffisances – en nature et en diversité – des mesures de médiation pénale et de réparation, de belles expérimentations se sont développées dans notre pays, formellement organisées par des professionnels du travail social (au sens large). La première expérimentation a eu lieu en 2010 à Poissy, dans le cadre d'une session de Rencontres détenus-victimes (RDV), associant l'Institut national d'aide aux victimes et de médiation (INAVEM), la Maison centrale de Poissy, le Service pénitentiaire d'insertion et de probation (SPIP) des Yvelines, l'Ecole nationale d'administration pénitentiaire (ENAP) et l'Institut français pour la justice restaurative (IFJR). Elles ont concerné trois victimes et trois détenus, ne se connaissant nullement mais réunis en tenant compte de la similitude des actes commis par les uns et ceux subis par les autres. La seconde expérimentation s'est inscrite dans le cadre de « cercles de soutien et de responsabilité », mis en place par le SPIP des Yvelines début 2014. Plusieurs autres Rencontres restauratives sont programmées en 2015 : Rencontres condamnés-victimes en milieu ouvert à Pontoise (RCV) ; en milieu fermé (RDV) à Poissy, Lyon, Marseille, Montpellier, Pau, La Réunion, La Martinique ; Cercles de soutien et de responsabilité (CSR) à Bordeaux et Dax. Des expérimentations en médiation restaurative (MR) devraient voir le jour au sein du Tribunal de Grande Instance de Pau, après poursuites et lors de l'application des peines, notamment… Les innovations législatives de 2014 vont, à coup sûr, en assurer la généralisation et la pérennisation.

B. Consécration de la Justice restaurative

Les multiples et perspicaces actions menées par ces précurseurs, ainsi que par la Plateforme française pour la justice restaurative (justicerestaurative.org) ont, sans aucun doute, incité, avec d'autres acteurs institutionnels évidemment, le législateur à consacrer la justice restaurative dans le droit criminel positif. En une place très symbolique : au sein de la partie législative du Code de procédure pénale, en Sous-titre II du Titre préliminaire consacré aux « Dispositions générales ».

En ce sens l'article 8 de la loi n° 2014-896 du 15 août 2014, relative à l'individualisation des peines et renforçant l'efficacité des sanctions pénales, élaborée à partir des travaux de la Conférence de consensus sur la prévention de la récidive, lui dédie un nouvel article 10-1, applicable depuis le 1er octobre 2014 :

« A l'occasion de toute procédure pénale et à tous les stades de la procédure, y compris lors de l'exécution de la peine, la victime et l'auteur d'une infraction, sous réserve que les faits aient été reconnus, peuvent se voir proposer une mesure de justice restaurative.

Constitue une mesure de justice restaurative toute mesure permettant à une victime ainsi qu'à l'auteur d'une infraction de participer activement à la résolution des difficultés résultant de l'infraction, et notamment à la réparation des préjudices de toute nature résultant de sa commission. Cette mesure ne peut intervenir qu'après que la victime et l'auteur de l'infraction ont reçu une information complète à son sujet et ont consenti expressément à y participer. Elle est mise en œuvre par un tiers indépendant formé à cet effet, sous le contrôle de l'autorité judiciaire ou, à la demande de celle-ci, de l'administration pénitentiaire. Elle est confidentielle, sauf accord contraire des parties et excepté les cas où un intérêt supérieur lié à la nécessité de prévenir ou de réprimer des infractions justifie que des informations relatives au déroulement de la mesure soient portées à la connaissance du procureur de la République ».

De manière inégalée jusqu'alors, la participation à une mesure (plus génériquement à une rencontre) restaurative peut être proposée (quel que soit leur statut) aux victimes et aux auteurs d'infractions pénales tout au long du processus pénal. Il s'agit même d'un droit pour la victime lors de l'exécution des peines (art. 707-IV, 2° C.pr.pén.), Toutes les infractions sont concernées, l'évaluation scientifique démontrant de surcroît que plus les faits sont graves, plus le cheminement vers l'apaisement de chaque participant est important. Tout comme l'efficience restaurative du seul « processus », indépendamment du « résultat » (la rencontre, pour autant qu'elle soit souhaitée).

Elle vise à offrir une part active dans la « résolution » des difficultés résultant de l'infraction, en d'autres termes conduire à la réparation des préjudices de toute nature résultant de sa commission. S'il revient au seul juge pénal de déterminer la nature, le quantum et le régime de la sanction, les participants sont dorénavant susceptibles de négocier la diversité et les caractéristiques des réparations. La présence de professionnel(le)s apparaît inévitable, autant pour éviter toute forme de victimisation secondaire des intéressés, d'instrumentalisation des mesures de justice restaurative, que de dérives dans l'appréciation des préjudices et des modalités de leur réparation. En effet, à côté des éventuelles indemnisations d'ordre pécuniaire quant aux conséquences du crime, d'autres types de réparation peuvent également concourir à la régulation de ses répercussions d'ordre personnel, familial, professionnel, relationnel, culturel et plus largement social.

C. Mise en œuvre d'une rencontre restaurative

Impliquant en première intention la victime et l'infracteur (et, selon les mesures, leurs proches ainsi que des membres volontaires de leur(s) communauté(s) d'appartenance), les mesures de Justice restaurative se démarquent pertinemment de la tendance qui affecte, de manière durable et regrettable, les conditions du recours à la médiation pénale, n'exigeant plus que le seul accord de la victime. Dorénavant, les personnes qui ont choisi, au cours des entretiens préparatoires avec le professionnel dédié, de s'investir dans une rencontre restaurative en sont les acteurs primordiaux : lors de la définition des modalités pratiques de la rencontre (phase de préparation), lors du choix des thèmes abordés, du contenu et des caractéristiques des échanges (phase de rencontre), lors de la négociation éventuelle sur la nature et les modalités pratiques de réalisation de leurs engagements réciproques (phase de conclusion de l'accord restauratif) et de lors de l'élaboration du suivi des engagements de chacun (phase de clôture).

Parce que les participants sont considérés comme compétents pour réguler leurs propres affaires, en présence et avec l'accompagnement des professionnel(le)s formé(e)s (au sens large), les mesures restauratives apportent, au sein du procès pénal, un espace sécurisé de parole, de dialogue. Identifier et exprimer les souffrances subies par chacun, favoriser la compréhension mutuelle de ce qui s'est passé (pourquoi ?) Et rechercher ensemble des solutions disponibles pour y remédier (comment ?) Conduit bien plus effectivement à la restauration la plus complète des personnes.

Mais pour que l'Œuvre de justice s'accomplisse dans le respect des droits humains et des principes de droit criminel, l'article 10-1 C.pr.pén. Impose une série de garanties conditionnant le recours à une mesure de Justice restaurative. L'exigence de la reconnaissance des faits par tous est formelle. Elle ne doit toutefois pas être assimilée à un aveu ou à une auto-incrimination mais à une absence de dénégation. La généralisation de la césure du procès pénal, conduisant au prononcé rapide d'une décision sur la culpabilité de la personne poursuivie, réclamée de longue date par les pénalistes, aurait permis de lever toutes les résistances relatives au respect de la présomption d'innocence dès le stade de l'instruction. Logiquement, une information complète sur la mesure envisagée doit être donnée aux participants éventuels : déroulement du processus et garanties dont ils disposent ; suites envisageables ; bienfaits susceptibles d'en être retirés et limites de leur participation. Le consentement exprès des participants à la mesure restaurative choisie, essentielle à son bon déroulement, est le gage de leur participation active. Constant tout au long du déroulement de la mesure, il est révocable à tout moment.

Le respect de telles conditions, non négociables, exige que leur recueil soit effectué par un tiers indépendant formé à cet effet. Une telle formation ne s'improvise pas. Pour devoir posséder de solides connaissances disciplinaires propres, professionnel(le)s et bénévoles de la médiation/animation devront encore compléter leur formation de base par l'acquisition de connaissances sur les techniques d'écoute et d'entretien, l'animation de groupe, la spécificité des protocoles de mise en place et de suivi des mesures restauratives. L'IFJR, en partenariat avec l'inavem, a commencé à offrir de telles formations, pour la plupart des mesures éligibles, spécialement adaptées aux médiateurs / animateurs ou aux représentants bénévoles de la communauté. Il est dommage que l'Université ne puisse pas les assurer, avec les compétences théoriques, pédagogiques et praxéologiques qui s'imposent naturellement. Mais, à ce jour, toute velléité d'embrasser ces métiers de la criminologie, au sens large, se heurte à l'anachronique résistance des filières « intra-disciplinaires », n'hésitant même plus à s'auto-déclarer performantes pour l'étude du très complexe – transdisciplinaire par définition – phénomène criminel. L'animateur de la rencontre, en charge également de la préparation des participants, est le garant de son cadre et de son déroulement équitable, dignes et respectueux de chacun. Son indépendance se manifeste vis-à-vis des participants : co-partialité paradoxale et neutralité bienveillante. Elle provient encore de la gratuité de la mesure. Il demeure tout autant indépendant de l'institution judiciaire ou des administrations mandantes.

Le contrôle de l'autorité judiciaire ou, à la demande de celle-ci, de l'Administration pénitentiaire consiste en la vérification du respect des principes généraux du droit criminel, des droits et intérêts des participants tout au long du processus restauratif : atteintes au déroulement formel du processus ; manquements à la déontologie de la part de l'animateur faisant grief à un participant ; homologation – voire intégration dans la décision au fond – du protocole d'accord ; contenu de l'accord, principalement.

Un tel contrôle se heurte cependant au respect du principe de confidentialité, ne supportant aucune autre restriction, sauf « accord contraire des parties et excepté les cas où un intérêt supérieur lié à la nécessité de prévenir ou de réprimer des infractions » commises, dont la commission est en cours ou sur le point de l'être et présentant un danger pour les personnes. Le procureur de la République en est le seul destinataire. Il s'applique à tous : coordonnateurs, animateurs, participants. Il a pour corolaire l'interdiction de s'appuyer sur la participation à une rencontre restaurative, y compris en cas d'échec, dans le cadre d'une procédure pénale subséquente.

Pour conclure sommairement, il importe de souligner que l'évolution amorcée par la Loi du 15 août 2014 manifeste surtout une réelle convergence entre les objectifs de la Justice pénale et ceux de la Justice restaurative. En ce sens, la peine a dorénavant pour fonction « de sanctionner l'auteur de l'infraction ; de favoriser « son amendement, son insertion ou sa réinsertion », « afin d'assurer la protection de la société,[de] prévenir la commission de nouvelles infractions et restaurer l'équilibre social, dans le respect des intérêts de la victime » (art. 130-1 nouveau du C.pén.). Il s'agit bien là des fonctions assignées aux diverses rencontres restauratives : responsabilisation de tous en vue de leur réintégration dans l'espace social ; réparation globale de chacun des protagonistes, de leurs proches et/ou de leurs communautés d'appartenance ; prévention de la commission de nouvelles infractions de nature à conduire au rétablissement de la paix sociale.

Très pertinemment, une rencontre restaurative peut aujourd'hui être proposée au cours de l'enquête, de l'instruction, de l'audience de jugement et lors de l'exécution des peines, voire au-delà. Dans la mesure où aucune mesure de Justice restaurative n'est visée en particulier, toutes sont donc éligibles, à l'appréciation raisonnée des praticiens formés pour déterminer, avec les participants eux-mêmes, la plus adaptée à la situation donnée : médiation pénale, médiation restaurative (après poursuites), réparation pénale à l'égard des mineurs, conférences restauratives, cercles restauratifs, rencontres détenus (ou condamnés) – victimes, cercles de soutien et de responsabilité.

Processus restauratif, procès pénal et juridictions de l'application des peines peuvent ainsi se compléter et fonctionner de concert. Des passerelles sont envisageables. Si la proposition d'une mesure de justice restaurative appartient à l'autorité judicaire, rien n'interdit aux intervenants sociaux-judiciaires (au sens le plus large), aux protagonistes, à leurs proches de solliciter en ce sens le magistrat compétent. Le travail en partenariat devient alors princeps pour mener à terme une telle approche holistique des réponses à apporter au crime (V. Not. Les réalisations du Service régional de justice restaurative « Ile de France », apcars.fr)

La Justice restaurative est bien en marche dans notre pays. Emboîtons-lui résolument le pas, en privilégiant l'optimisme de l'action au pessimisme de l'intelligence. Par une rationalisation des coûts budgétaires, offrons-nous les moyens de mesurer – scientifiquement – son effectivité et son efficacité (symbolique, instrumentale et pédagogique). Par une complémentarité raisonnée entre les missions de la justice pénale et les actions de la justice restaurative, il est possible d'épanouir, ici et maintenant, une Œuvre de justice authentiquement humaine, réellement équitable et fondamentalement prévenante.

Pour aller plus loin

Cario R. (Dir.), *La justice restaurative*, Rapport du groupe de travail, Conseil national d'aide aux victimes, Paris, Mai 2007, 61 p.

Cario R. (Dir.), *Les rencontres détenus-victimes. L'humanité retrouvée*, Ed. L'Harmattan, Paris, coll. Controverses, 2012, 164 p.

Cario R., Introduction aux sciences criminelles, Ed.L'Harmattan, 6è éd. 2008, 348 p.

Cario R., *La justice restaurative Principes et promesses*, Ed. L'Harmattan, 2è éd. 2010, 300 p.

Cario R., La justice restaurative : vers un inévitable consensus, In Dalloz, 2013, 1077.

Cario R., *La justice restaurative*, Conférence de consensus, 14-15 février 2013 [En ligne] http://ick.li/if0bl9.

Cario R., Justice restaurative et droit pénal des mineurs. Entre continuité et renforcement de la belle Ordonnance du 2 février 1945, *In Les Cahiers dynamiques*, Ed. Erès, 2014-59, pp. 41-50.

Cario R., Mbanzoulou P. (Dir.), *La justice restaurative. Une utopie qui marche ?*, Ed. L'Harmattan, 2010, 103 p.

Cario R., Villerbu L., Herzog-Evans M., *La criminologie à l'Université. Mythes... et réalités*, Ed.L'Harmattan, 2012, 104 p.

Cunneen C., Hoyle C., *Debating Restorative Justice*, Hart publishing, 2010, 195 p.

De Villette T., Faire justice autrement. Le défi des rencontres entre détenus et victims, Ed. Médiaspaul, 2009, 247 p.

Farrall S., Hough M., Maruna S., Sparks R., *Escape routes. Contemporary perspectives on life after punishment*, Routledge ed., 2011, 278 p.

Gailly P., La Justice restaurative. Textes réunis par…, Ed. Larcier, 2011, 471 p.

Herzog-Evans M., Moderniser la probation à la française. Un défi à relever ?, Ed. L'Harmattan, 2013, 140 p.

Johnstone G. (Ed.), A restorative justice reader : texts, sources, context, Willan pub, 2003, 400 p.

Kimmett E., Newell T., Restorative justice in prisons. A guide to making it happen, Waterside press, 2006, 132 p.

Latimer J., Dowden C., Muise D., *l'efficacité des pratiques de la Justice restaurative : Méta-analyse*, Département de la justice du Canada, Divisision de la recherche et de la statistique, Multigraph., 2011.

Liebmann M., *Restorative Justice. How it works ?*, Jessica Kingsley publishers, 2007, 472 p.

Mbanzoulou P., *La médiation pénale*, Ed. L'Harmattan, 2012, 117 p.

Rossi C., Les rencontres détenus-victimes dans le cas de crimes graves au Québec : une offre unique de reconnaissance sociale des conséquences des crimes les plus graves, In R. Cario (Dir.), op. Cit., 2012, pp. 39-68.

Sayous B., Rapport en vue de l'expérimentation de mesures de Justice restaurative en Ile-de-France au sein de l'apcars, 2014, [en ligne] www.apcars.fr.

Sayous B., *Les conférences du groupe familial*, *In* R. Cario, P. Mbanzoulou, 2012, pp. 33-48.

Sayous B., Cario. R., La Justice restaurative dans la réforme pénale : de nouveaux droits pour les victimes et les auteurs d'infractions pénales, *In ajpén.*, 2014-10, pp. 461-466.

Shapland J., Robinson G., Sorsby A., Restorative justice in practice. Evaluating what works for victims and offenders, Ed. Routledge, 2011, 227 p.

Strang H. And al., *Restorative Justice Conferencing (RJC)*. Using Face-to-Face Meetings of Offenders and Victims : Effects on Offender Recidivism and Victim Satisfaction. A Systematic Review, Campbell systematic review, 2013:12.

Tulkens F. (Dir.), *Pour une nouvelle politique publique de prévention de la récidive*. Principes d'action et méthodes, Rapport du jury de consensus remis au Premier ministre, 2013.

Umbreit M., Peterson-Armour M., Restorative justice dialogue. An essential guide for research and practice, Ed. Springer publ., 2011, 350 p.

Van Ness D. W., Strong K. H., *Restoring Justice. An introduction to restorative justice*, Anderson publishing, 5th ed. 2014, 235 p.

Walgrave L., Restorative Justice, self-interest and responsible citizenship, Willan publishing, 2008, 240 p.

Wallis P., Understanding Restorative justice. How empathy can close the gap created by crime ?, Olicy Press, 2014, 206 p.

Ward T., Maruna S., *Rehabilitation*, Routledge ed., 2007, 204 p.

Wright M., *À qui profite la Justice restauratrice ?*, *In* P. Gailly (Trad.), La justice restauratrice, Ed. Larcier, 2011, pp. 189-215.

Zehr H., *Changing lenses : a new focus for crime and justice*, Herald Press, 1990, 3rd ed., 2005, 289 p.

Zehr, H., La justice restaurative. Pour sortir des impasses de la logique punitive, Ed. Labor et Fides, 2012, 98 p.

18

Le projet d'extension de l'action de groupe aux accidents collectifs sanitaires

Réflexions autour du cumul de l'action de groupe et de l'action publique

Béatrice Lapérou-Scheneider

Maître de conférences en droit privé et sciences criminelles – HDR.
Responsable du Master contentieux. Université de Franche-Comté

Résumé

L'introduction en droit français de l'action de groupe et les divers projets d'extension de ce nouveau mécanisme notamment à des hypothèses d'accidents collectifs en matières médicale et environnementale amènent à s'interroger sur un certain nombre de difficultés, notamment d'ordre procédural, qui pourrait en découler. Ainsi, dans l'hypothèse où les faits à l'origine des dommages permettant d'engager l'action de groupe constitueraient également une infraction, quelles seraient les conséquences d'un éventuel cumul d'une action de groupe et d'une action publique ? Telle est la question qu'il conviendra de se poser avant même de se prononcer sur l'extension de cette nouvelle procédure.

Afin de garantir l'effectivité des règles de droit, la loi n° 2014-344 du 17 mars 2014 relative à la consommation a créé une nouvelle voie de recours en faveur des consommateurs. La mise en place tant attendue de l'action de groupe a fait l'objet de nombreux commentaires soit qu'ont été mis en évidence les intérêts de ce nouveau mécanisme, soit qu'en ait été critiqué le caractère exorbitant [1] ou le champ d'application jugé trop restreint [2].

Lorsqu'il nous a été proposé, au début de l'été 2014, de rédiger un article en l'honneur de Marie-France Steinlé-Feuerbach, c'est tout naturellement que le traitement judiciaire des accidents collectifs et du sort réservé aux victimes [3] nous a semblé constituer un champ de réflexion intéressant au regard de cette dernière évolution relative à l'accès à la justice. En effet, si le mécanisme d'une action unique des victimes d'accidents collectifs n'a, à ce jour, fait l'objet d'aucune procédure spécifique [4], cette récente loi peut être regardée comme constituant les prémisses d'une telle action.

En l'état actuel du droit, l'action de groupe est limitée aux domaines de la consommation et de la concurrence. Mais plusieurs projets et propositions favorables à l'extension de cette nouvelle procédure à d'autres domaines ont déjà été présentés [5]. La loi Hamon dispose elle-même dans son article 2, VI, que : « *Trente mois au plus tard après la promulgation de la présente loi, le gouvernement (...) envisage également les évolutions possibles du champ d'application de l'action de groupe, en examinant son extension au domaine de la santé et de l'environnement* ».

L'idée est que lorsqu'un seul et même acte est à l'origine de dommages similaires touchant plusieurs victimes, il convient de simplifier les démarches juridiques de ces dernières, d'en faciliter l'accès au juge et consécutivement l'application des règles de droit. C'est ainsi que les scandales sanitaires et industriels tels l'affaire du Médiator, des prothèses PIP, des irradiés d'Epinal ou encore l'affaire Total... pourraient être regardés comme de futurs domaines d'application de l'action de groupe à raison principalement de leur caractère collectif.

On relèvera en outre que la délimitation entre le domaine de la consommation et celui de la santé ou de l'environnement se révèle parfois ténue, de sorte que le législateur de 2014 a été amené à préciser expressément les actes à l'occasion desquels

---

1. V. not. N. Molfessis, L'exorbitance de l'action de groupe à la française, D. 2014, p. 947.

2. V. not. M. Albertini et M.Debroux, Trois questions – Apports et incertitudes de la nouvelle action de groupe, JCP éd. E. 2014, 416.

3. V. notamment sur cette large problématique : R. Cario, L. Daligond et M.-F. Steinlé-Feuerbach, ss la direction de Cl. Lienhard, La prise en charge des victimes d'accidents collectifs, et l'exemple de l'explosion de l'usine AZF à Toulouse, 2005, Rapport pour le GIP, Mission Droit et Justice.

4. Notons seulement l'existence de juridictions spécialisées : V. les articles 706-176 et suivants du code de procédure pénale, issus de la loi n° de 1011-1862 du 13 décembre 2011 ; ainsi que la possibilité pour les associations régulièrement déclarées et ayant pour objet statutaire la défense des victimes d'accidents collectifs d'exercer les droits reconnus à la partie civile lorsque l'action publique a été mise en mouvement par le ministère public ou la partie lésée : article 2-15 al. 3 CPP.

5. V. notamment la déclaration du Ministre de l'économie qui a précisé que le dispositif serait évalué et étendu à d'autres domaines si nécessaire et celle de la Ministre de la santé du 19 juin 2014 qui se prononce pour une extension à la matière médicale.

une action de groupe pourrait être engagée [6]. Ont ainsi été exclues toutes discussions relatives à la double casquette que peut revêtir un consommateur, tels par exemple les consommateurs/patients ou encore les consommateurs/usagers.

Dès lors, il est possible de penser que le nouveau mécanisme tel qu'il existe aujourd'hui ne constitue que le point de départ d'un mouvement plus ambitieux et d'envisager pour l'avenir une extension du domaine de l'action de groupe aux hypothèses d'accidents collectifs tant au plan médical, que sanitaire ou encore environnemental, voire que soit créée à terme une action de groupe générale [7].

En limitant la possibilité d'exercer l'action de groupe devant les seules juridictions civiles [8], la loi Hamon a exclu dès son article premier la possibilité d'exercer cette action devant les juridictions répressives. La raison de cette exclusion est double. Elle réside d'abord dans le fait que l'action civile lorsqu'elle est engagée devant une juridiction répressive va parfois déclencher, en même temps que l'action civile, l'action publique et donc les poursuites pénales [9]. Or tel n'était pas l'objectif du législateur qui a d'ailleurs adopté une procédure tendant à privilégier le règlement amiable des différends [10]. La seconde explication de ce rejet est qu'en l'état actuel du texte, l'action de groupe ne peut être engagée qu'après que l'affaire ait déjà tranchée sur le fond [11], ce qui n'est pas envisageable devant une juridiction pénale dans la mesure où la constitution de partie civile doit intervenir avant les réquisitions du parquet [12].

Si l'idée d'une extension du nouveau mécanisme aux accidents collectifs d'ordre sanitaire est séduisante et louable au plan humain en ce qu'elle permettrait aux victimes d'une même catastrophe de se regrouper afin de faciliter leurs démarches devant la justice et de les rendre plus économiques, elle n'en est pas moins source de difficultés techniques importantes. Outre celle d'évaluer de manière globale l'ensemble des préjudices de tels accidents – généralement de natures [13] et de gravi-

6. La nouvelle action est ainsi limitée à la seule réparation des préjudices patrimoniaux résultant des dommages matériels subis par les consommateurs à la suite de manquements commis par des professionnels à leurs obligations légales ou contractuelles à l'occasion de la vente de biens ou de la fourniture de services ou lorsque ces préjudices résultent de pratiques anticoncurrentielles.

7. Il s'agissait là d'ailleurs d'une des possibilités qui s'offraient au législateur : V. Mainguy D. et Depincé M., L'introduction de l'action de groupe en droit français, JCP éd. E. 2014, 1144.

8. Article L. 423-1 alinéa 1 du code de la consommation.

9. Tel est le cas lorsque la demande en réparation est présentée par la voie de l'action, lorsque l'action publique n'a pas encore été engagée.

10. Il s'agit là d'une différence notoire avec la class action américaine qui revêt un caractère répressif marqué.

11. Rappelons en effet que la procédure adoptée s'articulera en deux phases, dont la première consistera en un jugement sur le fond ayant pour objet de statuer sur la responsabilité du professionnel mis en cause, de déterminer les critères à partir desquels les consommateurs seront susceptibles de demander réparation et de fixer le montant de l'indemnisation ou *a minima* les modalités de calcul de celle-ci.

12. CPP, art. 420-1.

13. Il conviendrait ici d'étendre le mécanisme de l'action de groupe aux préjudices corporels.

tés différentes –, une difficulté de taille se présentera lorsque les faits constitueront en outre une infraction, chose courante dans de tels domaines, et qu'une action publique sera engagée ou susceptible de l'être en parallèle avec l'action de groupe.

Aussi, l'objet de cette réflexion est de mettre en exergue les principaux questionnements qui ne manqueraient pas de se poser dans l'hypothèse où l'action de groupe serait étendue à des accidents collectifs parallèlement sources de responsabilités pénales. Dans de tels cas, c'est non seulement la proximité de la nature de ces deux actions, mais aussi la nécessité de respecter les règles procédurales qui ne manqueront pas d'interroger.

I. Le cumul de l'action de groupe et de l'action publique : une situation hautement probable dans les cas d'accidents collectifs constitutifs d'une infraction

Il est certain qu'une victime qui aura été effectivement [14] indemnisée de l'intégralité de son préjudice par le biais d'une action de groupe ne pourra se constituer partie civile pour les mêmes faits devant une juridiction répressive. En application de l'article L. 423-21 du code de la consommation, la décision ainsi rendue aura en effet à son égard autorité de la chose jugée de sorte que, n'ayant plus d'intérêt à agir, elle ne pourra plus se constituer partie civile conformément à l'article 5 du code de procédure pénale.

Mais en dehors de cette hypothèse, plusieurs éléments expliquent la forte probabilité d'un cumul d'une action de groupe et d'une action publique. D'abord, l'article L. 423-22 du code de la consommation dispose expressément que « *l'adhésion au groupe ne fait pas obstacle au droit d'agir selon les voies de droit commun pour obtenir la réparation des préjudices n'entrant pas dans le champ défini par la décision du juge mentionnée à l'article L. 423-3 ou d'un accord homologué en application de l'article L. 423-16* ». La réparation des préjudices autres que matériels pourra dès lors être concurremment demandée soit devant une autre juridiction civile, soit devant une juridiction pénale dans l'hypothèse où les faits constitueront une infraction. L'action de groupe a en outre pour particularité que, bien que portée par une association spécialement habilitée, elle n'est pas engagée dans un intérêt collectif. En effet, si les consommateurs adhèrent au groupe, et qu'une seule association est maître de ladite action [15], ce sont les consommateurs qui se sont expressément joints à l'action par le biais de la procédure d'*opt in* qui seuls seront indemnisés directement et individuellement. De la sorte, si l'intérêt collectif a été atteint parallèlement aux intérêts individuels des membres constituant le groupe, il ne sera pas réparé par ce

14. V. sur ce point : N. Molfessis, préc.

15. Article L. 423-1 du code de la consommation.

biais [16]. On rappellera en effet que l'intérêt collectif ne se confond pas avec la somme des intérêts individuels.

Partant, et lorsque les faits seront constitutifs d'une infraction, plusieurs situations pourront aboutir au concours d'une action de groupe et d'une action publique. L'action menée pour la défense d'un intérêt collectif pourra d'abord aboutir à un tel cumul dans deux cas.

Rappelons d'une part qu'il résulte clairement de l'article L. 423-1 du code de la consommation que l'action de groupe est exclusivement réservée aux associations de consommateurs représentatives au niveau national et agréées par décret en application de l'article L. 411-1 du même code. Il peut donc arriver que d'autres associations, voire des syndicats, entendent utiliser la voie répressive afin de protéger l'intérêt collectif dont ils ont en charge la défense et pour lequel d'ailleurs, concernant plus particulièrement les associations, elles peuvent avoir reçu une habilitation spéciale pour se constituer partie civile notamment en application des articles 2-1 et suivants du code de procédure pénale [17], mais n'ont pas forcément été agréées pour engager l'action de groupe.

En application de l'article L. 423-1 du code de la consommation il apparaît d'autre part que l'action de groupe sera conduite par une seule association de défense des consommateurs de sorte qu'en cas de désaccord entre les diverses associations spécifiquement agréées soit sur l'identité de l'association qui mènera l'action, soit sur le contenu même de cette action ou encore de la stratégie à suivre, une association qui n'agira pas par le biais du nouveau mécanisme pourra toujours au nom de l'intérêt collectif qu'elle défend se constituer partie civile devant une juridiction répressive.

L'action civile pour la défense d'un intérêt individuel pourra également se cumuler à une action de groupe :

Ce sera d'abord le cas d'un particulier qui aura personnellement subi soit un préjudice mais pour lequel il aura décidé de ne pas se joindre à l'action de groupe engagée ; soit un préjudice n'entrant pas dans le domaine de l'action de groupe, ce qui lui permettra éventuellement en plus de l'action de groupe pour laquelle il aura éventuellement opté [18], de se constituer partie civile devant la juridiction répressive

16. V. S. Amrani Mekki et Y. Strickler, Procédure civile, Thémis, 2014, n° 76.

17. V. Sur le recours de l'action publique pour la défense d'un intérêt collectif : B. Lapérou-Scheneider, La régulation par le juge répressif de l'accès au prétoire – Etude de l'action civile intentée au nom de l'intérêt collectif, *in* La régulation par le juge de l'accès au prétoire, sous la direction de V. Donier et B. Lapérou-Scheneider, Dalloz, 2013, p. 59.

18. Mais n'exclut pas en cas de cumul de dommage qu'il ait adhéré au groupe en cas de déclenchement de l'action de groupe.

Un tel cumul pourra ensuite se rencontrer en cas de préjudice subi par une personne physique en sa qualité de professionnel ou par une personne morale [19]. L'action de groupe n'étant pas expressément prévue pour de telles personnes, outre la voie civile, de telles victimes pourraient opter pour l'action civile devant une juridiction pénale.

Enfin, le ministère public pourrait, en application du principe d'opportunité des poursuites, déclencher l'action publique pour la défense de l'intérêt général alors même qu'une action de groupe est engagée pour les mêmes faits dès lors qu'une atteinte à l'intérêt général nécessitant à ses yeux la mise en mouvement de poursuites pénales est caractérisée.

Dans l'hypothèse d'un tel concours d'actions, la première interrogation portera sur l'objet de l'action de groupe et sa complémentarité au regard de celui de l'action publique.

II. Les buts de l'action de groupe et de l'action publique : complémentarité ou redondance ?

Outre la nécessité d'adapter le droit de la consommation aux règles [20] et à la jurisprudence européennes, l'objectif du législateur de 2014 était de ne pas laisser sans réponse des fautes rentables pour les entreprises provoquant des dommages de montants relativement faibles mais qui se réalisent à une échelle collective et perturbent l'équilibre du marché. Le constat a ainsi été fait que plus le dommage causé aux consommateurs est diffus et moins, paradoxalement, les victimes entament une action en réparation. La raison essentielle de cette situation réside dans la disproportion existant entre la faiblesse du dommage individuel et le coût du procès. Le texte de mars 2014 avait ainsi pour principal objectif affiché de renforcer la protection des consommateurs en mettant en place une procédure permettant de condamner à des dommages et intérêts importants une entreprise qui commettrait une faute de faible portée individuelle et pour laquelle finalement aucun consommateur – du fait de la lourdeur de la procédure – n'engagerait de poursuites. C'est donc l'effectivité de la réparation passant par la facilitation de l'accès au juge qui a dicté l'adoption de ce nouveau mécanisme. On rappellera d'ailleurs que le principe de responsabilité civile, et consécutivement de droit à réparation d'un préjudice, est un droit fondamental dans notre État de droit et constitue même un droit de valeur constitutionnelle [21].

19. La notion de consommateur, condition nécessaire pour se joindre à l'action de groupe, fait désormais l'objet d'une définition précise à l'article préliminaire du code de la consommation. Elle vise les seules personnes physiques ayant agi à des fins qui n'entrent pas dans le cadre de leur activité commerciale, individuelle, artisanale ou libérale.

20. Directive 2011/83/UE du Parlement européen et du Conseil du 25 octobre 2011 relative aux droits des consommateurs.

21. Afin de conférer valeur constitutionnelle à ce droit, le Conseil constitutionnel s'est fondé sur l'article 4 de la Déclaration des droits de l'homme et du citoyen : Cons. Const., 16 nov. 1999, n° 99- 419 DC, JCP 2000, I, 280, obs. G. Viney.

Mais, au-delà de sa nature réparatrice, l'action de groupe, bien que ne pouvant pas être comparée à la class action américaine [22], présente également un caractère dissuasif et répressif marqué. En effet, plus que la recherche d'une indemnisation des victimes, qui sera souvent modique au plan individuel, l'objectif du législateur a été de rendre effectives les diverses règles de protection des consommateurs. L'idée est donc celle d'une prévention de la méconnaissance des règles, prévention assurée par la menace d'une sanction civile qui, multipliée par le nombre de plaignants, s'avérerait réellement dissuasive.

Sous cet angle on notera cependant qu'avant même l'adoption de ce texte, les associations de défense des intérêts des consommateurs disposaient d'un certain nombre d'actions leur permettant de mettre fin à de tels comportements. Parmi celles-ci figure notamment la possibilité, en application de l'article L. 421-1 du code de la consommation, d'exercer les droits reconnus à la partie civile en cas de préjudice direct ou indirect causé à l'intérêt collectif des consommateurs. Faute de précision restrictive, cet article ouvre donc la voie à l'action civile non seulement devant les juridictions civiles, mais aussi devant les juridictions répressives. Ceci permettait ainsi aux associations, avant même la loi Hamon, de s'orienter vers une action répressive, réputée plus efficace au plan préventif qu'une action exclusivement réparatrice [23]. Les associations pouvaient en outre assortir une telle action d'une demande de cessation des pratiques illicites ou de suppression des clauses illicites dans des contrats entre professionnels et consommateurs en application de l'article L. 421-2 du code de la consommation [24]. Cependant, si ces dispositions bénéficient à l'ensemble des consommateurs pour l'avenir, dans la mesure où elles permettent de mettre fin à la pratique litigieuse, il est vrai qu'elles ne leur permettent pas d'obtenir réparation de leurs préjudices. Parallèlement, l'action en représentation conjointe, introduite par la loi n° 92-60 du 18 janvier 1992 [25], permettait également avant la loi Hamon d'agir en réparation devant toute juridiction, y compris pénale, pour le compte de consommateurs nommément identifiés et ayant expressément donné mandat à une association. Le statut de partie civile était d'ailleurs reconnu, en application de l'article L. 422-2 du code de la consommation, au consommateur ayant donné son accord à l'exercice d'une telle action devant une juridiction pénale. Mais

22. Qui revêt un caractère répressif officiel du fait de la possibilité pour le juge de prononcer des punitives damages venant s'ajouter aux dommages et intérêts octroyés au titre de l'indemnisation du préjudice..

23. Cette action est à rapprocher de celles prévues aux articles 2-1 et suivants du code de procédure pénale créées au bénéfice d'associations agréées pour la défense d'intérêts collectifs.

24. De même, avant la loi n° 214-344 du 17 mars 2014, et indépendamment du caractère infractionnel des faits, l'article L. 421-6 du code de la consommation autorisait les associations de consommateurs agréés à agir devant la juridiction civile pour demander, le cas échéant sous astreinte, la cessation ou l'interdiction de tout agissement illicite au regard de la directive 2009/22/ CE du Parlement européen et du Conseil du 23 avril 2009 relative aux actions en cessation en matière de protection des intérêts des consommateurs.

25. V. articles L. 422-1s du code de la consommation.

un tel mandat ne peut pas être sollicité par voie d'appel public et ne permet pas aux autres consommateurs de se joindre ultérieurement à la procédure.

Mais encore une fois cette indemnisation est modique de sorte que l'ampleur et la complexité de la réforme législative ne semblent pas pouvoir sérieusement être justifiées par ce seul objectif. C'est davantage à un esprit de justice, à une volonté que « justice soit faite » même à l'encontre des sociétés économiquement les plus puissantes, que semble en réalité avoir été consacrée cette loi. C'est un mécanisme juridique qui assure de manière effective la réparation et emporte en outre une « *logique de sanction – prévention* » [26]. Aussi est-ce la raison pour laquelle certains auteurs ont estimé que la mise en place de l'action de groupe permettrait de favoriser la tenue d'un procès civil contre le réflexe pénal [27] et constituerait ainsi une alternative au dévoiement de la procédure pénale.

L'objectif répressif de l'action de groupe est ici patent de sorte que l'on peut penser que l'engagement effectif ou potentiel de l'action de groupe pourrait avoir une influence sur la décision du juge répressif. Mais à l'inverse, les règles applicables dans l'hypothèse d'un tel cumul, et qui n'ont d'ailleurs fait l'objet d'aucune adaptation spécifique dans la loi du 17 mars 2014, n'auraient-elles pas pour effet de limiter le pouvoir d'appréciation du juge civil saisi d'une action de groupe ? Il convient ici de s'interroger sur l'effet qu'entrainerait la coexistence de cette action avec l'action publique, hypothèse qui ne manquera pas de se présenter en cas d'extension de l'action de groupe aux accidents collectifs.

III. Difficultés procédurales découlant du cumul d'une action de groupe et d'une action publique

Le risque de redondance ou de contradiction des deux actions menées en concours est d'autant plus prégnant lorsque l'on rappelle que tandis que l'action de groupe a pour seul objet affiché la réparation du préjudice patrimonial résultant du dommage matériel des consommateurs personnes physiques, c'est non seulement à la protection de l'intérêt individuel mais aussi à celle de l'intérêt général, voire collectif, qu'est consacrée l'action civile engagée devant une juridiction pénale [28].

Dans une telle hypothèse, et parce qu'en application de l'article L. 423-1 du Code de la consommation l'action de groupe relève de la seule compétence du juge civil, le juge répressif saisi d'une action civile sur les mêmes faits ne pourra se prononcer sur les intérêts matériels individuels, objets de l'action de groupe. Une telle

26. V. sur cette analyse : D. Mainguy et M. Depincé, précité.

27. D. Mainguy et M. Depincé, précité.

28. En ce sens que l'action civile constitue l'objet secondaire du procès pénal.

situation emportera une scission de l'affaire ce qui engendrera inévitablement le risque d'une contradiction des décisions relativement à l'existence de la faute [29].

Un tel constat a amené certains représentants des professionnels à affirmer lors des travaux préparatoires de la loi Hamon qu'il conviendrait de fermer ou de retarder la voie pénale jusqu'à l'extinction de l'action civile, hormis le cas de mise en œuvre de l'action publique par le parquet [30]. L'idée qui fonde une telle proposition est certainement que si l'action de groupe était tranchée, la volonté vindicative s'en trouverait atténuée. Ceci permettrait, notamment dans des affaires qui touchent profondément l'opinion publique – ce qui est souvent le cas pour les accidents collectifs –, que l'action publique retrouve son rôle premier : la défense de l'intérêt général et ainsi de s'orienter davantage vers un système de type anglo-saxon dans lequel la victime déjà indemnisée n'aurait plus d'intérêt à agir devant les juridictions pénales [31]. Outre qu'il n'est pas certain qu'un tel raisonnement soit suivi en droit pénal positif français tellement on sait l'importance de la place réservée à la victime dans le procès pénal [32] – qui peut d'ailleurs se constituer partie civile pour corroborer l'action publique même si elle a déjà obtenu à l'indemnisation de son préjudice [33] –, cette proposition n'a pas été retenue par le législateur français probablement parce que contraire au principe selon lequel l'action publique est d'ordre public et dans la mesure où le juge pénal n'est jamais tenu par la chose jugée au civil [34]. Les règles procédurales applicables dans un tel cas aboutiraient même à une situation inverse.

En effet, dans l'hypothèse où les deux actions seraient menées de front, il conviendrait de respecter les dispositions de l'article 4 alinéa 2 du code de procédure pénale. Selon ce texte, il est sursis au jugement de l'action civile exercée devant une juridiction civile en réparation du dommage causé par une infraction tant qu'il n'a pas été prononcé définitivement sur l'action publique lorsque celle-ci a été mise en mouvement. *Mutatis mutandis*, dans l'hypothèse où l'action publique serait conco-

---

29. En outre, lorsque l'action de groupe intervient dans le domaine de la concurrence, en application de l'article L. 423-17 du code de la consommation la responsabilité ne peut être prononcée par le juge « *que sur le fondement d'une décision prononcée à l'encontre du professionnel par les autorités aux juridictions nationales ou de l'union européenne compétentes, qui constate les manquements et qui n'est plus susceptibles de recours pour la partie relative à l'établissement des manquements* ». La loi établit donc en la matière une présomption irréfragable de faute pour les besoins de l'action de groupe. Dans l'hypothèse où l'action publique serait parallèlement engagée, une telle décision ne lierait cependant pas le juge répressif.

30. Rapport Cerruti sur l'action de groupe, 16 décembre 2005, 3ème partie, II, C.

31. Sur le débat relatif à l'intérêt d'un recours à la justice pénale en matière d'accidents sanitaires : E. Daoud et S. Albertin, La justice pénale face aux scandales sanitaires : des illusions perdues ?, Actualités Lamy droit pénal des affaires 2014, n° 142, p. 1.

32. V. notamment M.-F. Steinlé-Feuerbach, Victimes d'accidents collectifs, aide et défense : la place des associations dans le procès pénal, *in* La place de la victime dans le procès pénal, sous la direction d'Yves Strickler, éd. Bruylant, 2009, p. 39.

33. V. pour un exemple récent : Cass. crim., 14 janvier 2014, n° 11- 81 362, JCP S 2014, 1296, comm. L. Gamet et N. Pottier.

34. Sauf s'il juge au civil, auquel cas il doit respecter la chose irrévocablement jugée au civil dans la même affaire, entre les mêmes parties, pour le même objet et pour la même cause.

mitamment engagée avec l'action de groupe, la juridiction civile saisie en application de l'article L. 423-1 du code de la consommation ne pourrait pas procéder à la première étape relative à la reconnaissance de responsabilité et devrait surseoir à statuer en attendant la décision rendue par la juridiction répressive. Parallèlement, cette dernière, après s'être prononcée sur l'action publique, et donc sur l'existence de la faute, devrait se déclarer incompétente pour statuer sur l'indemnisation du seul préjudice patrimonial découlant du dommage matériel du fait du monopole posé à l'article L. 423-1 de la juridiction civile. Toutefois, cette dernière serait tenue de respecter le principe de l'autorité de la chose jugée au pénal sur le civil, règle qui, si elle n'est expressément posée dans aucun texte découle implicitement selon la Cour de Cassation [35] de l'article 4 alinéa 2 du code de procédure pénale. Le résultat d'un tel mécanisme est certainement alambiqué. En l'état actuel du droit, il aboutit, contrairement à ce qu'avait initialement souhaité le législateur, à une scission et surtout à une complexification de la procédure. On relèvera qu'en outre la juridiction répressive pourra tout à fait se prononcer sur des chefs d'indemnisation autres que ceux relevant de l'action de groupe, ce qui participera encore à alourdir la procédure.

Au vu de ce qui précède, il apparaît qu'avant même d'étendre l'action de groupe à d'autres domaines que ceux de la consommation et de la concurrence, il serait raisonnable, afin d'éviter que la nouvelle procédure ne soit corrodée dès sa mise en œuvre, de résoudre la complexité procédurale pouvant découler du concours d'une action de groupe et de l'action publique [36]. En effet, si les domaines de la consommation et de la concurrence, à ce jour seuls visés par l'action de groupe, sont relativement peu propices à l'engagement d'une action publique étant donné l'existence d'autorités de régulation dédiées à ces secteurs, l'ouverture d'une telle action aux domaines sanitaires ne manquerait pas de soulever des difficultés techniques importantes. Dès lors il semble évident que l'extension de l'action de groupe ne peut être envisagée qu'à la condition de procéder à la coordination de ces deux actions.

Deux solutions sont ici envisageables.

La première consisterait à achever le mouvement amorcé par la loi du 5 mars 2007 qui a largement réduit la règle posée par l'article 4 alinéa 2 du code de procédure pénale de l'autorité de la chose jugée au pénal sur le civil [37] et de l'abandonner également dans l'hypothèse d'une demande de dommages et intérêts. La justification d'une telle solution pourrait être recherchée dans le fait que l'activité répressive

---

35. Cass. civ., 7 mars 1855, arrêt Quertier, D 1855, 1, 81.

36. V. également sur ce point, D. Mainguy et M. Depincé, précité.

37. Cf article 4 al. 3 du code de procédure pénale qui dispose que « La mise en mouvement de l'action publique n'impose pas la suspension du jugement des autres actions (que celle de demande en réparation du dommage) exercées devant la juridiction civile, de quelque nature qu'elles soient, même si la décision à intervenir au pénal est susceptible d'exercer, Directement ou indirectement, Une influence sur la solution du procès civil ».

est désormais aussi exercée par d'autres « juges » [38], mais aussi au regard de l'exigence européenne d'un procès équitable qui serait ainsi potentiellement méconnue dans la mesure où la victime, qui n'a pas participé au procès pénal, se voit imposer dans le cadre du procès civil la décision rendue au pénal relativement à la faute [39]. De la sorte, le juge civil saisi d'une action de groupe n'aurait pas à surseoir à statuer en attendant la décision du juge répressif et recouvrirait en outre toute sa liberté pour trancher la question relative à l'existence de la responsabilité civile. L'inconvénient majeur de cette solution serait d'accroître les risques de contradiction entre les décisions rendues au civil et au pénal.

La seconde solution consisterait à prévoir que l'action de groupe puisse être traitée par une juridiction pénale par la seule voie de l'intervention. On pourrait ainsi envisager que, saisi d'une telle action, le juge répressif statuerait dans un premier temps sur l'existence de la faute en présence de l'association chargée de l'action de groupe. Sa décision aurait alors autorité à la fois au regard de l'action publique et de l'action de groupe. Une fois tranchées les questions relatives à la faute et aux responsabilités civile et pénale ainsi que celles portant sur les critères de rattachement au groupe (article L. 423-3 du code de la consommation), le juge déterminerait les modalités pratiques de la mise en œuvre de l'adhésion (articles L. 423-4 et L. 423-5 du code de la consommation) et reporterait la décision relative au montant de l'indemnisation à l'issue du délai qu'il aurait fixé pour l'exercice de l'*opt in*. Cette procédure, proche de l'actuel mécanisme du renvoi sur intérêts civils, présenterait l'avantage majeur de la simplicité,

L'extension progressive du domaine de la procédure de l'action de groupe semble aujourd'hui inexorable. S'il est acquis que certaines adaptations du nouveau mécanisme devront être discutées – parmi lesquelles l'identification des dommages pouvant être pris en compte ou la manière dont ils seront évalués – il est évident qu'une telle évolution du champ de l'action se doublera, notamment lorsque l'action publique sera susceptible d'être engagée concurremment, de difficultés procédurales importantes de nature à freiner les avancées d'un tel mécanisme. Aussi, le législateur devra-t-il anticiper cet aspect de l'évolution, faute de quoi l'efficacité du mécanisme s'en trouverait fortement diminuée.

38. Pensons notamment ici aux autorités administratives indépendantes qui exercent une activité répressive.

39. V. sur ce point : S. Guinchard et J. Buisson, Procédure pénale, LexisNexis, 10ème éd., 2014, n° 2623.

19

De Charybde en Scylla : le naufrage du Joola

(A propos de l'ordonnance de non-lieu du 16 octobre 2014) [1]

Caroline Lacroix

Maître de conférences en droit privé et sciences criminelles, Université de Haute-Alsace, CERDACC, EA 3992

Il existe toujours un lien particulier, quasi filial, entre un directeur de thèse et son doctorant. L'auteur de ces lignes est particulièrement émue d'écrire, aujourd'hui, en l'honneur de celle qui un jour lui a accordé sa confiance et depuis son amitié.

Qu'une catastrophe se produise à l'étranger n'exclut pas la présence de nombreuses victimes françaises. En témoignent, par exemple, la catastrophe aérienne de *Charm El Cheikh*, le 3 janvier 2004 [2], qui comptait parmi les 148 passagers, 135 français ou le Crash d'un biréacteur de la Compagnie charter Colombienne *West Caribbean Airways* à Maraicaibo au Venezuela, le 6 Août 2005, qui a provoqué la mort de 152 passagers Martiniquais, lors du vol retour pour Fort de France. Tel fut aussi le cas de la plus grande catastrophe maritime civile au regard du nombre des victimes qu'elle a provoqué.

Rappel des faits. Le 26 septembre 2002, le navire MS Le JOOLA, battant pavillon sénégalais, chavirait dans les eaux internationales de l'océan atlantique, au large des côtes de la République de Gambie, alors qu'il effectuait la liaison Ziguinchor-Dakar,

1. Trib. Corr. Evry (ord. de non-lieu), 16 oct. 2014.
2. Crash du vol charter FSH 604 de la Compagnie égyptienne *Flash Airlines*.

causant la mort d'au moins 1863 personnes dont 19 de nationalité française. Au Sénégal, ce drame eut davantage de répercussions politiques que judiciaires. Le Ministre de l'Equipement et des Transports et celui des Forces Armées dont les départements étaient impliqués dans l'acquisition, les réparations, la maintenance et la gestion du bateau, durent abandonner leurs postes. Par la suite, le gouvernement démissionna le 4 novembre 2002. Sur le plan judiciaire, les plaintes des victimes étaient classées sans suite par le Procureur près la cour d'appel de Dakar dès le 7 août 2003, en raison de l'extinction de l'action publique, au motif que le commandant du bateau, décédé dans l'accident, était seul responsable du naufrage.

Plusieurs ayants-droit de victimes françaises déposaient alors plainte en France donnant lieu à l'ouverture d'une information judiciaire le 1er avril 2003 au tribunal de grande instance d'Évry, des chefs d'homicides involontaires, de blessures involontaires et de non-assistance à personne en danger [3]. Deux juges d'instruction étaient saisis au regard de la complexité de l'affaire, afin d'assurer la continuité de l'enquête [4]. Parallèlement, certains proches des victimes décédées (parents et/ou frères et sœurs) saisirent la CIVI de cette juridiction de demandes d'indemnisation, laquelle réfuta fermement l'existence d'un quelconque préjudice moral spécifique [5].

Face au manque de coopération des autorités judiciaires sénégalaises, il était impossible d'identifier, l'ensemble des responsables administratifs et/ou opérationnels en poste lors du naufrage. Le juge d'instruction mettait en œuvre une méthode d'imputation des responsabilités partant « *du principe selon lequel toute responsabilité au sein d'une chaîne hiérarchique de commandement ou de décision émane de l'autorité la plus élevée, et que la délégation de responsabilité vers les échelons subalternes ne se présume pas* » [6]. Selon le magistrat, « *les responsabilités pénales susceptibles d'être encourues se situaient à trois niveaux décisionnels: l'autorité politique, en charge des arbitrages interministériels, l'autorité militaire, en charge de l'exploitation du navire, et l'autorité maritime, en charge de la police du navire* ». En conséquence, le 12 septembre 2008, des mandats d'arrêt à l'encontre de neuf personnalités sénégalaises, dont l'ex Premier ministre et l'ex Ministre des Forces

3. Les victimes résidant sur plusieurs ressorts, les autorités françaises ont procédé au regroupement des plaintes auprès du parquet d'Evry, par souci de cohérence.

4. Article 83-1 al. 1er du code de procédure pénale : « *Lorsque la gravité ou la complexité de l'affaire le justifie, l'information peut faire l'objet d'une cosaisine selon les modalités prévues par le présent article* ». Précisons que dans l'avenir, un tel drame, devrait revenir à la compétence des pôles spécialisés pour les accidents collectifs créés par la loi relative à la répartition des contentieux et à l'allègement de certaines procédures juridictionnelles, L. n° 2011-1862, 13 déc. 2011, JO 14 Déc. 2011 (articles 706-176 et s du code de procédure pénale). A. Gallois, Les juridictions pénales spécialisées en matière d'accidents collectifs, Procédures n° 10, oct. 2011, alerte 46 ; T. Potaskin, La poursuite du processus de spécialisation de la justice pénale, D. 2012. 452 ; C. Lacroix, AC n°119, déc. 2011.

5. « Naufrage du *JOOLA*: Premières indemnisations par la CIVI d'Evry », *JAC* n°39, décembre 2003, obs. C. Lacroix et *tribunal de grande instance d'Evry, (Comm. indemn. victimes infractions),* décisions des 13 octobre 2003, 28 février 2005 et 9 janvier 2006, Le naufrage du *Joola* : à situation catastrophique, préjudices ordinaires, JAC n°77, septembre 2007, obs. C. Lacroix.

6. Ordonnance de non-lieu du 16 oct. 2014.

armées, étaient délivrés. En représailles, l'Etat sénégalais déclenchait des poursuites pour forfaiture à l'encontre du juge français [7] et lançait un mandat d'arrêt international contre ce dernier.

Deux de ces mandats furent annulés par la chambre de l'instruction, annulation confirmée par arrêt du 19 janvier 2010 de la chambre criminelle de la Cour de cassation [8]. L'un des sept mandats d'arrêt restant, celui à l'encontre du chef du bureau de la sécurité maritime et de la gestion des flottes recevait exécution. Interpellé, il fut mis en examen le 12 octobre 2010 et placé sous contrôle judiciaire. A la suite de la délivrance, par le juge d'instruction, d'un avis de fin d'information le 30 juin 2011, le mis en examen et les cinq autres personnalités recherchées (le Ministre des transports, le directeur de la marine marchande, le chef d'état-major de la marine nationale, le chef d'exploitation, et le chef d'état-major de l'air) déposaient une requête en annulation de la procédure pour incompétence du juge d'instruction français et, à titre subsidiaire, sollicitaient la mainlevée des mandats d'arrêt. Le pourvoi formé contre l'arrêt de la chambre de l'instruction de la cour d'appel de Paris, lequel avait dit la saisine irrecevable et repoussé l'intégralité des demandes, était rejeté [9]. La chambre criminelle avait, concernant le débat sur la compétence des juridictions françaises, souligné que « *le juge d'instruction n'était pas manifestement incompétent* », permettant à la procédure de se poursuivre en France et d'envisager un possible procès. Las, le 16 octobre dernier, l'affaire aboutit au bout de 11 ans à un non-lieu, suivant, en cela, les réquisitions du parquet.

On comprendra la frustration et la déception des parties civiles, la décision relevant un cumul d'incuries (chargement aberrant du navire, surcharge en passagers, absence de fermeture des hublots, carences dans le dispositif des secours, nombreuses violations des règles régissant la tenue du navire, absence de conformité du navire aux règles internationales et nationales, absence de contrôle sur la structure, défaillance des équipements, mauvais entretien général, mauvaise préparation de l'équipage…) justifiant, sans nul doute, un renvoi devant une juridiction de jugement : Les magistrats soulignent, aussi, que des défaillances dans les protocoles, l'organisation, les moyens et la mise en œuvre des secours à l'occasion de la catastrophe sont de nature à caractériser les éléments constitutifs du délit de non-assistance à personne en péril au préjudice des passagers victimes.

La localisation internationale d'une catastrophe engendre conflits de juridictions et conflits de lois en toutes matières. Ainsi, le naufrage du navire de croisière *Costa Concordia*, survenu en janvier 2012, au large de la Toscane, a pu mettre en exergue la question du régime applicable à la réparation des dommages subis par des passa-

7. Naufrage du "*Joola*" : Dakar riposte aux mandats d'arrêts délivrés en France, Le Monde.fr, 19.09.2008.

8. Crim. 19 janvier 2010, n° 09-84.818, Bull. crim. no 9; AJ pénal 2010. 252 ; Y. Mayaud, Quand la compétence française du chef d'atteintes aux personnes se heurte à l'ordre public international, RSC 2010 p. 131 ; M. Ndendé, Poursuites pénales en France d'autorités étrangères suite au naufrage d'un navire affecté à un service public, Revue de droit des transports n° 3, Mars 2010, comm. 67.

9. Crim. 20 novembre 2012, n° 12-83934, inédit, JAC n°131, janvier 2013, obs. C. Lacroix.

gers voyageant par mer à l'international, tant concernant l'identification du juge compétent que des règles applicables au fond [10]. Dans le naufrage du Joola, la justice pénale n'est pas épargnée par cette problématique. Si l'existence de facteurs attributifs de compétences répressives françaises pouvait être établie pour connaître de faits liés à des victimes françaises à bord d'un navire battant pavillon étranger avec un équipage étranger faisant l'objet d'un naufrage survenu dans les eaux internationales (I), l'accès au juge français s'échoue sur la question complexe de l'immunité de juridiction des Etats étrangers (II).

I. Catastrophe maritime étrangère : une compétence répressive française bordée

Quelle est la compétence d'une juridiction répressive française pour connaître de faits liés à des victimes françaises à bord d'un navire battant pavillon étranger avec un équipage étranger faisant l'objet d'un naufrage survenu dans les eaux internationales ? Selon les magistrats instructeurs, au terme d'un raisonnement juridique difficilement contestable, « *une juridiction répressive française peut être saisie de poursuites dirigées, à l'exclusion du capitaine et de tous les membres de l'équipage qui avaient à bord une responsabilité dans la conduite et le fonctionnement du navire, contre toute autre personne impliquée pénalement dans un crime ou un délit puni d'une peine d'emprisonnement, à raison d'infractions nées à l'occasion d'un naufrage survenu dans les eaux internationales, comme en l'espèce de toutes personnes impliquées dans la gestion de la sécurité du navire et dans la gestion des secours* ».

Face au conflit de compétences qui résultait, en l'espèce, à la fois de la nationalité des victimes, de la nature, du lieu de l'accident et de la qualité des auteurs, le chenal d'accès à la compétence répressive française est limité par deux balises latérales : à bâbord la Convention internationale de Montego Bay et, à tribord, la compétence personnelle passive.

Responsabilité pénale du capitaine ou d'un membre de l'équipage : une exclusion de compétence répressive française fondée sur le droit international. Les transports internationaux peuvent donner lieu à l'application de règles de compétences pénales spécifiques. Ainsi en est-il en matière maritime. Déjà, la Convention internationale pour l'unification de certaines règles relatives à la compétence pénale en matière d'abordage et autres évènements de navigation, signée à Bruxelles le 10 mai 1952, prévoit, en son premier article, qu'« *au cas d'abordage ou de tout autre événement de navigation concernant un navire de mer et qui est de nature à engager la responsabilité pénale ou disciplinaire du capitaine ou de toute autre personne au service du navire, aucune poursuite ne pourra être intentée que devant les autorités judiciaires ou administratives de l'État dont le navire portait le pavillon au moment*

10. C. Legros, A propos de l'affaire du *Costa Concordia* : les méandres des sources applicables à la responsabilité civile contractuelle du transporteur de passagers par voie maritime, Rev. crit. DIP 2013. 395.

de l'abordage ou de l'événement de navigation ». Néanmoins, à propos du naufrage du *Costa Concordia*, un auteur a su démontrer que « *dans sa mer territoriale, et contrairement aux règles édictées par la Convention de 1952, tout État a une compétence de principe en cas d'accident survenu à un navire, la Convention de 1952 sur la compétence pénale apparaissant ainsi largement caduque* » [11]. Dès lors, si dans les eaux territoriales françaises, la compétence répressive française ne pose pas de difficulté particulière en raison de l'application du principe de territorialité posé par l'article 113-1 du code pénal à l'encontre de navires battant pavillon étranger, en haute mer, en revanche, le principe reste celui de la compétence exclusive de l'Etat du pavillon [12]. En vertu de l'article 97 de la Convention de *Montego Bay* sur le droit de la mer, en date du 10 décembre 1982, il est donné compétence à l'Etat du pavillon (ou à l'Etat de la nationalité de l'intéressé) en cas d'incident de navigation engageant la responsabilité pénale ou disciplinaire du capitaine ou d'un membre de l'équipage [13]. Cette compétence personnelle active [14] « *dédoublée entre la nationalité du navire et celle de la personne responsable de l'infraction* » prime sur les règles établies par le code pénal français, élargissant ainsi la sphère de compétence de notre système répressif à la connaissance d'infractions commises à l'étranger sur la qualité française des victimes (personnalité passive). En vertu de l'article 55 de la Constitution, les traités régulièrement ratifiés et publiés ont une valeur supérieure à celle de la loi sous réserve de leur application par les autres parties [15]. Classiquement, en cas de conflit entre une disposition d'un Traité et une loi interne, la primauté appartient au texte international. La loi française doit donc être écartée.

Dès lors que l'auteur de l'infraction à l'origine du naufrage, est capitaine ou membre d'équipage, la personnalité active issue de la Convention de *Montego Bay* et son régime s'exerceront, faisant ainsi échec à l'application de la personnalité passive française. En revanche, la compétence personnelle active conventionnelle s'efface, laissant place à la personnalité passive française, dès lors que l'auteur des faits ne possède pas la qualité de capitaine ou de membre d'équipage. Une double compétence répressive existe, de cette sorte, entre personnalité active conventionnelle (et donc étrangère) et personnalité passive (française), du fait de la qualité de l'auteur de l'infraction.

En l'espèce, dans la mesure où le capitaine du navire était porté disparu lors du naufrage et considéré pour mort, les dispositions internationales attributives de com-

---

11. P. Bonassies, Sinistre du *Concordia*, droit de la mer et problèmes de compétence judiciaire pour les victimes françaises, DMF n° 735, 2012. 341 s.

12. Article 92§1 de la Convention de *Montego Bay*.

13. Art. 97 de la Convention des Nations Unis « En cas d'abordage ou de tout autre incident maritime en haute mer qui engage la responsabilité pénale ou disciplinaire du capitaine ou de tout autre membre du personnel du navire, il ne peut être intenté de poursuites pénales ou disciplinaires que devant les autorités judiciaires ou administratives soit de l'Etat du pavillon, soit de l'Etat dont l'intéressé a la nationalité ».

14. En ce sens, P. Vincent, Droit de la mer, éd. Larcier, 2008, p. 129.

15. Cass. crim. 9 mars 1992, n° 90-87.478, Bull. crim., n° 103.

pétences n'avaient pas vocation à être mises en œuvre. Néanmoins, les expertises ont montré que, loin d'être le seul responsable de la catastrophe, le naufrage étant la résultante d'une multiplicité de fautes, d'autres protagonistes avaient joué un rôle. La compétence répressive française s'applique donc à l'ensemble des personnes impliquées dans la gestion de la sécurité du navire et dans la gestion des secours. A ce titre, on notera que l'exclusion du bénéfice du traité à ces dernières a été faite conformément à l'interprétation donnée par le ministère des affaires étrangères. En effet, le juge répressif n'est pas compétent, en principe, pour interpréter les traités. L'interprétation officielle d'un Traité n'appartient qu'au Ministre des Affaires étrangères [16], celle-ci s'imposant à l'autorité judiciaire [17]. Interrogée, la direction des affaires juridiques du ministère des Affaires Etrangères a estimé que l'expression employée de « *tout autre membre du personnel du navire* » devait s'entendre des personnels du bord ayant une responsabilité dans la conduite et le fonctionnement du navire et donc ne pouvait être étendue à l'ensemble des autres personnes en charge de la gestion nautique et commerciale du navire.

Mise en œuvre de la compétence personnelle passive françaises pour les autres protagonistes de la catastrophe. Dès lors que la catastrophe est survenue à l'étranger, la compétence des juridictions françaises est soumise aux dispositions de l'article 113-7 du code pénal au terme duquel « *la loi pénale française est applicable à tout crime, ainsi qu'à tout délit puni d'emprisonnement, commis par un Français ou par un étranger hors du territoire de la République lorsque la victime est de nationalité française au moment de l'infraction* ». Une telle compétence, souvent invoquée en matière de catastrophe *extra loci*, repose sur la nationalité française de la victime [18]. Dans cette hypothèse, seule la victime directe de l'infraction, de nationalité française, est recevable à demander la mise en œuvre de la compétence personnelle passive [19], cette possession devant exister au moment de l'infraction. La chambre criminelle a encore, récemment, eu l'occasion de rappeler, dans le cadre de la catastrophe aérienne de la compagnie Kenya Airways, que les juridictions judiciaires françaises qui, à la suite de l'accident d'un aéronef d'une compagnie étrangère qui s'est abîmé en mer en dehors du territoire français, sont saisies des plaintes de victimes et familles de victimes, doivent, au regard des prescriptions combinées des articles 113-7 du code pénal et 689 du code de procédure pénale, vérifier que les victimes directes de l'accident étaient, au moment des faits, de nationalité française, pour faire jouer la compétence personnelle passive propre à engager leur compétence [20]. En l'espèce, cette condition ne posait guère de difficulté, 19 res-

16. Cass. crim. 3 juin 1985, Bull. crim., n° 212 ; 7 juin 1988, Bull. crim., n° 257.

17. Cass. crim. 26 janv. 1984, Bull. crim., n° 34.

18. L'article 113-8 précise que dans ce cas « *la poursuite des délits ne peut être exercée qu'à la requête du ministère public. Elle doit être précédée d'une plainte de la victime ou de ses ayants droit ou d'une dénonciation officielle par l'autorité du pays où le fait a été commis* ».

19. Crim. 31 janv. 2001, n° 00-82.984, Bull. crim. n° 31, Crim. 21 janv. 2009, n° 07-88.330, *ibid.* n° 22 ; RSC 2009. 829, note Mayaud.

20. Crim. 6 nov. 2013, n°13-84.317, Dalloz actualité, 5 déc. 2013, obs. Le Drevo; Gaz. Pal. 9-11 févr. 2014, p. 29, obs. Dreyer, RSC 2014 p. 346, obs. Mayaud JAC n°139, déc. 2013, obs. C. Lacroix.

sortissants de nationalité française ayant péri dans le naufrage et une victime étant rescapée.

Il s'agit d'une compétence empreinte de subsidiarité par rapport à la compétence étrangère, le jeu de l'autorité négative de la chose jugée à l'étranger prescrit à l'article 113-9 du code pénal, étant applicable [21] . En l'espèce, l'exception de la chose jugée à l'étranger ne peut être invoquée pour écarter la compétence personnelle de la loi pénale française dès lors qu'aucune poursuites, ni procès n'ont eu lieu au Sénégal.

L'établissement de la compétence répressive française parfaitement légitimée, le procès est emporté par l'immunité de juridiction pénale laquelle consiste à « *exempter son bénéficiaire de l'application des lois qui régissent dans un pays la compétence des tribunaux, en rendant irrecevables, à raison de la qualité du défendeur, des actions dont ils auraient dû normalement connaitre par application de leurs règles de droit privé (règles dites de juridiction)* » [22].

II. Un procès emporté par la lame de fond de l'immunité juridictionnelle coutumière internationale

Le jeu des immunités. L'immunité de juridiction des Etats étrangers [23], coutume internationale qui trouve son fondement à l'origine dans les principes d'indépendance, de souveraineté et d'égalité des Etats, a pour objet de soustraire l'Etat bénéficiaire à la compétence des tribunaux nationaux. Selon la formule du professeur Rebut, « *il s'agit d'un cas exceptionnel où la compétence de la loi pénale française est mise en échec par l'incompétence des juridictions françaises : la loi pénale française est compétente alors que les juridictions pénales françaises ne le sont pas* » [24].

Il est traditionnellement admis que la coutume internationale, qui ne lie un État que s'il l'a acceptée [25], a la même autorité que les traités [26], soit *supra* législative [27].

---

21. « ... *aucune poursuite ne peut être exercée contre une personne justifiant qu'elle a été jugée définitivement à l'étranger pour les mêmes faits et, en cas de condamnation, que la peine a été subie ou prescrite* ».

22. J. Combacau et S. Sur, Droit international public, 9ème édition, Montchrétien, Lextenso éditions, 2010.

23. L'immunité de juridiction des Etats étrangers se distingue de l'immunité de juridiction des agents diplomatiques ou des agents consulaires. Ces dernières résultent de la Convention de Vienne du 18 avril 1961 sur les relations diplomatiques (article 31) et de la Convention de Vienne du 24 avril 1963 sur les relations consulaires (article 43).

24. D. Rebut, Droit pénal international : Dalloz, Précis, 2012, n° 74.

25. N. Maziau, La réception du droit international (public) par la Cour de cassation : JDI 2013, doctr. 8, p. 791.

26. En revanche, le Conseil d'Etat admet que la coutume internationale produit des effets dans le droit interne mais que son autorité est toutefois différente de celle des traités. La juridiction administrative a ainsi jugé, dans l'arrêt Aquarone, que « *ni cet article [*55 de la Constitution*] ni aucune autre disposition de valeur constitutionnelle ne prescrit ni n'implique que le juge administratif fasse prévaloir la coutume internationale sur la loi en cas de conflit entre ces deux normes* ». CE Ass., 6 juin 1997, Aquarone, n°148683.

Le respect du droit coutumier international s'impose pour des raisons juridiques. Ainsi, l'alinéa 14 du Préambule de la Constitution de 1946 consacre la force juridique de la coutume internationale [28]. Au-delà, selon la Cour européenne des droits de l'homme, le principe de l'immunité de juridiction de l'Etat étranger ne fait « *qu'observer le droit international afin de favoriser la courtoisie et les bonnes relations entre Etats grâce au respect de la souveraineté d'un autre Etat* » et est compatible avec l'art 6§1 de la Convention européenne de sauvegarde des droits de l'Homme [29].

S'agissant de la portée des immunités de juridictions des Etats, on est passé d'une immunité considérée comme absolue au XIXème siècle à une immunité plus restreinte au XXème siècle [30]. Désormais, on admet que « *L'Etat agit tantôt comme souverain en vertu de sa supériorité politique appelée "puissance publique", tantôt comme non souverain suivant les données du droit privé, en se plaçant sur le pied d'égalité avec un particulier. En conséquence, l'immunité joue pour les actes de souveraineté de l'Etat, elle reste étrangère "aux actes de simple gestion ordinaire* » [31].

L'existence d'une immunité de juridiction en matière pénale ne jouait initialement qu'au profit du chef d'État étranger et de certains membres de son Gouvernement, sans considération pour la gravité de l'infraction ou le lieu de commission [32]. Désormais, « *les États étrangers et les organisations qui en constituent l'émanation ne bénéficient de l'immunité de juridiction qu'autant que l'acte qui leur est imputé participe, par sa nature et sa finalité, à l'exercice de la souveraineté de ces États et n'est donc pas un acte de gestion* » [33]. A l'occasion du naufrage du navire *Erika*, survenu le 12 décembre 1999, et ayant causé une pollution importante sur les côtes

27. Concl. AG Launay ss Cass. crim., 13 mars 2001, n° 00-87.215, Gaz. Pal. 29 mai 2001, n° 149, p. 27.

28. « *La République française, fidèle à ses traditions, se conforme aux règles du droit public international* ».

29. CEDH, Mc Elhinney c/ Irlande", n°32153/96 et "Al Adsani et Fogarty c/ Royaume-uni" du 21 novembre 2001, req. n° 3576397, Rev. science crim. 2002, p. 149, obs. F. Massias « *les règles de droit international généralement reconnues en matière d'immunité des Etats" sont compatibles avec l'article 6 § 1 de la Convention européenne en ce que, dans les circonstances des affaires en cause, elles répondaient à un but légitime, étaient proportionnées au but poursuivi et ne portaient pas atteinte au droit d'accès aux tribunaux en "sa substance même* ».

30. Sur cette évolution, v. R. de Gouttes, L'actualité de l'immunité de juridiction des Etats étrangers, Recueil Dalloz 2006 p. 606 et du même auteur, L'évolution de l'immunité de juridiction des Etats étrangers, rapport de la Cour de cassation, 2003, Etudes et documents, La Documentation Française - Paris, 2004 , p. 218.

31. Affaire "Procureur Général de la Cour de cassation c/ Vestwig et autres", Req. 5 février 1946, Sirey 1947.1 p. 137.

32. Cass. crim., 13 mars 2001 : D. 2001, p. 2631, note Roulot ; JDI 2002, p. 804, note Santulli ; Gaz. pal. 2001, 1, p. 772, concl. Launay. – adde, C. Lombois, RID pén., 1978, 1, 508.

33. Cass. ch. mixte, 20 juin 2003, Soliman c/ École saoudienne de Paris et a. : Bull. civ. 2003, ch. mixte, n° 4 ; Rev. crit. DIP 2003, p. 647, note H. Muir Watt ; JDI 2003, p. 1115, note Pingel ; JCP G 2004, II, 10010, note Mahinga.

françaises, la chambre criminelle a adopté cette nouvelle définition. Selon les juges du Quai de l'Horloge, la coutume internationale, qui s'oppose à la poursuite des États devant les juridictions pénales d'un État étranger, s'étend aux organes et entités qui constituent l'émanation de l'État ainsi qu'à leurs agents en raison d'actes qui, comme en l'espèce, relèvent de la souveraineté de l'État concerné [34]. Elle avait donc approuvé la chambre de l'instruction d'avoir fait droit aux requêtes, en se prévalant de l'immunité de juridiction dont bénéficie l'État de Malte, tendant à l'annulation de tous les actes d'instruction relatifs à la mise en examen de la *Malta Maritime Authority* et de son directeur exécutif, des chefs de mise en danger de la vie d'autrui et complicité de pollution pour avoir délivré des certificats d'immatriculation et de navigabilité en méconnaissance de la législation internationale en vigueur. De tels actes sont des actes d'autorité. Une telle extension « *aux organes ou entités qui constituent les émanations de l'Etat ainsi qu'à leurs agents en raison d'actes qui relèvent de la souveraineté de l'État concerné* » n'a pas emporté la conviction de l'ensemble de la doctrine [35].

Application au naufrage du *Joola*. Cette interprétation de la portée de l'immunité est également au cœur de l'affaire du naufrage du *Joola*. Dans un premier arrêt du 19 janvier 2010 [36], à propos de la validité des mandats d'arrêts délivrés à l'encontre du Premier ministre et du Ministre des Forces armées du Sénégal à l'époque des faits, la chambre criminelle réaffirme que « *la coutume internationale qui s'oppose à la poursuite des États devant les juridictions pénales d'un État étranger s'étend aux organes et entités qui constituent l'émanation de l'État ainsi qu'à leurs agents en raison d'actes qui relèvent de la souveraineté de l'État concerné* ». Elle approuve les juges de la chambre de l'instruction de la cour d'appel de Paris d'avoir relevé notamment que le navire avait été mis en service pour permettre à la région de Casamance de sortir de son enclavement et que l'Etat du Sénégal assurait ainsi une mission de service public non commercial et que le ministère des forces armées avait confié à la Marine nationale la gestion de ce navire, lequel était exposé à des attaques, était armé par un équipage militaire et avait le statut de navire militaire.

Dans la présente ordonnance de non-lieu, c'est à nouveau l'application de la coutume internationale qui justifie l'incompétence des juridictions françaises. Pour reconnaître cette immunité à l'ensemble des autorités maritimes et publiques sénégalaises devant les juridictions pénales françaises, les magistrats instructeurs s'appuient non sur le rôle et les missions qui étaient dévolues au navire, et sur sa gestion par l'armateur et l'exploitant mais sur la qualité des personnalités mises en cause.

Une immunité refusée sur le statut juridique du navire. Le raisonnement tenu par les magistrats instructeurs s'éloigne quelque peu de celui approuvé par la Cour de

34. Crim. 23 nov. 2004, *n° 04-84.265*: Bull. crim. n° 292; D. 2005. Pan. 1197, obs. Chanteloup ; ibid. 2005. Pan. 1523, obs. Gozzi ; Gaz. Pal. 2005. 1. 1160, note Chanet.

35. *A. Huet et R. Koering-Joulin, Droit pénal international : PUF, 2005, n° 148, p. 251.*

36. Cass. crim., 19 janv. 2010, n° 09-84.818, Rev. dr. transp. 2010, comm. 67, note M. Ndendé ; Rev. sc. crim. 2010, p. 131, note Y. Mayaud.

cassation en 2010 et rejoint les critiques qui avaient pu être émises par une partie de la doctrine à l'époque. En effet, des doutes avaient été émis par un commentateur quant au fait que le *Joola* exerçait une mission de service public non commerciale et que ce navire pouvait sur le plan juridique être considéré comme un navire strictement militaire. Pour l'auteur, « *l'on est forcé d'admettre que la gestion du Joola était très peu une question de souveraineté et bien davantage une affaire de service public de type économique et commercial* » [37]. Dans la lignée de ces critiques, la décision reconnaît, en effet, en l'espèce, d'abord que le service public de transport assuré par le navire peut apparaître comme essentiellement commercial. Elle admet, ensuite, que le navire, n'avait pas un statut de bâtiment militaire, par essence émanation de la puissance publique mais un « *statut hybride dont la gestion reposait sur les forces armées avec un recours consultatif aux autorités maritimes civiles, le tout destiné à assurer un service public payant de transport d'importance majeure pour la région, mais par un navire dirigé et armé par des militaires et pouvant avoir des missions exclusivement militaires* ».

Si ces arguments permettaient sans doute de ne pas appliquer l'immunité, selon les juges, « la question de l'immunité de juridiction, au sens de l'immunité entre Etats souverains, résultant de la coutume internationale, ne concerne non pas tant le navire en lui-même, que les personnes qui ont pris part aux décisions, actions ou inactions à son sujet et à celui de l'organisation des secours ». Or, sur ce point, les magistrats concluent que l'immunité de juridiction, qui s'étend aux organes et entités qui en constituent l'émanation ainsi qu'à leurs agents en raison d'actes qui relèvent de cette souveraineté, doit être constatée à l'égard des personnes visées par les sept mandats d'arrêt.

Une immunité accordée sur le statut des personnes mises en cause. A l'appui de leur solution, les magistrats soulignent que les sept personnalités en cause exerçaient toutes des compétences publiques, administratives, militaires, ou politiques, à un degré élevé dans l'appareil d'Etat, et avaient pris les décisions critiquées dans le strict cadre de leurs fonctions. Or, l'ensemble de ces personnalités exercent des missions de puissance publique par nature, ou comme le retient la décision, des « *missions emportant expression de la souveraineté du Sénégal* », entrant dans le champ de l'immunité. Les juges reprennent ainsi, comme l'avait fait la Cour de cassation dans sa jurisprudence récente, le critère de « *souveraineté de l'Etat* ». Les actes ou abstentions ont été accomplis "jure imperii", manifestant la souveraineté de l'Etat sénégalais, et non "jure gestionis".

Conclusion. L'immunité de juridiction, en obstruant le libre accès à la justice, hypothèque le droit à la vérité et par contrecoup, l'œuvre de réparation auquel participe la justice pénale dans le cadre des catastrophes [38]. Les parties civiles ont annoncé leur

---

37. M. Ndendé, , Rev. dr. transp. 2010, comm. 67, préc.

38. V. notre thèse, La réparation des dommages en cas de catastrophes, préf. M.F. Steinlé-Feuerbach, avant-propos, D. Houtcieff, LGDJ, 2008, tome 490.

intention de faire appel de cette décision [39], comme le leur permet l'article 186 du code procédure pénale. Le débat est loin d'être clos et un potentiel procès remisé en cale sèche.

39. Naufrage du Joola : la justice française ordonne un non-lieu, Le figaro.fr, 28/10/2014.

20

Violences conjugales

Liliane Daligand [1]

Professeur émérite de médecine légale. Psychiatre des Hôpitaux, Lyon.
Expert de justice, cour d'appel de Lyon

Introduction

Les femmes sont les victimes préférentielles des violences dans le monde, quel que soit leur âge, leur milieu, leur culture ou leur religion. Elles sont victimes de toutes les formes de violence : blessures physiques, psychiques mais aussi viols, mutilations, mariages forcés et elles sont particulièrement victimes de violences conjugales ou domestiques. Les chiffres sont impressionnants :

30 % des femmes dans le monde en seraient victimes.

10 % en France

60 à 70 % au Népal qui semble être le pire pays au monde pour les femmes, selon la directrice d'une ONG [2].

1. Un fléau

La violence conjugale, fléau social longtemps occulté en France, est aujourd'hui reconnue et de récentes enquêtes françaises (Enveff 2000 [3], portant sur 6970 femmes de 20 à 59 ans, rapport Henrion 2001 sur la santé des femmes victimes) en attestent

1. Auteur de « Violences conjugales en guise d'amour », Albin Michel, 2006.
2. National Géographic, Népal la malédiction de naître femme, p. 60-75, juin 2014.
3. Enquête nationale sur les violences faites aux femmes en France.

l'ampleur. Une femme sur 10 déclare avoir été victime de violence conjugale au cours de l'année.

Ces violences peuvent être verbales (insultes), psychologiques (mépris, ignorance de l'autre), financières (privation de toute ressource etc.) Mais aussi physiques avec blessures et sévices sexuels, jusqu'au viol et au meurtre. Elles peuvent conduire les victimes au suicide ou à l'homicide.

Le recensement des décès liés aux violences conjugales a confirmé le risque mortel :

Une femme en meurt tous les deux à trois jours en France ;

Un homme en meurt tous les 16 jours (dans un cas sur 2 la femme auteur de l'acte subissait des violences de sa part).

31% des crimes conjugaux sont liés à la séparation.

Blandine l'a écrit ainsi dans une lettre qui pourrait s'intituler : **une mort annoncée :**

« Je sais que je voulais partir, moi, si lui ne savait pas. Alors la vie devint intenable. Menaces de mort, coups, méchancetés, pleurs même… comédie à la maladie… tout y passa. Je ne pus plus dire que je voulais partir sous peine de le voir entrer dans une fureur redoutable. Il ne se sentait plus par moment… et une jalousie… je ne pouvais plus rien faire et s'il avait pu m'empêcher d'aller travailler pour que je ne rencontre personne, il l'aurait fait. Il ne pouvait comprendre que je ne l'aimais plus et que je ne voulais plus de cette vie où il n'y avait plus que lui, moi et Ludovic, et surtout personne d'autre, plus d'amis, plus de famille, rien.

Sa fierté, son orgueil étaient touchés par le fait que je ne l'aimais plus. Je veux que tu fasses… je veux que tu me ré aimes. Si tu le veux, tu le pourrais… insensé ! Son angoisse, il la déballait sur moi, et des soirées entières il me persécutait en me disant des choses méchantes et injustes. Mes nerfs qui avaient déjà subi quelques dégâts au cours de toutes ces années (où j'ai toujours voulu cacher nos peines à tout le monde pour ne pas faire de soucis !) Se dégradent de plus en plus. Je ne sais comment encore je peux tenir ?

Un mal moral, psychique, devient à certains moments tellement forts que j'en ai la nausée. Comme tout cela est dur…

Un écœurement de la vie, de tout… Un cauchemar perpétuel… Comment cela va-t-il finir ? La peur qu'il mette à exécution ses menaces de mort me hante à chaque minute, oh ! Je n'en peux plus. Pourquoi ne peut-il pas comprendre que je veuille vivre autrement, libre de mes actes, de ma vie. Je ne suis pas une chose qu'on prend, puis qu'on laisse. Je suis une personne indépendante, avec mon caractère, mes réactions, mes désirs, mes peines… »

Blandine écrit ces mots le 20 avril 1984. Le 9 mai 1985, elle meurt, comme elle l'avait annoncé, abattue par Luc, son mari. Luc a été condamné à 18 ans de réclusion par la cour d'assises du Rhône.

2. Violence : échec du rapport amoureux

Le rapport dit amoureux qui n'est pas soumis au désir de l'autre, c'est-à-dire le désir de vie pour l'autre, et le désir de vie de l'autre pour soi, est sous l'emprise des pulsions qui visent toujours la possession de l'autre réduit à l'état d'objet consommable. L'autre du rapport amoureux n'est plus Autre dans sa radicale altérité, celle qui échappe à toute prise dans l'imaginaire ; il est seulement l'objet de la satisfaction de l'ensemble des pulsions et plus particulièrement de la pulsion génitale.

Mais cet objet, quelles que soient les prises pulsionnelles, ne peut jamais être entièrement consommable (hormis le meurtre et encore...). Il persiste en quelque sorte un reste inassimilé et inassimilable qui est dans l'ordre de la vie ou, mieux, de l'esprit, autrement dit de la parole. C'est ce reste trouble que le violent veut réduire en particulier au silence. La réduction de ce reste du sujet à la position d'objet se fait par la voie charnelle, là où le verbe s'incarne.

La réduction à la chair muette se fait par la violence. Elle s'accomplit par la violence verbale dont le discours injurieux, la dérision, le lavage de cerveau. Le langage du violent se condense en une série de dépréciations, d'injures qui limitent l'interlocuteur à une chair représentée en décomposition, à une substance seulement consommable comme déchet.

La réduction de l'autre peut se faire également par les coups qui meurtrissent la chair et en laissant des traces en marquent la vulgarité périssable. L'incarnation du langage est rendue manifestement inadéquate en ce lieu de pourriture. Communément cette réduction s'exaspère car il y reste toujours l'inatteignable qu'est la vie manifeste. Ceci conduit progressivement au meurtre réel ou fantasmé : « ta vie m'appartient ».

Le viol est une mise en scène d'appropriation d'une chair privée de toute parole, de tout acte dans l'inhibition, de tout plaisir, de toute sensation souvent. C'est le basculement d'un acte de vie en acte de mort, même si cet acte ne va pas jusqu'au meurtre.

La violence du rapport dit amoureux vise, au fondement, à détruire le corps de la femme médiatrice du désir et de la mise en vie. La femme, dont le corps est lieu de vie, est redoutée par l'homme qui refuse ce qui parle en lui pour Elle. Car la femme est l'autre essentiel du langage, l'Eve qui a fait assomptionner l'homme à l'esprit et lui a permis d'être associé à la transmission du don de vie. La femme en sa chair et en sa parole est un lieu de médiation pour l'homme qui ainsi trouve sa place dans le courant de la vie. D'où l'abondance totalitaire de la violence du refus.

3. Origine de la violence au masculin

Certains auteurs mettent en avant les raisons hormonales, biologiques, ou même physiques. D'autres des raisons sociales (milieu social défavorisé, précarité, chômage) ou encore l'alcoolisme, etc. En fait, la violence traverse toutes les classes sociales et il n'est pas nécessaire de présenter des maladies pour s'y adonner. Quant aux facteurs liés à la précarité, ils sont adjuvants ou révélateurs. L'origine de la violence est à rechercher dans l'échec de la structuration du masculin lié à l'enfance du sujet.

L'échec du masculin

L'échec de l'identification imaginaire et symbolique au père par le fils est le fondement de l'échec du masculin. L'identification d'un être ne peut se limiter à l'identification imaginaire, à ce qui se voit, se sent, se perçoit et qui conduit à la reproduction des gestes, des comportements, des expressions vocales, des réactions émotionnelles et sentimentales, des mimiques de joie, de tristesse, de stupéfaction etc., que l'enfant prend dans celui qu'il admire et/ou qu'il craint et dont il souhaite prendre la place auprès de sa mère : son père ou un substitut paternel.

L'identification symbolique est celle qui ne se voit pas qui n'est pas l'imitation, l'empreinte visible du personnage paternel mais de ce qu'il dit, non pas en tant qu'être particulier mais de ce qu'il dit dans la place qu'il occupe, à savoir cette place métaphorique du père fondamental, de celui qui est la source du verbe réglé par la loi de l'homme qui est la loi du langage : l'identification symbolique ouvre au langage et à la parole. L'enfant, être parlant, marqué du symbole devient fils de l'homme.

Cet échec de l'identification symbolique a ses soubassements dans les aléas relationnels de l'enfant à sa mère durant ses 3-4 premières années. Pour que l'enfant acquiert sa capacité d'être, accède à sa structure de personne, à son individualité, il est nécessaire que la mère satisfasse les pulsions de son enfant dans la proximité des chairs mais pas dans la confusion des êtres. Elle doit s'assurer de la coupure d'avec lui par l'introduction au langage dont les cris de l'enfant témoignent qu'il y baigne et qu'il aspire à y entrer. Le langage maintient l'entre-deux de la coupure et assure le lien par la parole. Dès l'oralité, lors de la tétée la mère conjoint le lait du sein, objet de satisfaction pulsionnelle, au « lait des mots » (F.Dolto) qu'attend le petit être doué originairement du langage. C'est la capacité langagière qui resurgit plus fort à chaque coupure entre la mère et l'enfant (le sevrage, la propreté, le miroir, la marche) et qui installe la mère dans cette position d'interlocutrice fondatrice de vie. La mère se révèle l'Autre du langage et de la parole.

Lorsque le petit garçon découvre l'organe génital par les sensations pulsionnelles qu'il lui donne et que lui est révélé dans le même temps que sa mère ne possède pas cet organe si central pour lui, il ne peut le croire : celle qui a tout pouvoir doit, malgré les apparences, aussi l'avoir. S'il n'est pas visible, il est forcément présent mais caché et c'est cette accession à la présence/absence au corps de la mère de l'objet convoité qui fait qu'elle est représentée comme la toute puissante déesse-mère. C'est à ce moment-là que l'organe pénien qui n'est plus réduit à sa seule représentation organique, tend à se parer d'une autre puissance qui tient à son évanescence même et que les psychanalystes appellent le phallus. Ce phallus, on peut donc l'avoir sans le montrer et ne pas l'avoir tout en possédant sa représentation. Il peut être de toute façon perdu.

Ainsi la partie d'élaboration structurale ne peut plus se jouer là à deux entre la femme mère et le petit homme en devenir, mais à trois ou mieux encore à quatre. Le père introduit dans la partie engagée est le quatrième, avec la mère, l'enfant et le phallus qui est partout et nulle part : « *il court, il court le furet* » comme l'évoque J. Lacan. Pour que l'enfant perçoive que le phallus est le moteur relationnel entre les êtres et plus particulièrement entre un homme, son père, et une femme, sa mère, il y faut cette sorte de transfert du corps maternel au corps paternel sans assurance que l'homme ou la femme le possède et le conserve. Mieux, c'est à partir du moment où l'enfant est coupé et de son père et de sa mère et qu'il est mis dans une radicale différence avec quiconque qu'il va devoir, pour rencontrer les autres, accepter que ce phallus toujours manquant soit le moteur d'une demande, d'une parole faite à l'autre pour rendre compte du manque et la sollicitation de son éventuel comblement. Si la partie ne se joue pas à quatre, si le père est exclu, absent, muet ou destructeur et qu'ainsi le tiers relationnel disparaît, l'enfant n'est plus que dans un face à face avec une mère toute puissante ou une femme qui lui ment sur la possession phallique et qui de toute façon le prive de ce qui, manquant, est tellement désiré. Elle le lie à elle dans cette même concupiscence de l'objet vital.

Dès lors la femme apparaît comme celle qui prive l'homme de tout pouvoir, qui recèle en elle les secrets de la vie et dont le ventre en est le sanctuaire inexpugnable. Toute expérience de cet homme dépossédé avec une quelconque femme lui montre à l'évidence qu'il est pour peu de choses dans la conception. La banalité répétitive du geste fécondateur l'empêche de prendre en considération tout instant de l'insémination. C'est la femme qui détient le pouvoir d'originer un enfant en elle-même, de le couver pendant neuf mois et de le présenter à la naissance comme son œuvre personnelle. L'homme qui se vit dans cette privation, est sans pouvoir, ne peut décider de rien. Et s'il veut se reproduire, n'étant même jamais sûr d'être l'auteur de cette petite participation, il doit en passer par la certification de la femme.

Comme le souligne Françoise Héritier : « *Une spécificité féminine ne pouvait paraître qu'un apanage exorbitant, non fondé : les femmes font les enfants des deux sexes* » [4]. Que la femme se reproduise en faisant des filles pourrait se comprendre, mais que pour se faire un fils l'homme doive passer par la femme est intolérable. Mais dans cette ligne conceptuelle « *si seules les femmes sont fécondes, elles sont aussi les seules responsables de la stérilité* » ajoute F. Héritier. Pour toutes ces raisons, le ventre de la femme, lieu où la toute la puissance féminine est à l'œuvre, est l'ennemi de l'homme frustré. Et l'on comprend pourquoi, lors d'une grossesse, même acceptée par le compagnon, lorsque les premières manifestations physiologiques sont perceptibles, il fuit car il va se trouver avec une femme inconnue manifestant sa puissance dans la gestation d'un nouvel étranger. Pour les mêmes craintes, les femmes sont frappées au ventre avec ou sans grossesse car c'est bien là le sanctuaire phallique source de re-création.

En ce cas l'homme dépossédé n'est jamais entré dans la sexualité. Ainsi le viol est une agression au ventre de la femme mais pas une agression sexuelle. Le viol est

4. F. Héritier, Masculin/féminin II, dissoudre la hiérarchie, Odile Jacob, Paris, 2002.

tout sauf sexuel [5]. Il est dans les croyances abyssales de la dépossession du Graal phallique. C'est dans cette perspective que l'on sait bien que le viol est le plus souvent répétitif, qu'il peut aller jusqu'au meurtre de la femme avec éventration dans l'espoir d'accéder à l'objet inconnu.

Dans la même configuration, l'homme jaloux suspecte en permanence sa femme de le tromper. Il a tout homme pour rival, parfois les plus prestigieux, parfois que des inconnus dont il ne cherche même pas l'identité. Il est sûr que sa femme trouve chez chacun, chez tout autre individu masculin, ce qu'il n'a pas, ce qui ne lui a pas été donné ou ce qui lui a été ravi par celle qui ne l'a pas mis au monde.

Tous les experts ou ceux qui s'occupent des violences faites aux femmes et les victimes elles-mêmes l'ont remarqué : les hommes agresseurs sont pratiquement toujours des hommes qui ne parlent pas. Cette déficience de la parole est le symptôme de leur non-accession à la virilité. Lorsque l'enfant, vers quatre ans, joue la tragi-comédie oedipienne, il quitte sa mère déesse pour un père interdicteur qu'il espère, lui, tout puissant. Or ce dernier ne l'accueille pas pour une transmission de la puissance phallique, mais au contraire lui révèle que nul n'a cette puissance et que chacun en revanche est autorisé à la solliciter chez tout autre, à l'exception de son père et de sa mère, ce qui interdit l'inceste.

Par là même, le phallus devient « le signifiant manquant » [6] pour chacun, source du désir porté par une parole : demande pouvant être adressée à tout autre humain, semblable dans l'espérance portée par cette recherche et différent par les expériences événementielles de son histoire. Le jeu oedipien a pour tâche de donner au petit garçon non l'obscur objet désiré mais le moyen de la recherche qui ne cessera de l'animer, même et surtout après la coupure radicale de l'interdit de l'inceste, castration symboligène.

Le petit garçon qui réussit au masculin est celui qui, marqué par la castration symboligène, accepte son manque parce que le jeu oedipien lui a donné la parole qui est en quelque sorte son moteur de recherche. Il ne rencontre plus la femme comme cette voleuse d'organe, comme cette toute puissante qui rejette l'homme dans les ténèbres extérieures et dont la parole est redoutable parce que mensongère. Elle se révèle l'Autre de la parole, l'éternelle nouvelle Eve qui peut recevoir la demande masculine et dont, à égalité (de la même humanité : *Ish* et *Isha* en hébreu, Genèse 2.23), l'homme peut recevoir la sienne. Il n'y a pas de rivalité entre l'un et l'autre, pas de complémentarité non plus, il y a deux êtres entre lesquels naît le tiers de la parole.

C'est dans la parole engagée par un homme et une femme qu'est la véritable conception de la figuration sans cesse renouvelée de cette présence/absence qui fait accéder l'un et l'autre à un au-delà du plaisir de la conception charnelle, du lien de dépendance. Cet au-delà où chacun se trouve dans sa dimension sexuelle créatrice.

---

5. L. Daligand, D. Gonin, Viol comme violence, In Violence et victimes, Méditions, Lyon, 1993, 2000.

6. J. Lacan, Le désir et son interprétation. Livre VI, La Martinière, 2013.

4. Origine de la victimisation chez les femmes

A les entendre, il apparaît que souvent elles n'ont pas pu entrer, au cours de leur histoire infantile avec le couple parental dans une dynamique triangulaire d'ouverture à la différence des sexes. Souvent se repère une défaillance maternelle et aussi paternelle. En difficulté d'entrer dans un processus d'identification à la mère, elles ne se situent souvent que dans une sorte de duplication maternelle : «*Je suis la réplique de ma mère*», elle-même victime, soumise, voire violée. C'est aussi et surtout une impossibilité ou une difficulté d'identification symbolique à un père violent qui ne se révèle en rien soumis à la loi.

Elles arrivent ainsi à la formation de leur couple avec un handicap majeur : une grande difficulté pour se faire reconnaître comme femmes, car elles ne le sont pas elles-même à leurs propres yeux, n'ayant pas été instituées comme telles. Elles souhaitent dans la rencontre avec un homme trouver un autre qui pourra faire ce travail non accompli antérieurement au sein du couple parental. Souvent ces filles qui enfants ont été victimes ou témoins de violence, entrent précocement et rapidement dans un couple, avec « le premier venu ».

Elles choisissent un homme « en miroir », lui aussi banni du désir, infirme de la parole. La seule communication possible n'est pas dans l'ordre de la parole, de la réciprocité d'une relation inter-subjective. Dans ces couples ainsi formés, la femme n'est plus que récepteur, elle ne fait que recevoir : jugements, dépréciations, grossièretés, injures, menaces et coups.

Donc, pour ces femmes qui déjà ont une sorte d'état antérieur, le choix du partenaire, du conjoint, est marqué par les particularités de leurs histoires infantiles. Même si rien jamais ne justifie la violence faite aux femmes, il peut y avoir du côté des femmes une prédisposition à la rencontre d'un conjoint violent.

Le choix du partenaire, souvent marqué « du coup de foudre », est une rencontre sans parole, dans l'immédiateté, la brutalité, la soudaineté dans la collusion d'imaginaires. Le choix peut se faire par similitude : « *on était tout pareil* », « *on pensait la même chose, on disait la même chose, on faisait la même chose* ». On est dans le même et pas dans la différence. Aux yeux de la femme qui deviendra victime, les premières images de l'homme qui deviendra violent sont des images de séduction. Il était, disent-elles, séduisant. Puis viennent d'autres mots, d'autres images : « grand, fort, violent » parfois « il avait besoin de câlins », « il était beau parleur » rarement viennent les mots « attentionné, soucieux de moi » « intelligent ». L'attrait n'est pas de l'ordre du lien, du respect de l'altérité. Souvent, il est fait référence à des images du père. Comment était-il, comment le voient-elles? *«Il était grand, il était fort »*, et aussi «*il était violent, il était froid, il ne parlait pas*».

5. Les effets de la violence

La violence ébranle la clé de voûte, la pierre angulaire sexuelle, entraîne la dislocation et la brisure des lignes de forces structurelles. Le corps comme atomisé, désorganisé en tant que sanctuaire du langage est désertifié par la parole. La victime morcelée et effondrée est réduite au silence et surtout au totalitarisme de la sensation brute.

La victime se réfugie dans la réorganisation de ce qui lui reste : son imaginaire. Elle ne parle toujours pas, mais elle pense. C'est un **remâchage** plus ou moins informe des sensations, des impressions qui parfois paraissent n'avoir aucun sens mais auxquelles elle s'accroche comme pour empêcher que le tissu de son histoire ne se déchire sous l'impact de la violence. Cet imaginaire laissé à sa propre anarchie épuise la victime par l'énergie dépensée dans d'indéfinis contresens. La **fatigue** s'impose irréductible comme un symptôme majeur.

La victime est toujours sous **emprise**. La pulsion d'emprise, cette volonté de dominer l'autre, de le réduire à un objet manipulable, passe spectaculairement par la chair meurtrie, par l'abus sexuel ou les injures. Mais surtout c'est une force qui vise à couper ce qui lie la tête au corps. Le corps martyrisé devient souvent inerte, inhibé et peu sensoriel alors que la tête occupe toute la place par son hyperactivité de pensée. L'emprise se fait là où ça pense et non là où ça parle.

Si l'emprise n'est pas totale, n'a pas éliminé le corps au seul bénéfice de la tête, la victime conserve une chair réduite aux seules sensations injectées par l'agresseur. Celles-ci constituent un corps étranger fiché dans la chair dont la victime ne peut se défaire, mais surtout elles sont une source qui impose des sensations exaspérées et des émotions irrépressibles.

La culpabilité est ce qui marque toute victime. C'est avec elle et par elle que le rapport à l'autre peut à nouveau s'établir. Encore faut-il que la culpabilité soit acceptée par les interlocuteurs : entourage, associations d'aide aux victimes, thérapeutes, etc.

Tout trauma entraîne une modification de l'image du moi traduisant une atteinte dans l'ordre symbolique et se cristallisant sous un affect : **la honte**.

Le sensationnel dans sa brutalité traumatisante et totalisante s'oppose au ressenti et l'annule. Le ressenti est de l'ordre de l'intime. Les sensations imposées par la violence annulent toute révélation de l'intime.

Avant toute exclusion sociale, la victime est comme énucléée d'elle-même. La victime exclue de sa parole n'a comme refuge pour continuer à vivre que l'imaginaire.

L'évanescence de la place exige un recentrage dans des images désormais sans lien avec l'extérieur et sans fin dans des répétitions d'un monde circulaire fermé à celui des autres. Cet imaginaire, replié sur lui-même dans son totalitarisme obligé, maintient l'exclusion.

6. Les effets sur la santé

Selon le rapport Henrion, les effets des violences se constatent en traumatologie, en psychiatrie, en gynécologie et obstétrique, en pathologie chronique.

Les lésions traumatiques. Souvent multiples, elles sont d'âge différent et de nature variée : érosions, ecchymoses, hématomes, contusions, plaies, brûlures, morsures, traces de strangulation, mais aussi fractures. Elles siègent principalement au visage, au crâne, au cou, aux extrémités, mais peuvent être dissimulées par des lunettes, le maquillage, les vêtements.

La pathologie psychiatrique. Les **dépressions** frappent plus de 50% des femmes victimes de violences conjugales. Elles sont caractérisées par une perte d'estime de soi, un repli sur soi, des troubles du sommeil et de l'alimentation, des idées et/ou des tentatives de suicide. Les abus de substances psychoactives sont fréquents : tabac, alcool, drogues, médicaments. Les troubles psychosomatiques font régulièrement partie du tableau clinique. Des troubles cognitifs : difficultés de concentration et d'attention, pertes de mémoire sont constamment rencontrés.

De nombreuses femmes victimes de violences conjugales présentent tous les signes d'un syndrome psychotraumatique, syndrome commun à toutes les personnes qui ont subi un traumatisme grave.

Dans l'ensemble, les femmes victimes de violences conjugales reçoivent 4 à 5 fois plus de traitements psychiatriques que dans la population générale.

Les troubles gynécologiques sont dus aux violences sexuelles elles-mêmes ou à l'impact des autres formes de violences sur l'image que la femme a de son propre corps. Des violences découlent des troubles de la sexualité : dyspareunie, vaginisme, anorgasmie et des troubles des règles.

Les conséquences obstétricales. La grossesse est un facteur déclenchant ou aggravant les violences conjugales. 40% des femmes battues rapportent avoir subi des violences " domestiques " pendant leur grossesse.

Les violences physiques peuvent entraîner des avortements spontanés, des ruptures prématurées des membranes et des accouchements prématurés, des décollements placentaires suivis de souffrance et de mort fœtale, des hémorragies, voire des ruptures utérines.

Les pathologies chroniques. Elles nécessitent un traitement continu et un suivi régulier. Elles sont susceptibles d'être aggravées par les violences que ce soit des affections pulmonaires, des affections cardiaques, ou des troubles métaboliques. Il peut être difficile pour la femme de suivre son traitement ou de consulter, du fait de son asthénie, de son mauvais état de santé physique, d'un état dépressif ou parce que son mari contrôlant ses faits et gestes perturbe les soins.

Les violences conjugales sont **une des causes de mortalité** des femmes. La mort peut être l'issue ultime de la violence qu'il s'agisse de suicides, d'homicides ou de décès dus à des pathologies en lien avec la violence, telles que lésions du foie, ruptures de rate par exemple.

7. Les enfants exposés à la violence conjugale

Lorsque la violence conjugale règne dans la famille on peut affirmer que celle-ci est en guerre civile. Une exposition chronique à la violence conjugale entraîne chez les enfants témoins/victimes un grand nombre de conséquences souvent dommageables à leur développement :

Un engourdissement psychique par adaptation à un environnement dangereux, avec des symptômes d'émoussement (restriction des affects) ;

Certaines formes de régression développementale ;

Le sentiment d'un futur sans lendemain.

Les enfants témoins/victimes dans leur jeune âge se confondent avec l'agresseur et/ou la victime, submergés par des sensations charnelles sans médiation langagière. Les conséquences sont souvent visibles dans l'immédiat, mais les enfants semblent parfois, par leur attitude, étrangement non concernés, alors que les bouleversements sensoriels réapparaissent plus tard dans l'adolescence et l'âge adulte.

Ces perturbations resurgissent en même temps qu'un nouveau vécu de violence où la transmission générationnelle se révèle et s'impose.

L'enfant de couple violent est très souvent dans l'incapacité de témoigner de la violence parentale : il veut protéger ses parents, dont il se sent de toute façon redevable. Mais il est souvent également dans l'incapacité de reconnaître ce qui lui fait véritablement violence.

Plongé dans un monde de culpabilité et de honte, il se sent fautif toujours, et logiquement puni en conséquence. La culpabilité est souvent liée à un sentiment d'incapacité à intervenir, sorte de lâcheté alors qu'il se voudrait le sauveur de sa mère. Mais s'il s'interpose physiquement dans le conflit il est en danger de recevoir un coup ou d'être blessé.

L'enfant exposé aux violences familiales est donc un enfant en risque d'être gravement atteint dans son humanité et de transmettre ses insuffisances à d'autres qu'il rencontrera ou procréera. La probabilité d'être victime de violence conjugale est multipliée par trois lorsqu'on a été témoin de violence familiale dans sa famille.

En conclusion

La gravité des conséquences de ces violences impose la protection des victimes directes et indirectes, la prévention de la répétition des violences, en articulant soins et justice pour les victimes comme pour les auteurs, sans oublier la formation de tous les professionnels amenés à repérer, accueillir, aider et accompagner victimes et auteurs de violence dans le couple.

Les principales mesures du **plan de lutte 2014-2016** contre les violences faites aux femmes s'organise selon trois axes :

Axe 1 : Organiser l'action publique autour d'un principe d'action partagé : aucune violence déclarée ne doit demeurer sans réponse

Axe 2 : Protéger efficacement les victimes

En renforçant l'ordonnance de protection (loi du 7 août 2014 pour l'égalité réelle entre les femmes et les hommes)

En généralisant le téléphone portable d'alerte pour les femmes en très grand danger (TGD)

Axe 3 : Mobiliser l'ensemble de la société

En particulier les agents du service public et les professionnels à travers un programme transversal de formation initiale et continue

En prévenant et luttant contre les mariages forcés et les mutilations sexuelles féminines

En informant et sensibilisant le grand public.

Un rapport a été remis en novembre 2014 au ministre de la Santé pour l'amélioration de la prévention et de la prise en charge des femmes victimes de violences [7]. Il préconise : « *en tout point du territoire, une organisation des ressources doit exister, être formalisée et connue, qui garantisse un parcours de prise en charge pluridisciplinaire et co-responsable entre des partenaires expérimentés et formées pour permettre aux victimes de se reconstruire après les violences* ».

7. M. Fontanel (ARS Alsace), Dr P. Pelloux (SAMU Paris), Dr A. SOUSSY (UMJ de Créteil).

21

Enfant victime et place des parents

Isabelle Corpart

Maître de conférences en droit à l'Université de Haute-Alsace.
Membre du CERDACC, EA 3992

Résumé

Des enfants victimes sont en général protégés par leurs parents mais ils peuvent l'être également contre ces derniers. En effet, la sphère familiale n'est pas toujours le cocon douillet dans lequel l'enfant peut grandir harmonieusement. Elle recèle parfois des dangers pour un mineur quand ses parents sont défaillants ou pire encore le maltraitent. D'autres fois, lorsque les enfants se trouvent en position d'être victimes, il s'agit d'agissements commis par des tiers. Le rôle joué par les parents est alors essentiel car, comme les intéressés ne peuvent pas agir eux-mêmes en justice, ils sont représentés par leurs père et mère. Un double regard est ainsi porté sur la place des familles, conduisant à se demander s'il n'y a pas pour les parents une ambiguïté à tenir les deux rôles, tantôt du côté des défenseurs des droits des enfants, tantôt du côté de leurs bourreaux.

Victimized children are most generally protected by their parents, yet it can be also that they may have to be protected from them. Indeed the family sphere is not always the comfy cocoon it is often depicted as, and in which we would expect a child to grow harmoniously. The family can bear many dangers: it may come from a lack of protection from the parents, but also from acts of abuse performed by the same parents directly. Sometimes also, when children find themselves in the position of being victims, it may be the direct consequence of external individuals commiting acts of violence on them. The role played by parents is then seen as being essential: their child may not have the possibility to go to the law on their own, and should thus be represented by their mother and father. A dual look can therefore be addressed towards families and their role. Indeed it may become legitmate to wonder whether, perhaps, there exists a certain ambiguity in the handling of such two oppo-

site roles, as parents may stand alternately on the side of defenders and on the side of executioners.

« *Elle prend ses enfants et les baigne de pleurs* »
(Jean Racine, Phèdre, V, 5).

La protection des victimes est au cœur des préoccupations du Centre Européen de recherche sur le Risque, le Droit des Accidents Collectifs et des Catastrophes et, plus particulièrement de Madame le Professeur Marie-France Steinlé-Feuerbach, co-fondateur du laboratoire de recherche, qui par son activité constante s'efforce d'articuler les bases théoriques du droit des victimes avec la pratique [1]. Un numéro écrit à son intention se devait d'aborder ces questions. Il nous a semblé néanmoins que, parmi toutes les victimes, la situation des enfants était particulière et méritait quelques approfondissements, dans la mesure où s'ils sont habituellement représentés par leurs parents, alors que ces derniers sont malheureusement parfois à l'origine des dommages dont ils ont à pâtir.

La victime est la personne qui subit personnellement un préjudice du fait d'une infraction [2], majeure ou mineure car il n'y a pas d'âge pour être victime. Elle peut avoir à souffrir d'un dommage tant physique que moral ou psychologique, voire matériel.

Les définitions proposées pour définir cette notion relèvent le plus souvent du domaine pénal. En effet, la victime est appréhendée soit dans le cadre de la criminologie, soit dans le cadre de l'aide aux victimes d'une infraction [3]. Néanmoins, la victime d'une infraction qui a subi un préjudice physique, moral ou matériel, peut choisir de porter son action devant les juridictions civiles afin d'obtenir des dommages et intérêts. Le juge répressif peut également être saisi par la victime d'une demande en réparation du dommage résultant de l'infraction. Pour autant, si l'atteinte est souvent constitutive d'une infraction pénale, la victime peut aussi demander réparation d'une atteinte relevant seulement du droit de la responsabilité civile. Il n'empêche que peu de manuels ou de lexiques en font état, se contentant d'aborder dans leur index la notion de victime par ricochet. On peut d'autant plus se féliciter de la définition donnée par le Professeur Cornu pour qui la victime est « *celui qui subit personnellement un préjudice, par opposition à celui qui le cause (auteur)* » [4], définition que l'on pourrait compléter car « *la victime est une personne qui souffre, qui subit un*

1. En matière associative, elle participe activement à des associations emblématiques qui œuvrent pour défendre la cause des victimes : INAVEM, ACCORD.

2. Les victimes par ricochet peuvent également prétendre à la réparation de leurs préjudices.

3. R. Cario, Victimologie. De l'effraction du lien intersubjectif à la restauration sociale, Ed. L'Harmattan, Coll. Traité de sciences criminelles, Vol. 2-1, 4ème éd. 2012 ; v° Victimes d'infraction, Rép. de droit pénal et de procédure pénale, 2007.

4. G. Cornu, Vocabulaire juridique, 10ème éd. 2014.

préjudice ou une atteinte à ses droits et intérêts, et dont la victimisation justifie la protection apportée par le droit » [5].

En vue de protéger la personne, le fait que la victime soit un mineur ajoute une difficulté supplémentaire liée à son incapacité juridique, dans la mesure où ce dernier ne peut pas introduire lui-même une action en justice. Il conviendra donc de s'attacher à rechercher comment ses droits peuvent se trouver défendus, qu'il soit victime d'agissements causés par des tiers ou par des membres du cercle familial.

Le droit qui veille aux intérêts des plus faibles doit s'attacher doublement à la cause des enfants victimes. D'une part, les mineurs font nécessairement l'objet d'attentions particulières en raison de leur jeune âge, de leur faiblesse et de leur inexpérience [6], d'autre part, toute victime – par hypothèse en situation de vulnérabilité – mérite d'être soutenue et défendue. On notera toutefois que les atteintes dont les mineurs sont victimes se présentent sous une forme aggravée du fait de l'âge des intéressés et de leur situation de dépendance par rapport à leurs auteurs. Les autorités publiques se doivent d'améliorer leurs droits, mission d'autant plus notable que la Convention internationale des droits de l'enfant qui a vu naître l'enfant sujet de droit, fête actuellement son 25ème anniversaire. Enfin, certains enfants méritent que les adultes redoublent de vigilance car ils côtoient quotidiennement les auteurs des faits dommageables.

Analyser les droits des enfants victimes au prisme des relations familiales conduit d'abord à se demander comment est assurée leur protection par leurs parents quand ils subissent des dommages causés par des tiers, avant d'aborder la défense des enfants contre leurs parents lorsque ces derniers sont auteurs d'agissements répréhensibles. Dans le premier cas, ce sont les règles relatives à l'autorité parentale qui fournissent le cadre juridique, dans le second, pour l'essentiel, les textes relatifs aux mineurs en danger qui reçoivent une approche particulière lorsque les menaces émanent de la sphère privée.

I. La protection de l'enfant victime par ses parents

Lorsque l'enfant est victime, il détient contre l'auteur des faits dommageables un droit de créance qui lui permet de lui demander réparation. Ce droit n'est pas modulé en fonction de son âge mais il est porté par ses parents titulaires de droits et d'obligations pour assurer sa protection. Forts de cette mission, tant qu'il est mineur, les père et mère vont agir en justice pour que le dommage soit réparé et éventuellement, l'auteur des faits poursuivi.

5. Ph. Bonfils et A. Gouttenoire, Droits des mineurs, Dalloz, 2014, 2ème éd., n° 1575.
6. I. Corpart, Les droits de l'enfant, ASH, supplément mars 2006.

A. Les raisons de l'intervention des parents dans la protection de l'enfant victime

Tant qu'il est mineur, l'enfant ne peut pas pourvoir seul à ses intérêts. En conséquence, c'est son représentant légal qui doit agir à sa place s'il est victime.

1. L'incapacité juridique de l'enfant victime

Tout individu est doté de la personnalité juridique à l'instant où il naît et toute personne est titulaire de prérogatives juridiques dont elle peut se prévaloir, y compris les enfants. Cependant un enfant, mineur non émancipé, est un incapable juridique aussi un régime particulier de protection doit-il être mis en place [7]. Jusqu'à ses dix-huit ans, civilement, il est frappé d'une incapacité d'exercice générale (C. Civ., art. 388). En conséquence, pendant toute sa minorité, bien qu'il soit sujet de droit, qu'il ait été agressé, soit victime de racket ou ait à souffrir des suites d'un accident de la circulation, qu'il soit ou non doté du discernement nécessaire, l'enfant ne peut pas exercer lui-même les droits dont il dispose, notamment pour déposer plainte, obtenir réparation des dommages qui lui sont causés, accepter une offre d'indemnisation [8] et faire valoir ses droits.

Dans sa prime enfance, il n'est effectivement ni physiquement ni intellectuellement en capacité d'agir mais, même grand adolescent, le droit entend le protéger contre les actes qu'il pourrait entreprendre et qui pourraient lui porter préjudice. Il devra attendre son dix-huitième anniversaire pour « *exercer les droits dont il a la jouissance* » (C. Civ., art. 414).

2. La représentation juridique de l'enfant victime

Soumis à un régime de protection, le mineur est placé sous l'autorité parentale exercée par ses parents. Ses père et mère se voient reconnaître la mission de veiller sur lui. Le Code civil définit ainsi l'autorité parentale comme un ensemble de droits et de devoirs ayant pour finalité l'intérêt de l'enfant. Elle appartient aux père et mère pour « *protéger l'enfant dans sa sécurité, sa santé et sa moralité, pour assurer son éducation et permettre son développement, dans le respect dû à sa personne* » (C. Civ., art. 371-1). Ces derniers doivent donc veiller, en amont, à éviter que l'enfant soit victime de dommage et à faire cesser toute atteinte à ses droits et, en aval, assurer la réparation des dommages subis. A ce titre, ses droits sont alors défendus par ses parents qui sont, au regard de la loi, ses représentants légaux. En effet, le mineur ne peut pas faire lui-même d'actes juridiques (C. Civ., art. 1124) néanmoins la loi lui désigne, pour ce faire, des représentants légaux. Les parents sont l'un et l'autre ses représentants légaux, mis à égalité par la loi n° 85-1372 du 23 décembre 1985, la

---

7. A. Gouttenoire, Le statut juridique du mineur, RLDC 2011, supplément au n° 87, p 36.

8. Cass., avis, 25 mars 2013, LPA 2013, n° 112, p. 10, note I. Corpart.

coparentalité ayant été renforcée par la loi n° 2002-305 du 4 mars 2002 relative à l'autorité parentale. Le mécanisme de représentation est ainsi fortement lié à l'autorité parentale [9], une représentation permanente de l'enfant étant assurée par ses père et mère car ils assument sa charge au quotidien.

Ils sont chargés d'agir au nom et pour le compte de leur enfant mineur, une mission générale relativement à ses biens leur étant confiée de surcroît (C. Civ., art. 382). L'enfant étant inapte à gérer son éventuel patrimoine, ils se voient confier l'administration de ses biens, ce qui leur permet de gérer les éventuelles indemnisations perçues par le mineur au terme d'une procédure judiciaire. L'administration légale est dite pure et simple quand les parents exercent l'autorité parentale ensemble (C. Civ., art. 389-1) et sous contrôle judiciaire quand l'enfant n'a qu'un seul parent légal ou quand l'un de ses parents est décédé, voire privé de l'exercice de l'autorité parentale (C. Civ., art. 389-2) [10].

Quand les deux liens de filiation sont établis, les parents exercent l'autorité parentale en commun (C. Civ., art. 372), y compris quand leur couple s'est séparé (C. Civ., art. 373-2), sauf décision contraire prise par le juge aux affaires familiales car, si l'intérêt de l'enfant le commande, l'exercice de l'autorité parentale est confié à l'un des parents (C. Civ., art. 373-2-1). Hormis dans cette situation, ils doivent prendre toutes les décisions à la place de l'enfant, répondre à ses besoins et introduire des actions en justice en son nom, toutes les fois où il y a va de son intérêt car ils doivent garantir à l'enfant l'exercice de ses droits.

B. La défense des intérêts de l'enfant victime portée par ses parents

L'enfant mineur est représenté en justice par ses parents [11], considérés l'un et l'autre comme des administrateurs légaux si l'autorité parentale est exercée en commun, par un seul de ses parents s'il exerce exclusivement l'autorité parentale (C. Civ., art. 389).

Ce système qui protège les intérêts du mineur pose toutefois débat lorsque le mineur est victime d'une infraction pénale. Des voix se sont élevées pour proposer au législateur de réformer des textes qui d'un côté, donnent au mineur délinquant un accès direct au juge, tandis que, de l'autre, ils imposent au mineur victime de saisir

9. J. Poirret, La représentation du mineur sous autorité parentale, Thèse Paris-Est, 2011.

10. A défaut de parent, il convient d'ouvrir une tutelle (C. civ., art. 390). C'est alors le tuteur qui représente les intérêts du mineur : I. Corpart, La tutelle des mineurs, un régime exceptionnel et complexe, AJ famille 2010, 414.

11. Hormis pour la saisine du juge des enfants (C. civ., art. 375) et les requêtes devant la Cour européenne des droits de l'homme, l'enfant ayant à titre exceptionnel la capacité de saisir lui-même le juge. Pour la Cour européenne des droits de l'homme, le mineur doit pouvoir exercer ses droits en justice soit par représentant interposé, soit directement : CEDH, 26 mars 1985, *X. et Y. c/ Pays-Bas*, n° 8978/80.

le juge par l'intermédiaire de son représentant [12]. Pour un mineur discernant et qui en exprime le désir, il faudrait que sa participation aux débats puisse reposer sur son intervention personnelle et qu'il puisse réclamer lui-même réparation [13].

Pour l'heure, il est nécessaire que le représentant du mineur introduise une action en justice en son nom et pour son compte, cependant l'intéressé n'est pas exclu des débats et il peut faire entendre sa voix.

1. Les actions en justice engagées par les parents de l'enfant victime

Son administrateur ayant pour mission de le représenter dans tous les actes de la vie civile (C. Civ., art. 389-3), il n'y a pas lieu de distinguer entre les actes patrimoniaux ou extrapatrimoniaux. Cependant, depuis la réforme visant les majeurs protégés et ses décrets d'application [14], l'administrateur légal peut faire, sans l'autorisation du juge, les actes d'administration dont la liste est donnée par décret, les règles relatives aux majeurs étant transposées aux mineurs. Un parent, à l'instar du tuteur [15], peut notamment percevoir des capitaux et exercer une action en justice relative aux droits patrimoniaux du mineur [16]. A l'inverse, il ne peut pas faire seul les actes de disposition. Ses pouvoirs doivent être complétés par la participation de l'autre parent [17] et, éventuellement, pour les actes de disposition les plus graves [18], par celle du juge aux affaires familiales chargé de la tutelle [19]. L'accord des deux parents est donc nécessaire, dans le cadre de la coparentalité, pour toute action en jus-

12. S. Garde-Lebreton, La représentation de l'enfant victime, Dr. fam. 2006, étude 33 ; M. Picot, La participation de l'enfant victime au procès pénal, AJ fam. 2003. 373 ; L'avocat de l'enfant, dr. fam. 2006, étude 37.

13. A. Gouttenoire (présidente), I. Corpart (rapporteur), 40 propositions pour adapter la protection de l'enfance et l'adoption aux réalités d'aujourd'hui, rapport du groupe de travail Protection de l'enfance et adoption, remis à Mme D. Bertinotti ministre déléguée à la Famille début février 2014 et disponible sur le site de la Documentation française, dans la rubrique « Rapports publics » ; *adde* Corpart I. (entretien avec), 40 réformes à mettre en chantier en matière de protection de l'enfance et d'adoption, RJPF 2014-5/4 ; Eudier F., 40 propositions pour adapter la protection de l'enfance et l'adoption aux réalités d'aujourd'hui, AJ fam. 2014. 295 ; Gouttenoire A., Quarante propositions pour adapter la protection de l'enfance et l'adoption aux réalités d'aujourd'hui, Dr. fam. 2014, dossier 5 ; G. Séraphin, Pour une autre politique de l'enfance et de la famille. Lecture de quatre rapports récents, Revue Esprit, à paraître.

14. Loi n° 2007-308 du 5 mars 2007, décret n° 2008-1484 du 22 décembre 2008.

15. C. civ., art. 504, al. 3 précisant les actes accomplis par le tuteur : « *Il agit seul en justice pour faire valoir les droits patrimoniaux de la personne protégée* ». En revanche le tuteur ne peut sans y être autorisé par le conseil de famille ou le juge faire des actes de disposition au nom de la personne protégée (C. civ., art. 505, al. 1er) or le décret de 2008 classe dans la catégorie des actes de disposition les actions relatives à un droit extrapatrimonial.

16. Cass. 1ère civ., 8 mars 1998, D. 1988, IR, 81 ; Gaz. Pal. 1989, 1, 43, note J. Massip.

17. C. civ., art. 389-5, al. 1er : « *Dans l'administration légale pure et simple, les parents accomplissent ensemble les actes qu'un tuteur ne pourrait faire qu'avec l'autorisation du conseil de famille* ».

18. Vente d'un immeuble, cession d'un fonds de commerce dont un mineur aurait hérité, emprunt contracté au nom du mineur.

19. Depuis la loi n° 2009-526 du 12 mai 2009.

tice relative à un droit extrapatrimonial du mineur [20], notamment quand un enfant subit un dommage corporel ou moral, indépendamment de l'indemnisation pécuniaire escomptée [21]. Les parents sont tenus d'agir ensemble ou si l'un démarre seul la procédure, il lui incombe de fournir la preuve de l'accord de l'autre.

Intentant une action au nom de leur enfant *es* qualité de représentant légaux, les parents peuvent l'introduire au civil ou au pénal. Ils peuvent aussi se contenter d'agir sur le terrain de la responsabilité civile afin de voir réparé le dommage subi par leur enfant. Il en va nécessairement ainsi toutes les fois où le dommage ne résulte pas d'une infraction mais de l'inobservation d'une obligation, la victime – et donc ses parents – ne pouvant choisir que la voie civile pour mettre en œuvre la responsabilité de l'auteur de l'acte.

La réparation due ne diffère pas de celle dont bénéficierait une personne majeure. Il faut noter toutefois que l'éventuelle indemnisation octroyée à l'enfant est gérée par ses père et mère comme l'ensemble de son patrimoine, ces derniers ayant un droit de jouissance légale jusqu'aux seize ans de leur enfant (C. Civ., art. 382).

Lorsque l'enfant est victime d'une atteinte constitutive d'une infraction pénale, ses parents vont généralement agir à la fois sur le terrain de la répression et de la réparation. Une faute au sens du droit civil peut effectivement constituer une infraction pénale et entraîner le déclenchement de poursuites pénales contre les auteurs des sévices subis par l'intéressé. La victime peut alors engager une action en réparation du dommage devant les juridictions civiles ou pénales, sachant que de nombreuses incriminations permettent de poursuivre l'auteur des faits dommageables. La protection des mineurs victimes se trouve assurée par une répression spécifique aux infractions commises sur les mineurs (beaucoup d'entre elles font de la minorité une circonstance aggravante) et par une incrimination particulière de ces comportements, avec des spécificités procédurales [22].

2. La place de l'enfant victime

Dans toute procédure le concernant, l'enfant peut se faire entendre aussi est-il nécessaire d'encadrer cette audition, en particulier quand il est victime d'une infraction pénale, la procédure devant être adaptée à sa vulnérabilité. En effet, la parole de l'enfant est délicate à appréhender car d'une part, un très jeune enfant peine à mettre des mots sur les actes qu'il a subis, d'autre part, il peut affabuler ou être manipulé.

20. En ce sens, Ph. Malaurie et L. Aynès, Les personnes. La protection des mineurs et des majeurs, Defrénois, 6ème éd., 2012, n° 623.

21. Ainsi, une action en protection de la vie privée d'un enfant présente un caractère extrapatrimonial, quand bien même elle débouche sur le versement de dommages et intérêts. En conséquence, elle doit être exercée par les deux parents ou, en l'absence de consentement de l'un d'eux, être autorisée par le juge des tutelles ; CA Paris, 25 avr. 2000, D. 2000, IR, 187 ; RTD civ. 2000. 803, obs. J. Hauser.

22. Ph. Bonfils, L'évolution de la protection pénale des mineurs, AJ pénal 2014. 10.

Si le Code civil pose le cadre général du droit de l'enfant d'être entendu dans toute procédure le concernant (C. Civ., art. 388-1) [23], la loi n° 2007-293 du 5 mars 2007 relative à la protection de l'enfance fait obligation au juge d'y procéder à la demande de l'enfant, le Code de procédure pénale consacrant de son côté d'importants développements à l'audition de l'enfant en cas d'infraction de nature sexuelle. Il faut veiller au recueil des paroles de l'enfant et le protéger durant cette phase procédurale. Parmi différentes mesures, il est prévu d'enregistrer son audition et de lui permettre d'être assisté par un tiers pour qu'il soit rassuré ou réconforté (C. Pr. Pén., art. 706-53) [24]. Toutefois, notamment depuis l'affaire dite d'Outreau, il faut veiller à ne pas sacraliser la parole de la victime qui peut mentir, travestir les faits ou ne pas parvenir à traduire l'exacte vérité. Pour démêler le vrai du faux, les enquêteurs font souvent appel à des psychologues ou à des psychiatres [25] et ils rappellent que les propos des enfants sont retenus pour conforter des informations recueillies par ailleurs.

L'enfant victime doit en outre être assisté par un avocat (CIDE, art. 40, b, II), le cas échéant par un avocat commis d'office par le bâtonnier (C. Pr. Pén., art. 706-50 et 706-51-1), rémunéré généralement par l'aide juridictionnelle. Il en va ainsi lorsqu'il est entendu par un juge d'instruction, même s'il n'est pas partie civile [26]. A plus forte raison, il doit se trouver assisté de son propre avocat quand il est partie au procès pénal.

Si le rôle éminent de la famille dans la protection de l'enfant ne doit pas être nié, il ne faut pas oublier que l'enfant est un sujet de droit à part entière. A ce titre, il détient des droits qui peuvent s'exercer contre ses parents, par exemple un droit à la liberté d'opinion (CIDE, art. 12), à la liberté d'expression (art. 13) et à la liberté d'association (art. 14). Il peut également venir dénoncer les agissements répréhensibles de ses parents, sachant que la prescription des infractions sexuelles commises sur les mineurs ne commence à courir qu'à partir de leur majorité (C. Pr. Pén., art. 706-47).

II. La protection de l'enfant victime contre ses parents

En cas défaillance parentale, de carence familiale ou de maltraitance, l'enfant est démuni car ses protecteurs n'assument plus leur rôle dans la mesure où ils sont de-

23. F. Alt-Maes, Le discernement et la parole de l'enfant en justice, JCP G 1996.I.3913 ; I. Corpart, La parole de l'enfant, RRJ, Droit prospectif, 2005/4, p. 1809 ; Dossier Parole de l'enfant, AJ fam. 2014. 11 ; J. Massip, Quelques remarques à propos de l'audition de l'enfant en justice, Dr. fam. 2010, étude 22.

24. Ch. Zarlowski, L'audition du mineur victime, AJ pénal 2014. 13.

25. B. Golse, La parole de l'enfant, AJ fam. 2014. 28.

26. Ph. Bonfils et A. Gouttenoire, op. cit., n° 1921 ; A. Morel, L'enfant victime : la voix de l'enfant dans la procédure pénale, AJ pénal 2014. 20.

venus les auteurs des actes qui lui nuisent physiquement ou psychiquement [27]. Face à de telles formes « *d'anomalie humaine et juridique* [28] », il faut permettre d'abord à l'enfant d'agir contre ses parents et ensuite organiser une vie séparée de l'enfant et ses parents pour faire cesser les troubles pour l'avenir.

A. La défense des intérêts de l'enfant victime contre ses parents

Toute la difficulté pour les enfants tient au fait que beaucoup d'infractions dont ils sont les victimes se déroulent en huis-clos, dans le secret des alcôves. Pour les protéger utilement, il faut avoir connaissance des différentes atteintes subies par l'enfant dans l'intimité des foyers, violences ou autres infractions [29]. Aussi afin de lutter contre toutes les formes de maltraitance, le législateur développe-t-il un important dispositif de protection censé sensibiliser tous ceux qui côtoient des enfants en danger [30] à faire des signalements [31] en proposant aussi des formations à destination des personnels du monde de l'enfance [32] ; le domaine médical ne doit pas être oublié car il constitue un maillon important de la protection de l'enfance en terme de repérage et en vue d'améliorer la protection des nouveau-nés [33]. A titre préventif, le législateur a également mis en place un numéro vert, service national d'accueil téléphonique pour l'enfance maltraitée [34], instauré un Défenseur des enfants [35] (fonction intégrée désormais dans celle du Défenseur des droits), créé l'oned, observatoire national de l'enfance en danger [36] ayant pour mission de recueillir des informations sur

27. La place des familles dans la protection de l'enfance, Réalités familiales n° 104-105, 2014 ; B. Lapérou-Schneider et C. Philippe, Parents, enfants et maltraitance, AJ fam. 2013. 570 ; J.-M. Lhuillier, La protection de l'enfance, ASH, supplément déc. 2007.

28. C. Neirinck, La protection de l'enfant contre ses parents, LGDJ, 1984.

29. Il est souvent reproché aux médecins de mal gérer la maltraitance infantile (Libération du 18 nov. 2014) ou d'être « *le maillon manquant de la prévention de la maltraitance des enfants* » (Le Monde du 18 nov. 2014). Ils invoquent souvent « *les liens de proximité* » avec les familles. Pour faire avancer les choses, la Haute Autorité de Santé publie ses recommandations pour repérer et signaler un problème de santé majeur : http://www.has-sante.fr/portail/jcms/c_1775839/fr/maltraitance-des-enfants-y-penser-pour-reperer-savoir-reagir-pour-proteger

30. Il faut se garder de faire des amalgames entre « *enfant en risque, en danger et maltraité* » : C. Neirinck, L'enfant, être vulnérable, RDSS 2007, p. 5. L'enfant est en danger par rapport à ses parents et à l'exercice qu'ils font de leur autorité parentale, tandis que les mauvais traitements peuvent provenir de proches ou de tiers.

31. Des clarifications ont été apportées par la loi n° 2007-293 du 5 mars 2007 : A. Gouttenoire, La loi n° 2007-293 du 5 mars 2007 réformant la protection de l'enfance : à la recherche de nouveaux équilibres, D. 2007. Chron. 1090.

32. Loi n° 2000-197 du 6 mars 2000. Adde Association Enfance et Partage, Maltraitance : un guide juridique à destination des professionnels de l'enfance, oct. 2014.

33. Sur le syndrome du nouveau-né et la mort inattendue du nourrisson et, d'une façon générale sur le rôle des médecins en matière de protection de l'enfance : P. Pillet, Propositions pour adapter la protection de l'enfance aux réalités d'aujourd'hui, Archives de pédiatrie 2014-10.1016.

34. Loi n° 89-487 du 10 juillet 1989.

35. Egalement par la loi du 6 mars 2000.

36. Loi n° 2004-1 du 2 janvier 2004.

les mineurs en danger et de renforcer le dispositif de protection. Pour rendre cette protection de l'enfance encore plus performante, une nouvelle proposition de loi [37] fait suite au rapport Gouttenoire précité et au rapport d'information fait au nom de la commission des affaires sociales [38], dans le but d'apporter des améliorations à un système qui présente des dysfonctionnements et des faiblesses structurelles. Tout cet édifice législatif – auquel il faut ajouter de nombreux textes internationaux [39] – participe de la même volonté d'améliorer la protection du mineur victime [40], ce qui permet de mesurer l'évolution du droit et des mentalités depuis la loi du 19 avril 1898 initiant la lutte contre les maltraitances d'enfants.

1. Le cadre de la protection de l'enfant victime contre ses parents

Parmi les atteintes dont les enfants peuvent être victimes et qu'il est impossible de citer toutes [41], deux situations sont particulièrement préoccupantes car, par son rôle de parent, l'auteur des faits dommageables modifie les relations familiales. En effet, des mineurs peuvent subir des agressions sexuelles dans la sphère familiale ou se trouver impliqués dans des violences familiales, parfois spectateurs, d'autres fois directement victimes.

Les choses se compliquent car, dans l'un et l'autre cas, le fait que d'être agressé ou blessé par des proches entraîne des préjudices particuliers et en réalité mal pris en considération. Il est en effet très difficile et délicat d'indemniser un mineur ayant un lien de parenté avec son agresseur : il parvient difficilement à se défaire d'un sentiment de culpabilité et d'identification. En outre, l'évaluation du préjudice au titre des souffrances endurées ou des déficits fonctionnels temporaires ou permanents est

37. Proposition de loi relative à la protection de l'enfant n° 799, présentée par Mmes M. Dini et M. Meunier, sénatrices, enregistrée à la Présidence du Sénat le 11 septembre 2014 : I. Corpart, Une nouvelle proposition de loi déclinée autour de l'intérêt de l'enfant et de sa protection, RJPF décembre 2014, à paraître.

38. Rapport d'information n° 655 (2013-2014) de Mmes M. Dini et M. Meunier, fait au nom de la commission des affaires sociales, déposé le 25 juin 2014 : A. Cheynet de Beaupré, Rapport d'information sur la protection de l'enfance, RJPF 2014-9/37.

39. La déclaration des droits de l'enfant, adoptée le 20 novembre 1959 par l'assemblée générale de l'ONU (résolution 1386-XIV), la Convention européenne sur l'exercice des droits des enfants du 25 janvier 1996, la Convention internationale des droits de l'enfant adoptée le 20 novembre 1989 (art. 19), entre autres. La Convention européenne des droits de l'homme permet également à l'enfant d'être protégé contre les mauvais traitements (art. 3).

40. Voir aussi la création de la brigade des mineurs et la spécialisation des autorités de police et de gendarmerie.

41. Et qui tiennent encore à la protection de la santé des mineurs (délaissement, privation d'aliments ou de soins, soustraction d'un parent à ses obligations légales, incitation à des comportements dangereux) ou de leur moralité : A. Gouttenoire, v° Enfance, Répertoire de dr pén. et de pr. pén., Dalloz, 2004 ; Ph. Bonfils et A. Gouttenoire, op. cit. n° 1574 et s.

malaisée, d'autant que l'état de ces victimes peine à être consolidé s'il continue d'être en contact avec sa famille [42].

D'abord, le droit pénal protège spécialement les mineurs contre les atteintes sexuelles dont ils pourraient être victimes, même pour des actes de nature sexuelle sans violence. En considération de leur vulnérabilité et de leur immaturité, le législateur leur accorde un statut particulièrement protecteur [43], tant pour faciliter les preuves à rapporter et assurer le respect des droits de la défense, que pour permettre la poursuite des auteurs d'infraction, en particulier quand il s'agit de personnes ayant autorité sur mineur [44].

Nombre de textes répriment des atteintes sexuelles sur mineurs (notamment C. Pén., art. 227-25 pour des mineurs de moins de quinze ans et 227-26 pour des mineurs de quinze à dix-huit ans). Lorsque les auteurs de ces atteintes sont des proches de l'enfant, il convient de redoubler de vigilance, en particulier quant au pseudo consentement des jeunes victimes [45]. Il est ainsi admis que, dans le cadre des atteintes sexuelles sans violence, le consentement donné aux relations sexuelles par des mineurs de quinze ans (C. Pén., art. 227-25) ou de plus de quinze ans, mais à l'égard d'ascendants, (C. Pén., art. 227-27) ne constitue pas un obstacle à la répression.

Il faut aussi s'entourer de précautions quant à la prise en charge du mineur victime d'abus sexuels et quant à son audition. En effet, « *différents facteurs cognitifs et affectifs interfèrent dans la qualité de son témoignage* » [46] aussi, depuis de nombreuses années, un dispositif spécial d'enregistrement de ses propos – particulièrement pertinent quand l'enfant a subi des agressions au sein de sa famille – permet de réduire le nombre d'auditions traumatisantes. Il faut aussi redoubler de prudence car il s'agit de relater des agissements de l'un ou l'autre parent, longtemps maintenus dans la clandestinité [47] et limiter au maximum les confrontations entre l'enfant victime et son parent auteur de l'infraction.

Dans un autre domaine, les droits des enfants exposés aux violences familiales peinent également à être reconnus [48]. Il est toutefois admis aujourd'hui que la fa-

42. E. Shortgen, La réparation du dommage corporel de l'enfant victime d'infractions volontaires, Gaz. Pal. 2012, n° 70, p. 5.

43. J.-F. Seuvic, La loi n° 98-468 du 17 juin 1998 relative à la prévention et à la répression des infractions sexuelles, ainsi qu'à la protection des mineurs, RSC 1998. 792.

44. B. Rolland, La protection du mineur, victime d'infraction sexuelle, RDSS 1998. 892.

45. D. Germain, Le consentement des mineurs victimes d'infractions sexuelles, RSC 2011. 817 ; V. aussi R. Koehring-Joulin, Brèves remarques sur le défaut de consentement du mineur de quinze ans victime de viols ou d'agressions sexuelles, in Mélanges J. Pradel, Cujas, 2006, p. 389.

46. Pour les expériences tentées en la matière : P. Gobert-Razafindrakoto, La procédure Mélanie relative à la prise en charge des enfants victimes d'abus sexuels, Gaz. Pal. 1998, n° 312, p. 2.

47. A. Morel, préc.

48. Dossier Violences familiales : aide aux victimes et répression, AJ pénal 2014, p. 207.

mille n'est plus un lieu d'intimité si bien que la mise en danger de l'enfant peut fonder l'intervention publique [49].

Même si la lutte contre les violences familiales s'est intensifiée durant ces dernières années, même si les moyens coercitifs se multiplient avec un durcissement de l'arsenal répressif, les chiffres témoignent toujours de relations conjugales et parentales construites sur des rapports de violence. La sphère domestique n'est pas épargnée et l'enfant peut se trouver victime directe ou par ricochet. Un enfant doit bien évidemment être protégé quand il est directement visé par un tel déferlement d'agressivité ; ces actes sont à dénoncer et leurs auteurs à punir. Même quand il n'est pas lui-même visé par le parent violent, l'enfant subit les contrecoups de ces brutalités [50]. Exposé aux violences conjugales, il est parfois reconnu en tant que victime par ricochet, d'autres fois même comme victime directe [51] parce qu'il subit un traumatisme direct à se trouver impacté dans un grave conflit familial et à être témoin de violences.

Pendant longtemps cette souffrance était passée inaperçue dans la mesure où les mineurs ne sont pas nécessairement visés au premier chef. En effet, ils restent souvent spectateurs, assistant à des drames conjugaux mais impuissants à intervenir en raison de leur âge. Comment imaginer toutefois qu'ils puissent rester épargnés par cette violence.

Appréhender les violences conjugales a amené le législateur à adapter le droit pénal par retouches successives [52]. De nombreux outils ont été posés par la loi n° 2006-399 du 4 avril 2006 relative à la prévention et à la répression des violences au sein du couple, notamment des mesures d'éviction et un suivi thérapeutique ; quant à elle, la loi n° 2007-297 du 5 mars 2007 relative à la prévention de la délinquance a prévu l'extension du suivi socio-judiciaire aux auteurs de violence conjugale et, entre autres, l'injonction de soins ; la loi n° 2010-769 du 9 juillet 2010 aux violences faites spécifiquement aux femmes, aux violences au sein des couples et aux incidences de ces dernières sur les enfants est venue renforcer la répression, encore complétée par la loi n° 2014-873 pour l'égalité réelle entre les femmes et les hommes visant à l'amélioration des instruments de lutte contre les violences conjugales.

49. N. Severac, Les enfants exposés aux violences conjugales : une catégorie prise en compte par l'action publique, in K. Sadlier, L'enfant face à la violence dans le couple, Dunod 2010, p. 7.

50. E. Durand, Violences conjugales et parentalité. Protéger la mère c'est protéger l'enfant, L'Harmattan, 2013.

51. En ce sens R. Cario, L'enfant exposé aux violences conjugales. Vers un statut spécifique ?, L'Harmattan 2012 ; C. Gatto, L'enfant face aux violences conjugales, AJ fam. 2013. 271 ; L'intérêt de l'enfant exposé aux violences conjugales, RTD civ. 2014, p. 567 ; M. Juston, Violences conjugales et affaires familiales, AJ pén. 2014. 489.

52. J. Alix, Le dispositif français de protection des victimes de violences conjugales, AJ pén. 2014. 208.

Il ressort de ces textes que, dans une approche strictement pénale, l'enfant ne peut pas être considéré comme une victime dans la mesure où il ne subit pas lui-même les coups, sauf s'il s'interpose entre son père et sa mère (son âge constituant une circonstance aggravante s'il a moins de quinze ans). Néanmoins les traumatismes subis par l'enfant constituent un réel préjudice dont les violences sont le fait générateur et qui ouvre droit au versement de dommages et intérêts. En matière civile, il convient de noter que c'est au moment de la séparation du couple que les violences s'exacerbent, quand il est question de fixer la résidence du mineur et les modalités d'exercice de l'autorité parentale.

2. Les modalités de la protection de l'enfant victime contre ses parents

Le fait que le mineur soit victime d'atteintes émanant de sa famille entraîne des conséquences importantes quant à la poursuite des infractions. D'abord, si le Code de procédure pénale ne prévoit pas expressément le huis-clos en faveur du mineur victime (contrairement à la situation du mineur délinquant), la limitation de la publicité des débats peut être demandée (C. Pr. Pén., art. 306 et 400 ; CEDH, art. 6§1). Le huis-clos peut aussi être exigé par la victime « *lorsque les poursuites sont exercées du chef de viol ou de tortures et actes de barbarie accompagnés d'agressions sexuelles* » (art. 306, al. 3). Il est encore interdit de communiquer par voie de presse l'identité des mineurs victimes (art. 39 *bis* de la loi du 29 juillet 1881).

Ensuite, si le mineur émancipé peut agir en justice et se constituer partie civile (C. Civ., art. 413-6) [53], le mineur non émancipé doit être représenté. Il l'est habituellement par ses père et mère, aussi lorsque ces derniers sont les auteurs des infractions commises, le conflit d'intérêts entre le mineur et ses parents justifie que l'on recoure à un administrateur *ad hoc*, personne neutre, extérieure au conflit et en capacité de défendre effectivement le mineur [54]. Ce tiers est chargé de veiller aux intérêts de l'enfant et d'exercer en son nom les démarches qui lui permettront d'obtenir la réparation du préjudice qu'il aura subi.

En matière civile, un administrateur *ad hoc* peut être désigné toutes les fois où les intérêts du mineur paraissent en opposition avec ceux de son ou de ses représentants (C. Civ., art. 388-2) [55]. En matière pénale, sa désignation est également possible, les conditions de sa nomination ayant été élargies par la loi du 17 juin 1998 (C. Pr. Pén., art. 706-50) [56]. Ainsi, en cas de « *faits commis volontairement* », il est désigné par le juge d'instruction ou le procureur de la République « *lorsque la protec-*

53. I. Corpart, v° Emancipation, Rép. civ., Dalloz, mise à jour à paraître.

54. H. K. Gaba, Défense de l'enfant maltraité par ses représentants légaux, Dr. fam. 2002, chron. 9.

55. Pour la possibilité donnée à une juridiction pénale de désigner un administrateur *ad hoc* sur le fondement de ce texte : Cass. crim., 28 févr. 1996, JCP 1996.II.22707, note G. Raymond ; RTD civ. 1996. 597, obs. J. Hauser. Voir aussi Cass. 1ère civ., 25 oct 2005, JCP 2005 . I. 199, n° 12, obs. Th. Fossier ; Dr. fam. 2006, comm. 77, note A. Gouttenoire

56. C. Neirinck, La dualité de régime de l'administrateur ad hoc des mineurs, JCP G 2000. I. 228.

tion des intérêts [du mineur] n'est pas complètement assurée par ses représentants légaux ou par l'un d'entre eux » [57]. Il n'est même pas requis, comme dans le Code civil, de démontrer une opposition d'intérêts car il suffit d'avoir la volonté d'organiser la protection du mineur.

Toujours pour veiller à la défense des intérêts du mineur, le rôle de l'avocat est précisé. Il est effectivement indispensable pour toute victime d'être accompagnée par un avocat [58] mais le rôle des avocats est particulier en ce domaine car ils ont à défendre les intérêts des mineurs contre leurs parents. Leur défense et assistance peuvent aussi être assumées par des associations telles que des associations de lutte contre les violences sexuelles ou de défense et d'assistance de l'enfance, cependant il faut que « *l'action publique ait été mise en mouvement, soit par le ministère public, soit par la partie lésée* » [59].

Enfin, il importe de prendre des mesures pour assurer une protection effective de l'enfant mais également assumer un mineur victime dans ce contexte très particulier. Comment les liens entre adultes et enfants ne seraient-ils pas perturbés alors que celui qui assène les coups est aussi celui qui exerce sur l'enfant l'autorité parentale. S'il faut offrir un accompagnement psychique à toute victime [60], il est certain qu'une prise en charge totale du mineur est indispensable en cas de négligences de la part de ses parents ou d'atteintes à son intégrité corporelle et psychique. Des expertises médico-psychologiques devront être pratiquées pour apprécier la nature du préjudice subi et l'ampleur des soins à prodiguer.

Face à ces agissements, il convient effectivement souvent de le soigner, d'effacer son traumatisme mais aussi de l'indemniser, des dommages et intérêts étant réclamés à l'auteur de l'infraction (ou à son assureur) ou, quand le mineur est victime d'une agression ou d'une atteinte sexuelle *stricto sensu* (C. Pr. Pén., art. 706-3, 2°), à la commission d'indemnisation des victimes (CIVI).

Les prérogatives parentales devaient être exercées dans l'intérêt de l'enfant aussi, quand les parents n'assument plus leur rôle protecteur, les relations de l'enfant victime et de sa famille en sont forcément affectées, les droits parentaux devant être limités.

---

57. M.-P. Porchy, L'administrateur ad hoc en matière pénale, D. 2004. Chron. 2732.

58. C. Lienhard, Quelques réflexions sur les enjeux de l'accompagnement des victimes par l'avocat, in Les victimes de la délinquance, Cahiers de la sécurité, la Documentation française, n° 33, mars 2013, p. 65.

59. R. Rolland, préc.

60. C. Damiani, L'accompagnement psychologique des victimes, in Les victimes de la délinquance, préc., p. 118.

B. La restriction des droits des parents de l'enfant victime

Dans nombre de situations, l'enfant a besoin d'être protégé contre ses parents [61]. Il revient alors à l'Etat de limiter leurs droits et parfois d'éloigner l'enfant des siens pour le préserver du danger que présente la vie familiale.

C'est le juge des enfants qui est le gardien des droits du mineur. Il peut être saisi par les père et mère conjointement ou l'un d'eux, par la personne ou le service à qui l'enfant a été confié, par son tuteur, par le ministère public ou par l'enfant lui-même, sous réserve qu'il ait le discernement suffisant [62], la saisine de ce juge étant la seule offerte au mineur victime [63] qui doit être représenté dans les autres cas [64]. En outre, le juge peut se saisir d'office à titre exceptionnel.

Selon les cas, des mesures d'assistance éducative qui n'affectent pas l'exercice de l'autorité parentale pourront suffire mais, d'autres fois, il faudra prendre des mesures plus définitives.

1. La protection de l'enfant victime par son placement hors de sa famille

Face à des carences éducatives importantes compromettant le devenir de l'enfant et nuisant à « *son développement physique, affectif, intellectuel et social* » (C. Civ., art. 375), des mesures d'assistance éducative peuvent être proposées par le juge des enfants afin de protéger l'enfant en danger. En ce cas, lorsque les relations sont particulièrement altérées entre l'enfant et ses parents, le retrait de l'enfant de son lieu de vie habituel peut être programmé. Toutefois, dans la mesure où il s'agit d'une entorse importante à l'exercice de l'autorité parentale, il doit être justifié par un danger pour la santé, la sécurité ou la moralité du mineur.

Tel est le cas lorsque l'enfant est victime des agissements répréhensibles de ses père et mère, les juges du fond étant souverains pour apprécier l'état de danger [65].

---

61. C. Neirinck, op. cit.

62. Cass. 1ère civ., 21 nov. 1995, D. 1996. 420, note A. Gouttenoire ; RTD civ. 1996. 140, obs. J. Hauser.

63. Il faut toutefois noter que le 20 novembre 2014, jour du 25ème anniversaire de la Convention internationale des droits de l'enfant, la France a signé à New-York le 3ème protocole relatif à la CIDE. Il donne à tout enfant - ou son représentant - estimant que l'un de ses droits fondamentaux protégés par la Convention a été violé la possibilité, après épuisement de tous les recours internes, de saisir le Comité des droits de l'enfant de l'ONU qui procédera alors à sa propre enquête : Communiqué de l'Unicef du 20 nov. 2014.

64. Cette démarche demeure rare car « *on peut comprendre qu'il ne doit vraiment pas être simple d'écrire à un juge que l'on ne connaît pas, lorsqu'on a moins de dix-huit ans, et en plus pour se plaindre de sa propre famille. Cela suppose d'abord que l'on connaisse l'existence du tribunal pour enfants, ce qu'ignorent de nombreux mineurs* » : M. Huyette, Ph. Desloges et L. Gebler, Guide de la protection judiciaire de l'enfant, Dunod, 4ème éd. 2009, p. 10.

65. Cass. 1ère civ., 23 mars 1004, Bull. civ., I, n° 110.

Cette notion ayant été élargie en 2007 [66], peuvent y conduire non seulement des actes de maltraitance mais également des pressions Psychologiques ou des mises en péril des conditions de développement conformes à l'intérêt de l'enfant. Il faut encore que la mesure projetée soit proportionnée au but poursuivi et que le juge se prononce en stricte considération de l'intérêt de l'enfant [67] (C. Civ., art. 375-1 et CASF, art. L. 112-4). Même si, dans la réforme de 2007, le principe du maintien dans sa famille demeure [68], un placement séquentiel, un accueil d'urgence ou une séparation de l'enfant et de sa famille se justifient eu égard aux circonstances [69].

D'abord, la loi instaure effectivement un placement séquentiel qui permet qu'un mineur soit hébergé par des tiers à titre exceptionnel ou de manière périodique afin de l'éloigner quelque temps de sa famille et lui permettre de reprendre la cohabitation dans un climat apaisé (C. Civ., art. 375-2).

Elle permet ensuite que, dans l'urgence, sans que l'on puisse obtenir l'accord du ou des représentants légaux, un enfant puisse être retiré à sa famille afin de pouvoir sauvegarder immédiatement ses intérêts (CASF, art. L. 223-2).

Enfin, la séparation de l'enfant et de sa famille peut être préconisée dans les situations les plus douloureuses, quand l'enfant est victime des agissements de ses parents qui le négligent ou le délaissent, attentent à son intégrité corporelle ou lui font subir des pressions psychologiques inadmissibles. Elle est décidée lorsque la dégradation de la situation ne laisse au juge aucune autre alternative pour assurer une entière protection de l'enfant [70]. Cependant, même dans ce cas, le juge doit s'efforcer de recueillir l'adhésion de la famille à la mesure envisagée (C. Civ., art. 375-1, al. 2). Quand il est « *nécessaire de retirer l'enfant de son milieu naturel* » (C. Civ., art. 375-3), le juge confie l'enfant à des tiers (tiers dignes de confiance [71] ou service de l'aide sociale à l'enfance ou service habilité) ou à des membres de la famille.

Ce retrait de l'enfant constitue une ingérence dans le droit des parents au respect de leur vie familiale, néanmoins le placement est entendu comme une mesure excep-

66. F. Eudier et P. Chamboncel-Saligue, Réforme de la protection de l'enfance : le défi de la coopération, RJPF 2007-11, p. 8 et 2007-12, p. 8 ; A. Gouttenoire, La loi du 5 mars 2007 réformant la protection de l'enfance : à la recherche de nouveaux équilibres, D. 2007. 1090 ; J.-P. Rosenczveig, Une rénovation de la protection de l'enfance au service des enfants, AJ fam. 2007. 57.

67. A. Atiback, L'intérêt de l'enfant dans les procédures d'assistance éducative, Dr. fam. 2006, étude 18.

68. C. civ., art. 375-2 : « *Chaque fois qu'il est possible, l'enfant doit être maintenu dans son milieu* ».

69. Séparations plus ponctuelles et moins traumatisantes que des placements permanents : M. Huyette, Le placement de l'enfant en assistance éducative, AJ fam. 2007. 54.

70. Limoges, ch. mineurs, 11 févr. 2013, n° 12/00092.

71. Voir sur la question les recommandations présentées par le Défenseur des droits sur l'accueil des enfants par un tiers digne de confiance : Lettre du DDD, oct. 2014, p. 13 ; C. Neirinck, Dr. fam. 2014, repère 11.

tionnelle et proportionnée au but recherché, aussi la Cour européenne des droits de l'homme n'y voit-elle pas une atteinte à la vie familiale [72].

Le placement de l'enfant est toutefois une mesure qui ne bafoue ni les droits de l'enfant ni ceux de ses parents. En effet, d'une part, les droits de l'enfant placé doivent être préservés [73], en particulier son droit d'être consulté sur toute décision qui le concerne (CASF, art. L. 223-4) et son droit de maintenir des liens familiaux. Quant à ses parents, dans la mesure où l'assistance éducative n'influe pas sur l'exercice de l'autorité parentale, ils continuent de détenir de nombreuses prérogatives [74] et restent titulaires de tous les attributs de l'autorité parentale qui ne sont pas inconciliables avec la mesure d'assistance éducative (C. Civ., art. 375-7). Les liens ne sont pas coupés, des droits de visite et d'hébergement peuvent être maintenus, sauf si le juge estime que l'attitude d'un parent est contraire à l'intérêt de l'enfant [75]. Ils peuvent toutefois devoir s'exercer dans un lieu de rencontre médiatisé [76] ou en présence d'un tiers [77]. Ces espaces rencontre permettent de recréer du lien quand c'est possible, tout garantissant aux enfants victimes de ne pas se retrouver seuls en présence des auteurs des actes répréhensibles [78]. La liste de ces lieux est dressée par le représentant de l'Etat dans le département qui la notifie aux juridictions intéressées (CASF, art. D. 216-7).

2. La protection de l'enfant victime par des mesures affectant l'exercice de l'autorité parentale

La situation familiale peut s'être tellement dégradée que, parfois, l'éloignement de l'enfant ne suffit pas à écarter tout danger. On peut alors songer à une délégation de l'exercice de l'autorité parentale qui pourra même être entendue comme le prélude à la rupture des liens familiaux.

C'est cette fois le juge aux affaires familiales qui peut, s'il estime que la jeune victime doit être éloignée davantage de sa famille, déléguer au tiers qui l'a recueillie l'exercice de l'autorité parentale, à la demande de ce dernier (C. Civ., art. 377, al. 2). Il y procède quand les parents sont dans l'impossibilité d'exercer leurs prérogatives

72. Pour des illustrations jurisprudentielles : A. Gouttenoire, La vie familiale à l'épreuve de l'assistance éducative, in F. Sudre (dir.), Le droit au respect de la vie familiale au sens de la Convention européenne des droits de l'homme, Bruylant, 2002, p. 287.

73. I. Corpart, Placement et droits de l'enfant, AJ fam. 2007. 67.

74. Th. Fossier, Les droits des parents en cas de placement éducatif, AJ fam. 2007. 60 ; M. Lasbats, Le maintien des liens avec les parents, AJ fam. 2007. 72.

75. Cass. 1ère civ., 30 oct. 2006, Bull. civ., I, n° 452, D. 2007. Pan. 1465, obs. F. Granet-Lambrechts.

76. Décret n° 2012-1312 du 27 nov. 2012.

77. Cass. 1ère civ., 28 nov. 2006, AJ fam. 2007.24, obs. I. Gallmeister.

78. Sur le rôle des services sociaux en ce domaine : C. Neirinck, Les services sociaux face à la médiatisation du droit de visite, RDSS 2009. 941.

ou quand ils se sont manifestement désintéressés de l'enfant après son placement par autorité de justice [79].

Dans des situations plus graves encore, la solution pour préserver les intérêts de l'enfant passe par une rupture des liens familiaux. En effet, quand l'enfant est la victime directe de sévices, de mauvais traitements ou de défauts de soins dont les parents sont responsables, les comportements de ces derniers justifient que la protection du mineur soit accrue. Le législateur liste plusieurs cas de retrait d'autorité parentale. Il peut être prononcé par une disposition expresse du juge pénal quand les père et mère sont condamnés comme auteurs, coauteurs ou complice d'un crime ou délit commis sur la personne de leur enfant (C. Civ., art. 378, al. 1er). Le retrait peut également être prononcé en dehors de toute condamnation pénale quand le comportement des parents est dangereux pour leur enfant, notamment en raison d'un défaut de soins, d'un manque de direction ou d'une maltraitance psychologique [80] (C. Civ., art. 378-1, al. 1er) ou en cas de désintérêt de plus de deux ans par les parents d'un enfant confié aux services sociaux dans le cadre d'une mesure d'assistance éducative (C. Civ., art. 378-1, al. 2).

La rupture opérée sera encore plus grande si, face à de telles extrémités, le tribunal de grande instance prononce l'abandon judiciaire d'un enfant recueilli par un particulier, un établissement ou un service de l'Aide sociale à l'enfance, dès lors qu'il est admis que cela fait plus d'un an que ses parents se sont désintéressés de lui (C. Civ., art. 350). Il faudra songer à ce texte toutes les fois où l'enfant victime des agissements de ses parents qui, par ailleurs, se sont coupés de lui pendant un an au moins, doit se voir accorder le droit de recréer des liens pérennes avec un tiers ou avec une nouvelle famille. Pour pouvoir lui donner cette chance, il faut qu'il soit adoptable [81]. Il le deviendra sur le fondement de ce texte (C. Civ., art. 347) ; s'il est adopté, les liens avec sa famille d'origine seront totalement rompus dans le cadre d'une adoption plénière. On peut toutefois regretter que la volonté de protéger les enfants en général et les enfants victimes des agissements de leurs parents plus spécialement ne conduise pas plus souvent à accélérer le processus de passage d'une situation d'enfant placé en institution ou en famille d'accueil à une situation stabilisée, avec une famille reconstruite autour de l'enfant, notamment grâce à l'adoption.

Le groupe de travail « *Protection de l'enfance et adoption* », présidé par Adeline Gouttenoire, avec pour rapporteur Isabelle Corpart, a remis un rapport intitulé « *40 propositions pour adapter la protection de l'enfance et l'adoption aux réalités*

---

79. Pour la Cour de cassation, le texte est applicable à la fois aux enfants remis volontairement par leurs parents aux services sociaux et aux enfants placés : avis du 27 sept. 1999, D. 1999. IR. 239 ; RTD civ. 2000. 102, obs. J. Hauser.

80. Cass. 1ère civ., 27 mai 2010, Bull. civ., I, n° 120.

81. Le rapport de l'ONED sur la situation des pupilles de l'Etat au 31 décembre 2011 révèle que 9 % des enfants admis en qualité de pupilles de l'Etat ont été impliqués par un retrait de l'autorité parentale (La Documentation française, 2013). Parmi eux seulement 11 % pourront être adoptés.

d'aujourd'hui » [82], qui fait des propositions concrètes en sens, en particulier pour mieux accompagner les parcours des enfants placés sur le long terme [83]. Plusieurs d'entre elles ont été suivies par la proposition de loi n° 799 relative à la protection de l'enfant, déposée le 11 septembre 2014 et examinée par le Sénat en première lecture le 11 décembre [84] et qui donne de nouvelles pistes [85]. Certaines nous paraissent bien adaptées au cas des enfants retirés à leur famille suite à de graves maltraitances et qui méritent des solutions d'accueil pérennes.

Il importe de mieux adapter l'arsenal législatif à chaque situation, la catégorie des mineurs victimes étant protéiforme. Des réponses différentes doivent pouvoir être proposées selon que l'enfant a à subir des agissements provenant de tiers ou de ses parents, selon la nature de l'infraction et la qualité des relations familiales qui peuvent être maintenues ou reconstruite.

82. Rapport précité ; disponible sur le site de la Documentation française, dans la rubrique « Rapports publics ».

83. G. Séraphin, Accompagner les parcours des enfants en protection de l'enfance, in J.-Y. Gueguen (coordination éditoriale), L'Année de l'Action sociale 2015, Dunod, 2014, p. 183.

84. I. Corpart, Une nouvelle proposition de loi déclinée autour de l'intérêt de l'enfant et de sa protection, RJPF décembre 2014, à paraître.

85. Voir déjà le Rapport d'information Protection de l'enfance, Sénat, n° 655, 2013/2014 et les observations de A. Cheynet de Beaupré, RJPF 2014-9/37.

22

De l'imputation de la faute délibérée à la personne morale

Madeleine Lobe Lobas

Maître de conférences en droit privé, HDR, Université de Haute-Alsace, CERDACC EA 3992

Résumé

Initialement consacrée par le législateur pour sanctionner les personnes adoptant volontairement un comportement dangereux pour autrui sans pour autant rechercher un résultat dommageable, la violation manifestement délibérée d'une obligation particulière de prudence ou de sécurité prévue par la loi ou le règlement dénommée faute délibérée a connu un nouveau développement avec la loi du 10 juillet 2000 relative à la définition des délits non-intentionnels. Elle permet de moduler la répression des personnes physiques, auteur d'une infraction non intentionnelle selon les cas soit comme élément constitutif, soit comme circonstance aggravante. La responsabilité des personnes morales étant tributaire de celle des personnes physiques, il importe d'analyser les conditions dans lesquelles cette faute peut leur être imputée.

Aux termes de l'article 121-2 du Code pénal, les personnes morales sont pénalement responsables des infractions commises pour leur compte par leurs organes ou représentants [1]. Il s'agit d'une responsabilité indirecte, l'infraction devant être caractérisée en tous ses éléments sur la tête de l'organe ou représentant, personne phy-

1. J.-C Planque, *La détermination de la personne morale pénalement responsable*, éd. L'harmattan, 2003 ; C. Puech, *Droit pénal général*, Litec 1988 ; J.-H Robert, *Droit pénal général*, Thémis, 7 éd. 1999, n° 364 ; N. Rontcheevsk, M. Comporti, Responsabilité pénale des personnes morales : la notion d'entité personnifiée, *LPA* 1996, n° 149, n° spéc. p. 7 ; J. Lasserre-Capdeville, La responsabilité pénale des collectivités territoriales, *AJCT* 2013, p. 138.

sique [2]. La participation de la personne morale dépend ainsi de celle de la personne physique. Elle sera poursuivie en tant qu'auteur ou complice selon les modalités de la participation de la personne physique [3]. De même, la faute reprochée à la personne morale doit en principe être identique à celle commise par le représentant. Toutefois, des difficultés d'application peuvent apparaître lorsqu'il s'agit des infractions non intentionnelles et particulièrement de la faute délibérée.

La faute délibérée ou faute de mise en danger [4] est définie comme la violation manifestement délibérée d'une obligation particulière de prudence ou de sécurité prévue par la loi ou le règlement (art. 121-3 al. 4, 223-1 CP). L'agent a l'intention de violer la loi pénale, en ayant conscience de la possibilité du résultat dommageable, sans pour autant rechercher un tel résultat, ce qui en fait une faute non intentionnelle [5]. Cette faute implique la méconnaissance d'une obligation prévue par la loi ou le règlement [6]. Il doit s'agir d'une obligation particulière [7] précise, imposant un comportement circonstancié dans le cadre d'une activité donnée [8].

La faute délibérée obéit à deux régimes différents. Elle peut être un élément constitutif (A) ou une circonstance aggravante de certaines infractions non intentionnelles (B). Il importe donc de voir dans quelles conditions elle peut dans les deux hypothèses être imputée à la personne morale.

I. Imputation de la faute délibérée, élément moral de l'infraction, à la personne morale

En tant qu'élément moral d'une infraction non intentionnelle, la preuve d'une faute délibérée peut être requise dans les infractions matérielles ou formelles. Dans la première hypothèse, son établissement est indifférent à la mise en cause de la personne morale (A) alors que dans la seconde, elle doit être établie à son encontre (B).

2. Crim. 11 avr. 2012, n° 10-86974, *D. Act.*, 3 mai 2012, obs. M. Bombled ; Crim. 2 oct. 2012, pourvoi n° 11-84415, *D. Act.*, 9 nov. 2012, obs. L. Priou-Alibert ; Crim. 22 janv. 2013, n° 12-80.022, *D. Act.*, 27 févr. 2013, obs. C. Gayet.

3. Crim., 23 mai 2000, n° 99-80008 ; Crim., 13 sept. 2005, n° 04-87840.

4. Crim. 12 sept. 2000, n° 99-88011 ; *Dr. pén.* 2001, comm. 3, note M. Véron.

5. Y. Mayaud, Du caractère non intentionnel de la mise en danger délibérée de la personne d'autrui, *RSC* 1996, p. 651.

6. Crim., 25 nov. 2008, pourvoi n° 37-87609 ; Crim., 18 juin 2002, n° 01-86.539 ; *RSC* 2002, p. 814, obs. Y. Mayaud ; *D.* 2003, p. 240, note F. Gauvain ; *Dr. pén.* 2002, comm. 120, note M. Véron ; *Gaz. Pal.* 2002, 1, p. 8, note S. Petit.

7. Crim. 25 juin 1996, Bull. crim. n° 274, *RSC* 1997, p. 106, obs. Y. Mayaud : ne constitue pas une obligation particulière le décret du 13 mai 1974 relatif à la surveillance de la qualité de l'air dans l'agglomération qui laisse au maire et au préfet la liberté d'appréciation dans la mise en œuvre des procédures d'alerte à la pollution.

8. Crim., 25 nov. 2008, n° 37-87609 ; Crim., 13 juin 2006, n° 05-83261 ; M. Puech, de la mise en danger d'autrui, *D.*1994 chron. 153 ; G. Accomando et C. Guéry, Le délit de risque causé à autrui ou de la malencontre de l'art.223-1 du nouveau code pénal, RSC 1994 p.687 ; J.Pradel, *Droit pénal spécial*, Cujas, 1995, p.119.

A. Indifférence de preuve la faute délibérée en ce qui concerne les infractions non intentionnelles matérielles

La loi du 10 juillet 2000 a modifié le régime de répression des infractions non intentionnelles matérielles en ce qui concerne les personnes physiques [9].

Si la personne physique est auteur direct du dommage, toute faute, même la plus légère, permet de qualifier l'infraction (art. 121-3 al 3 CP). En revanche, selon l'article 121-3, alinéa 4 du Code pénal, les personnes physiques qui n'ont pas causé directement le dommage, mais qui ont créé ou contribué à créer la situation qui a permis la réalisation du dommage ou qui n'ont pas pris les mesures permettant de l'éviter, sont responsables pénalement s'il est établi qu'elles ont, soit violé de façon manifestement délibérée une obligation particulière de prudence ou de sécurité prévue par la loi ou le règlement, soit commis une faute caractérisée et qui exposait autrui à un risque d'une particulière gravité qu'elles ne pouvaient ignorer. La faute délibérée est ainsi l'une des fautes qualifiées dont la preuve est requise lorsque la faute commise par une personne physique est la cause indirecte du dommage [10]. Elle est présentée comme une cause d'atténuation de la responsabilité des personnes physiques, car si l'auteur indirect n'a commis qu'une faute d'imprudence simple, il doit bénéficier d'une décision de relaxe.

Les dispositions de l'article 121-3, alinéa 4, du Code pénal ne concernent que les infractions qui supposent, pour être consommées, la réalisation d'un dommage [11]. Il en est ainsi en matière d'homicide ou de blessures involontaires (art. 221-6, al. 2, 222-19 et 222-20 C. Pén.), de destructions, détériorations ou dégradations involontaires du bien d'autrui (art. 322-2 CP), les infractions de pollution des eaux (art. L. 432-2 et L. 216-6 C. Envir.). Cette règle s'applique aussi aux contraventions (art. R. 610-2 CP).

La prise en compte de la causalité directe entraîne une dissociation des responsabilités des personnes physiques et morales. En effet, selon l'article 121-2 du Code pénal, la responsabilité pénale des personnes morales n'exclut pas celle des personnes physiques auteurs ou complices des mêmes faits, sous réserve des dispositions du quatrième alinéa de l'article 121-3. Mais s'agissant des personnes morales, il suffit qu'un lien de causalité certain soit établi entre la faute et le dommage, sans qu'il y ait à déterminer si ce lien est direct ou indirect et sans tenir compte de la gravité de la faute. Ainsi, les personnes pourront être mises en cause pénalement pour toute faute non intentionnelle de leurs organes ou représentants ayant entraîné une

9. M.-F. Steinlé-Feurbach, La portée de la loi n° 2000-647 du 10 juillet 2000 : à propos de la catastrophe du Drac, *LPA* n° 4 et 5 janv. 2001 ; Y. Mayaud, Les violences non intentionnelles après la loi du 10 juill. 2000, *RSC* 2001, p.156

10. D. Commaret, La responsabilité des décideurs en matière de délits non intentionnels depuis la loi du 10 juillet 2000, *Gaz. Pal.* 10-11 septembre 2004, p. 3 ; Crim. 12 déc. 2000, *Gaz. Pal.* 22-23 déc. 2000, note Petit, RSC. 2001.157, obs. Y. Mayaud, *Dr. pén.* 2001, n° 43, obs. M. Véron.

11. Crim. 13 février 2001, n° 00-84204, Crim. 26 juin 2001, *Bull. crim.*, n° 160.

atteinte à l'intégrité physique, alors même qu'en l'absence de faute délibérée ou caractérisée la responsabilité des personnes physiques ne pourrait être recherchée [12].

L'infraction reprochée à la personne morale et celle reprochée à la personne physique ne comportent donc plus les mêmes éléments constitutifs alors que la qualification est fondée sur les mêmes faits. Le cumul des responsabilités reçoit ainsi une exception quand la personne physique, auteur indirect d'un dommage, a commis une faute simple. Cette solution est en accord avec la volonté du législateur d'atténuer la responsabilité des décideurs en la déportant vers les personnes morales [13]. Le cumul redevient possible si la faute reprochée à l'auteur direct est une faute délibérée.

B. Etablissement de la faute délibérée à l'encontre de la personne morale en cas de délit de risques causés à autrui

Lorsque la faute délibérée n'entraine aucun dommage, elle permet de retenir le délit de risques causés à autrui. Ce délit sanctionne le fait d'exposer autrui à un danger à un risque imminent de mort ou de blessures graves par la violation manifestement délibérée d'une obligation particulière de prudence ou de sécurité prévue par la loi ou le règlement (art. 223-1 CP) [14].

Le comportement adopté par l'agent doit avoir créé un risque grave pour les tiers. Le risque résultant de la faute, l'infraction ne peut être constituée en l'absence de celle-ci. C'est cette faute qui réalise l'infraction en l'absence de tout dommage et qui fait l'objet de l'incrimination.

Il faut établir un lien de causalité direct entre la faute et l'exposition à un risque de mort ou de blessures graves [15]. Ce lien n'est pas présumé, mais les juges du fond en apprécient souverainement l'existence en tenant compte des circonstances de fait [16]. Alors qu'elle peut ne pas en être la cause exclusive [17], la violation manifestement délibérée de l'obligation particulière de sécurité doit toutefois être la cause directe et immédiate du danger. Par conséquent, la question de la causalité ne se pose pas de la même manière que dans les infractions matérielles. En effet, si une

---

12. Crim. 2 oct. 2012, n° 11-85032, D. Act., 26 nov. 2012, obs. L. Priou-Alibert; Crim. 24 oct. 2000, n° 00-80378, *Dr. pén.* 2001, comm. 29, obs. M. Véron ; *JCP* 2001. II. 10535, note M. Daury-Fauveau ; *RSC* 2001. 156, obs. Y. Mayaud ; p. 371, obs. B. Bouloc p. 399, p. 824, obs. G. Giudicelli-Delage.

13. M.-F. Steinlé-Feuerbach, Infractions non intentionnelles et responsabilité pénale des collectivités territoriales : entre singularité et paradigme, *JCP* G 2007, I, 173.

14. P. Bordessoule de Bellefeuille et M. Haas, La mise en danger d'autrui, *Rev. pénit.* 1996 p. 289 ; J. Dumont, Risques causés à autrui, *J.-Cl. pén.*, art. 223-1, n° 5 ; M. Puech, De la mise en danger d'autrui, *D.* 1994, chron. p. 153.

15. Crim., 21 septembre 2010, n° 09-86258 ; Crim., 16 févr. 1999, *RSC* 1999, p. 581, note Y Mayaud.

16. Crim. 11 févr. 1998, *RSC* 1998, p. 545, Y. Mayaud, dr. pén 1998, note Véron ; CA Douai 26 oct. 1994, *D.* 1995 note P. Couvrat et M. Massé, *RSC* 1995, p. 575, obs. Y. Mayaud.

17. Crim., 30 octobre 2007, n° 06-89365 ; M. Lobe Lobas, Définition de l'élément matériel du délit de risques causés à autrui en matière d'installations classées, *Dr. Envir.* 2008, n° 157, p. 20.

faute délibérée peut être la cause directe du dommage, son établissement n'est réellement exigé qu'en cas de causalité indirecte.

Les personnes morales responsables des infractions commises pour leur compte par leurs organes ou représentants peuvent être poursuivies pour délits de risques causés à autrui (art. 121-1, 223-2 CP). La faute délibérée établie à l'encontre de la personne physique l'est donc à l'encontre de la personne morale. Le fait pour la personne morale d'avoir laissé se répandre des eaux usées dépassant les valeurs limites de rejet fixées par l'arrêté d'autorisation d'exploitation est de nature de nature à créer un risque immédiat de mort ou de blessure pour les habitants de la commune [18].

II. Imputation de la faute délibérée, circonstance aggravante de l'infraction à la personne morale

La circonstance aggravante est un fait prévu par la loi qui entraîne l'aggravation de la peine lorsqu'il s'ajoute au fait principal. En principe, il s'agit d'un fait distinct des éléments constitutifs de l'infraction. Mais s'agissant de la faute délibérée, le législateur prévoit qu'elle peut constituer une circonstance aggravante des infractions non intentionnelles ayant entraîné un dommage. La question qui se pose alors, aussi bien pour les personnes physiques que pour les morales, est celle de savoir si le cumul de qualifications est possible (A). Si tel est le cas, la personne morale se verra appliquer la circonstance aggravante (B).

A. La résolution du conflit de qualifications

Dans les cas prévus par la loi, la faute délibérée constitue une circonstance aggravante des infractions non intentionnelles ayant causé un dommage. Elle est alors retenue en même temps comme élément constitutif et circonstance aggravante de la même infraction.

Il faut distinguer cette hypothèse de celle dans laquelle le même fait constitue à la fois une infraction autonome et un élément constitutif d'une autre infraction [19]. Le principe est de tenir compte de la plus haute expression pénale. Mais, la jurisprudence retient parfois les deux infractions, créant ainsi un concours réel d'infractions en tenant compte des valeurs sociales protégées. Des poursuites peuvent ainsi être exercées à la fois pour homicide involontaire et manquement d'une obligation de sécurité imposée par un règlement alors que ce manquement caractérise la faute prévue par la qualification la plus large. Le manquement peut réaliser une contraven-

18. M. Lobe Lobas, Définition de l'élément matériel du délit de risques causés à autrui en matière d'installations classées, op. cit.,; CA Colmar 15 avril 2009, confirmée par Crim., 5 avril 2011, n° 09-83277.

19. Crim., 14 oct. 1954, Bull. Crim., n° 294; Crim., 13 nov. 1962, Bull. crim., n° 316; Crim., 24 mars 1965, *JCP* G 1965, II, 14429, note *P.C.*; Crim., 15 févr. 1966, Gaz. Pal. 1966, 1, p. 369; Crim., 3 oct. 1984, *Bull. crim.*, n° 285.

tion [20] ou un délit [21]. Cependant, si le non-respect de l'obligation constitue le délit de mise en danger délibéré, le cumul avec l'infraction involontaire aggravée et le délit de mise en danger en l'encontre d'une même personne n'est pas admis [22].

En principe, un même fait ne peut pas servir à caractériser à la fois l'élément constitutif et la circonstance aggravante d'une même incrimination en raison de la règle *non bis in idem* [23]. Or, en matière d'infractions non intentionnelles matérielles, le législateur prévoit expressément un tel cumul [24]. Selon la circulaire du 10 octobre 2000 présentant les dispositions de la loi du 10 juillet 2000 [25], la faute de mise en danger délibérée exigée en cas de causalité indirecte étant la même que celle constituant la circonstance aggravante, lorsque la responsabilité pénale d'une personne physique auteur indirect sera établie, cette personne sera nécessairement coupable de l'infraction aggravée par la circonstance de mise en danger délibérée. Il en est ainsi en matière d'homicide et de blessures involontaires (art. 221-6, 222-19, al. 2, R. 625-3 ; art. 221-6-1, al. 2, 222-19-1, al. 2 CP) [26] ou de dégradations involontaires du bien d'autrui (art. 322-5 al. 2 CP). L'application de cette circonstance aggravante peut entraîner une modification de la nature de l'infraction. Lorsqu'elle accompagne les blessures involontaires sanctionnées comme une contravention de 5è classe (art. R625-2 CP), l'infraction devient un délit (art. 222-20 CP).

B. Application de la circonstance aggravante aux personnes morales

La responsabilité de la personne morale résultant de celle de la personne physique, elle va subir les effets de la déclaration de la culpabilité du représentant si l'infraction est aggravée par la faute délibérée. Ainsi, est coupable d'une atteinte involontaire d'un ouvrier par violation manifestement délibérée d'une obligation particulière de sécurité ou de prudence en lui causant un incapacité totale de travail supérieure à trois mois la société qui n'a pas installé de garde-corps efficaces destinés

20. Crim., 11 mars 1905, *Bull. crim.*, n° 118; Crim., 3 déc. 2002, n° 01-85109; Crim., 28 mars 2006, n° 05-82975; Crim. 1er mars 2011, n° 10-8357; Crim., 3 janv. 2012, n° 11-90107 : QPC portant sur le cumul de la qualification d'homicide involontaire avec une prescription de sécurité des travailleurs non transmise.

21. Crim., 21 sept. 1999, *RSC* 2000, p. 20, obs. Y. Mayaud.

22. Crim. 11 sept. 2001, n° 00-85473 ; *Dr. pén.* 2002. 4, obs. Véron, *Gaz. Pal.* 2002. 2. somm. 1596, note Monnet ; RSC 2002, 106, obs. Y. Mayaud.

23. Crim., 1er mars 1995 n° 94-85393, *D.* 1996, somm. 241, obs. E. Malbrancq-Decourcelle; Crim., 22 janv. 1997, n° 96-80353; Crim.,14 oct. 1954, *Bull. crim.*, n° 294 ; Crim., 3 oct. 1984, n° 83-92880 ; Crim. 6 janv. 1999, n° 98-80730 ; C. Ruet, La responsabilité pénale pour faute d'imprudence après la loi n° 2000-647 du 10 juillet 2000 tendant à préciser la définition des délits non intentionnels, *Dr. pénal* 2001, chron. 1.

24. Y. Mayaud, Risques causés à autrui, *Rep. Pén. Dalloz*, 2007, mise à jour 2010 .

25. CRIM 2000-09 F1/11-10-2000, Présentation des dispositions de la loi n° 2000-647 du 10 juillet 2000 tendant à préciser la définition des délits non intentionnels, NOR : JUSD0030175C.

26. Crim., 11 sept. 2001, n° 00-85473.

à éviter les chutes de hauteur [27]. Est établie la responsabilité du Centre hospitalier de Sarlat et de son directeur au moment des faits, qui se sont abstenus délibérément de faire la déclaration prévue par les articles L512-8 du Code de l'environnement et 8 de l'arrêté préfectoral du 20 août 2000, dont ils savaient qu'elle leur incombait et dont ils ont faussement laissé ou fait mentionner qu'elle avait été effectuée [28]. De même, doit être condamnée pour blessures involontaires par manquement manifestement délibérée d'une obligation particulière de sécurité sur le fondement de l'article 222-20 la société utilisatrice au sein de laquelle un salarié assurant une mission d'intérim a été victime d'un accident de travail. Le salarié, affecté à un poste à risque, n'avait pas bénéficié de la formation à la sécurité requise, le contenu de la formation dispensée n'avait été ni formalisé ni validé par la direction de l'entreprise et l'accident résultait d'une méconnaissance du mode opératoire [29].

Lorsqu'elle s'applique à la personne morale, la circonstance aggravante produit son plein effet dès lors que la faute délibérée n'est pas exigée comme élément constitutif de l'infraction commise. Il faut cependant qu'elle soit établie à l'encontre du représentant. Il peut alors être important de l'identifier même en cas de causalité directe. En revanche, cas de relaxe de la personne physique, auteur indirect du fait d'absence de faute délibérée, la personne morale ne peut subir de peines aggravées sur ce fondement.

27. Crim., 2 septembre 2014, n° 13-83956 ; Crim., 3 juin 2014, n° 13-83743; Crim., 8 avril 2014, n° 12-83952.

28. Crim., 16 oct. 2012, n° 11-87369.

29. Crim, 5 nov. 2013, n° 12-85193.

Table des matières

Questions juridiques aux éditions L'Harmattan

Dernières parutions

LA FINANCE ISLAMIQUE FACE AU DROIT FRANÇAIS
Himeur Chihab Mohammed, Abdelmoumen Nedra
Cet ouvrage aborde deux systèmes juridiques - musulman et français -, de manière parallèle. Chaque type de contrat de la finance islamique est traité dans un chapitre à part, à la fois d'un point de vue juridique et pratique. Contrairement à toutes les idées reçues, le droit français n'est pas en contrariété totale avec la pratique de la finance islamique, matière dont les auteurs interrogent le fondement. À l'heure actuelle, l'application de celle-ci est possible.
(26.00 euros, 254 p.)
ISBN : 978-2-343-05160-4, ISBN EBOOK : 978-2-336-37184-9

LE JURISTE TERRITORIAL, UN ACTEUR ESSENTIEL DES COLLECTIVITÉS TERRITORIALES
Michel Emilie - Préface de Nelly Ferreira
Cette étude a pour ambition de démontrer la manière dont le juriste territorial, passant d'un simple gestionnaire de contentieux à un véritable gestionnaire des risques, s'est imposé progressivement au sein des entités décentralisées au point de devenir un acteur indispensable à leur bon fonctionnement.
(Coédition Université de Cergy-Pontoise, Coll. Master Collectivités territoriales et politiques publiques, 15.50 euros, 152 p.) ISBN : 978-2-343-05763-7, ISBN EBOOK : 978-2-336-37242-6

LA PARTICIPATION DES USAGERS AUX POLITIQUES PUBLIQUES LOCALES
Une volonté affichée... pour quelle réalité ?
Roquefort-Cook Katline - Préface de Nelly Ferreira
Les processus participatifs ne sont-ils qu'une comédie, mis à la disposition des élus locaux ? Ou peuvent-ils être la clé d'un nouvel acte de l'action publique, plus en adéquation avec les attentes des habitants ? Néanmoins, les collectivités doivent appréhender les différents écueils de cette participation ; car, à travers l'analyse de différentes expériences participatives, c'est la démocratie locale que la participation citoyenne vient interroger. L'usager aura-t-il demain un rôle plus efficient dans la conduite des politiques publiques locales ?
(Coédition Université de Cergy-Pontoise, Coll. Master Collectivités territoriales et politiques publiques, 14.00 euros, 134 p.) ISBN : 978-2-343-05691-3, ISBN EBOOK : 978-2-336-37240-2

L'E-ADMINISTRATION ET LA GESTION DE LA RELATION AUX CITOYENS
L'exemple des services scolaires
Hattab Amélie - Préface de Laeticia Janicot
L'e-administration ou la dématérialisation des différentes procédures est devenue une étape incontournable dans la réussite des projets de modernisation de la gestion des collectivités territoriales. L'étude de cette dématérialisation des services scolaires permet d'identifier les avantages et les difficultés engendrés par un passage au numérique dans une collectivité. Elle met aussi en évidence les effets sur le fonctionnement interne de l'administration territoriale et sur les relations et démarches de l'usager avec cette dernière.
(Coédition Université de Cergy-Pontoise, Coll. Master Collectivités territoriales et politiques publiques, 15.50 euros, 148 p.) ISBN : 978-2-343-05591-6, ISBN EBOOK : 978-2-336-37241-9

LA GOUVERNANCE : ENTRE LE CITOYEN ET LE POLITIQUE
M'Rad Hatem
Chaque époque a sa propre conception de la politique. Celle d'hier se fondait sur le pouvoir régalien, puis sur la seule participation électorale. Celle d'aujourd'hui traduit l'émergence du pouvoir citoyen et ses multiples manifestations dans toutes les sphères de l'action politique, économique et sociale. La gouvernance est la conciliation entre la sphère du citoyen et celle du pouvoir politique. Elle condamne le citoyen et le politique à cohabiter pacifiquement et démocratiquement pour que l'État puisse gagner en efficience.
(Coll. Logiques Juridiques, 23.00 euros, 222 p., Broché)
ISBN : 978-2-343-05493-3, ISBN EBOOK : 978-2-336-37303-4

L'INTERRÉGULATION
Sous la direction de Gabriel Eckert et Jean-Philippe Kovar
L'interrégulation est un ensemble de procédés juridiques permettant d'organiser les relations entre des autorités publiques en charge de la réglementation, du contrôle ou de la surveillance des secteurs d'activités économiques. Cet ouvrage collectif l'étudie dans ses dimensions transdisciplinaire, transectorielle et transnationale. Sont ainsi envisagés les rapports entre les autorités de concurrence et les autorités de régulation sectorielle, ainsi que les interactions entre les autorités de régulation de secteurs ou pays différents.
(Coll. Logiques Juridiques, 25.50 euros, 250 p.)
ISBN : 978-2-343-05672-2, ISBN EBOOK : 978-2-336-37132-0

NOUVELLES RECHERCHES SUR LES FONCTIONS DE L'INTÉRÊT GÉNÉRAL DANS LA JURISPRUDENCE ADMINISTRATIVE
Coq Véronique - Préface de Benoît Plessix
Dans la jurisprudence administrative, l'intérêt général s'exprime en plusieurs sens. L'approche choisie consiste à le penser au-delà du phénomène de dilution de la notion. Dans cette perspective, l'intérêt général est examiné sous l'angle du droit administratif, mais aussi sous le prisme de la théorie et de la philosophie du droit. Ces recherches sont ainsi nouvelles en raison de l'évolution du contentieux administratif et par le regard pluridisciplinaire porté sur le sujet qui fait appel à la pure analyse du droit positif et à la théorie du droit.
(Coll. Logiques Juridiques, 56.00 euros, 666 p.)
ISBN : 978-2-343-05089-8, ISBN EBOOK : 978-2-336-37218-1

FAIRE L'ÉCONOMIE DE LA DÉNONCIATION
Sous la direction de Sonny Perseil et Yvon Pesqueux
Auditeurs, comptables, consultants et experts, journalistes, juges, policiers, mais aussi chercheurs en sciences sociales gagnent souvent leur vie en dénonçant des pratiques considérées comme déviantes, transgressives ou tout simplement mauvaises, pratiques en général dissimulées par les agents politiques ou économiques. Faire l'économie de la dénonciation dans une approche sans doute plus psychologique, c'est essayer de comprendre ce qui pousse des individus à la délation. Ces contributions se proposent de saisir les fondamentaux de cette économie, mais aussi de questionner une thématique connexe, la transparence.
(Coll. Perspectives organisationnelles, 20.00 euros, 206 p.)
ISBN : 978-2-343-05767-5, ISBN EBOOK : 978-2-336-37243-3

LA RESPONSABILITÉ PÉNALE DE LA PERSONNE MORALE
Enjeux et avenir
Sous la direction de Delphine Brach-Thiel et Ann Jacobs
Le principe et la mise en œuvre de la responsabilité pénale de la personne morale se trouvent aujourd'hui à la croisée des chemins. Comparer et confronter les systèmes français et belge ne peut qu'être source d'enrichissements à l'heure où les débats ne sont pas clos et où il reste encore pour la jurisprudence, de grandes questions en attente.
(Coll. Comité international des pénalistes francophones, 22.00 euros, 222 p.)
ISBN : 978-2-343-05690-6, ISBN EBOOK : 978-2-336-37230-3

JUSTE VICTIME DANS LE PROCÈS PÉNAL
Sous la direction de Sylvie Humbert et Franck Ludwiczak
La vision classique du procès pénal qui oppose la société à l'auteur d'un fait délictuel est révolue. La victime n'est plus simplement perçue comme simple témoin ou instrument fondant la preuve de l'infraction, mais représente désormais un acteur incontournable du processus répressif. Ce colloque a permis d'apporter des regards complémentaires sur l'évolution de la justice pénale et sur la place à accorder à la victime dans le processus répressif.
(Coll. Droit, Société et Risque, 26.50 euros, 266 p.)
ISBN : 978-2-343-02595-7, ISBN EBOOK : 978-2-336-37213-6

LE DROIT À LA VILLE
Justifications, apports, manifestations et portées
Lamare Marine - Préface de Fabien Girard
Le droit à la ville a été créé par le philosophe et sociologue français Henri Lefebvre, en 1968, afin de répondre aux maux des sociétés urbaines, notamment marquées par l'exclusion, des logements indignes, l'absence de lieux conviviaux et d'espaces verts et par un défaut de participation. Inspirée des travaux d'Henri Lefebvre et des apports de la société civile et des chercheurs sur le sujet, la présente analyse met en lumière la dimension sociale des droits humains ainsi que l'exigence de participation des habitants dans le façonnement de leur ville.
(Coll. Logiques sociales, série Questions urbaines, 30.00 euros, 306 p.)
ISBN : 978-2-343-05548-0, ISBN EBOOK : 978-2-336-37090-3

LA RÉPUBLIQUE FACE AUX DROITS DES MINORITÉS
Lire l'ordre juridique français à partir de la théorie libérale de Will Kymlicka
Médard Robin
Le pari de cet ouvrage consiste à utiliser le lexique de «La citoyenneté multiculturelle» (Kymlicka, 1995) comme grille de lecture du droit français. Or, loin de confirmer leur incompatibilité, cette analyse met en relief une corrélation certaine entre l'ordre juridique français et le droit des minorités tel que conceptualisé par la théorie libérale de Kymlicka. Cette tolérance du droit français invite l'auteur à douter de la pertinence des interprétations communautariennes des principes républicains.
(Coll. Questions contemporaines, 23.00 euros, 234 p.)
ISBN : 978-2-343-05537-4, ISBN EBOOK : 978-2-336-37082-8

IRRESPONSABILITÉS RÉCURRENTES DES ÉLITES
Accidents fortuits et crimes en col blanc
Fines Louise
En scrutant trois catastrophes récentes : la marée noire et British Petroleum (2010), le désastre de la centrale Fukushima et Tepco (2011) et l'explosion des wagons de pétrole à Lac-Mégantic (province de Québec) et la compagnie Montréal, Maine et Atlantic Railway (2013), cet ouvrage réfléchit à la pertinence de qualifier d'accidents des conduites qui s'apparentent à des crimes. L'auteur soupèse les notions d'accidents et de sacrifice nécessaire lorsque vient le temps d'évaluer la sécurité du public et les risques pour les populations locales.
(Coll. Questions contemporaines, 16.50 euros, 160 p.)
ISBN : 978-2-343-04704-1, ISBN EBOOK : 978-2-336-37194-8

TERRES, TERRITOIRES, RESSOURCES
Politiques, pratiques et droits des peuples autochtones
Sous la direction d'Irène Bellier
Cette étude aborde la problématique des droits fonciers et territoriaux, le besoin d'une sécurité juridique et de la relation à la terre ; elle questionne la place de l'homme dans les projets de développement ou de protection de l'environnement, elle se penche enfin sur les enjeux miniers. Anthropologues, géographes, juristes, leaders autochtones et politistes offrent ici un tour d'horizon.
(Coll. Horizons autochtones, 30.00 euros, 394 p.)
ISBN : 978-2-343-05543-5, ISBN EBOOK : 978-2-336-37181-8

ANNALES DE LA FACULTÉ DE DROIT ET SCIENCE POLITIQUE DE NICE
(Année 2014)
Textes réunis par Yves Strickler
Ces annales se veulent être une photographie, à période régulière, des activités de la faculté de Nice. Cet ouvrage contient les résultats des travaux doctoraux soutenus en 2014 ainsi que la liste des écrits publiés la même année par les chercheurs confirmés de l'université. Il accueille également des contributions et conférences prononcées à la faculté de Nice ou communiquées par leurs auteurs au comité de lecture, dans tous les domaines de la recherche en droit et science politique, tout en ouvrant sur les autres domaines des sciences de la société.
(Coédition Université de Nice-Sophia Antipolis, 32.00 euros, 322 p.)
ISBN : 978-2-343-05852-8, ISBN EBOOK : 978-2-336-37238-9

LA COUR PÉNALE INTERNATIONALE À L'ÉPREUVE DE LA RÉPRESSION EN AFRIQUE
Des préjugés aux réalités
Dangnossi Issaka
Quelles analyses peut-on faire de la fréquence des interventions de la CPI en Afrique ? Pourquoi tous les suspects sont-ils des ressortissants du continent africain, même si cet état de fait repose sur des bases juridiques conformes au droit international. La politique du bureau du procureur de la CPI est-elle dictée par les rapports de force politico-militaires qui se présentent sur le terrain ? Quelles alternatives s'offrent à la CPI et aux Etats africains ? Le châtiment judiciaire est-il la seule voie de lutte contre l'impunité ?
(Coll. Études africaines, série Droit, 21.00 euros, 208 p.)
ISBN : 978-2-343-05421-6, ISBN EBOOK : 978-2-336-37039-2

REVUE AFRICAINE DES SCIENCES JURIDIQUES RASJ
African journal of law (Numéro spécial)
Ce numéro s'articule autour de deux grandes parties : Droit privé : - L'ordonnance camerounaise du 6 juillet 1974 fixant le régime foncier - La question de la double nationalité sous le prisme du droit international privé - La répression pénale du blanchiment des capitaux en zone CEMAC, etc. Droit public : - Recherches sur les contrats publics d'affaires au Cameroun - Le principe de l'unité de trésorerie en droit public camerounais - La mise en place du Sénat au Cameroun, etc.
(Coédition Université de Yaoundé (fac. des sc. juridique et politique), 31.00 euros, 300 p.)
ISBN : 978-2-343-05675-3, ISBN EBOOK : 978-2-336-37046-0

LE DROIT DES MARCHÉS FINANCIERS DANS L'ESPACE OHADA
Amboulou Hygin Didace
Ce livre est une analyse approfondie des marchés financiers du Bénin, du Burkina Faso, du Cameroun, du Congo, de la Côte-d'Ivoire, du Gabon, de la Guinée Bissau, de la Guinée Équatoriale, du Mali, du Niger et du Sénégal. Il propose des pistes adéquates pour la construction d'un système juridique cohérent et adapté à leur environnement afin de faciliter leur intégration économique.
(Coll. Études africaines, 18.00 euros, 186 p.)
ISBN : 978-2-343-04487-3, ISBN EBOOK : 978-2-336-37065-1

CONTRIBUTION À L'ÉTUDE JURIDIQUE DES CONCESSIONS PORTUAIRES
Seka Aba Clément - Avant-propos du professeur Martin Ndendé
Préface de Maître Robert Rézenthel
Les concessions portuaires apparaissent comme les outils juridiques offrant un cadre d'accueil, en termes de performance et de rentabilité, aux activités économiques dans les ports maritimes. Aujourd'hui le problème de la qualification juridique de ces concessions portuaires semble se poser. Les contrats de concession dans les ports peuvent-ils être classés dans une famille juridique préétablie et être rattachés à une catégorie juridique préexistante ?
(Coll. Affaires maritimes et Transports, 59.00 euros, 700 p.)
ISBN : 978-2-343-04834-5, ISBN EBOOK : 978-2-336-36839-9

L'HARMATTAN ITALIA
Via Degli Artisti 15; 10124 Torino

L'HARMATTAN HONGRIE
Könyvesbolt ; Kossuth L. u. 14-16
1053 Budapest

L'HARMATTAN KINSHASA
185, avenue Nyangwe
Commune de Lingwala
Kinshasa, R.D. Congo
(00243) 998697603 ou (00243) 999229662

L'HARMATTAN CONGO
67, av. E. P. Lumumba
Bât. – Congo Pharmacie (Bib. Nat.)
BP2874 Brazzaville
harmattan.congo@yahoo.fr

L'HARMATTAN GUINÉE
Almamya Rue KA 028, en face
du restaurant Le Cèdre
OKB agency BP 3470 Conakry
(00224) 657 20 85 08 / 664 28 91 96
harmattanguinee@yahoo.fr

L'HARMATTAN MALI
Rue 73, Porte 536, Niamakoro,
Cité Unicef, Bamako
Tél. 00 (223) 20205724 / +(223) 76378082
poudiougopaul@yahoo.fr
pp.harmattan@gmail.com

L'HARMATTAN CAMEROUN
BP 11486
Face à la SNI, immeuble Don Bosco
Yaoundé
(00237) 99 76 61 66
harmattancam@yahoo.fr

L'HARMATTAN CÔTE D'IVOIRE
Résidence Karl / cité des arts
Abidjan-Cocody 03 BP 1588 Abidjan 03
(00225) 05 77 87 31
etien_nda@yahoo.fr

L'HARMATTAN BURKINA
Penou Achille Some
Ouagadougou
(+226) 70 26 88 27

L'HARMATTAN SÉNÉGAL
10 VDN en face Mermoz, après le pont de Fann
BP 45034 Dakar Fann
33 825 98 58 / 33 860 9858
senharmattan@gmail.com / senlibraire@gmail.com
www.harmattansenegal.com

L'HARMATTAN BÉNIN
ISOR-BENIN
01 BP 359 COTONOU-RP
Quartier Gbèdjromèdé,
Rue Agbélenco, Lot 1247 I
Tél : 00 229 21 32 53 79
christian_dablaka123@yahoo.fr

646161 - Mars 2016
Achevé d'imprimer par
1livre.com
du rêve à la réalité !

www.ingramcontent.com/pod-product-compliance
Lightning Source LLC
LaVergne TN
LVHW050800061126
851857LV00012B/624
* 9 7 8 2 3 4 3 0 7 1 6 9 5 *